Elementos urbanos mobiliario y microarquitectura

Urban elements furniture and microarchitecture

Per Pau, Martí i Valérie

Editorial Gustavo Gili, SA

08029 Barcelona Rosselló, 87-89. Tel. 93 322 81 61
México, Naucalpan 53050 Valle de Bravo, 21. Tel. 55 60 60 11
Portugal, 2700-606 Amadora Praceta Notícias da Amadora, nº 4B. Tel. 21 491 09 36

Elementos urbanos mobiliario y microarquitectura

Urban elements furniture and microarchitecture

Josep Ma. Serra

GG®

Por la ayuda en la producción de este libro, quiero agradecer a Jaume Tutzo todos sus dibujos y apoyo; a Quim Larrea, Juli Capella, Enric Pericas y Josep Amor sus consejos; a Philippe Bergeron sus localizaciones en Francia y a Monique Bonadei en Italia; a Màrius Quintana y Javier Nieto sus colaboraciones; a Rosa Serra su ayuda en la redacción de los textos; a cada una de las empresas y diseñadores su atención y a Rafa de Cáceres la lectura y comentarios al texto final.

For their help in the production of this book, I would like to thank Jaume Tutzo for all his drawings and all his help; Quim Larrea, Juli Capella, Enric Pericas and Josep Amor for their advice; Philippe Bergeron for his localizations in France and Monique Bonadei for hers in Italy; Màrius Quintana and Javier Nieto for their contributions; Rosa Serra for her help with the text; all the companies and designers concerned for their efforts, and Rafa de Cáceres for reading and commenting on the final text.

Traducción/*Translation:* Duual, S.L. Barcelona

Dibujos/*Drawings:* Jaume Tutzo Gomila

Foto cubierta/*Cover illustration:* Jardins du Luxembourg, Paris, Josep Ma. Serra

Diseño de la cubierta/*Cover design*: Toni Cabré/Editorial Gustavo Gili, SA

1ª edición, 1996
1ª edición, segunda tirada, 1997
1ª edición, tercera tirada, 1998
1ª edición, cuarta tirada, 2000
1ª edición, quinta tirada, 2002

Printed in Spain
ISBN: 84-252-1679-6
Depósito legal: B. 39.400-2002
Impresión: Aleu, SA, Barcelona

ÍNDICE

CONTENTS

ESPACIOS, MUEBLES Y ELEMENTOS URBANOS

Màrius Quintana Creus

Siempre me ha parecido oportuno comenzar a hablar de mobiliario urbano definiéndolo correctamente y por descontado este prólogo es una ocasión ineludible. Aunque el término "mobiliario urbano" es el más extendido y usado, nunca me ha parecido muy correcto. Se ha traducido de una forma demasiado literal del francés *Mobilier urbain* o del inglés *urban furniture,* aunque no se ha caído en la tentación de traducir del italiano *arredo urbano* (arredare=decorar). Es precisamente la idea de amueblar o decorar la ciudad la que considero errónea y que creo lleva a confusión. Son ideas de antaño cuando el amueblamiento urbano nacía de un urbanismo clasicista y, por lo tanto, la ornamentación de la ciudad estaba muy ligada a la urbanización siendo los muebles la respuesta a unas necesidades urbanas muy elementales. Hoy en día las ciudades son otras, el urbanismo es una ciencia pluridisciplinar y el hecho urbano es de una mayor complejidad. No parece lógico pensar que cada vez que colocamos un banco o una farola, estamos decorando la ciudad. Sí en cambio es lógico y adecuado adornar la ciudad para festejar un acontecimiento cívico o social o para celebrar unas fiestas, pero son ocasiones especiales, temporales, extraordinarias.

Me gustaría poder contribuir a arraigar de forma más universal y comprensible el término **Elementos urbanos**. Son objetos que se utilizan y se integran en el paisaje urbano, y deben ser comprensibles para el ciudadano. Uso, integración y comprensión son pues conceptos básicos para la valoración de todo el conjunto de objetos que encontramos en los espacios públicos de la ciudad. En este libro se recogen un buen número de ellos, tras una exhaustiva y detallada selección que ha hecho Josep Ma. Serra.

Al hilo de los cambios que han sufrido las ciudades, quiero comentar brevemente la aparición de una nueva disciplina de proyectar la ciudad. Voces ilustradas llevan tiempo hablando y reivindicando el **Diseño urbano** como "disciplina proyectual que debe acometer el diseño específico de cada espacio urbano y el diseño de los elementos urbanos", en palabras de Oriol Bohigas, arquitecto que, desde su cargo de delegado de Servicios del Ayuntamiento de Barcelona y desde el año 1979, estableció las primeras bases para la proyectación de Barcelona a partir del diseño de una serie de espacios públicos y/o urbanos. No es preciso extenderse en lo que ha significado el ejemplo de Barcelona para el urbanismo de la última década (son muchas las ciudades que lo han querido estudiar, entender e incluso imitar), solamente quisiera destacar el significado que el espacio urbano ha tomado como valor de las ciudades y como cultura urbanística.

Las exigencias del progreso, la complejidad del hecho urbano, la aparición de nuevas actividades, el avance de las nuevas tecnologías, la demanda de los nuevos servicios, etc., han provocado unos cambios en las ciudades que las convierten en el territorio de máxima concentración de la información y de la accesibilidad. Diseñar este territorio desde su naturaleza estructural variada, dotándola de una cualidad urbana real y duradera, debe hacerse desde el diseño de los espacios colectivos y urbanos. La ciu-

SPACES, FURNITURE AND URBAN ELEMENTS

Màrius Quintana Creus

I have always felt it appropriate to begin any discussion of urban furniture by defining it precisely, and this approach cannot be passed up in this prologue. Although the Spanish-equivalent term for "urban furniture" is the term most widely used, it has never struck me as very correct. It is an unduly literal translation from the French mobilier urbain *or from the English street furniture, even if the temptation to translate from the Italian* arredo urbano *(arredare=to decorate) has been resisted. It is precisely this idea of furnishing or decorating the city that I consider to be erroneous and liable to lead to confusion. It is an idea belonging to the past, when furnishing the city arose out of a classicist urban planning scheme, and adornment of the city was thus closely linked with urban planning, and the furniture itself a response to very elementary urban needs. Cities today are different places, urban planning a multidisciplinary science and towns and cities more complex. It no longer seems appropriate to feel that each time we put a bench or lamp-post in place we are decorating the city. It is sensible and correct, on the other hand, to adorn the city to mark a civic or social event or to celebrate festivals, but these are special, temporary, one-off events.*

I would like to be able to contribute to a more universal and understandable acceptance of the term ***Urban Elements****. These "elements" are objects which are used and which are integrated in the urban landscape, and they must be comprehensible to citizens. Use, integration and comprehension are thus basic concepts when it comes to assessing any set of objects we might come across in a city's public spaces. This book looks at a goodly number of such elements, chosen after an in-depth, painstaking and detailed selection by Josep Ma. Serra.*

Along with the changes undergone by the cities, I would like to remark briefly on the emergence of a new discipline: planning out the city. Learned voices have for some time now been discussing and calling for ***Urban Design*** *as a "planning discipline to address the specific design of each urban area and the design of urban elements", in the words of Oriol Bohigas, who from his post as delegate of Barcelona City Council services from 1979 laid down the initial foundations for the planning of Barcelona on the basis of design of a number of public and/or urban areas. There is no need to elaborate here upon the significance of the example of Barcelona in the city planning of the past decade (an example which many cities have studied, striven to understand, and even copied); I would simply like to stress the significance which urban space has taken on as a value of cities and as city-planning culture.*

The requirements of progress, the complexity of urban circumstances, the emergence of new activities, the advance of new technologies, the demand for new services, and so forth, have led to changes in cities which have made them territories with a maximum concentration of information and accessibility. Designing this territory, with its varied structural nature, endowing it with real and lasting urban quality, must be undertaken on the basis of design of urban areas for groups of people. The city is thus

Marquesina de autobuses/*Bus-stop*,
Hannover, Alessandro Mendini

Marquesina de autobuses/*Bus-stop*,
Hannover, Frank O. Gehry

Marquesina de autobuses/*Bus-stop*,
Hannover, Oscar Tusquets

dad queda así definida por el proyecto de sus espacios colectivos. Pero también está ocurriendo que las fachadas de los edificios han perdido su condición de límite entre lo privado y lo público, entre lo íntimo y la tierra de nadie. Este *continuum* urbano exige una calidad y una confortabilidad que ha llegado a ser una exigencia ciudadana. Pero esta continuidad debe ser recíproca. Por un lado el espacio público ha de conseguir la misma calidad que el interior y por otro, los edificios han de contagiarse del valor urbano del espacio al que tienen fachada.

Esta cultura del espacio urbano es la que da la verdadera dimensión de los elementos urbanos en cuanto elementos que llegan a definir una idea de territorio común, desde su diseño y localización hasta la formalización del paisaje urbano. Los elementos urbanos identifican la ciudad, a través de ellos podemos llegar a conocer ciudades: las cabinas telefónicas de Gran Bretaña, las bocas de metro de París, las papeleras industriales de Nueva York, las aceras de losas de piedra de Londres o las calles pavimentadas con piedra autóctona de varias poblaciones italianas.

Pero el diseño de los elementos urbanos no difiere en nada de otros métodos de diseño. Todo proceso de diseño, desde una cuchara hasta un avión, un tirador, o un edificio, cumple tres conceptos interrelacionados: **funcionalidad, racionalidad y emotividad.** Explicar estos conceptos en el diseño de los elementos urbanos y relacionarlos con ejemplos del libro, es el trabajo de las siguientes páginas.

La **funcionalidad** es necesaria porque los elementos tienen que cumplir unas condiciones funcionales y de uso. Han de servir, ser útiles y el diseñador ha de sentir esa utilidad. El espacio urbano no puede ni debe soportar objetos de utilidad dudosa o de utilidad trasladada de otras culturas o necesidades. El espacio público está expuesto a una demanda excesiva de objetos que crea una verdadera especulación del espacio urbano y supera la capacidad de confort y de claridad urbana. Seguramente siempre encontraremos defensores de la idea de dotar a nuestras ciudades del máximo de servicios y actividades aunque sea a costa de invadir aceras y plazas. Pero la conservación del paisaje urbano debe evitar la concentración de elementos y realizar una auténtica política de selección de funciones en este espacio.

Quisiera comentar brevemente la experiencia realizada en Hannover mediante la instalación de nueve paradas de autobuses, diseñadas por nueve arquitectos. Es evidente que estos elementos son útiles en cuanto que desempeñan la función de marquesinas de autobuses, pero su utilidad urbana me parece discutible. Son diseños con gran carga artística y podríamos convenir en que tienen lo que se ha llamado "utilidad artística", por su vocación de piezas únicas y por su condición de diseños con autoría. Con esto no quisiera invalidar y descalificar la experiencia desde mi posición personal, pero sí creo que es fundamental entender (promotores, autores y usuarios) el valor que poseen los elementos únicos que se sitúan a caballo entre la escultura y el diseño industrial. Sin embargo coincido con Juli Capella y Quim

defined by the planning of its public spaces. But what is also happening is that the facades of buildings have lost their status as boundaries between the private and the public, between the intimate and the no-man's-land. This urban continuum calls for a degree of quality and comfort which have now become citizens' demands. But this continuity must be reciprocal. On the one hand the public spaces have to achieve the same quality as the interiors, while on the other the buildings have to take their inspiration from the urban value of the areas they look out upon.

This culture of urban space is what lends urban elements their true dimension, as elements which forge an idea of common territory, from their design and placement through to formalization of the urban landscape. Urban elements lend a city its identity, making it recognizable to us: Britain's telephone booths, Paris' metro entrances, New York's industrial paper containers, London's stone-slab pavements or the local-stone pavements of several Italian towns.

But the design of urban elements in no way differs from other types of design. Any design process, from a spoon to a plane, a handle or a building, has to meet three interrelated requirements: ***functionality, rationality*** *and* ***emotivity****. Explanation of these concepts as applied to the design of urban elements, with examples from the book, is our task in the pages that follow.*

Functionality *is necessary because the elements have to fulfil some basic conditions of use. They have to serve a purpose, they have to be useful, and the designer has to have a feel for this utility. Urban spaces cannot and must not have to make do with objects of dubious usefulness or of a utility transferred from other cultures or needs. Public spaces are exposed to excessive encroachment of objects, leading to real speculation with urban space and exceeding the capacity of urban comfort and clarity. Having said this, we will surely always find those who advocate equipping our cities with the utmost in services and activities, even at the cost of invading pavements and squares. But preservation of the urban landscape calls for a struggle against concentration of elements and the implementation of a genuine policy of selection of functions in this space.*

I would like to remark briefly on the experiment carried out in Hannover with the installation of nine bus-stops designed by nine architects. These are clearly useful elements in that they act as shelters, but their urban utility strikes me as debatable. They are designs of high artistic content, and we could doubtless all agree that they have what is called "artistic utility", due to their status as unique pieces with the stamp of authorship. I do not mean here to invalidate and cast aspersions on the experiment from my personal viewpoint, but I do feel that is essential that we (promoters, designers and users) understand the value of unique elements lying astride sculpture and industrial design. I nevertheless agree with Juli Capella and Quim Larrea when they state that "this exhibitionist artistic experiment doubtless opens

Barandilla/*Handrail* Moncloa

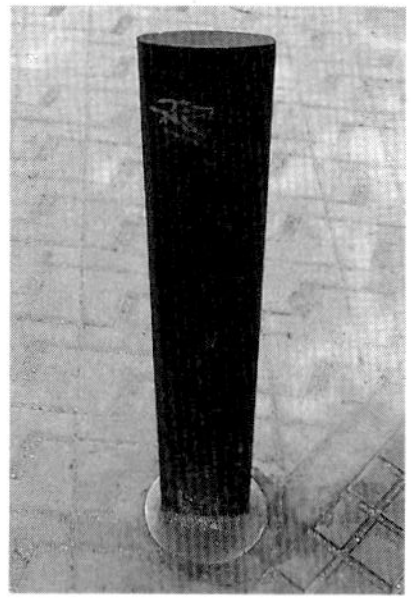
Pilona/*Bollard* Benidorm

Barandilla/*Handrail* V

Edículo/*Shaft module* V

Larrea cuando defienden que "esta experiencia exhibicionista y artística abre sin duda nuevas perspectivas en un sector donde casi todo está por hacer". Sobre todo en el mundo de la creatividad hay muchas cosas por hacer y, en este sentido, la experiencia es buena en la medida en que entendemos estos objetos como irrepetibles y sin ediciones comerciales.

El orden y la claridad urbana son cualidades de la ciudad que se han de traducir en la ubicación de los elementos surgida de la lectura del espacio público. Cada elemento ha de buscar su lugar y no modificarlo como ocurre con frecuencia. Pero a la vez, cada diseño debe poder ser colocado en cualquier escenario de la ciudad, es decir, no tiene por qué haber diseños específicos para lugares distintos de la misma ciudad.

La barandilla MONCLOA y la pilona BENIDORM del grupo La Nave (equipo de diseñadores y arquitectos valencianos precursores del mobiliario urbano y detrás de los cuales se escondían nombres como Daniel Nebot o Nacho Lavernia), ilustran el sentido de integración. En la barandilla, como elemento de protección entre peatón y vehículo, destaca el pasamanos horizontal dimensionado para dar la máxima continuidad al recorrido peatonal y con el mínimo de soportes verticales necesarios estructuralmente pero no conceptualmente. En cambio la pilona consigue dinamismo y movimiento gracias a su sección ovoidal. Las caras de la pilona van cambiando según el recorrido del espectador ofreciendo así variación en la instalación según la orientación de ésta.

La barandilla V y el edículo V de ascensor-escalera-ventilación para aparcamientos subterráneos y estaciones de metro, diseñados desde el Servicio de Elementos Urbanos del Ayuntamiento de Barcelona por Montse Periel y Màrius Quintana, son ejemplos de claridad. La transparencia del cristal y la inmaterialidad del acero inoxidable, la simplicidad formal y estructural, buscan además una seriación urbana para los elementos que afloran en superficie de los subterráneos.

A diferencia de los muebles de interior, el usuario no compra mobiliario urbano y, por lo tanto, hay que intentar conseguir la máxima comprensión ciudadana del elemento urbano en cuestión. La reducción del número de diseños de un mismo elemento (que no quiere decir la versión única) ayuda a esta comprensión pues el usuario lo utilizará entonces de forma adecuada.

La marquesina PAL.LI de Elías Torres, José A. Martínez Lapeña y José L. Canosa es el primer y mejor ejemplo de renovación de mobiliario urbano en Barcelona. De su diseño destaca su fragilidad frente a la eficacia del techo como elemento que aporta sensación de refugio. Los finos pilares, aun no reconociendo la asimetría de la marquesina, refuerzan el

up new perspectives in a sector where almost everything remains to be done". In the world of creativity, above all, there is much to be done, and in this sense experimentation is good in so far as we understand these objects as one-offs not to be commercially produced.

Order and urban clarity are qualities of the city which have to find expression in a siting of elements born of a reading of public space. Each element has to find its own place, without changing it, as so often happens. Yet at the same time, it must be possible to place each design in any scenario of the city. There is no reason why there should be specific designs for different parts of the same city.

The MONCLOA handrail and the BENIDORM bollard from the La Nave group (a team of designers and architects from Valencia who are forerunners of urban design, with names such as Daniel Nebot and Nacho Lavernia) illustrate the sense of integration in the handrail as an element of protection between pedestrian and vehicle, laying emphasis on the horizontal rail so dimensioned as to lend maximum continuity to the pedestrian area with the minimum of vertical supports, necessary structurally but not conceptually. The bollard, on the other hand, achieves dynamism and movement thanks to its ovoid section. The side views of the bollard change as the onlooker moves around, thus offering variation according to the orientation in which the element is installed.

The V handrail and the V car park-stairway-ventilation shaft module for underground car parks and stations, designed at the Urban Elements Department of Barcelona City Council by Montse Periel and Màrius Quintana, are examples of clarity. The transparency of the glass and the insubstantiality of the stainless steel, the formal and structural simplicity, strive towards urban standardization of the elements which emerge at the surface of underground facilities.

Unlike indoor furniture, users do not buy urban furniture and, therefore, maximum citizen comprehension of the element has to be worked at. Reduction of the number of designs of a single element (which does not mean having one version only) aids such comprehension, since the user will then know how to use it correctly.

The PAL.LI bus shelter by Elías Torres, José A. Martínez and José L. Canosa is the first and finest example of street furniture renovation in Barcelona. Notable in its design is the fragility and yet efficacy of the roof as an element providing a sensation of refuge. The slim pillars, while owing nothing to the asymmetry of the shelter, reinforce the sense of protective canopy. The lit-up-man advertising panel provides company and light in the waiting area.

Marquesina autobuses/*Bus-stop* Pal.li

Cabina Telefónica/
Telephone booth, Barcelona

Cabina Telefónica/
Telephone booth, Chicago

sentido de palio protector. El panel publicitario con aspecto de hombre-anuncio iluminado da compañía y luz al espacio de espera.

Hagamos un breve paréntesis para hablar de la publicidad de la ciudad. Esta publicidad que con su presencia invade (en el sentido más absoluto del término) las calles, poluciona enormemente el paisaje urbano y no tenemos el recurso de pasar la página o de cambiar de canal. Su presencia es reiterativa y persistente: la publicidad se basa en la insistencia para lograr su fin. Una de las cualidades de la publicidad es la de fomentar el consumo de elementos urbanos, pero la ciudad no requiere tanta demanda de muebles y elementos como a veces nos anuncian las empresas publicitarias. Es importante que las administraciones aprovechen las posibilidades que ofrecen los publicitarios de financiar, mantener e instalar unos elementos útiles que además sirven como soporte de publicidad. Pero es mucho más importante analizar y decidir cuidadosamente cuáles son esos elementos y no caer en la tentación de colocar otros de utilidad más que dudosa. Parece lógico utilizar como soporte publicitario las marquesinas de autobuses, las cabinas telefónicas, columnas de publicidad libre o marginal. Pero es absurdo instalar relojes en mástiles y banderolas, cuando prácticamente todo el mundo lo lleva en la muñeca y todos los coches en el panel de control. Es mejor reservar estas ocasiones para acontecimientos festivos. La capacidad de financiación y el volumen de negocio de la publicidad es importante, pero reclamar un mínimo de sensibilidad y de respeto urbanos a las empresas es trabajo ineludible de los administradores. En general las empresas publicitarias son receptivas a ello ya que conocen bien la importancia de una buena imagen.

A veces también se quiere vender la publicidad encubierta, como en el caso de algunos diseños que utilizan el color como reclamo del elemento para destacarse en el paisaje urbano. El empeño de muchas instituciones y empresas por utilizar en los muebles urbanos sus marcas y colores, en lugar de utilizar signos o códigos internacionales, produce una polución y unos valores añadidos al diseño que en la mayoría de los casos son gratuitos. El color intrínseco de los materiales y la integración en el paisaje están por encima del valor gráfico del color.

> Por ejemplo, en la cabina TELEFÓNICA de Josep Ma. Civit los colores del logotipo de Telefónica aparecen de forma vehemente y tozuda, dejando en segundo y poco visible plano el signo internacional de teléfono público. No ocurre lo mismo con la cabina de Chicago donde el signo totalmente visible es el del teléfono.

Otro aspecto importante en cuanto a la funcionalidad del elemento urbano es el de hacer la ciudad extensible a todo el mundo y facilitar su uso. El concepto de personas con movilidad reducida no se limita a aquellas que deben circular en sillas de ruedas sino que es mucho más amplio. Por mucho que hayamos avanzado la supresión de barreras arquitectónicas es una asignatura pendiente y el dise-

We will make a brief diversion here to look at advertising in the city, that advertising whose presence invades (in the most absolute sense of the term) the streets, greatly pollutes the urban landscape and cannot be combated by simply turning over a page or switching channel. Its presence is reiterative and persistent, for advertising is based on insistence in order to achieve its goal. One of the qualities of advertising is to encourage consumption, but a city does not need as much furniture and elements as the advertising companies would sometimes have us believe. True, it is important that local governments can take advantage of the possibilities offered by the advertising companies to finance, install and maintain useful elements which also serve as supports for advertising. But it is more important still to analyse and decide carefully what those elements should be, without falling into the temptation of installing objects whose utility is dubious at best. It would seem sensible to use bus shelters, telephone booths and free-standing or roadside advertising columns. But it is absurd to install clocks on columns and flagpole, when practically everyone has a watch on their wrist and all cars have clocks on their instrument panels. It is better to reserve such elements for festive events. The financing capacity and business turnover of advertising is large, but city administrators must not shrink from the responsibility of demanding of these companies some modicum of sensitivity towards and respect for the urban setting. Advertising companies are generally receptive to such approaches, for they know the importance of a good image.

Attempts are sometimes made to engage in covert advertising, as when some designs use colour in the element to make it stand out in the urban landscape. The efforts made by many institutions and companies to impose their trade marks and colours on urban furniture, rather than using international signs or codes, leads to pollution and design-added values which are for the most part gratuitous. The intrinsic colour of the materials and their integration into the landscape come before the graphic value of the colour.

> *In the case of the TELEFÓNICA booth by Josep Ma. Civit, for example, the colours of the Telefónica company logo stand out vehemently and harshly, leaving in a scarcely visible second plane the international public telephone symbol. This is not the case with the Chicago booth, on which the totally visible symbol is that of the telephone.*

Another important aspect in the functionality of an urban element is that of making the city accessible to everybody and easier to get around in. The category of persons with impaired mobility is not limited to those who have to move about in wheelchairs, but is in fact much broader. The removal of architectural barriers remains on the urban agenda, however much progress we might have made, and designers must provide ideas and solutions from the outset and not wait for later suggestions and corrective measures.

Vado para vehículos/*Vehicle access ramp* V-60

Vado para peatones/*Pedestrian access ramp* V-120

Marquesina autobuses/*Bus-stop* Foster

ñador debe aportar sus ideas y soluciones desde el inicio y no esperar sugerencias y correcciones posteriores.

> El vado para vehículos V-60 de Rafael de Cáceres y el vado para peatones V-120 del Servicio de Elementos del Ayuntamiento de Barcelona son elementos pensados desde la supresión de barreras arquitectónicas y diseñados como estándares para colocar en obra como un elemento industrial más. El proyectista del espacio urbano sólo debe decidir el lugar pero no sus dimensiones y piezas. Piezas que en el caso de V-120 además tienen prevista la integración de semáforo y papelera. La colocación de la papelera no debe entenderse como una estrategia de colocación de un elemento que huye de reclamos para facilitar su uso, sino que intenta introducir un hábito ciudadano al establecer que en todo paso peatonal habrá una papelera.

La **racionalidad** es necesaria en cuanto que la razón, las matemáticas, la técnica, los materiales, están por encima de la experiencia afectiva para la comprensión de la realidad. La experiencia de la industria existente en España y las aportaciones de su producción, totalmente consolidada, en este campo, están dando a entender unos magníficos resultados, que fácilmente podemos comprobar en este libro. La racionalidad del diseño, respecto a las técnicas y capacidades de fabricación industrial, es un atributo que tiene la mayoría de los elementos reseñados. No obstante el diseño de elementos urbanos como diseño industrial todavía debe dar el salto definitivo para obtener elementos industrializables que mejorarán sin duda en cuanto a su comportamiento en el espacio urbano. La resistencia a la agresividad del medio urbano, el envejecimiento durante el tiempo que ha de permanecer en uso y la facilidad de montaje y mantenimiento, son puntos a acometer desde el diseño de los elementos urbanos. Los costes de mantenimiento, debidos tanto a su deficiente comportamiento, a su precaria fabricación o al mal uso, son muy altos y en ocasiones excesivos. Estos defectos conllevan la desaparición de muchos objetos de bella factura pero deficiente fabricación.

> La marquesina de autobuses FOSTER de sir Norman Foster asume totalmente la racionalidad constructiva y estructural soportando asimétricamente con dos pilares, todos los elementos de la marquesina: techo, mamparas posterior y lateral, soporte publicitario, luz y asiento. Está resuelta desde una simplicidad formal moderna y con un clasicismo intemporal propio de las obras de Foster.

Parece obligado hacer una pequeña referencia al vandalismo ya que este fenómeno, por desgracia demasiado habitual en nuestras ciudades, convierte a cualquier elemento en débil. Pero no se debe caer en la bunquerización de la ciudad como respuesta a un comportamiento determinado. Nunca el vandalismo o gamberrismo de unos pocos ha de provocar la frustración de muchos: la respuesta debe darse desde otros niveles o estamentos, y el diseño debe responder al vandalismo mediante la disuasión.

> *The V-60 vehicle access ramp by Rafael de Cáceres and the V-120 pedestrian access ramp from the Urban Elements Department of Barcelona City Council are elements thought out from a point of view of suppression of architectural barriers and designed as standardized items for on-site placement as yet another industrial fitment. The urban area planner only has to decide on their position, not their dimensions and parts, which in the case of the V-120 allow for the fitment of traffic lights and wastepaper basket. The fitting of a wastepaper basket must not be seen as a strategy for placing an element which flees from attractions to facilitate use, but rather as an endeavour to foster good citizen habits by laying down that all pedestrian crossings will have a wastepaper basket, so that people can find one more easily when they have litter to throw away.*

Rationality *is necessary in that reason, mathematics, technology and materials stand above affective experience in an understanding of reality. The experience of industry in Spain and the contributions of its totally consolidated production in this sphere are in my opinion providing some magnificent results which we can easily see in this book. Rationality of design in industrial manufacturing techniques and capacity is an attribute shared by most of the elements depicted. Urban elements have nevertheless yet to take the definitive leap as industrial design to provide industrial-scale items which will undoubtedly function better in urban areas. Resistance to the aggressiveness of the urban environment, ageing over the time they have to remain in use and ease of fitting and maintenance are points to be tackled at the design stage of urban elements. Maintenance costs due to deficient performance and poor manufacturing or use are very high, and occasionally excessive. Such defects lead to the disappearance of many beautifully-designed but poorly-manufactured objects.*

> *The FOSTER bus shelter by Sir Norman Foster entirely takes aboard a constructional and structural rationality by supporting asymmetrically with two pillars, all the parts of the shelter: roof, rear and side screens, advertising panel, light and seat. This provides a solution of modern formal simplicity which is nonetheless imbued with the timeless classicism inherent to the works of Foster.*

It would appear that some passing reference must be made to vandalism, a phenomenon which is unfortunately all too common in our cities, making any object potentially weak. It would nevertheless be wrong to adopt a bunker mentality in the city as a response to a certain type of behaviour. The vandalism and hooliganism of a few should never lead to the frustration of many; the answer must be provided from other levels or spheres, and design must respond by dissuading vandalism.

But hand in hand with rationality must go rigour of design. The urban landscape remains, while tastes are transitory. Only shop windows can change year after year and season after season. This can-

Banco/*Bench* Sócrates

Banco/*Bench* Banc-Ú

Banco/*Bench* Montseny

Pero también, unido a la racionalidad, ha de buscarse el rigor en el diseño. El paisaje urbano permanece mientras que los gustos son transitorios. Sólo los escaparates de los comercios tienen la capacidad de cambiar año tras año o temporada tras temporada. No puede ocurrir lo mismo con los elementos urbanos ya que su diseño ha de estar al margen de las modas que acaban ofreciendo objetos efímeros. Debe existir un rigor y una racionalidad frente a personalismos e iconografías y, por tanto, una renuncia a protagonismos por parte del diseñador. El arquitecto portugués Álvaro Siza declaraba en una entrevista: "...la economía de la intervención ha de ser siempre rigurosa y es necesario comprender el duro e indispensable camino de la simplificación y de la renuncia al protagonismo". El camino de cualquier diseño es una suma de renuncias y la primera de ellas es la de su autor.

En nuestros hogares disponemos de taburetes, sillas, sillones, sofás e incluso *chaise-longues*, y en el espacio urbano también podemos encontrar esta variedad de elementos en función del tiempo que queramos disfrutar del asiento. Bajo este principio se ha de entender el banco SÓCRATES de Jordi Garcés y Enric Sòria, como un taburete urbano de descanso breve. Es el recuerdo de que cuando caminamos por el bosque o el campo, podemos descansar del paseo sólo con encontrar algo que esté un poco más elevado del plano del suelo, como una piedra o un tronco. Cuando se coloca este taburete, es importante valorar esta condición de casualidad en el encuentro ya que, en ocasiones, se ha instalado alineado en un paseo o plaza y resulta más acertado colocarlo casi al azar, en un jardín o un parque.

El BANC-Ú de Albert Viaplana y Helio Piñón es la butaca urbana que se resuelve extendiendo la pieza de hormigón en el suelo y luego doblándola ergonómicamente, dejando que su base, a la vez pavimento propio, quede en el suelo de la sección dibujada. Pero, transcurrido un cierto tiempo, la dureza del hormigón queda compensada con la posibilidad de adoptar distintas posturas, incluso usando el respaldo de asiento.

En cambio, el banco MONTSENY de Leopoldo Milà permite una posición más fija y prolongada gracias a la amabilidad, flexibilidad y calidez de la madera. Aquí la postura es única y las piezas del banco son sólo dos, gracias a una optimización de fabricación y a la búsqueda de un alto confort.

Pero, ¿cuál es el camino de la simplificación en el diseño de los elementos urbanos? Igual que la literatura de Borges (decir muchas cosas con pocas palabras) o que la música minimalista, el diseño de los elementos urbanos ha de explicar el máximo con el mínimo. La economía del diseño, la relación entre el objeto y el resultado formal, son más importantes que la grandilocuencia de las palabras, la vacuidad de formas o el barroquismo del gesto. A veces el diseñador se deja arrastrar por el *horror vacui* y cae en un proceso de adición en vez de reducción. Siempre es más difícil sintetizar que aumentar, pero

not happen with urban elements, since their design must remain on the sidelines of those fashions which offer only ephemeral objects. Rigour and rationality must preside over personalism and iconography, and designers must therefore renounce protagonism. The Portuguese architect Álvaro Siza stated in an interview that "the economy of the work must always be rigorous, and we have to understand the hard yet essential path of simplification and renunciation of protagonism". The course of any design is a sum of renunciations, and the first of these is that of its author.

We have in our homes stools, chairs, armchairs, sofas and even chaises-longues. In urban space, too, we can find this variety of elements in function of the length of time we wish to use the seat. It is on this principle that the SOCRATES bench by Jordi Garcés and Enric Sòria must be understood, as a short-rest urban stool. It reminds us of how, when we are walking through a wood or out in the country, all we have to do to take a rest from walking is find something a little higher than the plane of the ground, such as a rock or a tree trunk. It is important to accord value to this notion of chance encounter when this stool is positioned, for it has on occasion been ranged in lines on a promenade or in a square. It would be better to place it almost at random, in a garden or park.

The Ú-BENCH by Albert Viaplana and Helio Piñón is an urban chair which functions by laying the piece of concrete on the ground and then bending it ergonomically, leaving its base, which is at the same time its own pavement, on the ground with the section outlined. But after a while the hardness of concrete can be compensated by adopting different postures, even using the seat backrest.

The MONTSENY bench by Leopoldo Milà, on the other hand, permits a longer fixed position thanks to the inviting nature, flexibility and warmth of wood. Here there is a single posture, and the bench is made of only two pieces thanks to optimization of manufacturing and a quest for real comfort.

But where does the path of simplification lie in the design of urban elements? Like the literature of Borges (saying many things with few words) or minimalist music, the design of urban elements has to state the maximum using the minimum. Economy of design, relationship between object and formal result, are more important than grandiloquence of words, emptiness of form and baroqueness of gesture. Designers sometimes let themselves be swayed by a horror vacui, *falling into a process of addition rather than reduction. It is always more difficult to condense than to expand, though as the painter Joan Miró used to say, the conquest of freedom involves the conquest of simplicity. The basis of creativity is working with freedom, and the quest for this is the task of the designer.*

Aparcamiento para bicicletas/
Bicycle rack B.D.

Fuente/*Fountain*
Georgina

Fuente/*Fountain* Afrodita

Banco/*Bench* Catalano

como decía el pintor Joan Miró, conquistar la libertad significa conquistar la simplicidad. La base de la creatividad es trabajar en libertad y su búsqueda es tarea del diseñador.

Siempre me ha parecido ejemplar el aparcamiento de bicicletas B.D. de Pep Bonet, que con una pletina metálica doblada y ligeramente curvada, permite encajar perfectamente la rueda y soportar fácilmente la inestabilidad de la bicicleta. Son dos gestos mínimos y calculados que resuelven discretamente un soporte.

Las fuentes GEORGINA de Antoni Roselló y AFRODITA de La Nave, también son diseños que destacan por la pequeña sutileza de la gota resbalando a lo largo del soporte, en el caso de GEORGINA, o por el pulsador en ola de la AFRODITA. Ambos explicitan un contenido poético ligado al movimiento del agua.

Otro pintor, en este caso el vienés Gustav Klimt, decía "A cada época su arte. El arte, su libertad". De nuevo la condición de libertad artística, pero en este caso además como respuesta al momento y a la época. El diseño urbano debe también decididamente apostar por la modernidad. Tanto desde una imposición intelectual como social se ha de dar respuesta al progreso y a la confortabilidad urbana utilizando nuevos conceptos, nuevas técnicas y nuevos materiales. Tal y como expresa el filósofo austríaco Karl Popper "la importancia del conocimiento, y en especial del conocimiento científico, en la sociedad actual es fundamental y el progreso del conocimiento es impredecible". Apostar por la modernidad significa renunciar a continuar utilizando diseños historicistas y todo lo que ello comporta de no aceptación del progreso del conocimiento y la sociedad. Apostar por la modernidad, también significa reconocer la tradición para reinterpretarla con los medios y conocimientos de que disponemos hoy. Para avanzar hay que mirar siempre hacia adelante, llevando el bagaje de la tradición y de la historia. La tradición puede inspirar la innovación y es por esta razón que en este libro no hay diseños del siglo pasado ni de principios de éste (farolas fernandinas, bancos art noveau, barandillas decó).

El banco CATALANO de Lluís Clotet y Óscar Tusquets merece un tratamiento especial. En primer lugar porque como diseño realizado en el año 1974 fue verdaderamente precursor del mobiliario urbano en nuestro país. En segundo lugar, como ejemplo de la tradición inspiradora de la innovación. Está resuelto utilizando la sección ergonómica del banco de Gaudí en el Parque Güell de Barcelona, pero incorporando el acero *deployé* como material cuya flexibilidad ofrece mayor comodidad. No obstante, es un banco pensado para colectividades y por tanto algo frágil para espacios urbanos, pero su acierto en la modulación e industrialización lo mantienen todavía en el escenario urbano.

El banco LESTRUSA de De Ferrari, Jacomussi, Germak y Laurini, introduce por primera

Pep Bonet's B.D. bicycle rack has always struck me as exemplary, with its bent and curving metal plate allowing the wheel to slot in perfectly and support the instability of the bicycle. Two minimal calculated sweeps discreetly form a stand.

The GEORGINA fountain by Antoni Rosselló and the AFRODITA fountain by La Nave are also designs which stand out for the tiny subtlety of the drop running along the support, in the case of the GEORGINA, and the wave push-button in the AFRODITA. Both give explicit expression to a poetic content linked to the movement of water.

Another painter, this time the Viennese Gustav Klimt, used to say: "To each epoch, its art. To art, its freedom." Again we have the condition of artistic freedom, but in this case also as a response to the time and the period. Urban design must also firmly opt for modernity. As both intellectual and social imperatives, a response must be provided for progress and urban comfort, by using new concepts, new techniques and new materials. As the Austrian philosopher Karl Popper said: "Knowledge, and especially scientific knowledge, is of fundamental importance in present society, and the progress of knowledge is unpredictable." Opting for modernity means relinquishing the continued use of historicist designs and all this entails in terms of non-acceptance of the advance of knowledge and society. Opting for modernity also means recognizing tradition in order to reinterpret it with the means and knowledge available today. To move forward we have to look ahead always, carrying the baggage of tradition and of history. Tradition may inspire innovation, and that is why this book contains no designs from the nineteenth or early twentieth centuries (lamp-posts, arbours, Art Nouveau benches, Art Deco handrails).

The CATALANO bench by Lluís Clotet and Óscar Tusquets deserves special treatment. In the first place, as a design made in 1974 and true pioneer of street furniture in this country. And secondly, as an example of tradition inspiring innovation. It is made using the ergonomic section of the Gaudí bench in Barcelona's Parc Güell, but using deployé *steel as a material whose flexibility affords greater comfort. It is nevertheless a bench designed for user groups, and therefore rather fragile for urban areas. But its successful modularization and industrialization are such that it is still with us in the urban scenario.*

The LESTRUSA bench by De Ferrari, Jacomussi, Germak and Laurini introduces extruded aluminium for the first time as a material for an urban bench. Made up of three parts, two of them of the same section slotted together, it can achieve a maximum length of 6 metres, providing a uniform finish and a material which is highly resistant to atmospheric aggression.

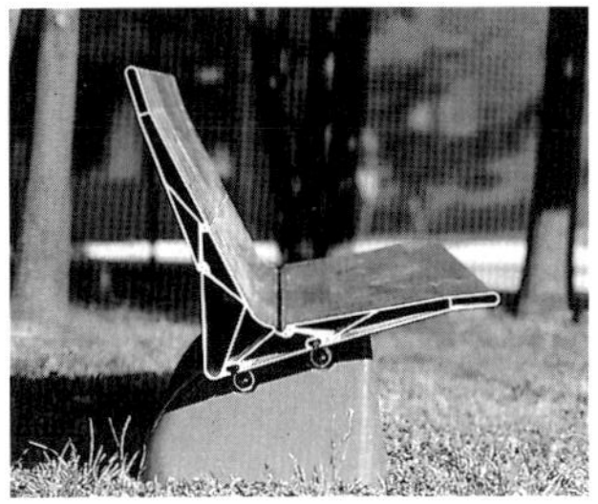
Banco/*Bench* Lestrusa

Valla/*Barrier* Empalizada

Silla/*Chair* La Villete

Boca del metro/*Metro entrance*, Bilbao

vez el aluminio extrusionado como material para un banco urbano. Compuesto por tres piezas, dos de ellas de la misma sección encajadas entre sí, pueden conseguir una longitud máxima de 6 m. y asegurar un acabado uniforme y un material de alta resistencia a la agresividad atmosférica.

La valla EMPALIZADA de Javier Garrido utiliza tecnología de PVC armado con varillas de acero y núcleo cerámico para conseguir la máxima esbeltez, rigidez y durabilidad en una empalizada de 3 m. de altura que, además, es casi transparente cuando el espectador se mueve a una determinada velocidad y se concatenan los espacios vacíos entre los postes, sobre los llenos.

La silla LA VILLETTE de Philippe Starck aporta modernidad en su concepción de elemento giratorio que permite al usuario escoger sentarse hacia las mejores vistas, el mejor asoleamiento o la mejor compañía. Se rompe así la inmovilidad del mobiliario urbano aunque sin alcanzar la total libertad de las sillas del Jardin du Luxembourg o de las Tulleries en París.

La **emotividad** es necesaria en cuanto que el objeto provoca reacciones psicológicas y comunica sensaciones al individuo. Un tratado de música italiano del siglo XVI explica en las primeras páginas que "...interpretar la música no se hace sólo para satisfacer el oído, sino para manifestar sentimientos, provocar la imaginación y controlar pasiones...". Más razón aún cuando no se trata de interpretar sino de diseñar un objeto: dar satisfacción de uso y controlar la fabricación ha de ir unido a la provocación de sentimiento, imaginación y pasiones. En particular, el diseño de elementos urbanos debe conseguir la integración entre el valor artístico y el valor de uso de todos los objetos que participan de la vida cotidiana en nuestro entorno inmediato que es la ciudad.

El valor de la idea como compañera del largo y a menudo difícil proceso proyectual es de gran importancia en cualquier diseño. La idea es esa compañera que siempre hemos de tener presente y mantener viva en el objeto y que nos recuerda que a veces nos desviamos de la idea original. A menudo hemos de buscar el mundo de las ideas en lo intangible. "El sonido escondido en el silencio, el movimiento en la inmovilidad, la vida en los objetos inanimados, lo infinito en lo finito, las formas en el vacío, y yo, en el anónimo" como escribió Joan Miró en una carta. También, en lo tangible y evidente, una imagen, una forma, un sentimiento o una sensación puede darnos la clave de un diseño.

Otra vez sir Norman Foster con su boca de metro para Bilbao nos ayuda a ilustrar el texto. En este caso Foster explica que su propuesta está basada en la idea de la caverna como lugar que inspira seguridad y que utiliza la sección del túnel en diferentes escalas como sección única y continua en todo el recorrido del metro y del usuario, hasta aflorar en superficie. Lo

The EMPALIZADA barrier by Javier Garrido utilizes PVC technology reinforced with steel rods and a ceramic core to achieve the greatest slimness, rigidity and durability for a palisade 3 metres high, which is furthermore almost transparent when the viewer is moving at a particular speed and the empty spaces between the posts concatenate with the solid bars.

Philippe Starck's LA VILLETTE chair brings modernity to its conception of a rotating element which allows sitters to position themselves so as to obtain the best views, the best sunshine or the best company. The immobility of urban furniture is thus broken up, though without achieving the total freedom of the chairs of the Jardin du Luxembourg or the Tuilleries in Paris.

***Emotivity** is necessary when the object provokes psychological reactions and conveys sensations to the individual. A 16th century treatise on Italian music explained in its first pages that "... music is played not only to please the ears, but also to show feelings, stimulate the imagination and control passions...". All the more reason when it is a question not of playing music but of designing an object: providing satisfaction in use and controlling manufacturing have to be allied with stimulating feelings, imagination and passions. In particular, the design of urban elements must achieve integration between the artistic value and the use value of all objects playing a part in the daily life of our immediate surroundings, the city.*

The value of the idea is of great importance in any design, as companion in the long and often difficult conceptual process, a companion which we always have to bear in mind and keep alive in the object, and which reminds us that we sometimes stray from the original idea. We frequently have to seek the world of ideas in the intangible, "the sound hidden in the silence, movement in immobility, life in inanimate objects, the infinite in the finite, forms in the void, and the self in anonymity", as Joan Miró wrote in a letter. In the tangible and evident, too, an image, a form, a feeling or a sensation can provide us with the key to a design.

Sir Norman Foster, once again, with his metro entrance for Bilbao, helps us to illustrate the text. In this case, Foster explains that his proposal is based on the idea of the cavern as a place instilling security, using the section of the tunnel at different scales as a single and continuous section throughout the entire route of metro and user, until the surface is reached.

The LAMPARAALTA by Beth Galí and Màrius Quintana recovers the reflected or indirect light for lighting up public areas, transferring to the city a light profusely used in interiors. It also manages to light up with a mottled or shadowy effect, to provide a spatial intentionality and another way of perceiving light. Kevin Lynch wrote that "darkness is necessary for

Farola/*Lamp-post* Lamparaalta

Farola/*Lamp-post* Lampelunas

Plaça dels Apòstols. Lleida

Sillas del Jardin du Luxembourg/ *Chairs in the Jardin du Luxembourg*

que visto aisladamente desde el exterior puede parecer casual, queda explicado y claro cuando el espacio público exterior entra en el interior de una sección constante e inteligible.

La farola LAMPARAALTA de Beth Galí y Màrius Quintana recupera la luz reflejada o indirecta para la iluminación de los espacios públicos, trasladando a la ciudad, la calidad de una luz profusamente utilizada en interiores. Además consigue iluminar con el efecto de claroscuro o de penumbra, para dar una intencionalidad espacial y otra forma de percepción de la luz. Kevin Lynch escribió que "la oscuridad es necesaria para la creación de un bello espacio iluminado". Además se consigue un movimiento ingrávido de las pantallas iluminadas por un punto de luz casi invisible.

La farola LAMPELUNAS de Elías Torres y José A. Martínez Lapeña parte de la idea de iluminar el espacio público con la luz de la luna. Mediante las pantallas reflectoras circulares consigue reproducir de noche todas las fases de la luna. De día es una columna arborescente que se confunde con el arbolado.

El valor de las ausencias es otra buena clave para los elementos urbanos. Igual que en las escenas del cine realista, la imagen es por sí sola elocuente y no necesita del diálogo de los actores para que el espectador entienda el sentido de la escena. O en ese silencio, a veces largo y prolongado, después de la música, que nos transmite entonces el valor auténtico de las notas. El mejor diseño es el del objeto que no se coloca en el espacio urbano, puesto que el espacio debe hablar sin necesidad de más elementos que los precisos. La esencialidad del diseño de un espacio es la protagonista del proyecto.

La Plaça dels Apòstols de Lleida del arquitecto Ignasi Miquel es sensible al valor de la Catedral Vieja y a la vasta panorámica del paisaje de Lleida desde el lugar; se ha suprimido todo lo que pueda obstaculizar estos valores mediante la solución de los escalones deprimidos y la balaustrada muraria nivelada con el pavimento de cantos rodados.

La imagen de las sillas vacías del Jardin des Tulleries y del Jardin du Luxembourg en París, es quizás la que mejor puede resumir todo lo explicado hasta ahora. La presencia de las personas que acaban de utilizarlas todavía la podemos sentir. La posición como han quedado las sillas nos permite adivinar el número de personas que se han reunido y como se han sentado. El lugar y la orientación que ocupan nos facilita la búsqueda de las mejores vistas del lugar. Son unas sillas que tienen un diseño simple y casi natural. Pero este diseño simple y natural es fruto de la movilidad y adaptación que permiten su prolongada presencia en estos lugares y la larga tradición de estos espacios urbanos. Son los elementos que dan el contenido definitivo a estos espacios, antaño lugares de contemplación y efectismo y ahora de tranquilidad y relajación en medio de la gran metrópolis.

the creation of a beautiful lit-up area". A gravity-free movement of the reflectors is also achieved by their being lit up by an almost invisible point of light.

The LAMPELUNAS lamp-post by Elías Torres and José A. Martínez Lapeña starts out from the idea of lighting up the public area with the light of the moon. By night, circular reflectors manage to reproduce all the phases of the moon. By day it is an arborescent column which blends in with the trees.

The value of absences is another good keynote for urban elements. As in realistic cinema scenes, the image speaks for itself and the spectator does not need the actors' dialogue to understand the meaning of the scene. Or in that sometimes lengthy silence after music, which then conveys to us the true value of the notes. The best design is that which is not set in the urban area, since the space must speak without need for any more than the necessary elements. The essentialness of the design of an area is the protagonist of the project.

Lleida's Plaça dels Apòstols square, by the architect Ignasi Miquel, is a sensitive response to the value of the Old Cathedral and to the vast panorama of the Lleida landscape from the spot; anything that might be an obstacle to these values is suppressed by the solution of the depressed stairs and the wall balustrade levelled with the pavement with rounded edges.

The image of the empty chairs in the Jardin des Tuileries and the Jardin du Luxembourg in Paris is perhaps what best sums up all that we have outlined so far. We can still feel the presence of the people who have just used them. The positions in which the chairs have been left allow us to guess at the number of people who gathered and the arrangement in which they sat. The place and orientation they occupy helps us to seek out the spot's finest views. These are chairs so simple and almost natural in design. But this simple and natural design is fruit of the mobility and adaptation they allow the user, their long presence in these places and the lengthy tradition lying behind these urban spaces. They are the elements which lend these places their definitive content, once places of contemplation and dramatism, now become places of tranquility and relaxation in the midst of the great metropolis.

EL DISEÑO URBANO Y LA PUBLICIDAD

Factores de transformación de la industria del mobiliario

Javier Nieto Santa

En primer lugar, hoy podemos decir que se ha cumplido ya con la vieja proclama de los maestros de la Bauhaus: *from the spoon to the city,* de la cuchara a la ciudad. Esta declaración ha sido considerada por muchos como el punto de arranque de la Modernidad. Pues bien, hoy en efecto, la atención en el diseño de los objetos está profundamente arraigada en nuestra cultura, y así aceptamos con naturalidad que el mobiliario urbano tenga también una específica atención de proyecto. No nos puede sorprender, por tanto, que la totalidad de los objetos relacionados en este libro sean de autor conocido, y que este autor sea debidamente considerado.

La incorporación de la reflexión sobre el diseño a la industria del mobiliario urbano está provocando un auge de la propiedad intelectual. El distinto valor de los productos en el mercado ya no se explica tanto por las diferencias tecnológicas o productivas que se emplean para fabricarlos (a fin de cuentas, la tecnología es común en muchísimos fabricantes), sino por la incorporación o no de atributos que sean amparables por la legislación sobre propiedad intelectual: la intención del proyecto, la virtuosidad de la solución y la propuesta formal del producto son los que dictan la diferencia en el mercado entre productos similares.

De aquí que los buenos diseños tiendan a venderse por todo el país, e incluso a exportarse, en contra de la estructura tradicional de este mercado. El mobiliario urbano era tradicionalmente realizado por pequeños fabricantes locales que atendían a las administraciones municipales en su radio de acción. Antes se premiaba la vecindad del fabricante; ahora gana fuerza la bondad del objeto y sus virtudes intrínsecas.

Los pequeños fabricantes locales no pueden ya copiar los modelos de los productos orientados hacia el diseño sin correr el riesgo de serios problemas jurídicos. De esta manera los productos diferenciados por su diseño (y amparados por la legislación que protege la propiedad intelectual) van abriendo mercado en todo el país y son incluso exportados, paralelamente las empresas que producen tales bienes alcanzan estructuras comerciales más sólidas que las de los pequeños fabricantes locales. Esto es, el mercado tiende hacia la concentración empresarial como resultado de la irrupción del diseño industrial, amparado por la legislación sobre la propiedad intelectual e industrial. Y el acierto o desacierto en la política de diseño de cada empresa deviene por tanto, una cuestión de supervivencia a medio plazo.

Esta importancia estratégica de la política de diseño de las distintas empresas nos ha llevado a una situación de productos mejor pensados, más ricos tecnológicamente hablando (con mayor y más sensata mezcla de materiales), y mejor realizados. Los fabricantes locales eran y son pequeñas empresas basadas en la industria de una sola tecnología: éste funde hierro, aquél trabaja la madera. Sus productos eran y son tecnológicamente simples. En cambio, las empresas involucradas en el desarrollo de diseño

URBAN DESIGN AND ADVERTISING

Factors of transformation of the furniture industry

Javier Nieto Santa

At the outset, we can today state that we have now lived up to the old refrain of the masters of the Bauhaus: from the spoon to the city. *This declaration was considered by many as the starting point of Modernity. Today, indeed, attention to the design of objects is deeply rooted in our culture, and we thus accept as a matter of course that urban furniture also receives special planning attention. We can therefore scarcely be surprised that all the objects listed in this book are by known designers, and that their authorship is duly acknowledged.*

This new reflection on urban design is leading to an upsurge of copyright filing. The differing value of the products in the market can no longer be explained by the various technologies or processes used to manufacture them (for when all is said and done the technology is common to very many manufacturers), but rather by whether or not they have features which can be covered by copyright legislation. What accounts for differences in market value between similar products is the design intention, the virtuoso nature of the solution, the formal product offering.

Hence the fact that good designs tend to be sold throughout the country, and even to be exported, thereby altering the traditional structure of this market. Street furniture used to be made by small local manufacturers who served the municipal governments within their radius of action. Formerly, it was the proximity of the manufacture which was rated; the soundness of the object and its intrinsic virtues have now come to the fore.

Small local manufacturers can no longer copy the models of design-oriented products without running the risk of serious legal problems. Products differentiated by their design (and covered by copyright/patent legislation) are the ones opening up markets throughout Spain and even abroad, while at the same time the companies producing such goods are achieving more solid commercial structures than those of the small local manufacturers. This means that the market is moving towards business concentration as a result of the emergence of industrial design covered by intellectual and industrial property legislation, and each company's success or failure in design policy therefore becomes a matter of medium-term survival.

This strategic importance of design policy in the various companies has brought us to a situation where products are better thought out, with more features from a technological point of view (with a greater and more sensible mix of materials) and better made. The local manufacturers were and remain small companies based on single technologies, so that one would cast iron while the other worked wood. Their products were and remain technologically simple. The companies involved in design development, on the other hand, work with several materials –wood, metal, plastics and the new materials– all at the same time. And they can do so because they do not see themselves as metalworkers or carpenters, but rather as producers of urban furniture. Such producers no longer aim at direct control over this entire technological dispersion, so they contract out to other firms specializing in the manejan múltiples tecnologías: madera, metalurgia y plástico, nuevos materiales... todo a la vez. Y lo pueden hacer porque no se definen a sí mismas como carpinteros o metalistas, sino como productores de mobiliario urbano. Unos productores que ya no pretenden controlar directamente toda esa dispersión tecnológica (y por tanto subcontratar a terceros: especialistas en las distintas partes o fases de producción de sus productos), sino que lo que pretenden es aportar la máxima diferencia en valor de sus productos a través del diseño industrial. Esto induce una especialización productiva de las unidades empresariales: como el carpintero se ciñe a trabajar la madera y el metalista a la industria de los metales, emerge la figura de un productor, no necesariamente fabricante, que se encarga de la edición, financiación y comercialización del producto.

De todo lo cual cabe concluir:

1. Que el diseño industrial ha llegado plenamente al ámbito del mobiliario urbano: *from the spoon to the city* es hoy una realidad.

2. Que el énfasis en los atributos amparados por las leyes de la propiedad intelectual e industrial ha generado un mercado de ámbito nacional, e incluso internacional. Los fabricantes locales ya no pueden copiar, o competir sin diseño industrial propio. Los productos bien diseñados se venden en todo el país e incluso se exportan. El mercado tiende a concentrarse en una menor gama de productos fabricados en series mayores.

3. Que el diseño industrial ha traído tal riqueza tecnológica a los productos que fuerza la especialización productiva de carpinteros, metalúrgicos, pintores, etc., y la paralela amplitud de miras de productores, editores, etc. Por tanto, que el mercado se especializa y profesionaliza. Emerge la industria auxiliar, por una parte, y las marcas de mobiliario por otra.

4. Y que, por tanto, los pequeños fabricantes locales van a tener que optar entre realizar una política de diseño propio y competir a escala nacional, como primera posibilidad, o especializarse tecnológicamente y reconvertirse en proveedores intermedios de los productos y editores, como segunda posibilidad.

Pero esta primera imagen estaría desenfocada si no hablásemos también del fenómeno de las concesiones municipales de explotación de los espacios publicitarios que se producen en el ámbito del mobiliario urbano. Esta extroversión de nuestros hábitos sociales hacia las calles y plazas, esta recuperación y animación del espacio público, que es lo que nos ha movido colectivamente a reclamar más y mejores elementos urbanos, ha traído también un convidado inesperado: la posibilidad de explotar los espacios publicitarios que genera el propio mobiliario urbano.

various parts or production phases of their products, in an effort to endow their products with the maximum added value through the industrial design. This leads to a productive specialization of business units, as the carpenter sticks to working wood, the metalworker to the metals industry, while the producer (who, we might note, is not necessarily also the manufacturer) takes charge of production, financing and distribution of the product.

From all this we can conclude that:

1. *Industrial design has fully entered the sphere of urban furniture, and* from the spoon to the city *is today a reality.*

2. *An emphasis on attributes covered by copyright and patent law has generated a countrywide and even international market. Local manufacturers can no longer copy or compete without their own industrial designs. Well-designed products are sold throughout the country or even exported, and the market now tends to become concentrated on a smaller range of products manufactured in longer production runs.*

3. *Industrial design has brought such a technological wealth to products as to force the productive specialization of carpenters, metal-workers, painters and the like, while at the same time broadening horizons for producers and manufacturers. The market is thus becoming more specialized and more professional, with the emergence of ancillary industries and furniture trade marks.*

4. *The small manufacturers are thus going to have to choose between drawing up their own design policies and competing at countrywide level or becoming technologically specialized and switching their function to that of intermediate suppliers of products and designers.*

This initial picture would nevertheless be a hazy one if we did not mention alongside it the phenomenon of municipal operating licences for the advertising spaces which arise in connection with street furniture. This extroversion of our social habits towards the streets and squares, this recovery and livening up of public areas, which is what has led us as a group to call for more and better urban fixtures, has also brought with it an unexpected bedfellow in the form of an opportunity to run the advertising spaces generated by this very street furniture.

The companies operating this advertising furniture, with their own advertising sales networks, are now large in scale, gigantic if compared with those small local manufacturers. There are some who operate

Las empresas orientadas hacia este negocio del mobiliario publicitario, que cuentan con su propia red comercial de venta de publicidad, son de tamaño grande, gigantesco si se compara con los pequeños fabricantes locales. Las hay que operan en más de mil ciudades europeas, que pertenecen a grandes grupos de construcción, entre otros negocios conexos, y cuyas acciones cotizan en varios mercados financieros.

¿Qué puede significar esta derivación publicitaria para el sector industrial del mobiliario urbano?

Pues en primer lugar, y como es obvio, la aparición de grandes agentes económicos, capaces de movilizar enormes recursos y poderosos argumentos de presión política en favor de sus propuestas. Ésta no es una buena noticia para los pequeños fabricantes locales, ni tampoco para los productores y editores de tamaño intermedio. Sus ofertas a la Administración de un mobiliario urbano de presunto coste cero (a cambio, eso sí, de la licencia de explotación del espacio publicitario) deja en *off-side* cualquier otra alternativa con precio. El primer resultado es la invasión de las calles y plazas con elementos de publicidad vial: una saturación publicitaria más próxima al estereotipo de Los Ángeles de *Blade Runner* que a la Viena de *Sissí*.

Y en segundo lugar, la aparición de estos grandes agentes económicos está dificultando el progreso mismo del mercado, produciendo una homogeneización excesiva de los elementos urbanos. Madrid empieza a parecerse demasiado a París y a Lisboa. Esta tendencia a la homogeneización, masiva de la mano de la publicidad, vuelve a ir en contra del proyecto reflexivo, de la investigación formal y funcional sobre el diseño específicamente aplicado; en contra de la justa selección de lo más adecuado a la personalidad de cada entorno y a la exigencia funcional de cada caso.

Pero seamos optimistas. Con diseño industrial y con publicidad, nuestros espacios públicos se abren más y más a las necesidades de la comunicación de los ciudadanos. Y las calles y plazas laten con nueva vida. Eso es lo que cuenta.

in more than a thousand European cities, who belong to large construction groups (amongst other related activities) and whose shares are quoted in several financial markets.

But what might all this advertising offshoot mean for the industrial sector of urban furniture?

In the first place, clearly enough, the emergence of large, mega-scale economic agents able to mobilize massive resources and powerful political pressure in favour of their offerings. This is not good news for the small local manufacturers, nor for the medium-size producers and designers. Large-concern offers to governments of street furniture items at presumably zero cost (in return, of course, for a licence to operate the advertising space) precludes any alternative with a price-tag on it. The initial result is the invasion of streets and squares with roadside advertising items: an advertising saturation which is closer to the stereotype of the Blade Runner *Los Angeles than to* Sissi's *Vienna.*

Secondly, the emergence of such large economic agents is hindering the very progress of the market, leading to excessive homogenization of street furniture. Madrid is beginning to look too much like Paris and Lisbon. This trend towards homogenization, made massive by advertising, turns back upon the project of reflection, of formal and functional research into design specifically applied, militating against a fair selection of the items best suited to the personality of each setting and the functional requirements of each case.

But let us retain some optimism despite all this. With industrial design and with advertising, our public areas open up increasingly to the communication needs of the citizens, and our streets and squares pulsate with new life. For that is what counts.

PRESENTACIÓN DEL AUTOR

Durante los últimos años, se ha hecho un esfuerzo importante para mejorar el contenido y la calidad del espacio público y este hecho se hace evidente cuando damos un simple paseo por nuestras ciudades. Este libro reúne una selección de elementos de mobiliario y microarquitectura urbanos europeos. Hemos añadido el concepto de microarquitectura al de mobiliario urbano para no englobar objetos como un quiosco o un bar, bajo la denominación genérica de mueble.

Los elementos de mobiliario y microarquitectura urbanos se instalan en el espacio público con el propósito común de ofrecer un servicio al ciudadano; un servicio que tiene usos y funciones muy diferentes ya que éstas van surgiendo conforme aparecen nuevas necesidades en la ciudad; la comunicación, el ocio, el descanso, el mantenimiento, la limpieza, la limitación y la ordenación de espacios peatonales y rodados, etc.

Son elementos destinados al uso del ciudadano puesto que es el ciudadano quien en ellos se sienta, compra, o espera. Este libro se ha realizado pensando en los usuarios y en los creadores de elementos y espacios para la ciudad: arquitectos, ingenieros y diseñadores, entidades municipales y empresas productoras y de servicios.

Como cualquier otro elemento, un mueble urbano tiene una vida y necesita un mantenimiento. Según las condiciones de resistencia, calidad y acabados de los objetos, estos cuidados pueden suponer partidas importantes de los presupuestos públicos. Tener en cuenta estos factores a la hora de concebir un diseño significa también ofrecer un mejor servicio.

La selección que proponemos a continuación tiene en cuenta estos factores y responde a diversos criterios. Regular y simplificar los elementos urbanos, su mantenimiento y su eficacia, requiere varias premisas. Si el diseño es la primera parte y fundamento de la concepción de cualquier objeto, en el mobiliario urbano la segunda corresponde a la fabricación, colocación y explotación del mismo. Implicar de nuevo a la empresa productora o de servicios en el mantenimiento, amplía el compromiso de calidad. Algunas empresas ya se ocupan del mantenimiento de sus productos pero un signo de avance serían las empresas especializadas en dicho mantenimiento, que descargarían el trabajo de la administración y asegurarían la modernización de las instalaciones. El trabajo público residiría entonces en el control de imagen y calidad de los espacios urbanos y finalmente en la calidad de la ciudad. Quizás así se evitaría la saturación y se mejoraría el confort del ciudadano.

Partiendo de estas premisas, la idea de conjunto debería prevalecer sobre las diferentes actuaciones realizadas en una ciudad. Se trataría de proyectar un guión común a partir de un buen conocimiento de los problemas y evolución de la ciudad, para realizar después las acciones puntuales dentro de este proyecto global. La preocupación por el espacio público es un asunto reciente que tiene relación directa

AUTHOR´S PREFACE

This book is a selection of European examples of street furniture and microarchitecture. Over the last few years a major effort has been made in this field to improve the content and quality of public areas and that much can be appreciated simply by strolling around our cities. We have added the concept of microarchitecture to that of urban furniture in order to avoid the inclusion of objects such as newspaper stands or bars under the generic heading of furniture.

Urban furniture and microarchitecture are placed in public areas with the common intention of offering a service to citizens, a service which has very different uses and functions which arise as new needs make themselves felt in cities: communication, leisure, rest, maintenance, cleaning, delimitation and planning of pedestrian and traffic areas, etc.

Such items are intended for the use of citizens, who sit on them, buy things from them or simply wait in them. This book has been put together with the users in mind, and those who create objects and design areas for the city – architects, engineers and designers, municipal corporations and manufacturing and services companies.

Like any other item, a piece of street furniture has a life-span and needs maintenance. Depending on the strength, quality and finish of such items, such care may require substantial allocations from public budgets. Taking account of these factors when drawing up a design therefore means offering a better service.

The selection we propose herein takes account of such factors and is a response to a variety of criteria. Regulating and simplifying urban items, their maintenance and their efficacy involves several premises. If design is the first stage and basis for the conception of any object, then in the case of street furniture the second stage relates to its manufacturing, placement and use. Further involvement of the manufacturing or services company in maintenance work broadens the quality commitment, and some companies do now undertake maintenance of their own products. One sign of progress would be the emergence of companies specializing in maintenance, which would lighten the work load of government departments and ensure modernization of facilities. Public works departments could then concern themselves with monitoring the image and quality of urban areas and, hence, the quality of the city. Perhaps saturation would be avoided thereby and the comfort of citizens improved.

On the basis of these premises, the overall schema should prevail over the various individual measures implemented in a city, with common guidelines laid down on the basis of sound acquaintance with the problems and evolution of the city, followed only then by the undertaking of the individual tasks within this overall plan. Concern for public areas is a recent phenomenon which bears a direct relationship with improved quality of life and the defence of areas reserved for the individual as con el aumento de la calidad de vida y con la defensa del espacio reservado para el individuo frente al gran crecimiento de la circulación.

En este libro, las fichas de cada elemento reseñan el diseñador y el productor (en la mayoría de los casos el productor también es el fabricante), muestran imágenes, dibujos acotados y se realiza una descripción de características formales y técnicas. Así, los elementos quedan descritos de una forma accesible, informativa y completa. El precio no aparece mencionado porque es un dato cuya utilidad caduca a los pocos meses, mientras que algunos diseños, en cambio, no pierden actualidad con el transcurrir de los años.

En un libro de estas características, el primer, y fundamental planteamiento, reside en los criterios de selección de los elementos. Hemos escogido elementos que se produzcan y se vendan en el momento actual, que hayan sido diseñados o reinterpretados durante los últimos años (como máximo y en casos muy especiales tienen 20 años), que aporten novedades en cuanto al diseño y a la utilización de los materiales o que tengan un valor específico añadido. Hemos seleccionado los elementos en los que la belleza, eficacia y sencillez son parte integrante de su concepción.

El siguiente paso ha sido la agrupación de los elementos. La hemos hecho según su utilización y hemos establecido ocho grupos que comprenden todos los elementos que existen en los espacios urbanos: Urbanización y Limitación, Descanso, Iluminación, Jardinería y Agua, Comunicación, Servicio Público, Comercial y Limpieza. Cada grupo incluye una serie de subgrupos con sus elementos específicos ordenados cronológicamente según el año de inicio de su producción.

No hemos incluido subgrupos como pavimentos, aceras, escalones, rejas, imbornales, pozos de registro, cierres provisionales, rótulos, mástiles, parasoles, pérgolas, mesas, palos de electrificación, señales de tráfico, marcas viales, etc., por considerar que todos estos elementos, si bien forman parte del mobiliario urbano son más técnicos, y específicos de cada ciudad. Uno de los objetivos principales de este libro es mostrar las varias posibilidades de cada tipo de elemento. Tampoco hemos reseñado los diseños únicos ni los elementos específicos o exclusivos de una sola ciudad puesto que no existe la posibilidad de instalarlos en otra ciudad y esta guía perdería entonces su carácter práctico. Y la tercera renuncia ha sido la de aquellos elementos que pese a estar producidos en la actualidad y estar en el mercado no tienen una autoría clara o están producidos por muchas empresas, cosa que podría llevar a confusión o dar lugar a malas interpretaciones.

Esperamos no haber incurrido en demasiados errores. Nuestro esfuerzo se ha centrado en la claridad y en el rigor, con la voluntad de mostrar no la totalidad sino gran parte del mobiliario urbano existente: el que forma parte de nuestra vida cotidiana.

against ever-encroaching vehicular traffic.

In this book, for each item, details are provided of the designer and the producer (the producer in most cases being also the manufacturer), pictures are shown, dimension drawings provided and a description of the formal and technical characteristics given. The items are thus described in an accessible, informative and comprehensive way. Price is not given, for this is a piece of information which becomes outdated within months, while some designs remain current despite the passing of the years.

In a book like this, the initial and basic approach lies in the criteria for selection of the items. We have chosen items which are currently being produced and sold, which have been designed or reinterpreted in recent years (at most, and only in very special cases, they may be up to 20 years old), which present novelties in terms of design or use of materials or which have some specific added value. We have selected items in which beauty, efficacy and simplicity form an integral part of the conception.

The next step was to group the items together. We have done this according to the use to which they will be put, drawing up eight groups to include all the items to be found in urban areas: Town Planning and Delimitation, Rest, Lighting, Garden and Water Fixtures, Communication, Public Service, Commercial and Cleaning. Each group includes a number of subgroups with their specific items ordered chronologically by year of start of production.

We have not included subgroups such as paving, pavements (sidewalks), steps, railings, drain covers, manholes, temporary fencing, signs, poles, parasols, pergolas, tables, electricity posts/pylons, traffic lights, road markings, etc. The suppression of all these elements, which do indeed form part of street furniture, was a major decision, though they are more technical and specific to each city. One of the main objectives of this book is to show several possibilities for each type of item. We have also left out one-off designs and items specific or exclusive to a single city, since these cannot be installed in any other city and their inclusion in this guide would make it less practical. The third type of item we have excluded are those which, despite being produced currently and available in the market, are not of clear authorship or are produced by many companies, a situation which could create confusion or give rise to false interpretations.

We hope that we have not made too many errors. We have aimed at clarity and rigour out of a desire to show if not all, then at least a substantial part, of existing street furniture, that which forms part of our day-to-day lives.

Todas las cotas de los dibujos están en centímetros/
All drawings measurements are in centimeters

ELEMENTOS DE URBANIZACIÓN Y LIMITACIÓN
URBAN LAYOUT AND DELIMITATION

Son los elementos que, por su extensión, pueden ofrecer una visión unitaria del territorio de la ciudad. Aquí incluimos los vados, como un elemento común de urbanización superficial y aquellos que permiten acotar el espacio público. No se incluyen los pavimentos pues su desarrollo podría dar lugar a una monografía específica y están ligados a prácticas urbanizadoras particulares de cada ciudad.

These are features that are so extensive that they can have a unifying effect on the cityscape. We include here access ramps, as a common element of surface urban layout, and those which permit fencing of public areas. We do not include paving, about which a whole book could be written, and which is in any case linked to the urban design practices of each city.

1. Vado vehículos/*Vehicle access ramp* V–60

AUTOR/*DESIGNER*
Rafael de Cáceres (1986)
Servicio de Elementos Urbanos del Ayuntamiento de Barcelona/*Urban Elements Department of Barcelona City Council*

PRODUCTOR/*PRODUCER*
Empresas especializadas/*Specialized companies.*

CARACTERÍSTICAS
Vado para vehículos formado por un conjunto de piezas de granito con las caras vistas flameadas.

DIMENSIONES
Anchura recomendada de paso de vehículos 600 cm
Piezas de remate 60x40x30 cm
Piezas intermedias longitud entre 60 y 100 cm
sección 62x30 cm

DESCRIPTION
Access ramp for vehicles made up of an assembly of pieces of granite with exposed sides mottled.

DIMENSIONS
Recommended vehicle passage width 600 cm
End pieces 60x40x30 cm
Intermediate pieces length between 60 and 100 cm
section 62x30 cm

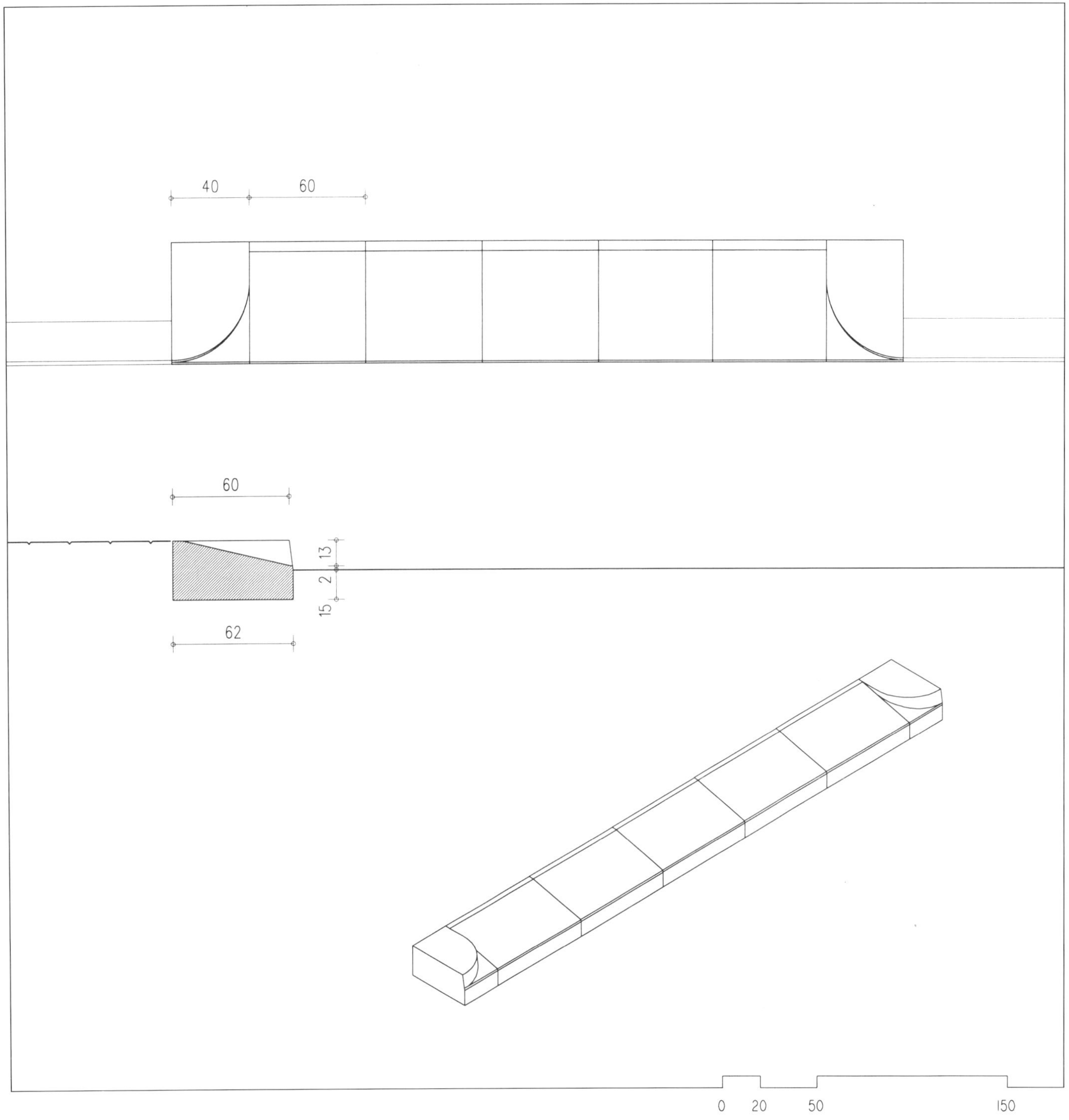

ESPECIFICACIONES TÉCNICAS
Piezas de remate que en la parte vista forman un rebaje en cuarto de circunferencia de 40 cm de radio y tienen en la cara de acoplamiento una caída de 2 cm.
Piezas intermedias con rebaje en una de sus caras formando pendiente según la altura del bordillo.

COLOCACIÓN
Se colocará sobre solera de hormigón con juntas de 1 cm entre piezas.

TECHNICAL SPECIFICATIONS
End pieces which on the exposed part form a lowered section over a quarter-circumference of radius 40 cm, with a drop of 2 cm on the joint face.
Intermediate pieces with lowered section on one of their sides forming a slope according to the height of the kerb.

FIXING
Placed on concrete slab with 1 cm joints between pieces.

2. Vado peatones/*Pedestrian access ramp* V–120

AUTORES/*DESIGNER*
Servicio de Elementos Urbanos del Ayuntamiento de Barcelona (1990)/*Urban Elements Department of Barcelona City Council*

PRODUCTOR/*PRODUCER*
Empresas especializadas/*Specialized companies.*

CARACTERÍSTICAS
Vado para peatones formado por un conjunto de piezas de granito con las caras vistas flameadas.
Hay dos condiciones para colocar este vado. La primera que la acera tenga una anchura mínima de 260 cm y la segunda, que las piezas centrales queden entregadas a nivel, tanto en la calzada como en la acera.
Seleccionado para los premios Delta ADI–FAD 1991.

DIMENSIONES
La anchura mínima recomendada para el paso de peatones será de 320 cm (8 piezas intermedias).

Piezas de remate delanteras	40x42x23 cm de altura
Piezas de remate posteriores	40x40x15 cm de altura
Piezas intermedias	121,8x40x9 cm de altura

DESCRIPTION
Pedestrian access way made up of an assembly of pieces of granite with exposed sides mottled.
Two conditions are necessary for fitting this access way. The first is that the pavement have a minimum width of 260 cm, while the second is that the central pieces are laid flush with the road and with the pavement.
Selected for the 1991 ADI-FAD Delta prizes.

DIMENSIONS
The minimum recommended width for pedestrian transit is 320 cm (8 intermediate pieces).

Front end pieces	*40x42x23 cm high*
Rear end pieces	*40x40x15 cm high*
Intermediate pieces	*121.8x40x9 cm high*

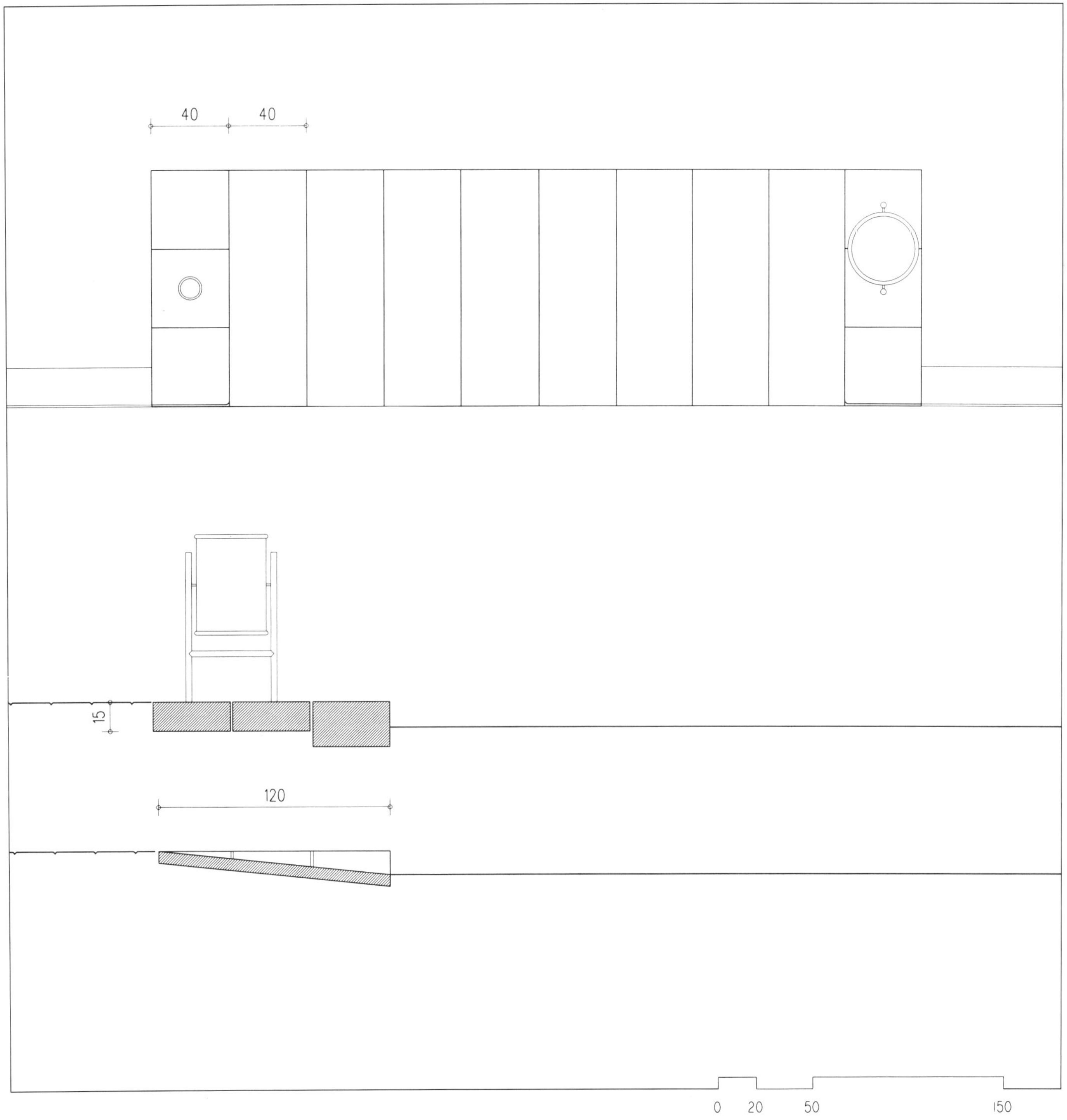

ESPECIFICACIONES TÉCNICAS
Tres piezas de remate paralelepipédicas, en cada lado. En un lado, dos piezas tienen una perforación de ø 4,5 cm para colocar una papelera. En el otro, una pieza está perforada para colocar un palo de semáforo de ø 12 cm. Las dos piezas delanteras tienen una arista vertical redondeada (radio 2 cm). Piezas intermedias paralelepipédicas que forman pendiente según la altura del bordillo (máximo 12%).

COLOCACIÓN
Se coloca sobre solera de hormigón.

TECHNICAL SPECIFICATIONS
Three rectangular end pieces on each side. On one side, two pieces have a 4.5 cm ø perforation for fitting of a litter bin. One the other side, one piece is perforated for fitting of a 12 cm ø traffic light post. The two front pieces have a rounded vertical edge (radius 2 cm).
Rectangular intermediate pieces forming a slope according to the height of the kerb (maximum 12%).

FIXING
Placed on concrete slab.

3. Barandilla/*Handrail* MONCLOA

AUTORES/*DESIGNERS*
LA NAVE (1991)

PRODUCTOR/*PRODUCER*
INDUSTRIAS SALUDES, S.A.

CARACTERÍSTICAS
Barandilla urbana modular de gran sencillez y fácil colocación. Se adapta con facilidad a cualquier entorno o proyecto por su discreto diseño.

DIMENSIONES

Altura total	106,35 cm
Altura s/pavimento	91,35 cm
Diámetro columna	máx. 7,2 cm / mín. 4,1 cm
Longitud pasamanos	300 cm (módulo estándar)
Diámetro pasamanos	6,35 cm

DESCRIPTION
Modular urban handrail of great simplicity and easy to fit, suitable for any setting or project due to its discreet design, which fits in easily in any area.

DIMENSIONS

Total height	*106.35 cm*
Height above paving	*91.35 cm*
Column diameter	*max. 7.2 cm / min. 4.1 cm*
Handrail length	*300 cm (standard module)*
Handrail diameter	*6.35 cm*

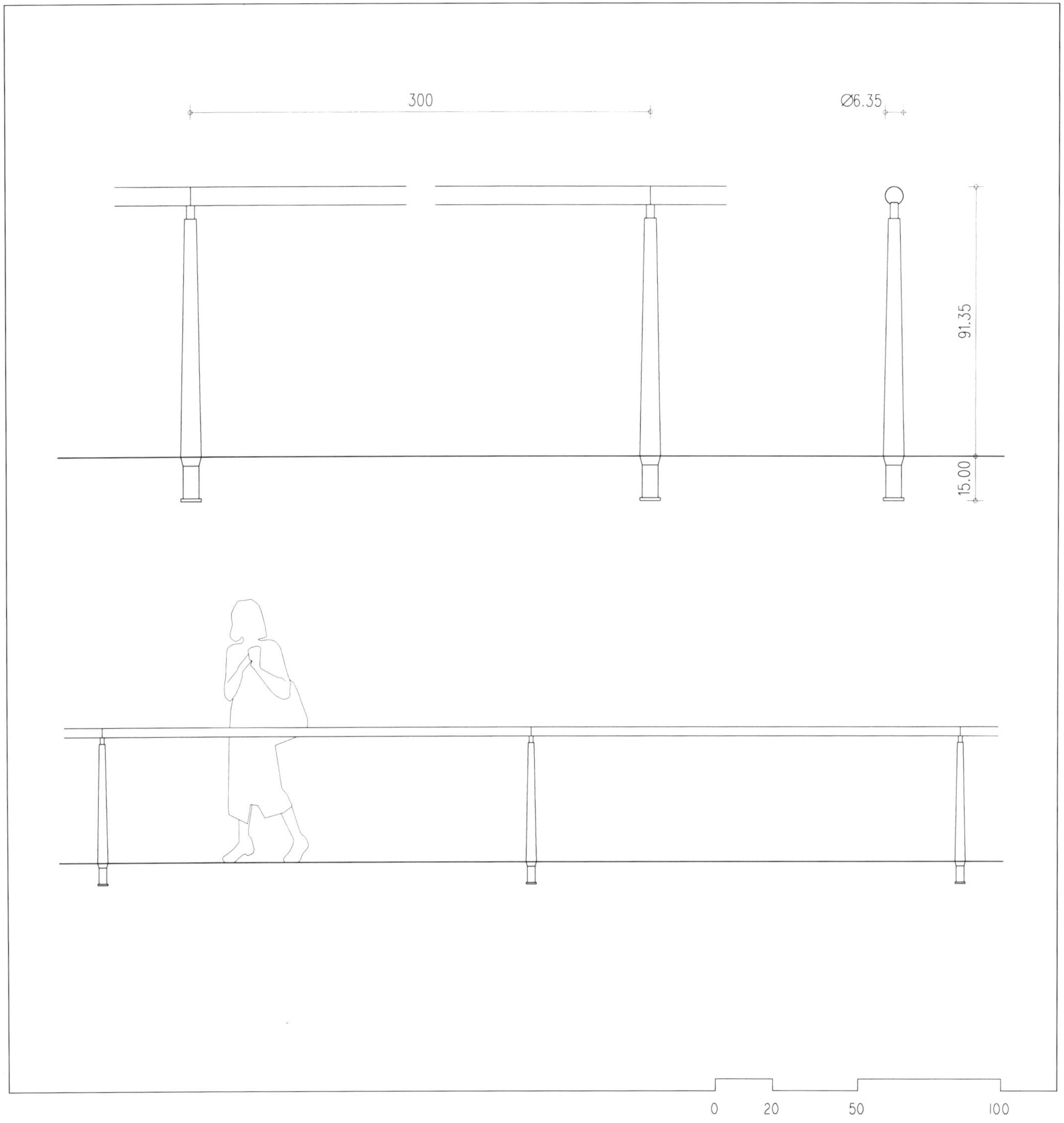

ESPECIFICACIONES TÉCNICAS
Pasamanos de tubo de acero inoxidable de 1,5 mm de espesor con acabado pulido espejo. Tubo interior de acero cromatizado de 2 mm de espesor para la unión de los módulos.
Columnas troncocónicas de acero fundido de alta resistencia, con imprimación antióxido y acabado con oxirón color negro forja.
Pletina de acero inoxidable de conexión pasamano–columna ø 28 mm.

COLOCACIÓN
Columnas empotradas 15 cm en el pavimento. (Posibilidad de colocar un embellecedor de acero inoxidable.)

TECHNICAL SPECIFICATIONS
Handrail of stainless steel tube, wall thickness 1.5 mm, with mirror-polished finish. Interior tube of 2 mm wall thickness chromium-plated steel for connecting the modules.
Truncated-cone columns of high-strength cast steel, with antioxidation primer and finished with black forge Oxiron *paint.*
Stainless steel 28 mm ø handrail-column connection plate.

FIXING
Columns sunk 15 cm into the pavement (possibility of fitting stainless steel trim plate).

4. Barandilla/*Handrail* V

AUTORES/*DESIGNERS*
Montse Periel - Màrius Quintana (1991)

PRODUCTOR/*PRODUCER*
Servicio de Elementos Urbanos del Ayuntamiento de Barcelona/*Urban Elements Department of Barcelona City Council.*

CARACTERÍSTICAS
Baranda de vidrio y acero inoxidable que se integra fácilmente en cualquier espacio gracias a la transparencia del vidrio, la inmaterialidad del acero inoxidable y la esencialidad del diseño no supone una modificación excesiva de la configuración del espacio urbano. Los materiales facilitan el mantenimiento y tienen una gran durabilidad.

DIMENSIONES
Modulaje de los cristales, longitud entre 120 y 200 cm y altura 110,6 cm.
Altura de la barandilla desde el pavimento, 100 cm.

DESCRIPTION
Glass and stainless steel handrail which integrates easily into any area, while not changing the shape of the urban setting excessively thanks to the transparency of the glass, the unimposing nature of the stainless steel and the basic nature of the design. The materials are easy to maintain and very durable.

DIMENSIONS
Glass section modules, length between 120 and 200 cm and height 110.6 cm.
The height of the rail from the paving is 100 cm.

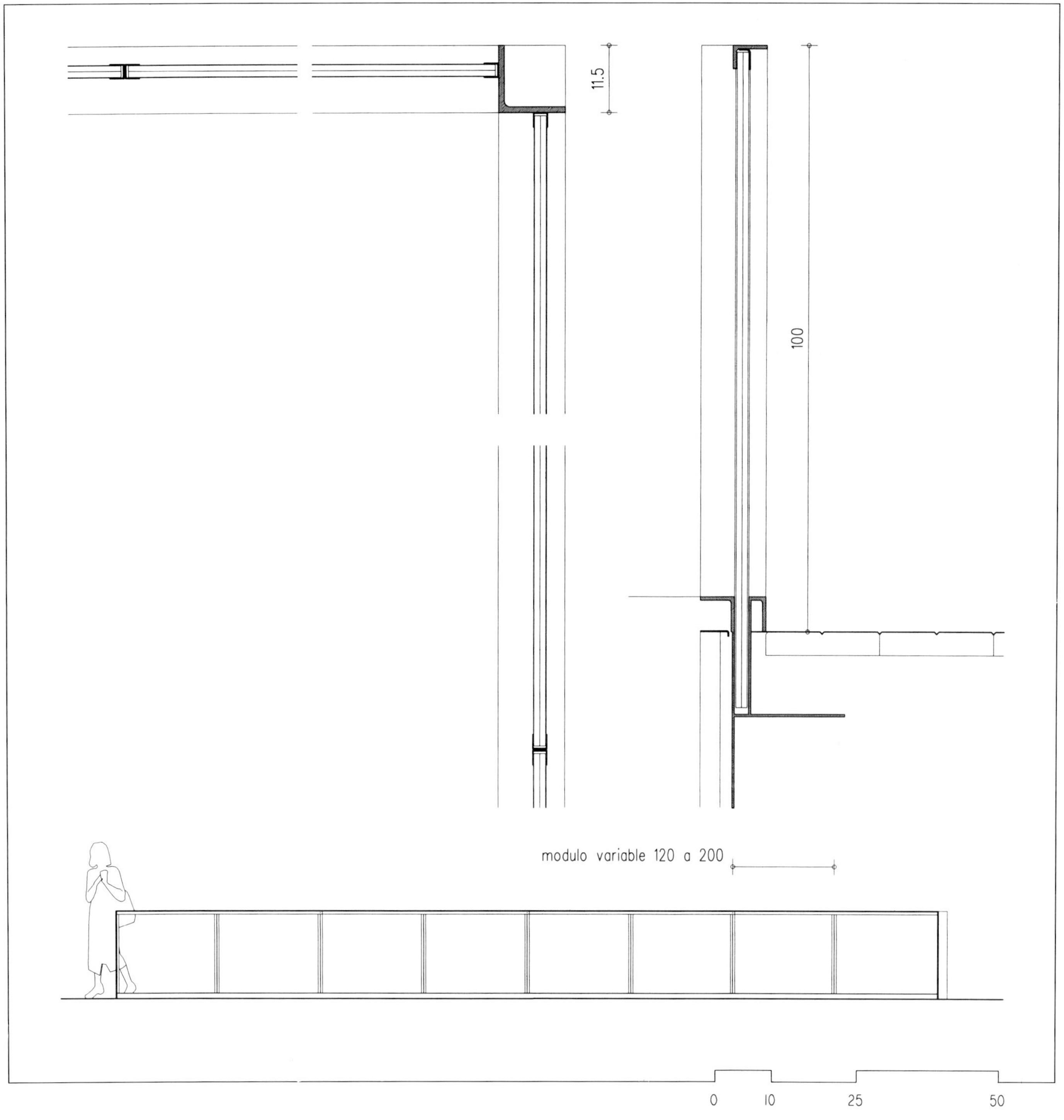

ESPECIFICACIONES TÉCNICAS

Perfiles conformados en caliente y pasamanos de acero inoxidable tipo AISI–316 con acabado pulido satinado y soldaduras de argón.
Tornillería de acero inoxidable.
Cristales Stadip 10+10 con lámina de butiral de polivinilo transparente, cantos pulidos y aristas biseladas. Juntas de neopreno entre los cristales y cualquier otro material.

COLOCACIÓN

La barandilla va sujeta al muro mediante un perfil en L que queda escondido por el aplacado del muro y empotrado 15 cm en el pavimento.

TECHNICAL SPECIFICATIONS

Hot-formed profiles and handrail in AISI-316 stainless steel with satin-polished finish and argon welds.
Stainless steel nuts and bolts.
Stadip *10+10 glass sections with sheet of transparent polyvinyl butyral, polished borders and bevelled edges. Neoprene joints at interfaces between glass and any other material.*

FIXING

The handrail is secured to the parapet using an L-section which is concealed by the parapet facing and sunk 15 cm into the pavement.

5. Barandilla/*Railing* LÍNIA

AUTORA/*DESIGNER*
Montse Periel (1993)

PRODUCTOR/*PRODUCER*
SANTA & COLE, S.A. División Urbana.

CARACTERÍSTICAS
Mínima expresión formal y estilística para una barrera peatonal. Permite su instalación en secuencias ininterrumpidas, según las necesidades, y ofrece gran resistencia al vandalismo. Fácil recambio de cualquiera de sus piezas. No actúa en ningún caso como barrera visual.

DIMENSIONES
Soporte estándar con pletinas de 7x1x75 cm (2) y de 5x1 x75 cm (1).
Barandilla estándar. Tubo de diámetro exterior 8,4 cm y espesor 2 mm, y de 300 cm de longitud. Las barandillas se ensamblan mediante un tubo interior de 8 cm de diámetro, dejando una separación entre tramos de 30 mm.
La altura de la barandilla desde el pavimento es de 80 cm.

DESCRIPTION
Minimum formal and stylistic expression for a pedestrian barrier. Can be installed in unbroken sequences and is highly vandalproof. Easy replacement of any of its parts. Never forms a visual barrier.

DIMENSIONS
Standard support with plates of 7x1x75 cm (2) and 5x1 x75 cm (1).
Standard railing. Exterior tube diameter 8.4 cm, wall thickness 2 mm, length 300 cm. The railing tubes are fitted together using an interior tube of 8 cm diameter, leaving 30 mm gap between sections.
The height of the handrail from the pavement is 80 cm.

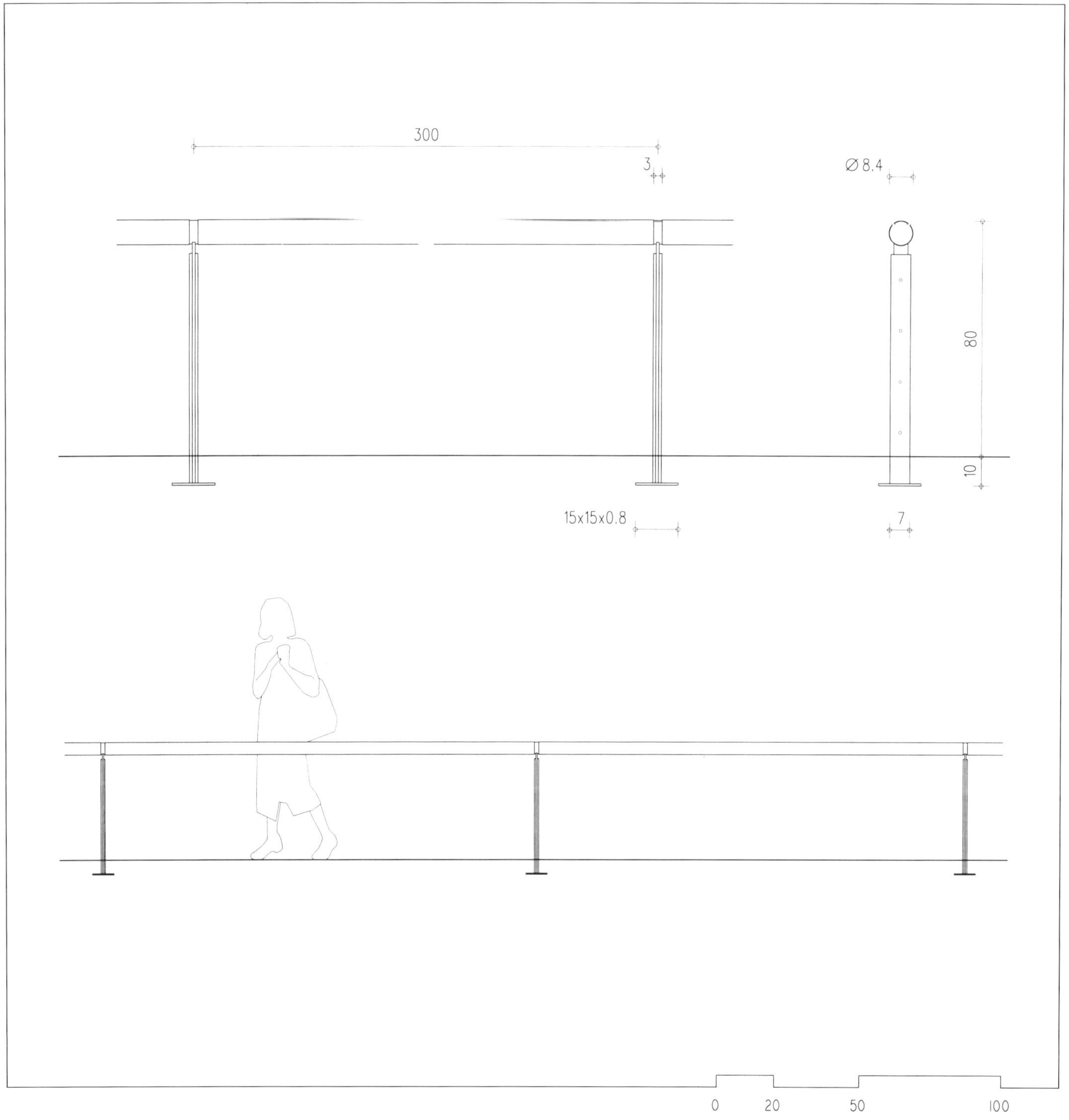

ESPECIFICACIONES TÉCNICAS
Soporte compuesto por tres pletinas de acero inoxidable unidas por tornillería inoxidable de cabeza avellanada Allen.
Pasamanos de tubo de acero inoxidable.
Esta barandilla admite muchas medidas, tanto de altura como de diámetro de tubo.

COLOCACIÓN
Empotrado 10 cm en el pavimento y sujeto con anclajes para hormigón mediante una pletina de 150x150x8 mm.

TECHNICAL SPECIFICATIONS
Support composed of three stainless steel plates attached by stainless steel countersunk Allen bolts.
Handrail of stainless steel tube.
This handrailing can be supplied in many height and tube-diameter measurements.

FIXING
Sunk 10 cm into the pavement and secured with anchorages for concrete using a 150x150x8 mm flange.

6. Valla EMPALIZADA/*PALING* EXPO'92

AUTOR/*DESIGNER*
Javier Garrido (1991)

PRODUCTOR/*PRODUCER*
CONITEK, S.A.

CARACTERÍSTICAS
Valla creada para cerrar el recinto de la Expo'92 de Sevilla. Es una valla idónea para su utilización en cercados de seguridad y espacios públicos protegidos. Inigualable por su rigidez, resistencia y perfecto acabado. De gran originalidad y sencillez, es totalmente resistente a los agentes atmosféricos, se limpia fácilmente y es indestructible y aislante.

DIMENSIONES

Tipo S	Altura	mín. 150 cm / máx. 300 cm
	Diámetro	8 cm
Tipo N	Altura	mín. 150 cm / máx. 500 cm
	Diámetro	mín. 6,3 cm / máx. 14 cm

CHARACTERISTICS
Fencing created to enclose the Expo'92 precinct in Seville. This fencing is ideal for utilization in security enclosures and protected public areas. Unequalled in its rigidity, strength and perfect finish. Of great originality and simplicity, it is totally resistant to atmospheric agents, easy to clean, indestructible and isolating.

DIMENSIONS

Type S	*Height*	*min. 150 cm / max. 300 cm*
	Diameter	*8 cm*
Type N	*Height*	*min. 150 cm / max. 500 cm*
	Diameter	*min. 6.3 cm / max. 14 cm*

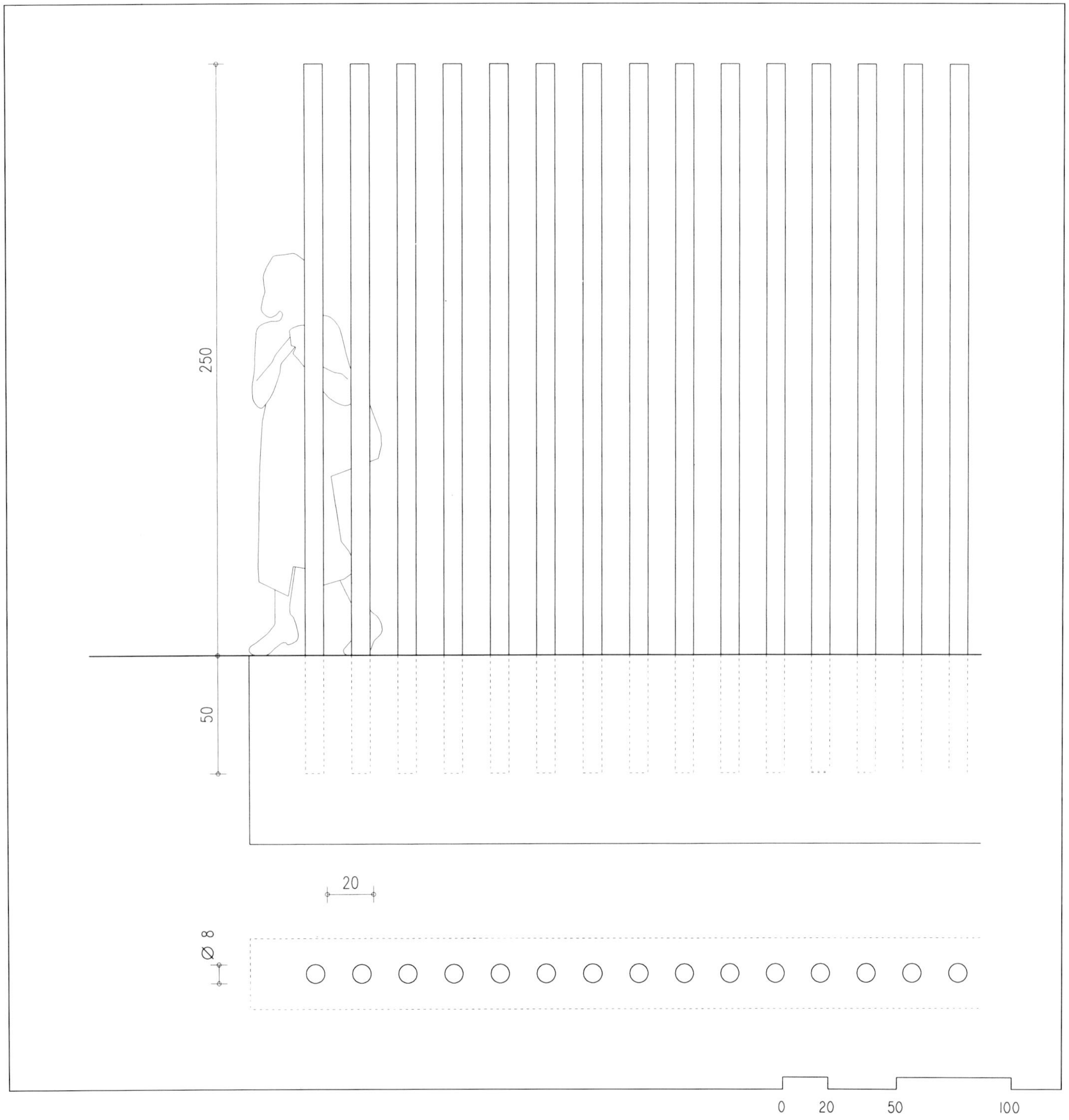

ESPECIFICACIONES TÉCNICAS
Recubrimiento exterior de PVC con interior de varillas de acero y cerámica.
Según la clase de cerámica que se aplique –gres vitrificado cocido a 1.300° (tipo S) o cerámica normal cocida a 850° (tipo N)–, ofrece resistencias, diámetros y alturas distintos.
Los acabados estándar son en color blanco y gris perla (RAL 7035/7038), pero según la cantidad, se pueden pedir otros.

COLOCACIÓN
Empotrada en el pavimento o suelo mediante un dado prefabricado de hormigón suministrado por la empresa. El empotramiento dependerá del tipo de valla, y oscilará entre los 20 y 90 cm de profundidad.
La distancia recomendada de colocación de los postes es de 20 cm entre ejes (luz de 12 cm).

TECHNICAL SPECIFICATIONS
Exterior coating of PVC with interior of steel rods and ceramic material.
According to the class of ceramics applied –glazed stoneware fired at 1,300°C (type S) or normal ceramics fired at 850°C (type N)– it comes in a variety of strengths, diameters and heights.
The standard finishes are in white and pearl grey (RAL 7035/7038), but other colours may be ordered depending on quantity.

FIXING
Sunk into the paving or ground using a prefabricated concrete die supplied by the company. The depth will depend on the type of fencing, ranging between 20 and 90 cm. The recommended space between posts is 20 cm between centres (span of 12 cm).

7. Valla/*Enclosure* COMO

AUTORES/*DESIGNERS*
José Antonio Martínez Lapeña - Elías Torres (1993)

PRODUCTOR/*PRODUCER*
ESCOFET 1886, S.A.

CARACTERÍSTICAS
Cerramiento compuesto por elementos rectangulares de hormigón aligerados mediante agujeros verticales en buena parte de su altura, que le confieren una gran transparencia.

DIMENSIONES

Altura total	275 cm
Altura sobre pavimento	225 cm
Ancho	95 cm
Grueso	15 cm

DESCRIPTION
Enclosure composed of rectangular concrete elements lightened by means of vertical slots through much of their height, which lend them great transparency.

DIMENSIONS

Total height	*275 cm*
Height above pavement	*225 cm*
Width	*95 cm*
Thickness	*15 cm*

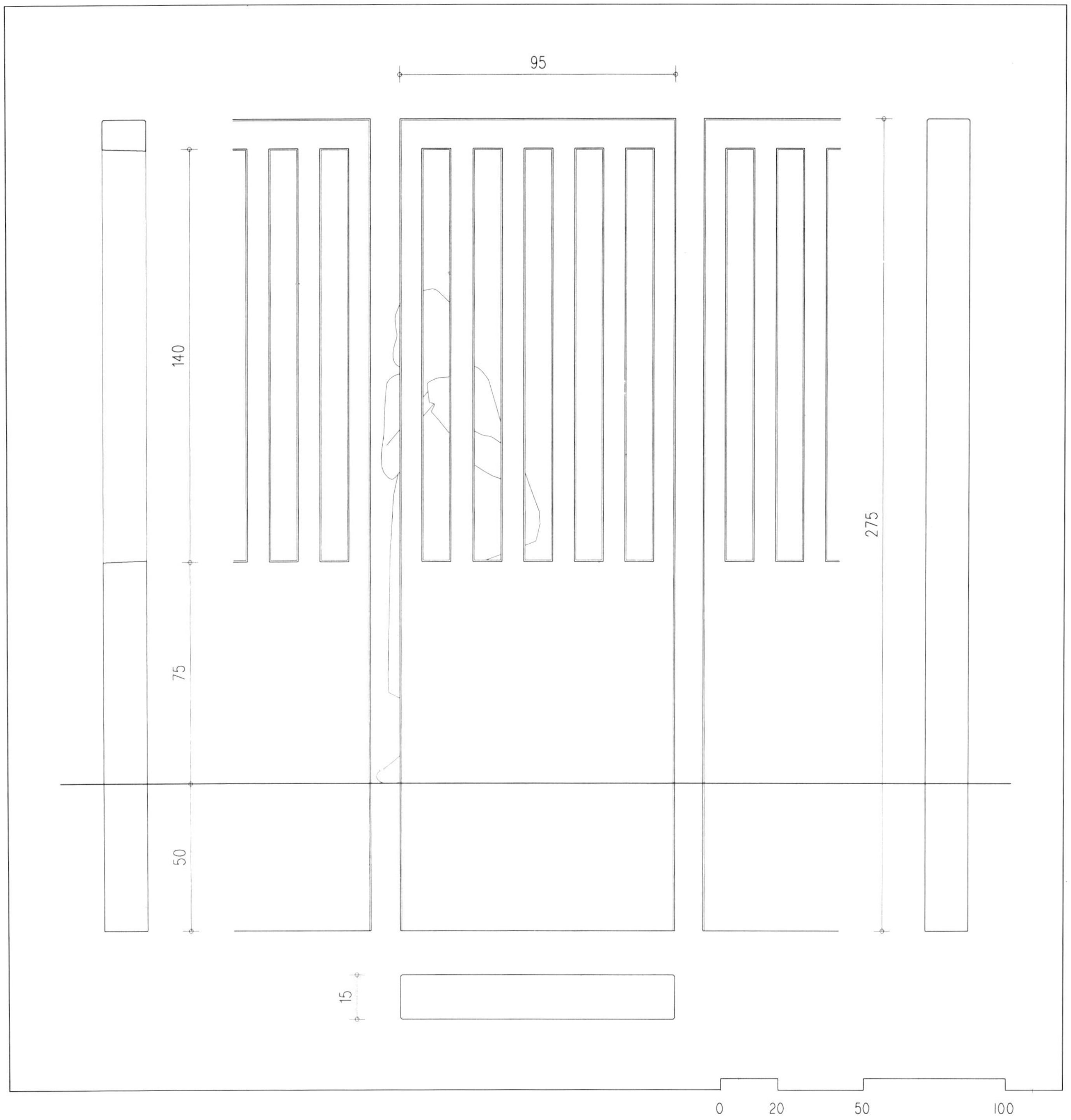

ESPECIFICACIONES TÉCNICAS
Hormigón armado de color gris, acabado salido del molde, con armadura de acero inoxidable.
Su peso es de 650 kg.

COLOCACIÓN
Empotrada 50 cm en el pavimento.

TECHNICAL SPECIFICATIONS
Grey reinforced concrete with ex-mould finish, stainless steel reinforcement.
Weight 650 kg.

FIXING
Set 50 cm into pavement.

8. Barrera Arquitectónica/ *Architectural Barrier* GAT-O

AUTORES/*DESIGNERS*
Helio Piñón - Albert Viaplana (1988)

PRODUCTOR/*PRODUCER*
ESCOFET 1886, S.A.

CARACTERÍSTICAS
Elemento de piedra que emerge del suelo, confrontándose con la gravedad y curvándose como el lomo de un gato.
Es un elemento de reducidas dimensiones que cumple perfectamente con la misión de impedir el acceso de vehículos rodados a ciertas zonas, o de protegerlas.

DIMENSIONES

Altura total	40 cm
Altura emergente	30 cm
Longitud	60 cm
Anchura	20 cm

DESCRIPTION
Concrete element emerging from the ground, coming up against gravity and curving like a cat's back.
This is a piece of small dimensions which perfectly fulfils its function of preventing vehicle access to certain zones or protecting them.

DIMENSIONS

Total height	*40 cm*
Projecting height	*30 cm*
Length	*60 cm*
Width	*20 cm*

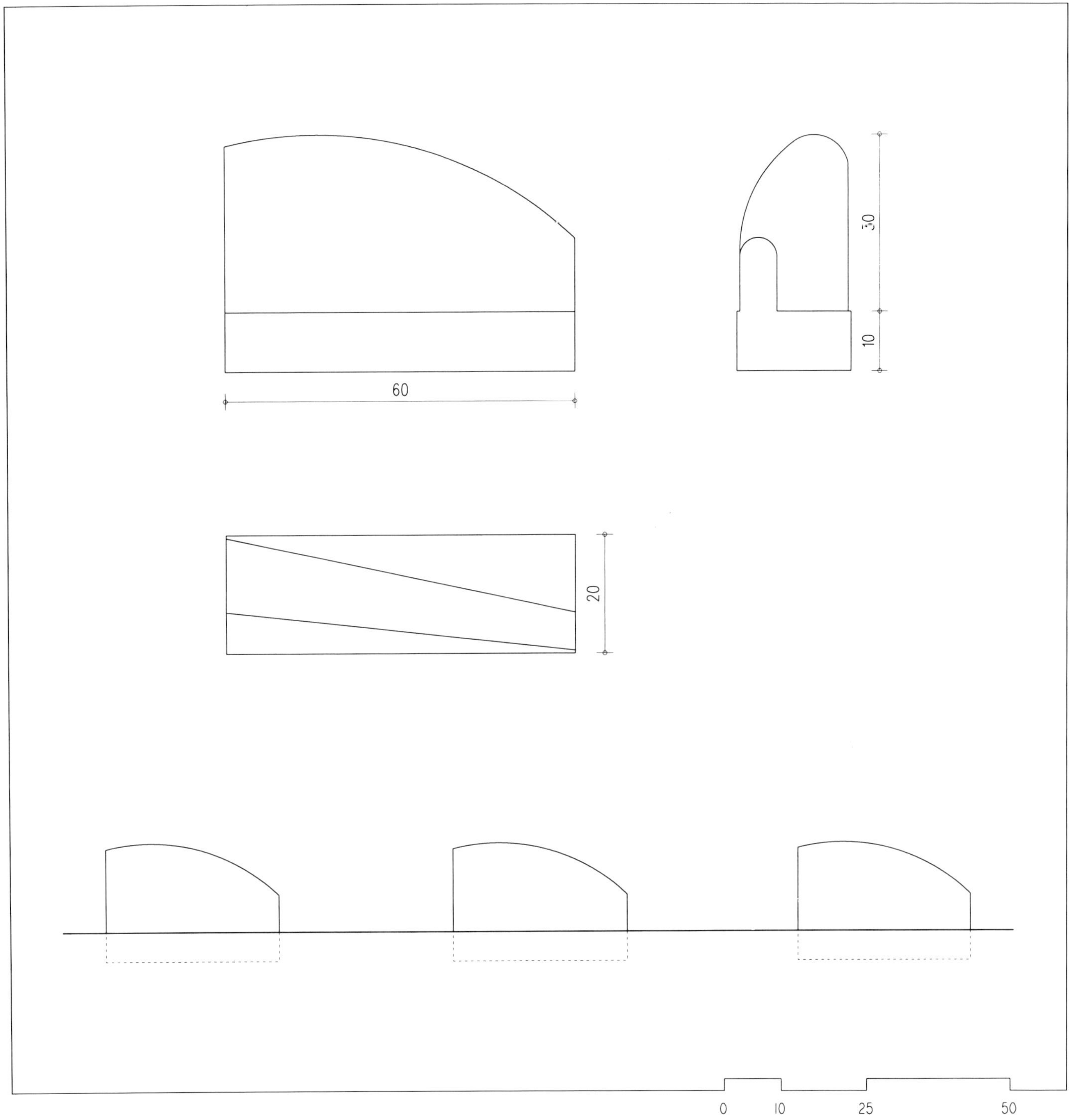

ESPECIFICACIONES TÉCNICAS
Bloque de hormigón armado de color gris con acabado lacado al ácido y armadura de acero inoxidable.
Su peso es de 62 kg.

COLOCACIÓN
Empotrada 10 cm en el pavimento.

TECHNICAL SPECIFICATIONS
Grey block of reinforced concrete with acid-washed finish and stainless steel reinforcement.
Weight 62 kg.

FIXING
Set 10 cm into the pavement.

9. Barrera Arquitectónica/ *Architectural Barrier System* CORBS

AUTOR/*DESIGNER*
Josep Antoni Megias (1991)

PRODUCTOR/*PRODUCER*
Canteras AGRAMAR, S.A.

CARACTERÍSTICAS
Elemento de gran sencillez y elegancia fabricado en granito para la limitación y protección de espacios peatonales.
Dos piezas distintas que se solapan para formar hileras.
Seleccionada para los Premios Delta ADI–FAD 1991.

DIMENSIONES

Altura total	50 cm
Altura emergente	25 cm
Longitud	183 cm (pieza inicio)/ 152 cm (pieza complementaria)
Anchura	25 cm

DESCRIPTION
An item of great simplicity and elegance manufactured in granite to delimit and protect pedestrian areas.
There are two different pieces which overlap to form rows.
Selected for the 1991 ADI-FAD Delta Prizes.

DIMENSIONS

Total height	*50 cm*
Emerging height	*25 cm*
Length	*183 cm (starting piece)/ 52 cm (complementary piece)*
Width	*25 cm*

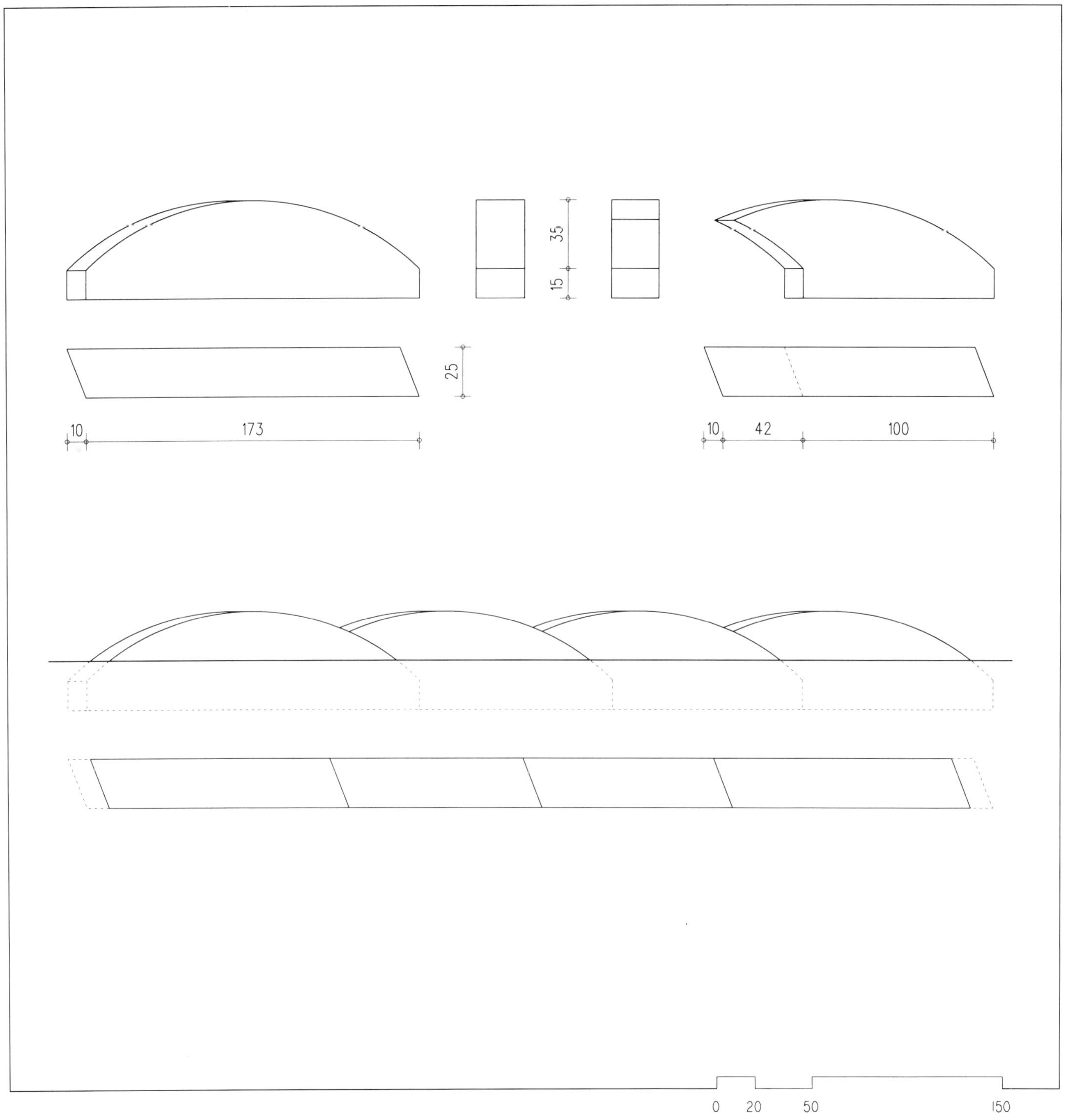

ESPECIFICACIONES TÉCNICAS
Elementos de granito aserrados mecánicamente y con acabados flameados en sus caras vistas.
La pieza de inicio describe un arco de circunferencia de 135 cm de radio. Las restantes tienen, además, un rebaje en uno de sus lados de modo que se complementan y solapan para formar hileras. El rebaje tiene un radio de 136 cm.

COLOCACIÓN
Empotrado 25 cm en el pavimento sobre un lecho de hormigón.

TECHNICAL SPECIFICATIONS
Granite pieces cut mechanically, with mottled finishes on their exposed sides.
The starting piece describes an arc with circumference of radius 135 cm. The other pieces have in addition a cut-out section on one of their sides so that they fit together, overlapping to form rows. The cut-out piece has a radius of 136 cm.

FIXING
Set 25 cm into the pavement on a bed of concrete.

10. Pilona/*Bollard* VIA JÚLIA

AUTORES/*DESIGNERS*
Josep Ma. Julià - Bernardo de Sola (1983)

PRODUCTOR/*PRODUCER*
Fundiciones de Hierros COLOMER, S.A.

CARACTERÍSTICAS
Pilona urbana de forma cilíndrica y gran robustez para la protección y contención de vehículos en espacios peatonales.
Su aspecto neoclásico le da un aire intemporal que permite su fácil adaptación a cualquier ambiente.

DIMENSIONES

Altura total	67 cm
Altura sobre pavimento	52,5 cm
Diámetro	20 cm

DESCRIPTION
Urban bollard of cylindrical shape and great robustness for protection against and containment of vehicles in pedestrian areas.
Its neoclassical appearance lends it a timeless air, which allows it to fit in with any setting.

DIMENSIONS

Total height	*67 cm*
Height above pavement	*52.5 cm*
Diameter	*20 cm*

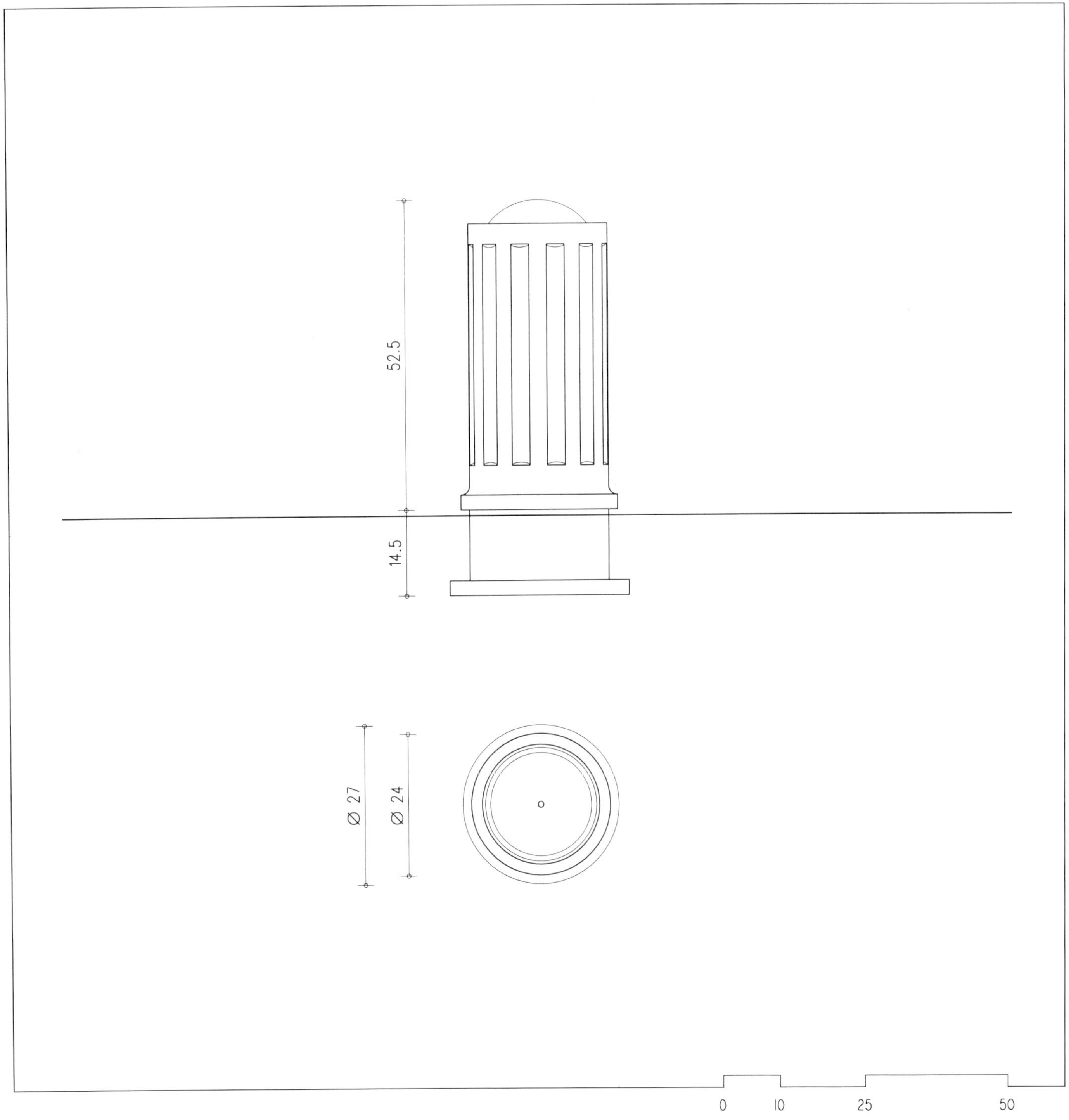

ESPECIFICACIONES TÉCNICAS
Fuste de sección circular de fundición de hierro y pintado con oxirón color negro forja.
En la parte inferior hay dos anillas perimetrales. La más alta es el límite del empotramiento y la más baja es un refuerzo para éste.

COLOCACIÓN
Empotrada 14,5 cm en el pavimento, por debajo de la primera anilla que actúa de tapajuntas.

TECHNICAL SPECIFICATIONS
Cast iron shaft of circular section painted with black forge Oxiron.
The lower side has two perimetral rings. The upper one is the limit to which the bollard can be set into the ground, while the lower one reinforces the fixing.

FIXING
Set 14.5 cm into the pavement, beneath the first ring which acts as flashing.

11. Pilona/*Bollard* RETRÁCTIL

AUTORES/*DESIGNERS*
Pedro Feduchi - Luis Moreno - Álvaro Soto (1986)

PRODUCTOR/*PRODUCER*
Departamento de Mobiliario Urbano del Ayuntamiento de Madrid/*Urban Furnishings Department, Madrid City Council.*

CARACTERÍSTICAS
Pilona urbana de forma cilíndrica y sección discontinua para la protección y contención de vehículos en espacios peatonales. Tiene la particularidad de empotrarse en el pavimento para pasos puntuales de vehículos o grandes afluencias de público.
Muy útil para espacios peatonales con circulación rodada restringida.
Premio de arquitectura y diseño del Ayuntamiento de Madrid, 1986.

DIMENSIONES

Altura total extendida	160 cm
Altura sobre pavimento	60 cm
Diámetro máx. fuste	8 cm
Diámetro pletina base	26 cm

DESCRIPTION
Urban bollard of cylindrical shape and discontinuous section for protection against and containment of vehicles in pedestrian zones. It has the special feature of being sinkable in the pavement for occasional times of considerable vehicular and public traffic.
Very useful for pedestrian areas with restricted vehicular traffic.
Architecture and design prize from Madrid City Council, 1986.

DIMENSIONS

Total extended height	*160 cm*
Height above pavement	*60 cm*
Max. shaft diameter	*8 cm*
Base plate diameter	*26 cm*

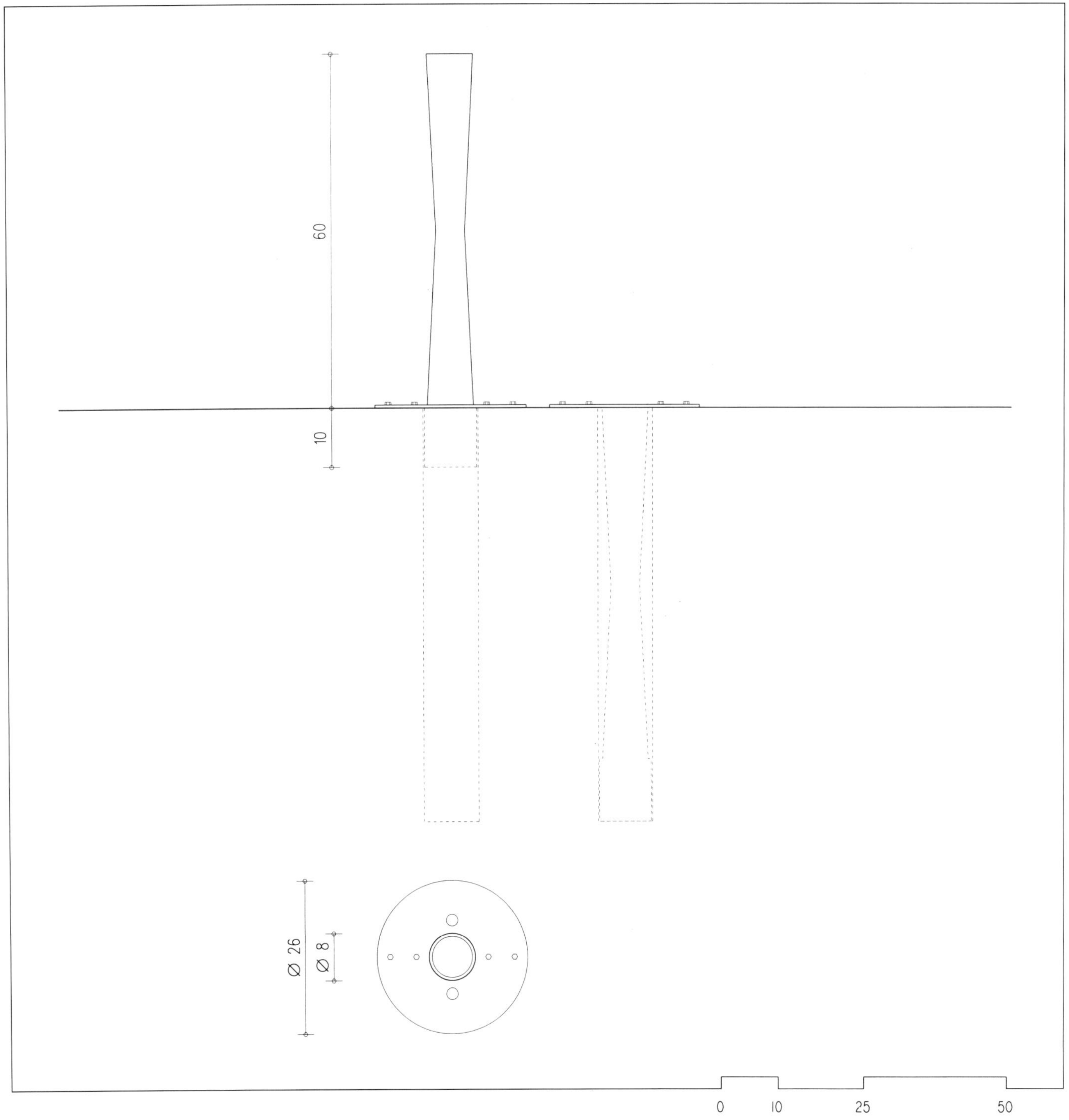

ESPECIFICACIONES TÉCNICAS
Fuste de sección circular discontinua de fundición de hierro y pintado con imprimación fosfatante antioxidante y Oxirón color negro forja.
Caja empotrada y mecanismo subida–bajada en acero galvanizado. El fondo de la caja tiene un drenaje para evitar la acumulación de aguas pluviales o de riego.
El desbloqueo para cambiar la posición de la pilona se efectúa desde la pletina situada en la base.

COLOCACIÓN
La caja está empotrada en el suelo y se sujeta todo mediante una pletina atornillada a la caja y al pavimento.

TECHNICAL SPECIFICATIONS
Shaft of discontinuous circular section made in cast iron and painted with anti-oxidant phosphatizing primer and black forge Oxiron paint.
Box set in ground and raising/lowering mechanism in galvanized steel. The bottom of the box has a drainage outlet to prevent the accumulation of rain-water.
The release mechanism for changing the bollard's position is situated on the base plate.

FIXING
Box set into ground and whole secured by a plate bolted onto the box and onto the ground.

12. Pilona/*Bollard* BENIDORM

AUTORES/*DESIGNERS*
LA NAVE (1990)

PRODUCTOR/*PRODUCER*
INDUSTRIAS SALUDES, S.A.

CARACTERÍSTICAS
Hito urbano elegante y sencillo de sección elíptica para contención de vehículos.
Su forma permite jugar con su notable o nula presencia, según el ángulo de visión.

DIMENSIONES

Altura total	89,5 / 104,5 cm (Estándar/Especial)
Altura sobre pavimento	75 / 90 cm
Base	15x3,5 cm

DESCRIPTION
Simple and elegant urban feature of elliptical section for barring vehicular traffic.
Its shape allows interplay between imposing or minimal impact, depending on the viewing angle.

DIMENSIONS

Total height	*89.5 / 104.5 cm (Standard/Special)*
Height above pavement	*75 / 90 cm*
Base	*15x3.5 cm*

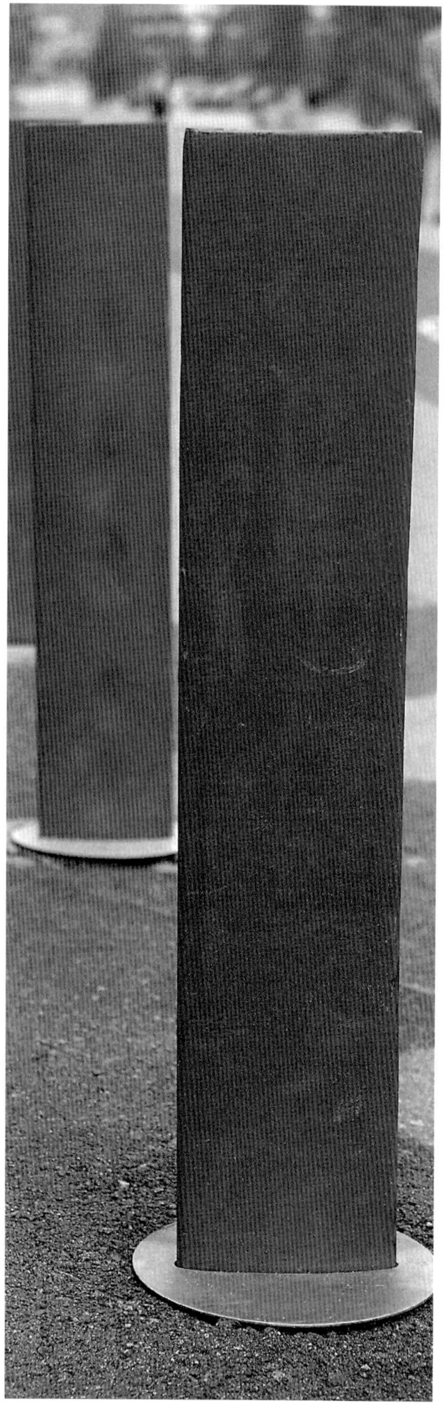

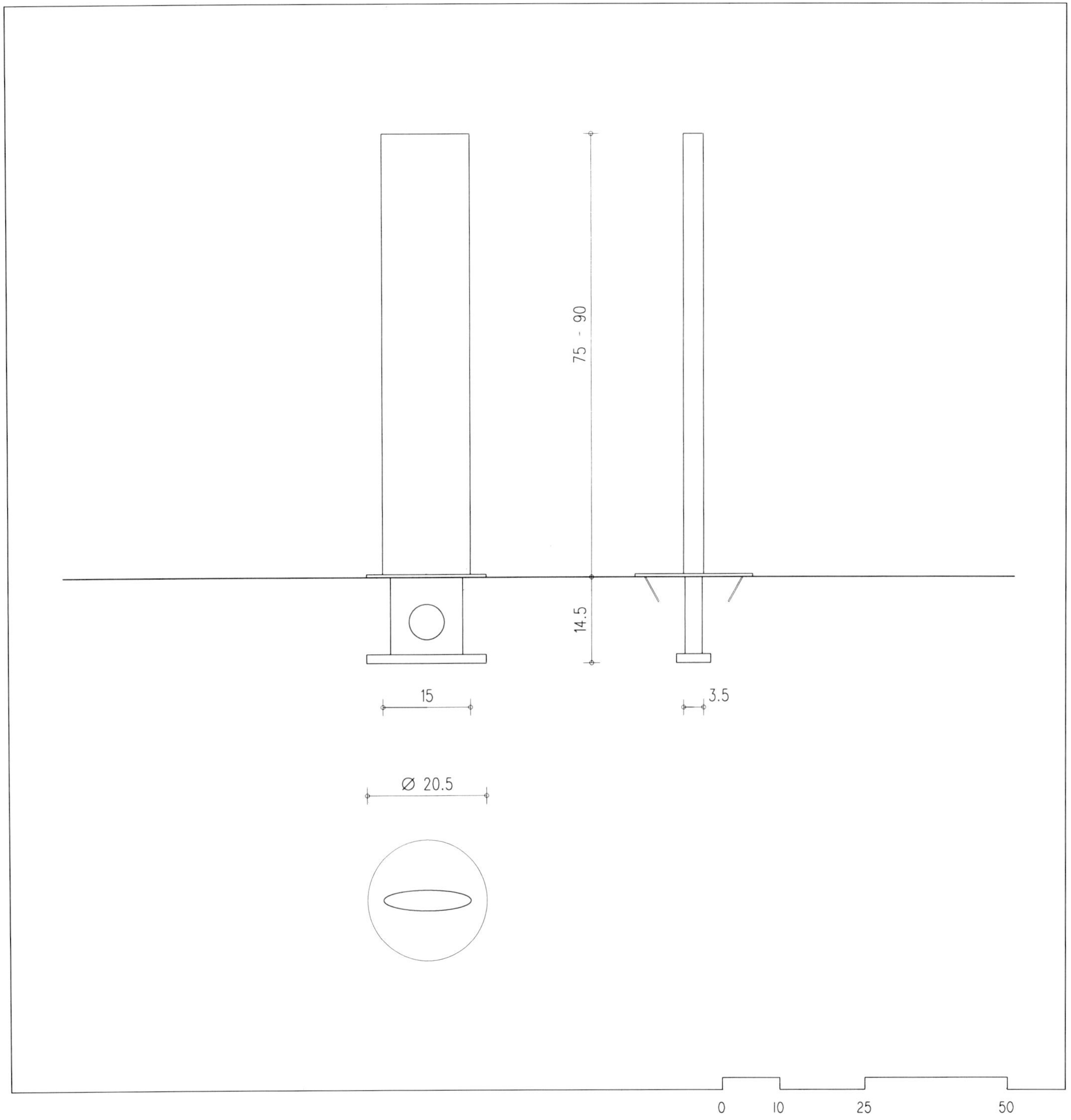

ESPECIFICACIONES TÉCNICAS
Fuste de sección elíptica de acero fundido de alta resistencia, con imprimación antióxido y pintado con Oxirón color negro forja.
Embellecedor de acero inoxidable en la base.

COLOCACIÓN
Empotrada 14,5 cm en el pavimento.

TECHNICAL SPECIFICATIONS
High-strength cast steel shaft of elliptical section with anti-oxidant primer and painted in black forge Oxiron.
Stainless steel trim at base.

FIXING
Set 14.5 cm into the pavement.

13. Pilona/*Bollard* FINISTERRE

AUTORES/*DESIGNERS*
Joan Gaspar - Lluís Porqueras (1992)

PRODUCTOR/*PRODUCER*
SANTA & COLE, S.A. División Urbana.

CARACTERÍSTICAS
Sólida pilona de fundición de hierro, con o sin iluminación, de planta triangular y suaves aristas curvas, susceptible de ser usada como asiento.

DIMENSIONES

Altura total pilona	70 cm
Altura pilona empotrada	60 cm
Lado triángulo	25 cm

DESCRIPTION
Solid cast iron bollard, with or without lighting, with triangular plan section and gently curving edges; can be used as a seat.

DIMENSIONS

Total bollard height	*70 cm*
Bollard height set in ground	*60 cm*
Width	*25 cm*

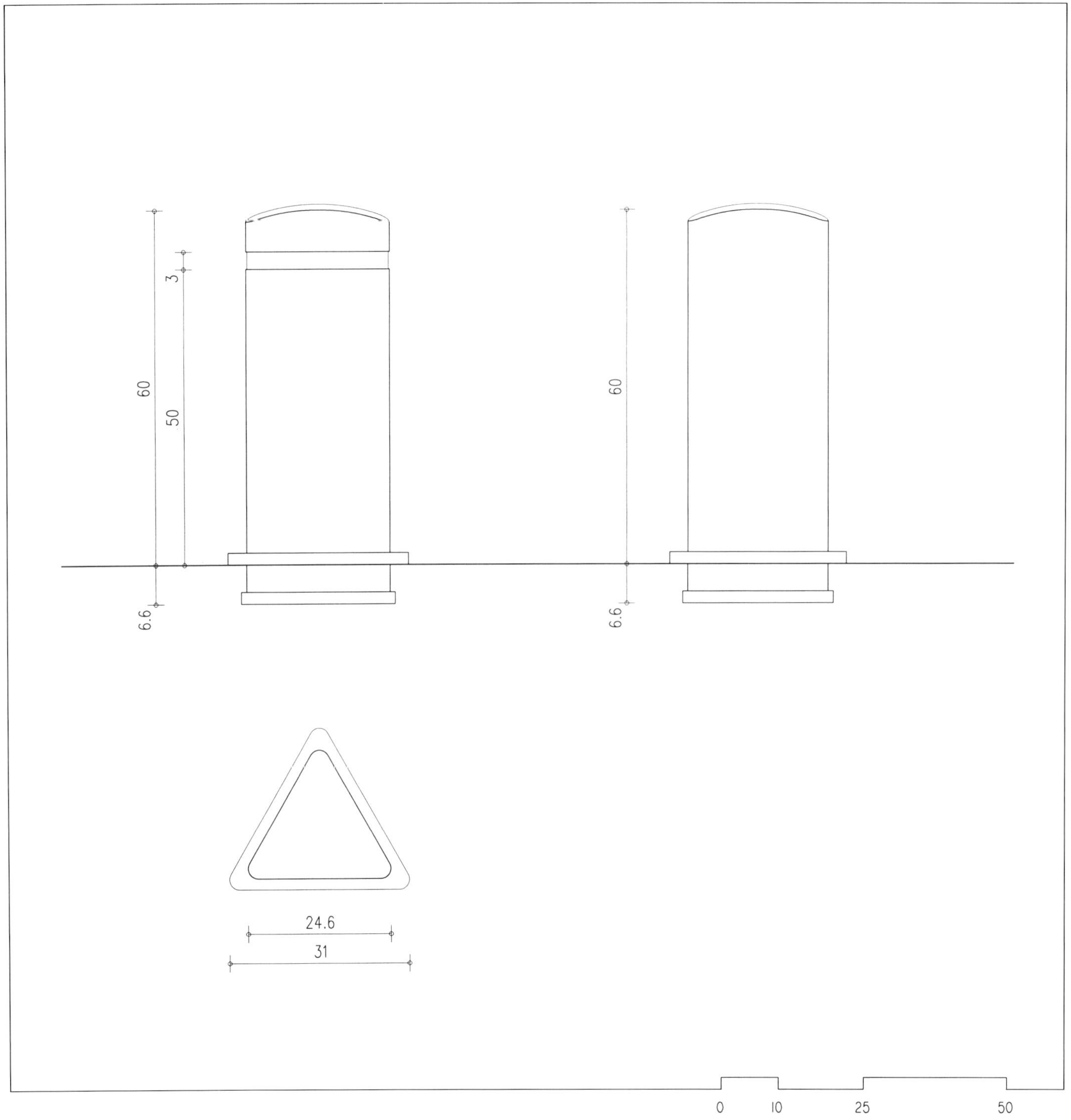

ESPECIFICACIONES TÉCNICAS
Pilona sin luz. Pilona de una sola pieza de fundición nodular de hierro.
Pilona con luz. Dos piezas de fundición nodular de hierro roscadas entre sí con un difusor de metacrilato blanco esmerilado en medio. Preparada para luz fría de bajo consumo compacta de 25 w.

COLOCACIÓN
Empotrada 10 cm en el pavimento (hasta la segunda anilla).

TECHNICAL SPECIFICATIONS
Bollard without light: Single-piece nodular cast iron bollard.
Bollard with light: Two pieces of nodular cast iron threaded together with a white ground Perspex diffusor in the middle. Designed for compact 25 W low-consumption cool light.

FIXING
Set 10 cm into the pavement (up to the second ring).

14. Pilona/*Bollard* BARCELONA

AUTORES/*DESIGNERS*
Servicio de Elementos Urbanos del Ayuntamiento de Barcelona/*Urban Elements Department of Barcelona City Council* (1993)

PRODUCTOR/*PRODUCER*
Parques y Jardines FABREGAS, S.A.

CARACTERÍSTICAS
Pilona urbana de forma cilíndrica para la protección y contención de vehículos en espacios peatonales.
Su diseño discreto la hace aplicable a cualquier espacio urbano.

DIMENSIONES

Altura total	100 cm
Altura sobre pavimento	80 cm
Diámetro fuste	10 cm
Diámetro anilla	8,4 cm

DESCRIPTION
Cylindrical urban bollard for protection against and barring vehicular traffic in pedestrian areas. Its discreet design means it can be used in any urban space.

DIMENSIONS

Total height	*100 cm*
Height above pavement	*80 cm*
Shaft diameter	*10 cm*
Ring diameter	*8.4 cm*

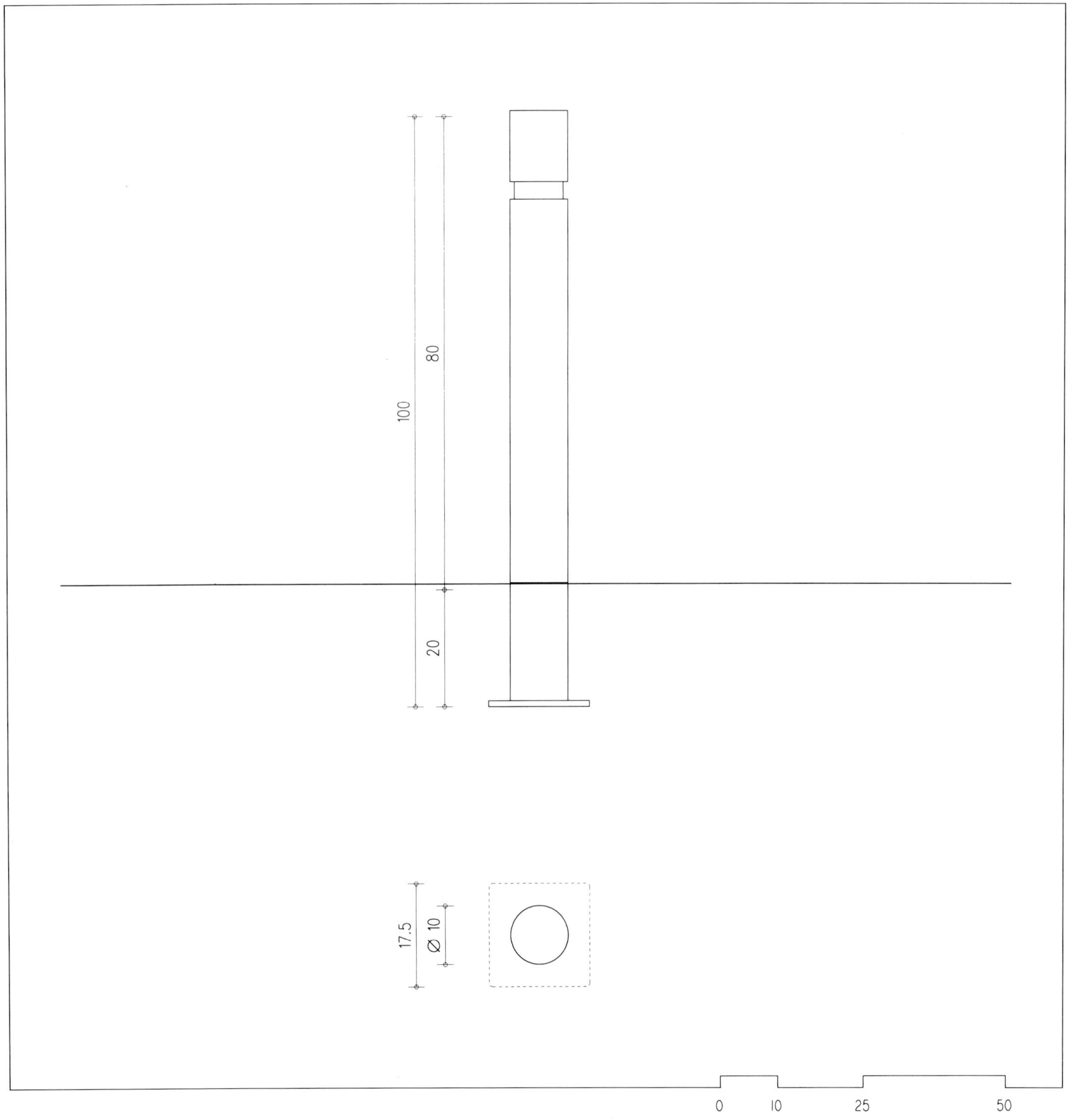

ESPECIFICACIONES TÉCNICAS
Fuste de sección circular de fundición de hierro y pintado con imprimación fosfatante antioxidante y Oxirón color negro forja. En la parte inferior lleva una ranura de nivelación.
Remate embutido en el fuste del mismo material y acabado.
Anilla de acero inoxidable matizado entre los dos.

COLOCACIÓN
Empotrada 20 cm en el pavimento (hasta la ranura de nivelación).

TECHNICAL SPECIFICATIONS
Cast iron circular section shaft painted with anti-oxidant phosphatizing primer and black forge Oxiron paint. The lower part has a levelling groove.
Crown piece fitted into the shaft, of the same material and finish.
Buffed stainless steel ring between the two pieces.

FIXING
Set 20 cm into the pavement (up to the levelling groove).

Todas las cotas de los dibujos están en centímetros/
All drawings measurements are in centimeters

ELEMENTOS DE DESCANSO
REST

Los elementos destinados al descanso son los primeros que identificamos como mobiliario urbano. En este grupo incluimos los bancos, las banquetas y las sillas. Dada la diversidad en la oferta de estos elementos, hemos seleccionado aquéllos que tienen el valor de prototipos o bien representan mejoras de éstos, excluyendo las simples imitaciones y los que reinterpretan modelos existentes.

Items designed for rest are what we might immediately identify as typical street furniture. In this group we include benches, banquettes and chairs. Given the variety of such items on the market, we have chosen ones which are prototypical or improvements upon such prototypes, excluding mere imitations and designs which reinterpret existing models.

15. Banco/*Bench* CATALANO

AUTORES/*DESIGNERS*
Lluís Clotet - Óscar Tusquets (1974)

PRODUCTOR/*PRODUCER*
B.D. Ediciones de Diseño.

CARACTERÍSTICAS
Banco de exteriores en acero *deployé,* precursor y un clásico del mobiliario urbano.
Puede adaptarse a cinco tipos de patas distintas: para apoyar, para colgar, para empotrar, doble para apoyar y doble para empotrar.
Se fabrica en módulos de un metro de largo que pueden unirse para formar bancos de cualquier longitud múltiplo del módulo base.

DIMENSIONES

Altura	39 cm en el asiento
	89 cm en el respaldo
Longitud	100 cm un módulo
Anchura	entre 77 y 155 cm según sea el modelo sencillo o doble

DESCRIPTION
Outdoor bench in deployé steel, a precursor and classic of urban furniture.
Can be adapted to five different types of supports: for resting, wall hung, sunk in pavement, double legs for resting and double for setting into pavement.
Manufactured in modules one metre long which can be joined together to form benches of any multiple length of the base module.

DIMENSIONS

Height	*39 cm to seat*
	89 cm to backrest
Length	*100 cm per module*
Width	*between 77 and 155 cm, depending on whether single or double model*

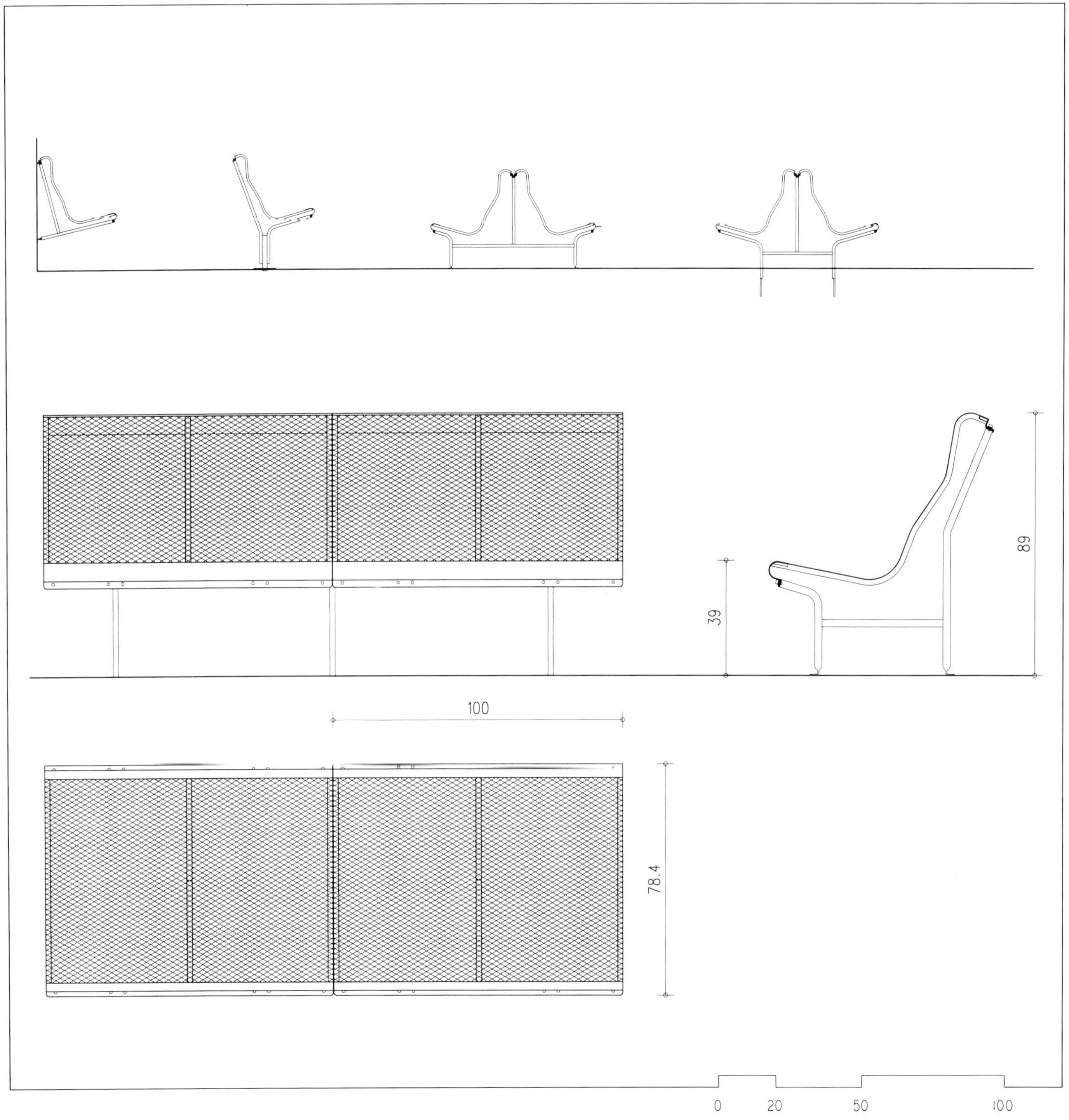

ESPECIFICACIONES TÉCNICAS
Soporte: Patas y estructura de tubo de acero galvanizado en caliente o acero inoxidable electropulido.
Asiento–respaldo: En acero *deployé,* con tres versiones distintas de acabado, zincado y pintado, galvanizado en caliente o acero inoxidable electropulido.

COLOCACIÓN
Los modelos para apoyar y colgar van fijados a la base.
El modelo simple empotrado va sujeto a una estructura previamente empotrada en el pavimento. El doble empotrado incorpora cuatro barras que se introducen en cuatro agujeros previamente rellenados con mortero de resina.

TECHNICAL SPECIFICATIONS
Support: Legs and structure in hot-galvanized steel tube or electropolished stainless steel.
Seat-backrest: In deployé steel, with three different finish versions: zinc-coated and painted, hot-galvanized steel or electropolished stainless steel.

FIXING
The ground supported and wall-mounted models are fixed to the base.
The single imbedded model is attached to a structure set into the pavement in advance. The double imbedded model has four bars inserted into four holes filled in advance with resin mortar.

16. Banco/*Bench* TESSIN

AUTORES/*DESIGNERS*
Reinterpretado por/*by* NOLA (1985)

PRODUCTOR/*PRODUCER*
NOLA Industrier AB

CARACTERÍSTICAS
Reinterpretación del banco de madera y hierro tradicional existente en Suecia desde el siglo XVI. Escogido para los principales parques y edificios de Estocolmo por su simplicidad y limpieza de formas.

DIMENSIONES

Altura	44 cm en el asiento
	87 cm en el respaldo
Longitud	180 cm
Profundidad	72 cm
Peso	80 kg

DESCRIPTION
Reinterpretation of the traditional wooden and iron bench which has existed in Sweden since the 16th century. Chosen for Stockholm's main parks and buildings because of its simplicity and cleanness of outline.

DIMENSIONS

Height	*44 cm to seat*
	87 cm to backrest
Length	*180 cm per module*
Depth	*72 cm*
Weight	*80 kg*

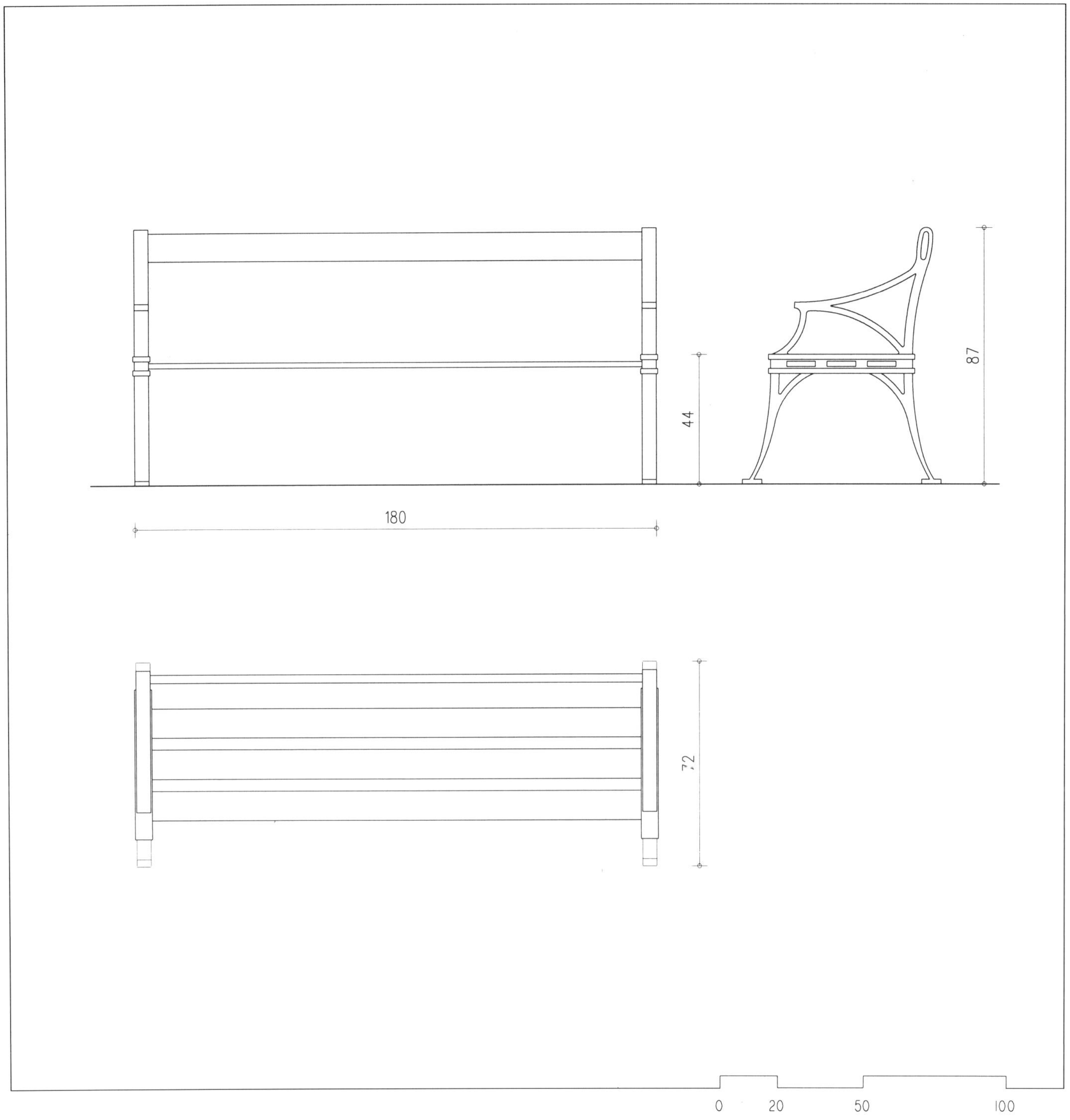

ESPECIFICACIONES TÉCNICAS
Soportes de fundición de hierro con tratamiento anticorrosivo y lacado con pintura epoxy.
Asiento y respaldo de listones de madera maciza de pino lacado con pintura epoxy o de roble tratado con aceite. Los listones están sujetos mediante tornillos de fundición pintados igual que la estructura.

COLOCACIÓN
Puede ir empotrado en el pavimento y simplemente apoyado en los parques y jardines.

TECHNICAL SPECIFICATIONS
Cast iron supports with anti-corrosion treatment and painted with epoxy.
Seat and backrest of pinewood slats painted with epoxy, or oak slats treated with oil. The slats are secured using cast iron bolts painted in the same way as the structure.

FIXING
Can be set into the pavement in parks and gardens, or simply resting on the ground.

17. Banco/*Bench* BANCOCHENTA

AUTOR/*DESIGNERS*
Enric Pericas (1985)

PRODUCTOR/*PRODUCER*
SEÑALIZACIÓN Y DISEÑOS URBANOS, S.A.

CARACTERÍSTICAS
Banco de exteriores en acero *deployé*.
Puede adaptarse a tres tipos de patas: para apoyar, para colgar y para empotrar.
Se fabrica en módulos de un metro de largo que pueden unirse formando bancos de longitudes múltiplo del módulo base.
Seleccionado para los Premios Delta ADI–FAD 1986.

DIMENSIONES

Altura	40 cm en el asiento
	80 cm en el respaldo
Longitud	100 cm (un módulo)
Anchura	78 cm

DESCRIPTION
Outdoor bench in deployé *steel.*
Can be fitted to three types of legs: for ground supported, wall mounted or imbedded fixing.
Manufactured in modules one metre long which can be joined together to form benches of any multiple length of the base module.
Selected for the 1986 ADI-FAD Delta Prizes.

DIMENSIONS

Height	*40 cm to seat*
	80 cm to backrest
Length	*100 cm (one module)*
Width	*78 cm*

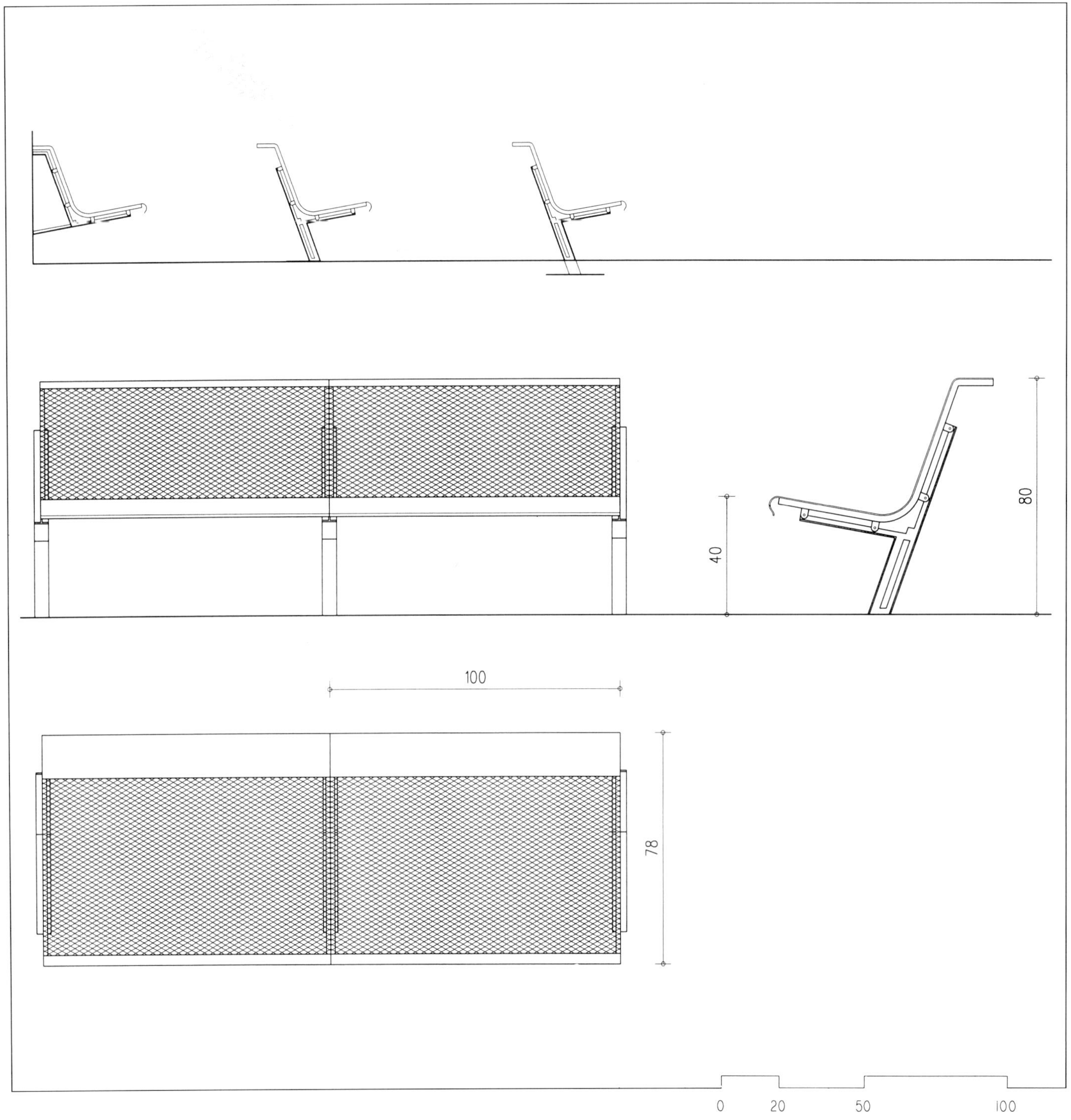

ESPECIFICACIONES TÉCNICAS
La estructura del soporte es un IPN–100 recortado con oxicorte y galvanizado en caliente.
Asiento–respaldo en plancha de acero *deployé* de 3 mm de espesor, acabado galvanizado en caliente, pintado o plastificado.

COLOCACIÓN
El modelo para apoyar va atornillado al pavimento.
El modelo para colgar va empotrado a la pared.
El modelo empotrado va sujeto mediante pernos a un dado de hormigón de 40x40x40 cm, 10 cm por debajo del pavimento.

TECHNICAL SPECIFICATIONS
The support structure is in flamecut hot-galvanized IPN-100.
Seat and backrest in 3 mm thick deployé *steel plate, finished by hot galvanizing and painted or plasticised.*

FIXING
The ground supported model is bolted onto the pavement.
The wall mounted model is set into the wall.
The imbedded model is secured by bolts to a 40x40x40 concrete block, 10 cm below the pavement.

18. Banco/*Bench* PÚBLICO

AUTORES/*DESIGNERS*
Pedro Feduchi - Luis Moreno - Álvaro Soto (1986)

PRODUCTOR/*PRODUCER*
Departamento de Mobiliario Urbano del Ayuntamiento de Madrid/*Urban Furniture Department of Madrid City Council.*

CARACTERÍSTICAS
Banco sin respaldo para espacios públicos, formado por una estructura metálica y asiento de rejilla de madera.
La originalidad y sencillez del banco reside en haber sabido aprovechar perfiles estructurales ya existentes en el mercado que al mismo tiempo le confieren gran resistencia.
Premio de arquitectura y diseño del Ayuntamiento de Madrid 1986.

DIMENSIONES

Longitud	200 cm (entre ejes)
Altura	43 cm el asiento
Anchura	60 cm al plano del asiento

DESCRIPTION
Bench without backrest for public areas, made up of a metal structure with a latticed wooden seat.
The originality and simplicity of the bench lies in its use of structural sections available on the market, which at the same time lend it great strength.
Madrid City Council architecture and design prize 1986.

DIMENSIONS

Length	*200 cm between centres*
Height	*43 cm to seat*
Width	*60 cm to the seat plane*

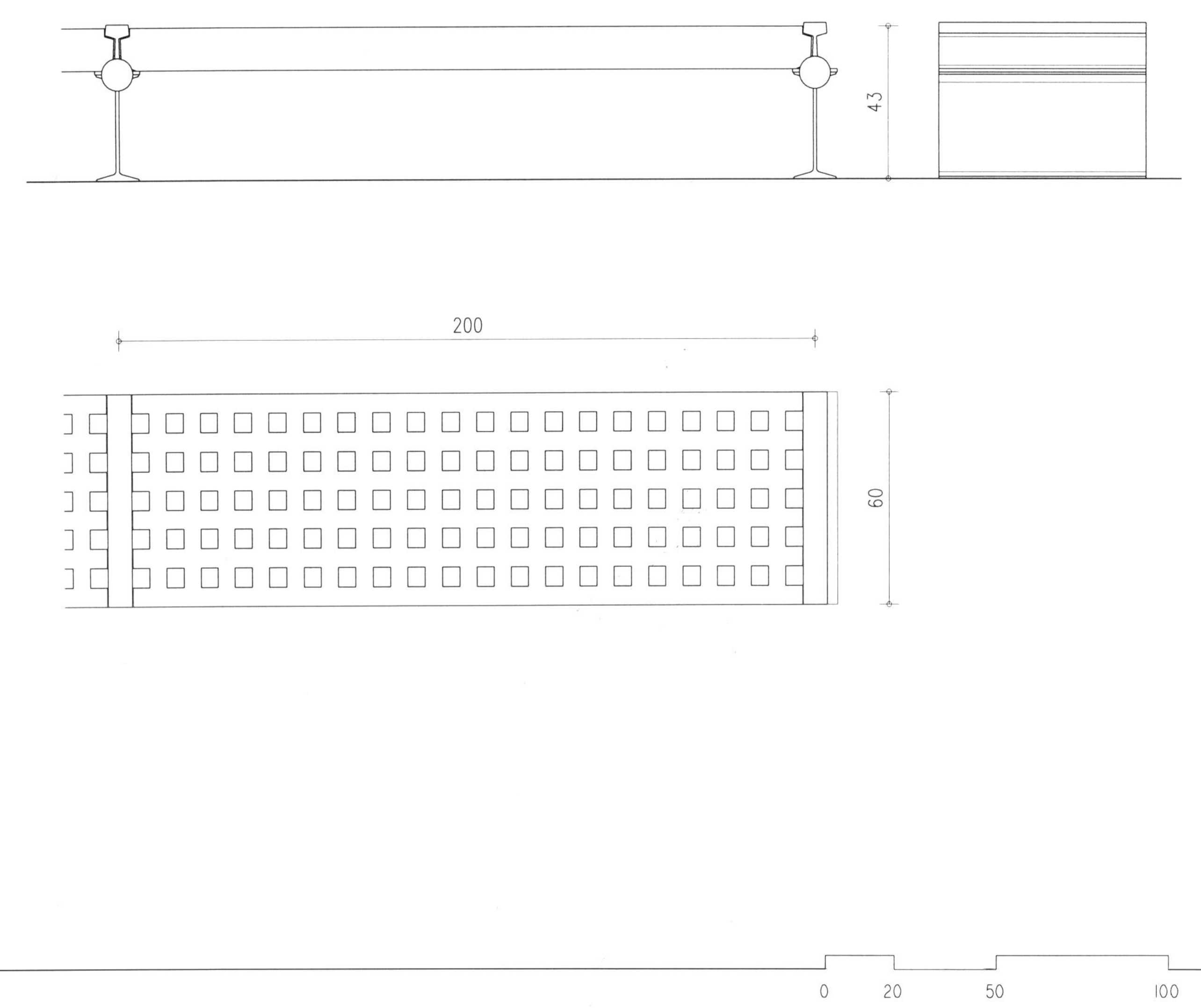

ESPECIFICACIONES TÉCNICAS

Estructura formada por dos perfiles de acero sobrepuestos, perfil inferior IPN–300, y perfil superior un riel de tren, ambos de 60 cm de longitud y soldados entre sí. La estructura va pintada con Oxirón color forja.

Asiento de listones de madera de teka barnizada de sección 12x5,5 cm ensamblados formando una rejilla. Los asientos van colocados entre rieles e inmovilizados mediante unas pletinas circulares soldadas en la unión de los dos perfiles.

COLOCACIÓN

Se coloca soldando las estructuras a unas pletinas previamente empotradas en el pavimento.

TECHNICAL SPECIFICATIONS

Structure made up of two superimposed steel sections, lower profile in IPN-300 and upper in train rail, both 60cm long and welded together. The structure is painted with forge black Oxiron paint.

Seat of varnished teak wood slats of 12 x 5.5 cm section joined to form a lattice. The seats are fitted between rails and secured by circular plates welded at the joint of the two steel sections.

FIXING

Fitted by welding the structures to plates previously set into the pavement.

19. Banco/*Bench* BANC–Ú

AUTORES/*DESIGNERS*
Helio Piñón - Albert Viaplana (1988)

PRODUCTOR/*PRODUCER*
ESCOFET 1886, S.A.

CARACTERÍSTICAS
Banco de forma original y rotunda.
Discurso y trayectoria desde el plano principal que se desdobla invitando a sentarse.
Se accede al banco a través de una gran losa, prueba de enfrentamiento entre la neutra gravidez inicial del hormigón y la tensión de que es capaz en su adaptación a diferentes cometidos.

DIMENSIONES

Altura	43 cm del asiento desde lo alto de la plataforma 90 cm altura total desde el suelo
Longitud	140 cm
Anchura	150 cm

El grueso de la plataforma es de 10 cm

DESCRIPTION
Bench of original and firm outline.
Expression and lines from the main plane, unfurling and inviting passers-by to sit down.
Access to the bench is by a large slab, a trial of confrontation between the neutral initial gravity of the concrete and the tension of which it is capable in its adaptation to different purposes.

DIMENSIONS

Height	*seat 43 cm from the top of the platform* *90 cm total height from the ground*
Length	*140 cm*
Width	*150 cm*
Platform thickness	*10 cm*

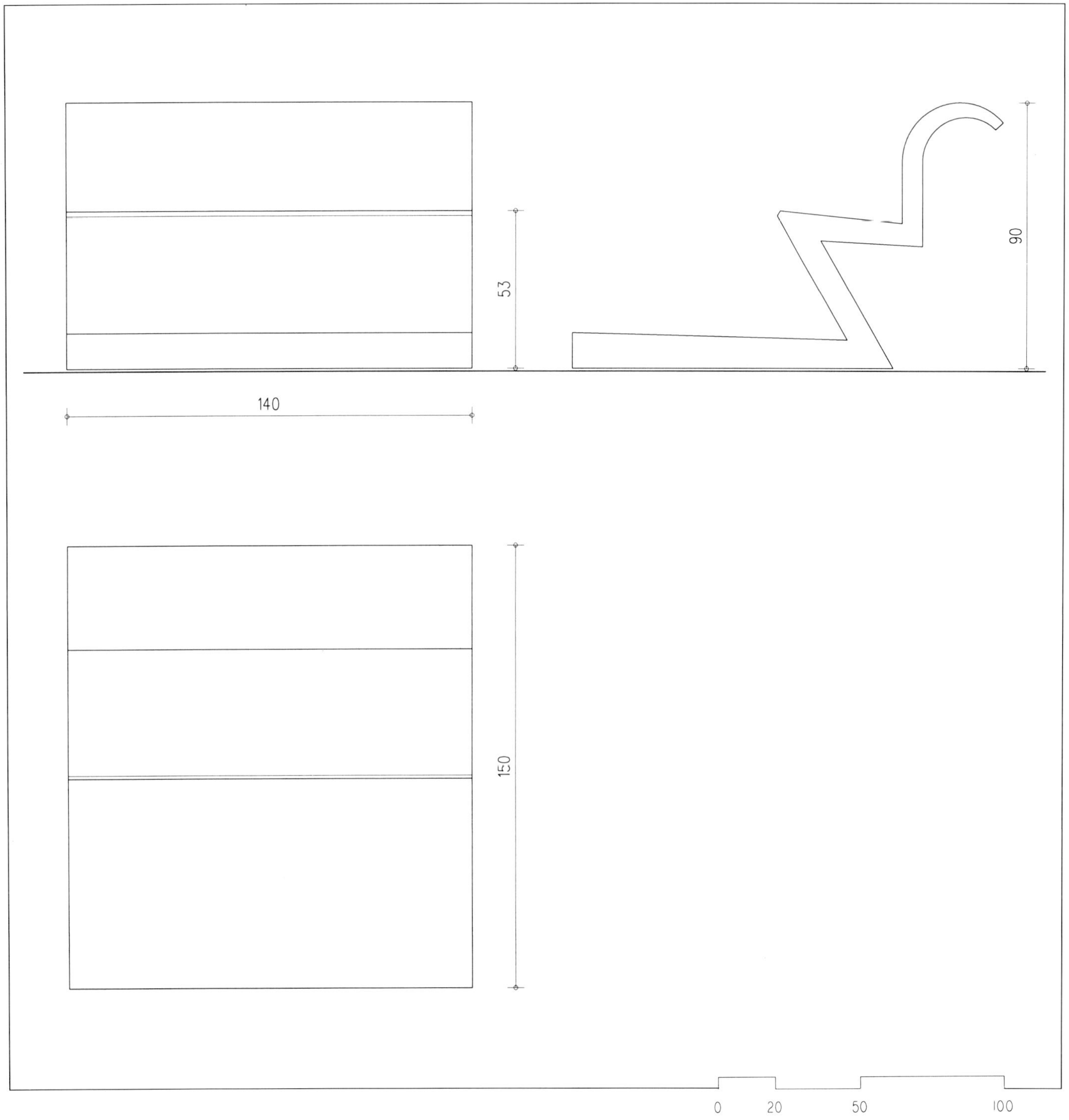

ESPECIFICACIONES TÉCNICAS
Banco de hormigón armado de color gris granítico, con armadura de acero inoxidable y acabado lavado al ácido.
Peso aproximado de 800 kg.

COLOCACIÓN
Simplemente apoyado.

TECHNICAL SPECIFICATIONS
Granite-grey reinforced concrete bench, with stainless steel reinforcement and acid-bathed finish.
Approximate weight of 800 kg.

FIXING
Simply resting on the ground.

20. Banco/*Bench* LESTRUSA

AUTORES/*DESIGNERS*
De Ferrari - Jacomussi - Germak - Laurini (1988)

PRODUCTOR/*PRODUCER*
ALUMIX, S.p.A. Aluhabitat Arredo Urbano.

CARACTERÍSTICAS
Banco de exteriores en perfil de aluminio estrusionado, formado por tres perfiles ensamblados.
Formalmente de gran sencillez y con una curvatura ergonómica estudiada para garantizar el máximo confort.

DIMENSIONES

Altura	38 cm en el asiento 75 cm en el respaldo
Longitud	200 cm (estándar) puede llegar hasta 6 m
Anchura	65 cm

DESCRIPTION
Outdoor bench with extruded aluminium section, made up of three profiles joined together. Of great formal simplicity, with ergonomic curvature designed to ensure maximum comfort.

DIMENSIONS

Height	*38 cm to seat* *75 cm to backrest*
Length	*200 cm (standard), but can be up to 6 metres*
Width	*65 cm*

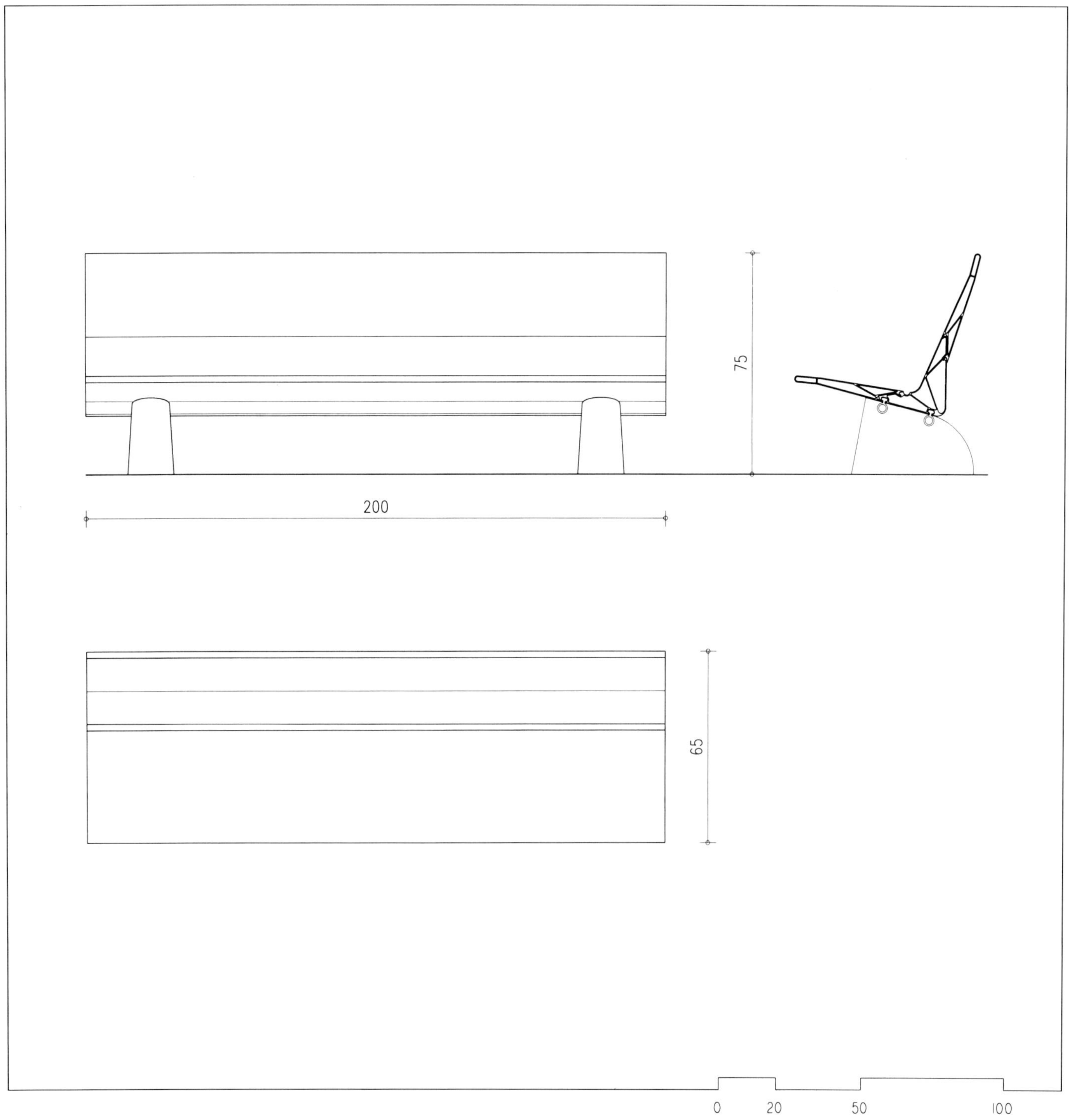

ESPECIFICACIONES TÉCNICAS

Soportes de fundición de aluminio barnizado de color gris con pernos en acero cincado para el anclaje.

Asiento de perfil de aluminio anodizado color natural. Por tratarse de perfiles estrusionados se puede formar un banco de 6 m de longitud en una sola pieza.

COLOCACIÓN

Los soportes van anclados al suelo mediante unos pernos situados en la parte inferior.

TECHNICAL SPECIFICATIONS

Cast aluminium supports varnished in grey with zinc-coated steel anchoring bolts. Natural colour anodized aluminium section seat. As the sections are extruded, a bench of 6 metres in length can be formed in a single piece.

FIXING

The supports are anchored to the ground using the bolts fitted on the lower part.

21. Banco/*Bench* LEVIT

AUTOR/*DESIGNER*
Jaume Artigues (1989)

PRODUCTOR/*PRODUCER*
ESCOFET 1886, S.A.

CARACTERÍSTICAS
Banco lineal con asiento de piedra natural de longitud variable, apoyado sobre soportes de acero.
La apariencia flotante de la losa de piedra y la inexistencia de respaldo lo hacen especialmente indicado para espacios en los que predomine la continuidad del pavimento.

DIMENSIONES

Altura	40 cm
Longitud	140 cm módulos de los extremos
	120 cm módulos intermedios
Profundidad	70 cm

DESCRIPTION
Linear bench with natural stone seat of variable length on steel supports. The floating appearance of the stone slab and the lack of a backrest make this model especially suitable for areas in which continuity of pavement-line is a paramount consideration.

DIMENSIONS

Height	*40 cm*
Length	*140 cm, end modules*
	120 cm, intermediate modules
Depth	*70 cm*

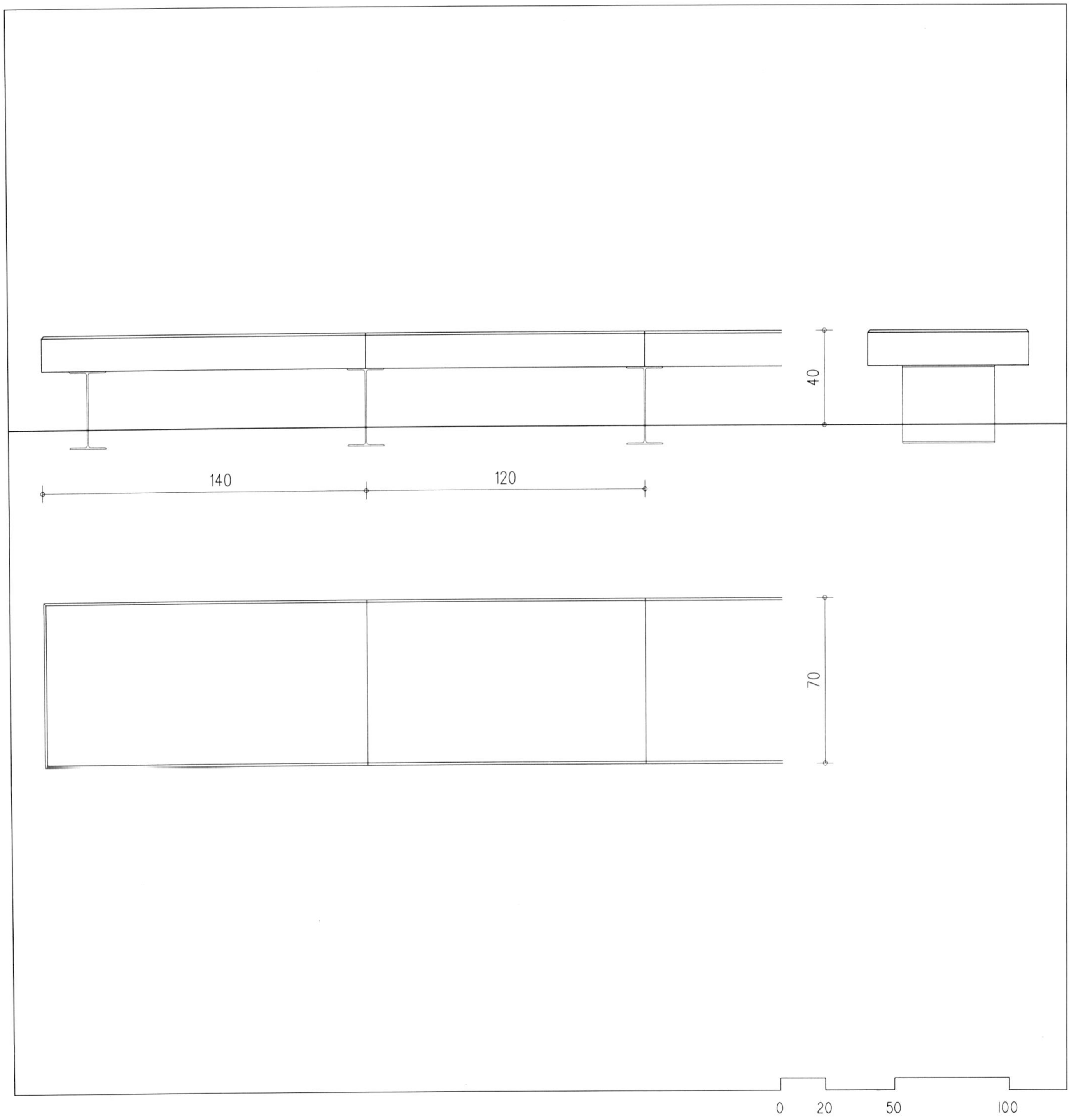

ESPECIFICACIONES TÉCNICAS
Asiento de piedra natural de Sant Vicenç o granito oscuro de 15 cm de grosor, pulida y con los cantos superiores biselados.
Soporte con chapa de 8 mm de acero inoxidable soldada en I, y acabado superficial brillante en las partes vistas. Entre el soporte y la piedra se coloca una junta de neopreno y ambos se unen mediante pernos roscados soldados al soporte.

COLOCACIÓN
Es recomendable su colocación paralela a las pendientes del pavimento hasta un máximo del 3%.
Atornillado en la losa de hormigón mediante anclajes de alta resistencia y colocación posterior del pavimento por encima de las aletas inferiores del soporte.

TECHNICAL SPECIFICATIONS
Natural Sant Vicenç stone or dark granite seat, polished finish with the upper edges slightly bevelled.
Support with 8 mm steel plate of I section and glossy surface finish on the visible parts. A neoprene seal is fitted between the support and the stone and they are attached to each other using threaded bolts welded to the support.

FIXING
It is advisable that it be placed parallel to the slope of the pavement, up to a maximum of 3%. Bolted onto the concrete slab using high-tensile bolts, with subsequent fitting of the paving on top of the lower flanges of the support.

22. Banco/*Bench* BLEU

AUTORA/*DESIGNER*
Cécile Planchais (1989)

PRODUCTOR/*PRODUCER*
PRO URBA. Mobilier Urbain.

CARACTERÍSTICAS
Una escultura, un gesto, un banco ergonómico de línea fluida y ligera que rompe con el espíritu habitualmente macizo del hormigón.

DIMENSIONES

Altura	43 cm
Longitud	178 cm
Profundidad	60 cm

DESCRIPTION
A sculpture, a gesture, an ergonomic bench of flowing, light lines which breaks with the usual solid spirit of concrete.

DIMENSIONS

Height	*43 cm*
Length	*178 cm*
Depth	*60 cm*

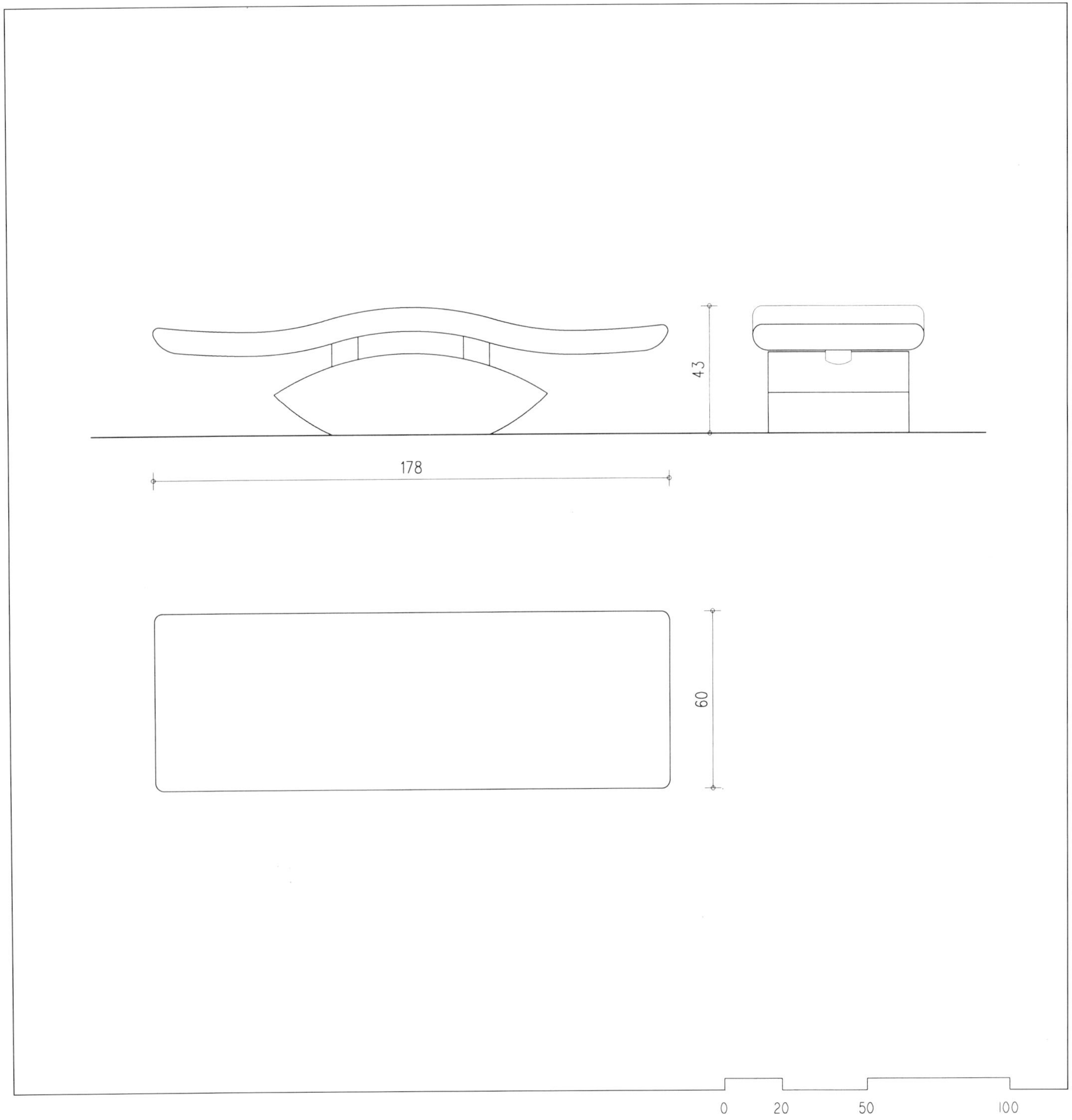

ESPECIFICACIONES TÉCNICAS
Banco de hormigón armado coloreado (azul, gris, rosa o amarillo).
Asiento curvado, acabado al ácido, unido al zócalo mediante dos tubos de acero inoxidable. Los tubos van fijados a las armaduras del asiento. Zócalo autoportante con acabado arenado.

COLOCACIÓN
El zócalo está colocado sobre dados de hormigón y sujeto mediante pernos M12.

TECHNICAL SPECIFICATIONS
Coloured reinforced concrete bench (in blue, grey, pink or yellow).
Curved acid-finished seat attached to the base by two stainless steel tubes. The tubes are fixed to the reinforcement of the seat. Self-supporting base with sanded finish.

FIXING
Base mounted on concrete blocks and secured using M12 bolts.

23. Banco/*Bench* MONTSENY

AUTOR/*DESIGNER*
Leopoldo Milà (1990)

PRODUCTOR/*PRODUCER*
DAE Diseño Ahorro Energético, S.A.

CARACTERÍSTICAS
Conjunto de asientos que cubren las necesidades de estancia en lugares públicos.
Los materiales utilizados, fundición de hierro y madera de iroko barnizado, son resistentes a la intemperie y al vandalismo, y son susceptibles de ser utilizados indistintamente como banco simple, doble o sillón.
Su sobriedad estética lo hace utilizable en cualquier proyecto.
Seleccionado para los Premios Delta ADI–FAD 1991.

DIMENSIONES

Altura	45 cm en el asiento	
	84 cm en el respaldo	
Longitud (3 versiones)	banco doble	300 cm
	banco sencillo	150 cm
	sillón	60 cm
Anchura	57,5 cm	

DESCRIPTION
Set of seats to meet the seating needs of public places.
The materials used –cast iron and varnished iroko *wood– are resistant to bad weather and vandalism and can be used interchangeably as a single/double bench or armchair.*
Their aesthetic sobriety means they can be used in any situation.
Selected for the 1991 ADI-FAD Delta Prizes.

DIMENSIONS

Height	*45 cm to seat*	
	84 cm to backrest	
Length	*double bench*	*300 cm*
	single bench	*150 cm*
	armchair	*60 cm*
Width	*57.5 cm*	

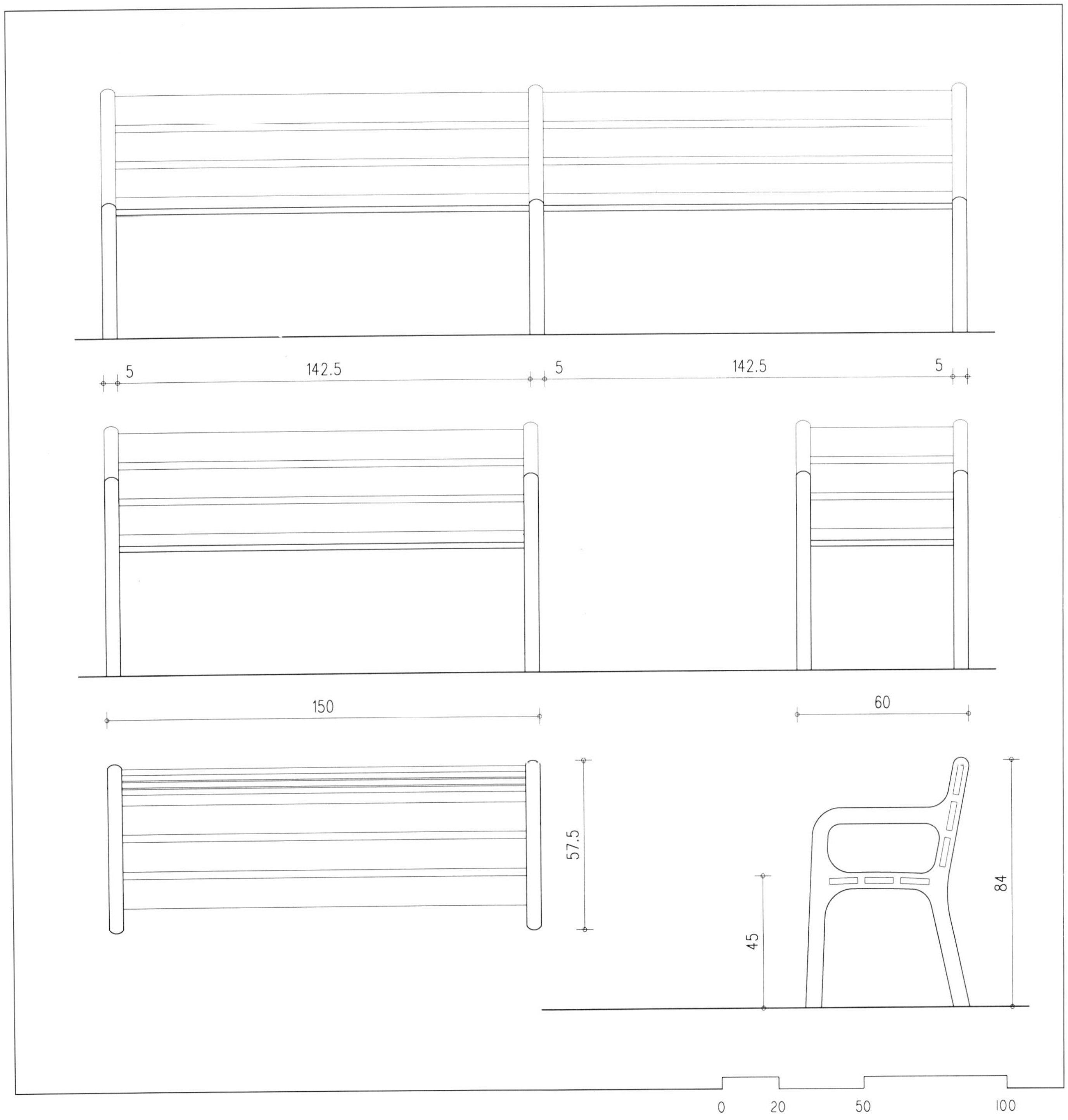

ESPECIFICACIONES TÉCNICAS
Estructura de fundición de hierro pintado con Oxirón color negro forja.
Asiento y respaldo de listones de madera de iroko pulidos y barnizados. En el asiento tres listones de sección 108x 33 mm y en el respaldo tres de sección 103x27 mm. Los listones van sujetos a la estructura mediante tornillería de acero inoxidable.
El peso oscila entre los 70 kg del sillón y los 130 kg del banco doble.

COLOCACIÓN
Se colocan sobre dados de hormigón y se sujetan con pernos ciegos, roscados a la parte inferior de cada pata.

TECHNICAL SPECIFICATIONS
Cast iron structure painted with black forge Oxiron paint.
Seat and backrest of polished and varnished slats of iroko wood. The seat has three slats of 108x33 mm section and the backrest three of 103x27 mm section. The slats are secured to the structure using stainless steel bolts.
Weights range from 70 kg for the armchair and 130 kg for the double bench.

FIXING
Mounted on concrete blocks and secured with blind bolts, threaded onto the bottom part of each foot.

24. Bancos/*Benches* ABRIL y/*and* MAYO

AUTORES/*DESIGNERS*
Antonio Cruz - Antonio Ortiz (1990)

PRODUCTOR/*PRODUCER*
ESCOFET 1886, S.A.

CARACTERÍSTICAS
Bancos de base rectangular con dos soportes en los extremos. Sus volúmenes contrastan con la ligereza del asiento, sobre todo en el banco Abril.
A diferencia del banco Abril, el banco Mayo tiene la superficie del asiento perforada con agujeros de sección cuadrada.
El banco Mayo fue seleccionado para los Premios Delta ADI–FAD 1990.

DIMENSIONES

Altura	45 cm
Longitud	296 cm
Anchura	75 cm el banco Abril
	86 cm el banco Mayo

DESCRIPTION
Rectangular-base benches with two supports on the ends. Their volumes contrast with the lightness of the seat, especially on the Abril model.
Unlike the Abril bench, the Mayo bench has a seat surface perforated with square-section holes.
Selected (Mayo) for the 1990 ADI-FAD Delta Prizes.

DIMENSIONS

Height	*45 cm*
Length	*296 cm*
Width	*75 cm, Abril bench*
	86 cm, Mayo bench

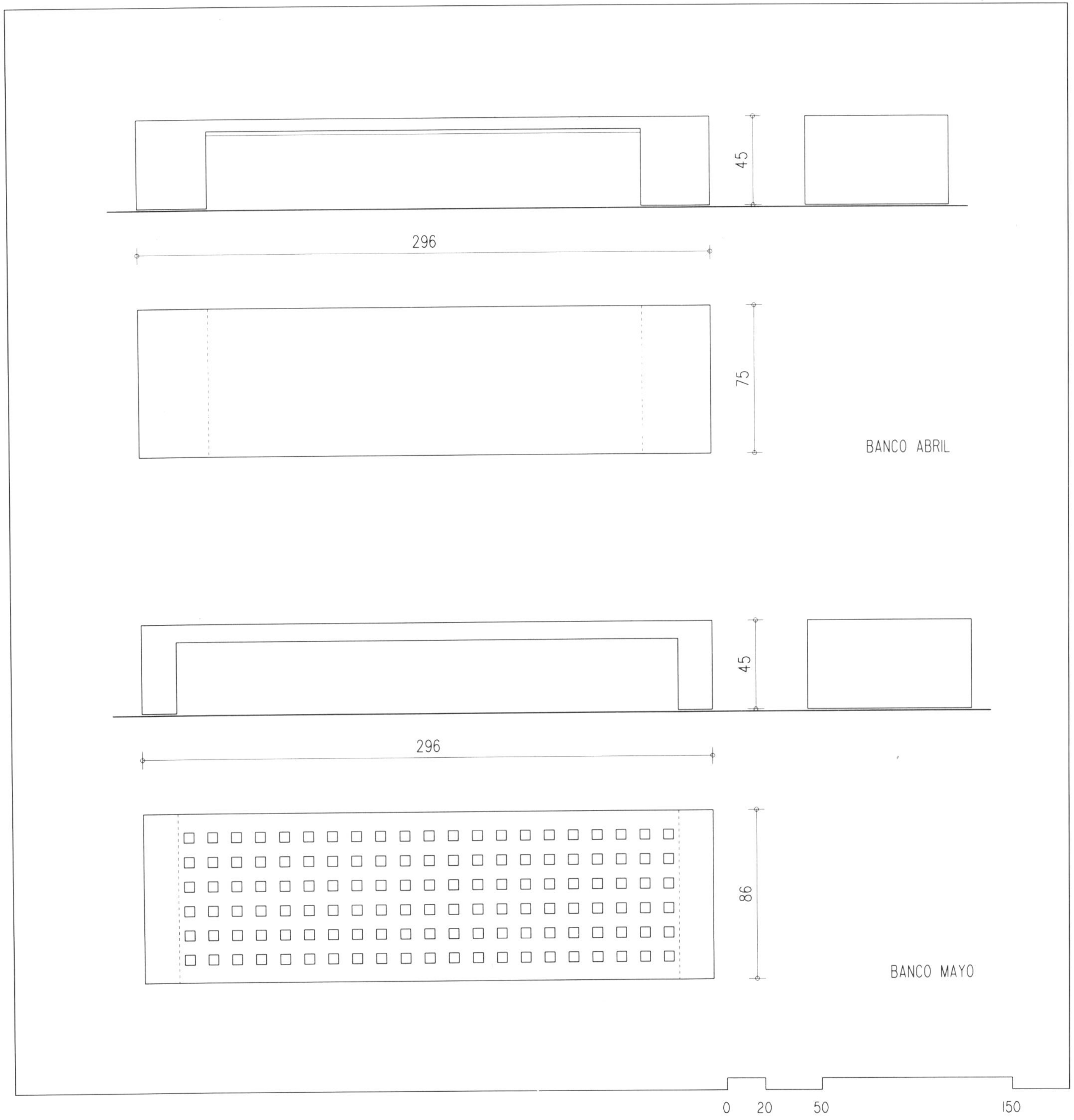

ESPECIFICACIONES TÉCNICAS
Bancos de hormigón armado de color gris granítico, con armadura de acero inoxidable y acabado lavado al ácido.
El peso de estos bancos es de 800 kg aproximadamente.

COLOCACIÓN
Simplemente apoyados.

TECHNICAL SPECIFICATIONS
Granite-grey reinforced concrete benches, with stainless steel reinforcement and acid-washed finish.
These benches weigh approximately 800 kg.

FIXING
Simply resting on the ground.

25. Banco/*Bench* SÓCRATES

AUTORES/*DESIGNERS*
Jordi Garcés - Enric Sòria (1990)

PRODUCTOR/*PRODUCER*
ESCOFET 1886, S.A.

CARACTERÍSTICAS
Prisma alargado de piedra artificial.
Tiene un zócalo rebajado para salvar las irregularidades del suelo y mantener la exactitud geométrica del volumen.
Seleccionado para los Premios Delta ADI–FAD 1990.

DIMENSIONES

Altura	46 cm
Longitud	240 cm
Anchura	60 cm

DESCRIPTION
Long prism of artificial stone.
Base inset to cope with irregularities of the ground and to maintain geometrical precision of volume.
Selected for the 1990 ADI-FAD Delta Prizes.

DIMENSIONS

Height	*46 cm*
Length	*240 cm*
Width	*60 cm*

ESPECIFICACIONES TÉCNICAS
Banco de hormigón armado de color gris granítico, con armadura de acero inoxidable y acabado pulido.
Hay que tener en cuenta el peso considerable de este banco: 1.500 kg.

COLOCACIÓN
Simplemente apoyado.

TECHNICAL SPECIFICATIONS
Granite-grey reinforced concrete bench, with stainless steel reinforcement and polished finish.
Account should be taken of the considerable weight of this bench, at 1,500 kg.

FIXING
Simply resting on the ground.

26. Banco/*Bench* WILMOTTE

AUTOR/*DESIGNER*
Jean–Michel Wilmotte (1991)

PRODUCTOR/*PRODUCER*
JCDECAUX, S.A. Mobilier Urbain.

CARACTERÍSTICAS
Elemento de gran simplicidad y sobriedad diseñado para la reforma de los Campos Elíseos de París, moderno y respetuoso con el lugar y el mobiliario original no modificado. Banco doble de un solo respaldo con estructura metálica. Asientos y respaldos de madera.

DIMENSIONES

Altura	44 cm en el asiento
	78 cm en el respaldo
Longitud total	214,8 cm
Anchura total	98 cm

DESCRIPTION
Bench of great simplicity and sobriety designed for the refurbishment work of the Champs-Elysées in Paris. Modern and yet respectful toward the site and the original non-modified furniture.
Double bench with a single backrest and metal structure. Wooden seats and backrests.

DIMENSIONS

Height	*44 cm to seat*
	78 cm to backrest
Total length	*214.8 cm*
Total width	*98 cm*

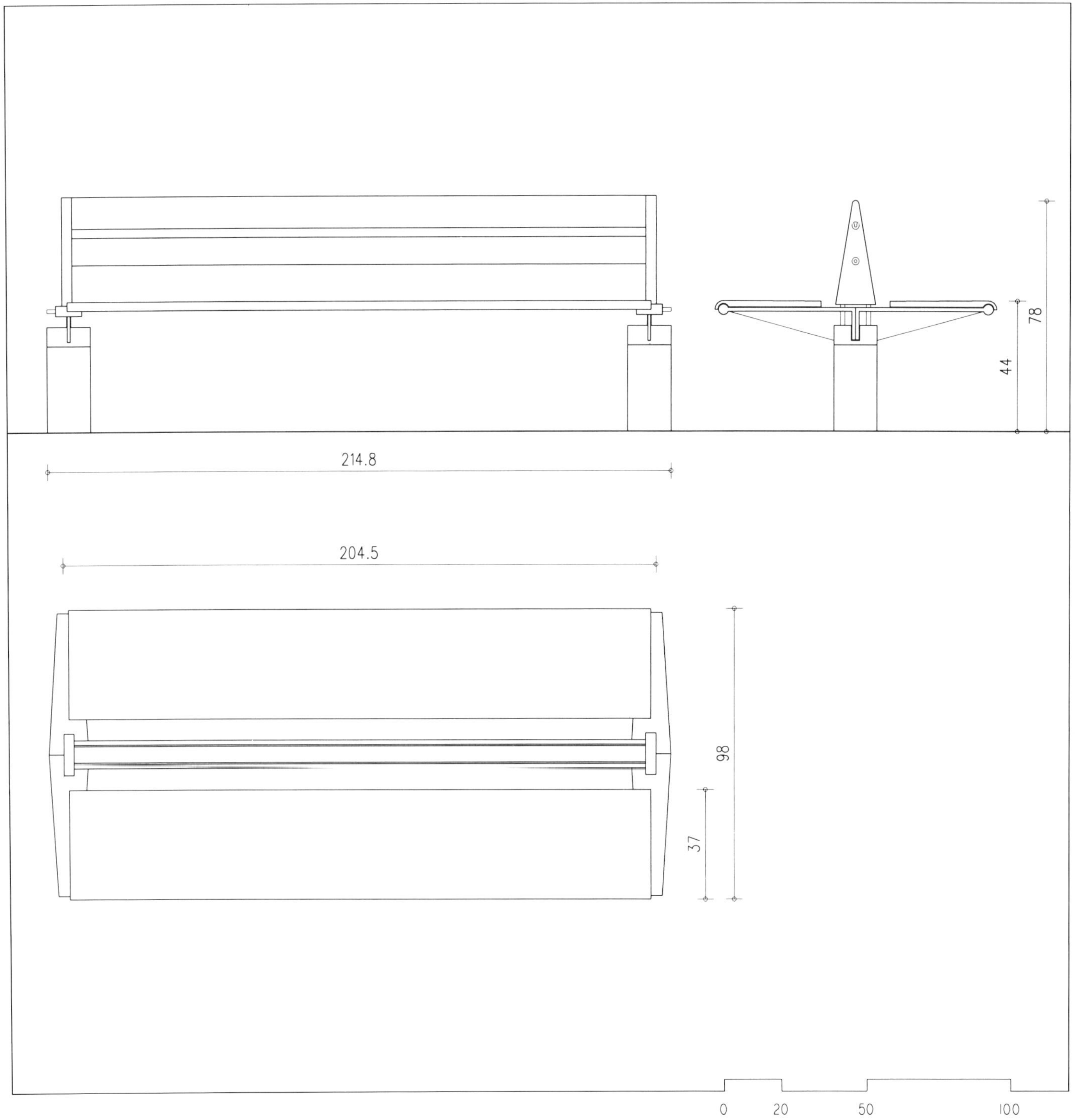

ESPECIFICACIONES TÉCNICAS
Estructura de fundición con aspecto granítico y pies cilíndricos, también de fundición, color gris antracita. Los pies son regulables para asegurar la perfecta horizontalidad del conjunto.
Asiento de una sola pieza por lado y respaldo de dos piezas de madera tropical. Piezas fijadas a la estructura con tornillería invisible de acero inoxidable.

COLOCACIÓN
Se colocan sobre dados de hormigón y se sujetan mediante pernos ciegos, empotrados en el pavimento.

TECHNICAL SPECIFICATIONS
Granite-look cast iron structure, with cylindrical legs, also of anthracite-grey cast iron. The legs are adjustable to ensure the bench is perfectly horizontal.
Seat of one single piece per side, with two-piece backrest of tropical wood. Pieces fixed to the structure using concealed stainless steel fasteners.

FIXING
Mounted on concrete blocks and secured using blind bolts, set in below pavement level.

27. Banco/*Bench* NU

AUTORES/*DESIGNERS*
Jordi Henrich - Olga Tarrassó (1991)

PRODUCTOR/*PRODUCER*
SANTA & COLE, S.A. División Urbana.

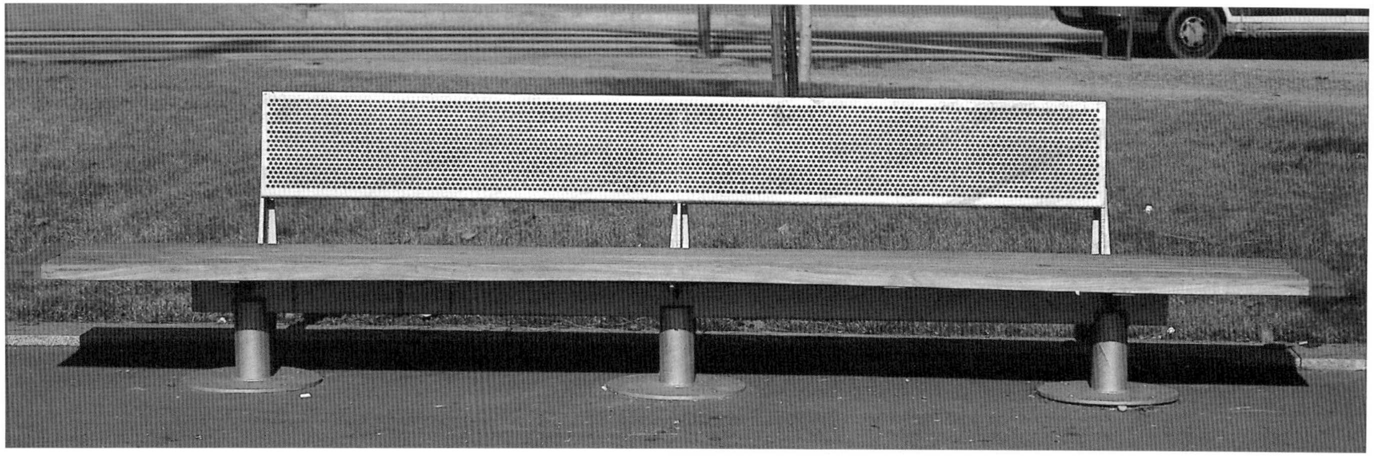

CARACTERÍSTICAS
Banco de grandes dimensiones para espacios públicos, formado por una estructura metálica de acero galvanizado, asiento de listones de madera de bolondo y respaldo metálico o de la misma madera. También en versión sin respaldo. Todos los modelos existen en dos longitudes (370 y 246 cm). Seleccionado para los Premios Delta ADI–FAD 1991.

DIMENSIONES

Longitud	Largo, 3 patas, 370 cm
	Corto, 2 patas, 246 cm
Altura	39 cm el asiento
Profundidad	54-70 cm al plano del asiento

DESCRIPTION
Large bench for public areas, made up of a galvanized steel structure, bolondo *wood slatted seat, and backrest of metal or of the same wood. Also in version without backrest. All models supplied in two lengths (370 and 246 cm). Selected for the 1991 ADI-FAD Delta Prizes.*

DIMENSIONS

Length	*Long, 3 legs, 370 cm*
	Short, 2 legs, 246 cm
Height	*39 cm to seat*
Depth	*54-70 cm to the plane of the seat*

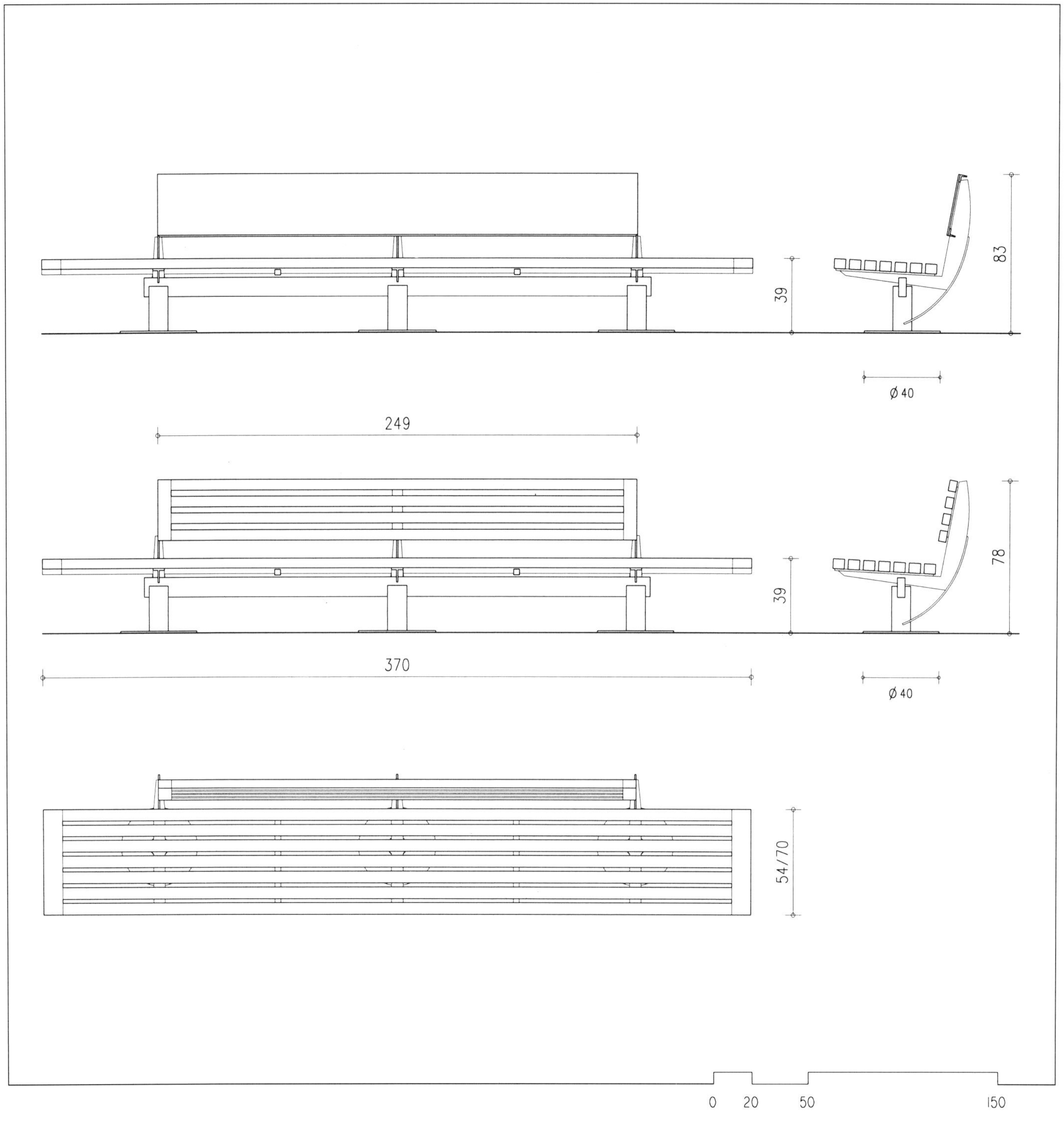

ESPECIFICACIONES TÉCNICAS

Patas de tubo redondo de chapa metálica ø 100 mm. Base patas redonda de chapa de ø 400 mm.

Riostra longitudinal de tubo rectangular de 4x10 cm soldado a la parte superior de la pata.

Soporte asiento, pletina de 8 mm de grueso coincidiendo con cada pata y soldada perpendicular a la riostra.

Asiento formado por 8 listones de madera de bolondo, protegida contra U.V. mediante lasures incoloros, de 5x6x350 cm. (modelo largo). Separación de 2 cm entre listones unidos a las pletinas, soldadas a las costillas. Listón perpendicular de 5x10x62 cm en los extremos, encolado a los 8 listones anteriores.

El respaldo es de madera con 4 listones o metálico, de chapa perforada.

COLOCACIÓN

Se coloca directamente sobre el pavimento.

TECHNICAL SPECIFICATIONS

Legs of 100 mm diameter round steel tube. Circular steel plate feet 400 mm ø.

Rectangular tube longitudinal stay of 4x10 cm welded to the top part of the leg.

Seat support, 8 mm plate coinciding with each foot and welded perpendicularly to the stay. Seat made up of 8 bolondo wood slats, protected against UV light by colourless varnish, measuring 5x6x350 cm (long model). Gap of 2 cm between slats attached to the plates, welded to the ribs. Perpendicular slat of 5x10x260 cm at the ends, glued to the 8 horizontal slats.

The backrest is of wood with 4 slats, or of perforated sheet metal.

FIXING

Placed directly on the pavement.

28. Banco/*Bench* SZEKELY

AUTORES/*DESIGNER*
Martin Szekely (1993)

PRODUCTOR/*PRODUCER*
JCDECAUX, S.A. Mobilier Urbain.

CARACTERÍSTICAS
Banco doble o simple de forma orgánica y elegante presencia. De una gran simplicidad, está compuesto únicamente por dos materiales: el hierro y la madera.
Muy apropiado para espacios urbanos ajardinados.

DIMENSIONES

Altura	45,3 / 39,5 cm en el asiento 93 cm en el respaldo
Longitud total	223 cm
Anchura total	130 cm

DESCRIPTION
Double or single bench of organic shape and elegant presence. It is of great simplicity, being made of only two materials: steel and wood.
Highly suitable for public areas laid out as gardens.

DIMENSIONS

Height	*45.3 / 39.5 cm to the seat* *93 cm to the backrest*
Total length	*223 cm*
Total width	*130 cm*

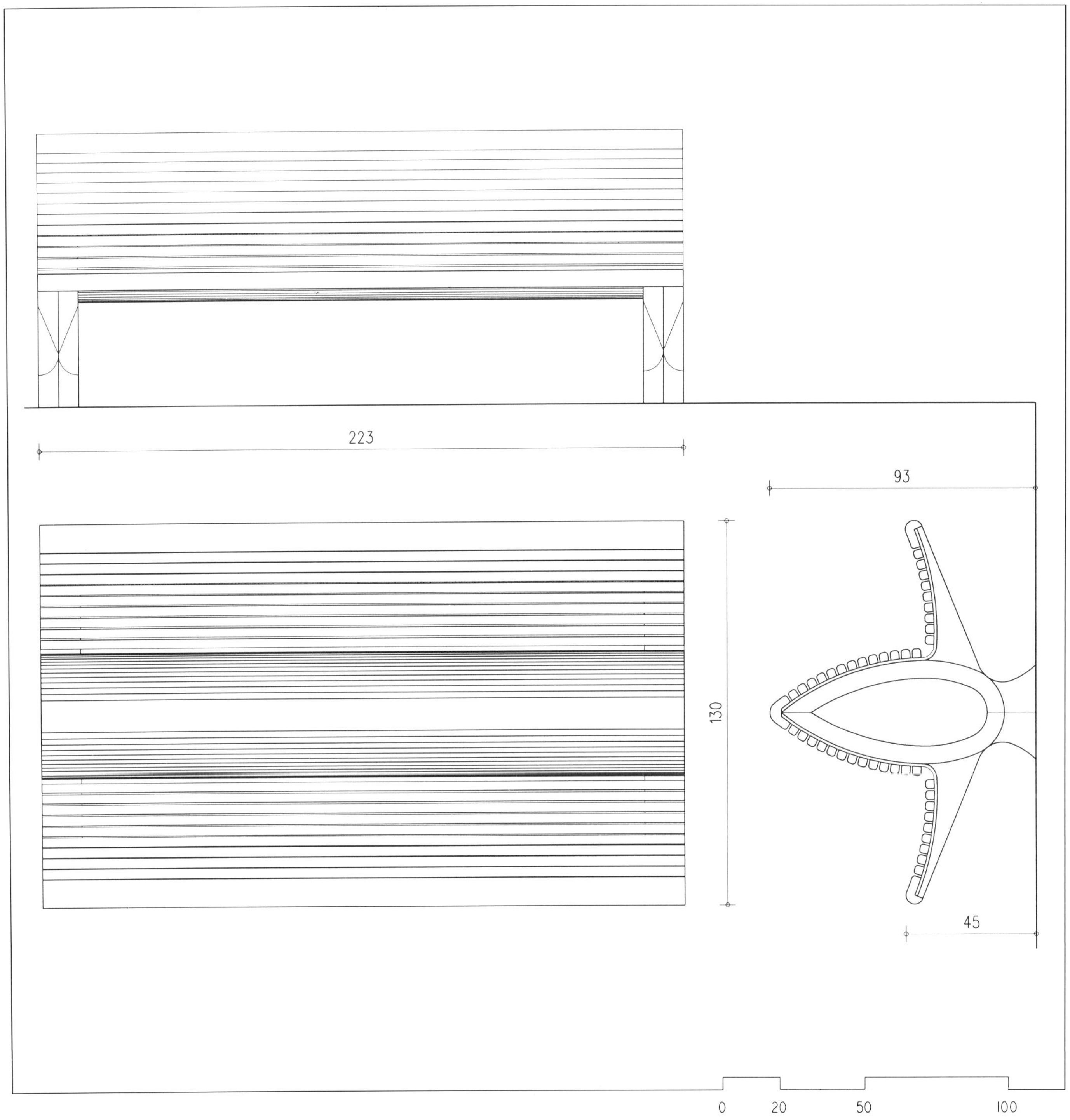

ESPECIFICACIONES TÉCNICAS
La estructura consta de dos piezas iguales de fundición de acero con tratamiento anticorrosión y pintura con polvo de poliéster, color gris metalizado.
Asiento y respaldo de listones de madera de iroko revestida con dos capas de barniz. Tiene tres listones especiales: uno en la parte superior del respaldo y los otros dos en los inicios del asiento. El resto, 38 listones de 6,5x3 cm, cogidos con tornillería de acero galvanizado en caliente y sellados con resina.

COLOCACIÓN
Se coloca sobre dados de hormigón de 60x60x50 cm y se sujeta mediante pernos M16 (tres por pieza).

TECHNICAL SPECIFICATIONS
The structure comprises two identical pieces of cast steel, anti-corrosion treated and powder coated in a metallic grey colour.
Seat and backrest of Iroko wood slats coated with two layers of varnish. It has three special slats: one at the top of the backrest and the other two at the start of the seat. The other 38 slats measure 6.5x3 cm and are secured with hot-galvanized nuts and bolts and sealed with resin.

FIXING
Mounted on concrete blocks measuring 60x60x50 cm and secured with M16 bolts (three per piece).

29. Banco/*Bench* MARINA

AUTORES/*DESIGNERS*
Josep Ma. Massana - Josep Ma. Tremoleda (1994)

PRODUCTOR/*PRODUCER*
MOBLES 114, S.A.

CARACTERÍSTICAS
Actualización del banco de madera tradicional para el equipamiento urbano. Se ha cuidado especialmente el confort del asiento teniendo en cuenta la diversidad de usuarios. Compuesto de aluminio y madera de bolondo, garantiza su invulnerabilidad a los agentes ambientales y por tanto no necesita de un mantenimiento periódico. Gracias a sus diversas opciones compositivas se adapta a las exigencias de los distintos proyectos urbanísticos.

DIMENSIONES

Altura	40-35 cm en el asiento
	83 cm en el respaldo
Longitud	individual 67 cm (1 modelo)
	mediano 115 cm (4 modelos)
	grande 230 cm (8 modelos)
Profundidad	66 cm

DESCRIPTION
Updating of the traditional wooden bench for urban use. Special care has been taken to make the seat comfortable for all types of users. Made of aluminium and bolondo wood, ensuring that it is invulnerable to atmospheric agents and therefore requires no regular maintenance. Thanks to its diverse compositional options it can suit the requirements of various town planning projects.

DIMENSIONS

Height	*40-35 cm to the seat*
	83 cm to the backrest
Length	*individual 67 cm (1 model)*
	medium 115 cm (4 models)
	large 230 cm (8 models)
Depth	*66 cm*

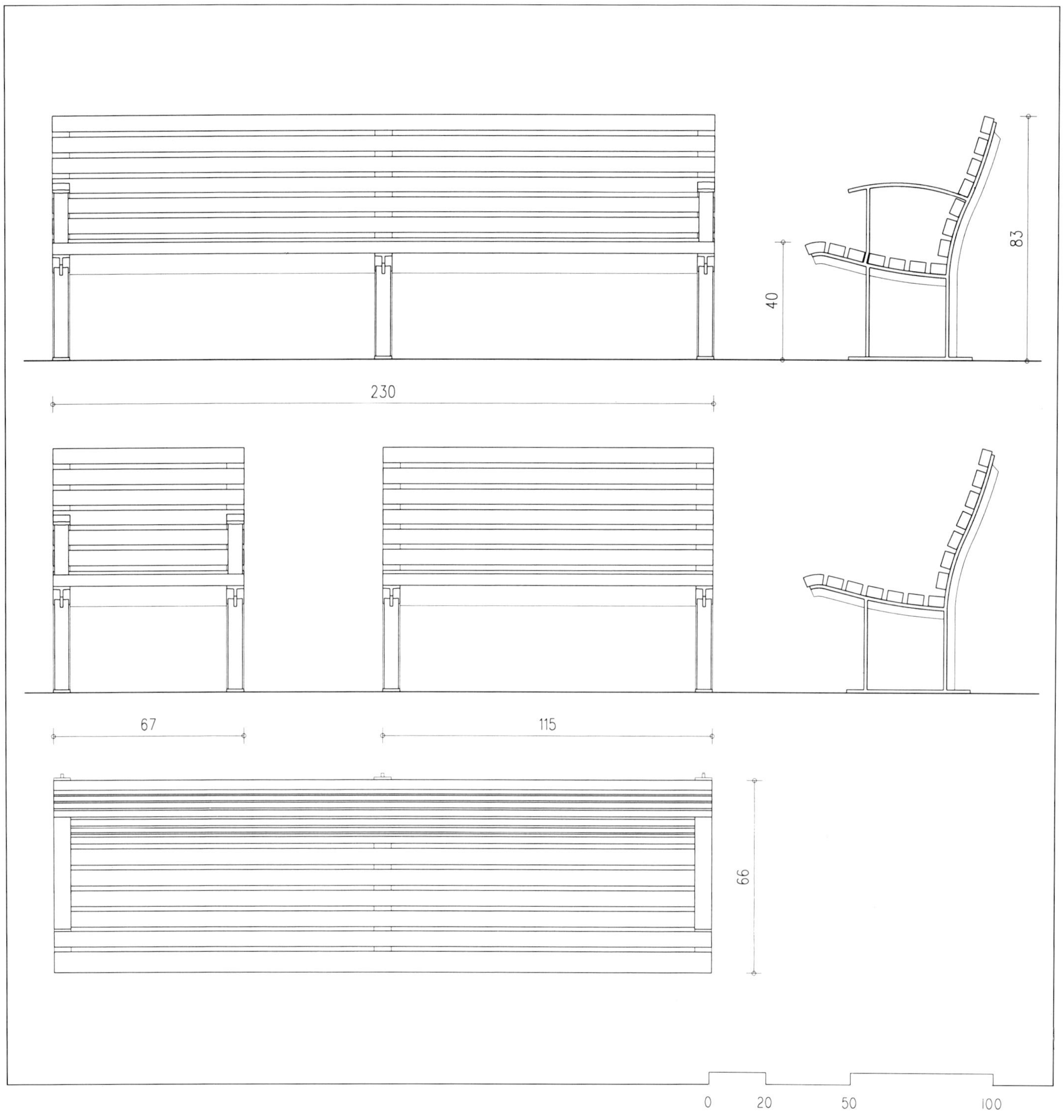

ESPECIFICACIONES TÉCNICAS

Soporte de fundición de aluminio inoxidable de baja presión.

Asiento y respaldo de listones de madera maciza de bolondo inalterable a los agentes atmosféricos y a los microorganismos. Los listones están sujetos mediante tornillos de acero inoxidable.

Se comercializan trece modelos distintos según el número y el emplazamiento de los soportes con brazo y la dimensión total del banco. Se realiza en tres medidas, 67, 115 y 230 cm.

COLOCACIÓN

Cada soporte va anclado por dos puntos con tornillos de acero inoxidable y distintos materiales según el pavimento.

TECHNICAL SPECIFICATIONS

Support of low-pressure stainless cast aluminium.

Seat and backrest of solid bolondo wood slats resistant to atmospheric agents and micro-organisms. The slats are secured by stainless steel bolts.

Thirteen different models are available according to the number and location of the arm supports and the overall dimensions of the bench. It is available in three lengths: 67, 115 and 230 cm.

FIXING

Each support is anchored at two points using stainless steel bolts and different materials according to pavement type.

30. Banco/*Bench* EUROPA

AUTORES/*DESIGNERS*
Designit Arhus, IDD (1994)

PRODUCTOR/*PRODUCER*
VECSO TAULOV A/S.

CARACTERÍSTICAS
Banco de madera y acero para empotrar en el pavimento, que se suministra con o sin apoyabrazos. También banqueta y mesa de la misma línea.
Su singular estructura circular lo hace especialmente confortable.

DIMENSIONES

Altura	47 cm en el asiento
	83 cm en el respaldo
Longitud	180 cm
Profundidad	59 cm (banco) / 57 cm (banqueta)

DESCRIPTION
Wood and steel bench for setting into the pavement, supplied with or without armrests. Also banquette and table of the same line.
Its unusual circular structure makes it especially comfortable.

DIMENSIONS

Height	*47 cm to the seat*
	83 cm to the backrest
Length	*180 cm*
Depth	*59 cm (bench) / 57 cm (banquette)*

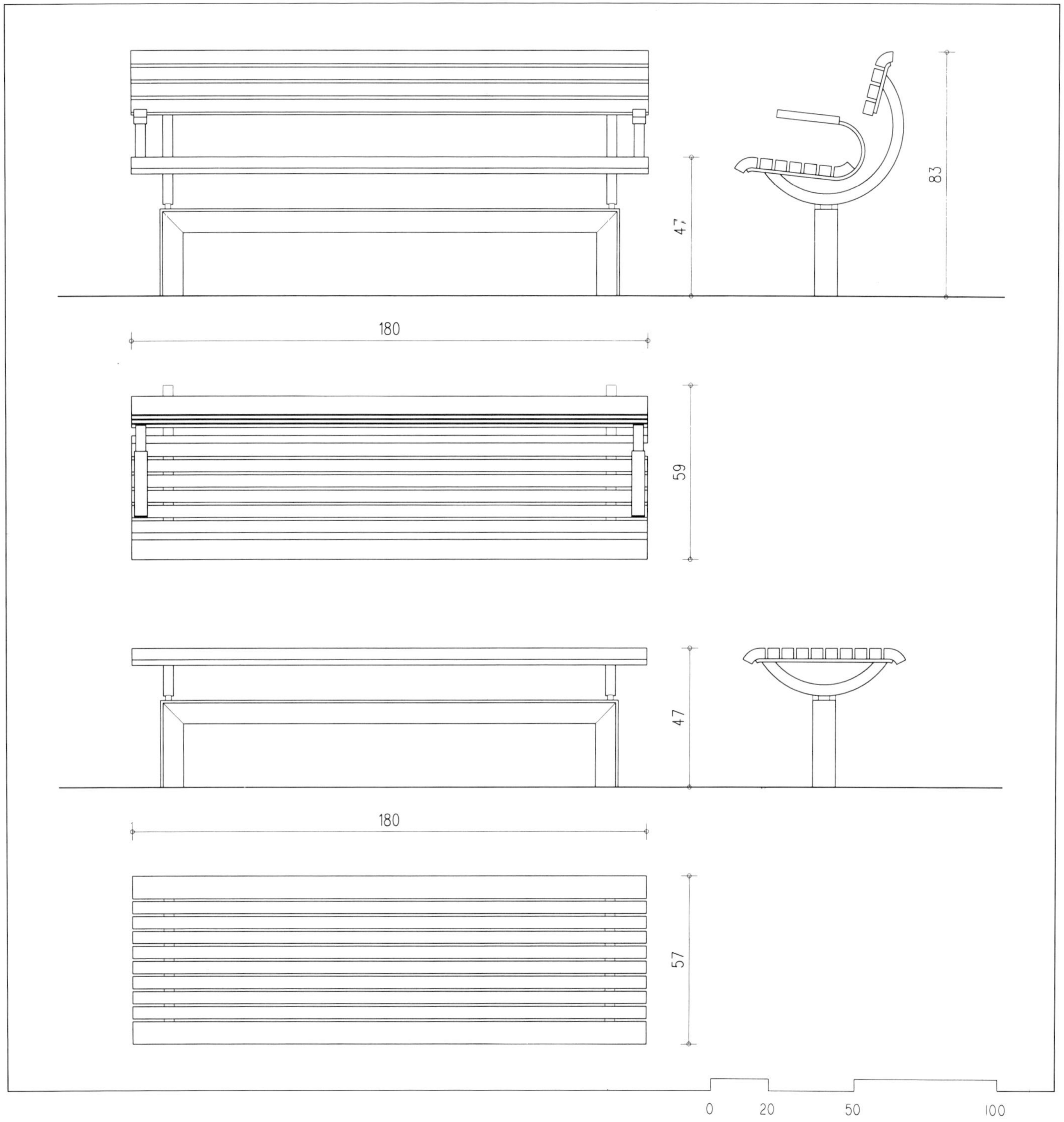

ESPECIFICACIONES TÉCNICAS

Soporte principal formado por una T–100 cortada y soldada en forma de U. Este soporte va unido al circular mediante dos tubos de acero inoxidable de ø 40 mm y 12 mm de longitud.

El soporte circular es una pletina de sección cuadrada de 35x35 mm en cuyos extremos van soldadas las pletinas a las que se atornillan el asiento y respaldo.

El acero es galvanizado en caliente y puede ir acabado con pintura termolacada.

Asiento y respaldo formado por listones de madera de caoba tratada con aceite; 8 listones de 33x44x180 mm y 3 de 33x75x180 mm unidos con tornillería de acero inoxidable.

COLOCACIÓN

Soporte anclado en el pavimento mediante un dado de hormigón colocado 10 cm por debajo de la línea de pavimento.

TECHNICAL SPECIFICATIONS

Main support made up of a T-section cut and welded in U shape. This support is attached to the circular part by two stainless steel tubes of 40 mm ø by 12 mm long.

The circular support is a plate of square section of 35x 35 mm to the ends of which are bolted the plates to which the seat and backrest are welded.

The seat is hot-galvanized and can be finished with enamelled paint.

Seat and backrest made of mahogany slats treated with oil. Eight slats of 33x44x180 mm and three of 33x75x180 mm attached with stainless steel nuts and bolts.

FIXING

Support anchored onto the pavement by means of a concrete block placed 10 cm below the pavement level.

31. Banco/*Bench* G

AUTORES/*DESIGNERS*
Andreu Arriola - Carme Fiol (1995)

PRODUCTOR/*PRODUCER*
ESCOFET 1886, S.A.

CARACTERÍSTICAS
Banco de madera y acero que forma parte de la serie *Flauta Màgica, òpera de mobiliari urbà.*
Tiene la estructura flexible de acero inoxidable con asiento y respaldo de madera de teka cepillada. El respaldo también es flexible. Incorpora un grado de confort hasta ahora insólito en un banco para espacios públicos.

DIMENSIONES

Altura	38,5 cm en el asiento
	76 cm en el respaldo
Longitud	225 cm
Profundidad	38 cm en el asiento
	79,9 cm total

DESCRIPTION
Wood and steel bench which forms part of the Flauta Màgica, òpera de mobiliari urbà *range.*
It has a flexible stainless steel structure with planed teak seat and backrest. The back is also flexible. This bench offers a degree of comfort so far unknown in a bench for public areas.

DIMENSIONS

Height	*38.5 cm at the seat*
	76 cm at the backrest
Length	*225 cm*
Depth	*38 cm at the seat*
	79.9 cm total

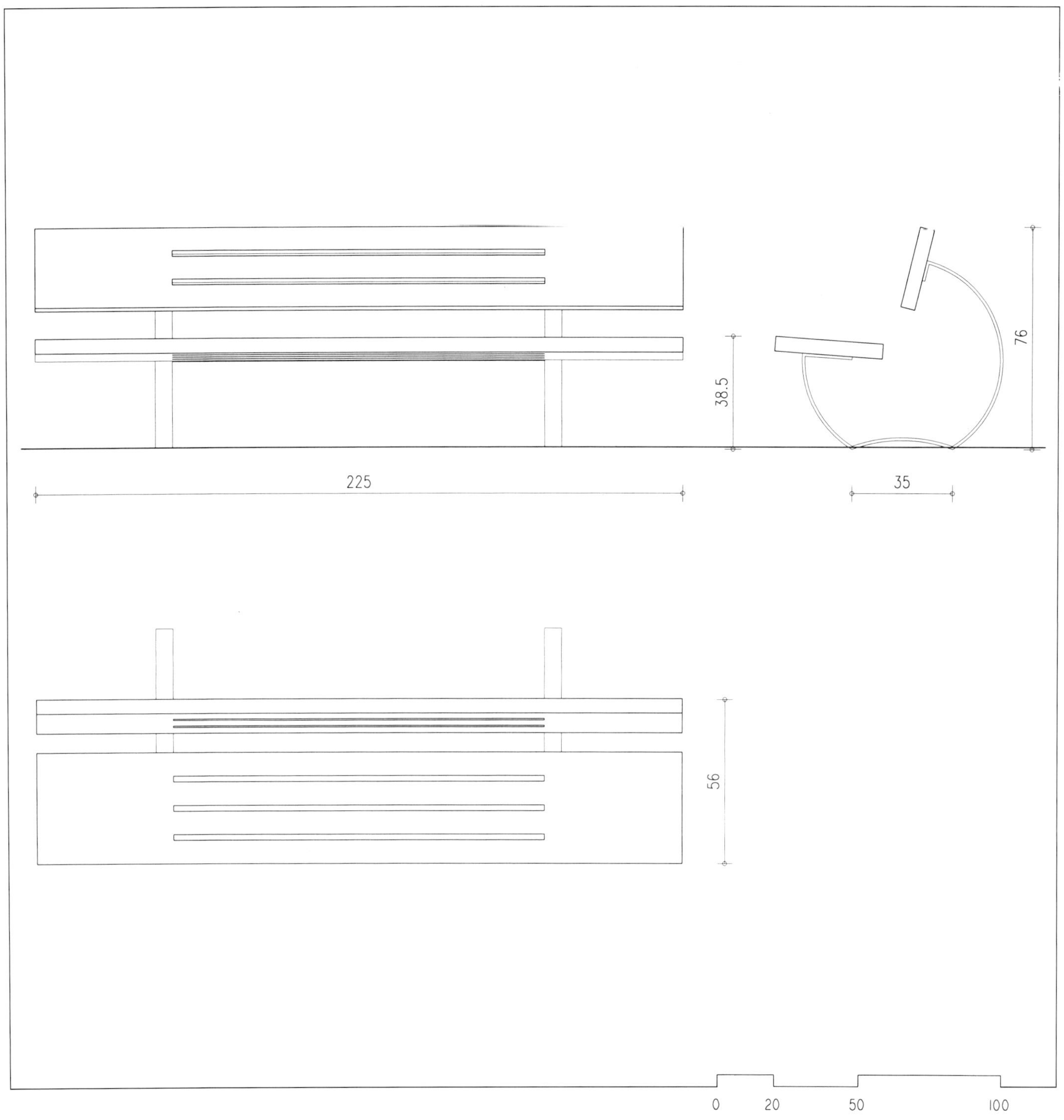

ESPECIFICACIONES TÉCNICAS
Soporte de pletina de acero inoxidable satinado de sección 8x1,2 cm.
Asiento formado por un tablón de madera de teka cepillada de sección 38x5 cm.
Respaldo formado por un tablón de madera de teka cepillada de sección 28x5 cm.

COLOCACIÓN
El soporte incorpora cuatro barras roscadas que se introducen en cuatro agujeros en el pavimento previamente rellenados con mortero de resina.
El asiento y el respaldo se fijan posteriormente a la estructura.

TECHNICAL SPECIFICATIONS
Satined stainless steel plate of 8x1.2 cm section.
Seat made of a planed teak plank of 38x5 cm section.
Backrest made of a planed teak plank of 28x5 cm section.

FIXING
The support has four built-in threaded studs which are inserted into four holes in the pavement filled in advance with resin mortar.
The seat and the backrest are fixed to the structure afterwards.

32. Banco/*Bench* HELENA

AUTOR/*DESIGNER*
Isidre Viñas (1995)

PRODUCTOR/*PRODUCER*
SEÑALIZACIÓN Y DISEÑOS URBANOS, S.A.

CARACTERÍSTICAS
Banco de estructura y respaldo metálicos y asiento de SDU. La originalidad de este banco no reside tanto en su forma como en los materiales del asiento, procedentes en buena parte de vidrio reciclado. Este nuevo material presenta gran resistencia a los ácidos y productos corrosivos. Sus excelentes condiciones de moldeo permiten la obtención de distintas formas, tonalidades y texturas.

DIMENSIONES

Altura	41 cm en el asiento
	81 cm en el respaldo
Longitud	238 cm
Profundidad	64 cm

DESCRIPTION
Bench with metal structure and backrest and SDU seat. The originality of this bench lies not so much in its shape as in the seat materials, mostly made from recycled glass. This new material is highly resistant to acids and corrosive products. Its excellent moulding capacity allows different shapes, colour shades and textures to be achieved.

DIMENSIONS

Height	*41 cm at the seat*
	81 cm at the backrest
Length	*238 cm*
Depth	*64 cm*

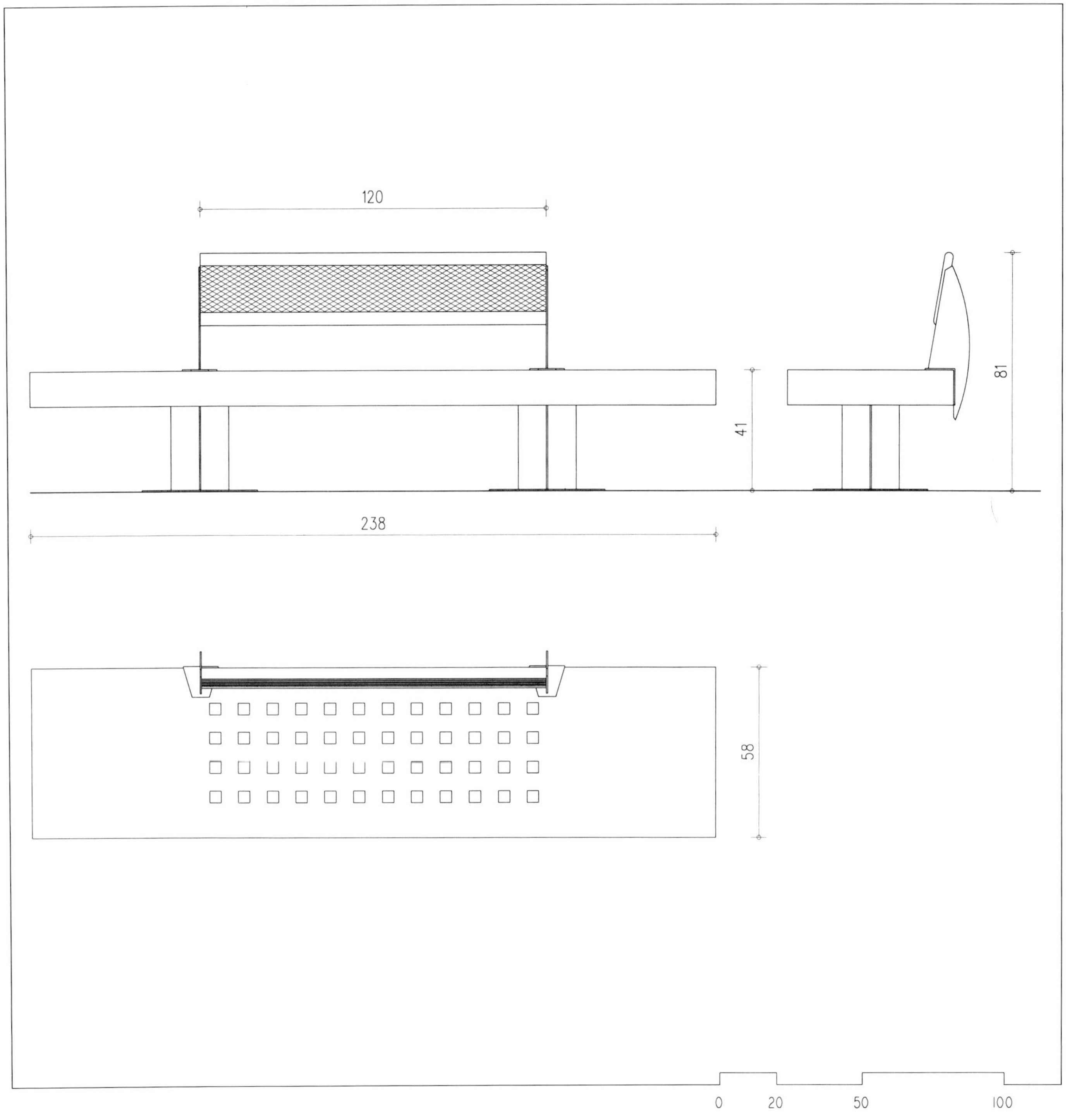

ESPECIFICACIONES TÉCNICAS
Patas de chapa metálica de 1cm de grosor y 20 cm de ancho, soldada formando cruz sobre una pletina de ø 40 cm. Acabado galvanizado.
Asiento rectangular con perforaciones cuadradas. Fabricado mediante molde con material SDU, compuesto de vidrio reciclado (20–30%), sulfatos o polvo de alabastro y resinas.
El respaldo es de chapa metálica y plancha *deployé,* acabado galvanizado, y es opcional.
Se pueden unir formando hileras con respaldo continuo, discontinuo y sin respaldo.

COLOCACIÓN
Se atornilla al pavimento.

TECHNICAL SPECIFICATIONS
Legs of 1 cm metal plate, 20 cm wide, welded to form a cross on a 40 cm ø plate, with galvanized finishes.
Rectangular seat with square perforations. Moulded from SDU material, composed of recycled glass (20–30%), sulphates or powder of alabaster and resins.
The backrest is of metal sheet and deployé plate with galvanized finishes and is optional.
The units can be joined together to form lines with continuous or discontinuous backrest or without backrest.

FIXING
Bolted to the pavement.

33. Banco/*Bench* VICEVERSA

AUTORES/*DESIGNERS*
Carlos Marzábal - Miguel Milà (1995)

PRODUCTOR/*PRODUCER*
SANTA & COLE, S.A División Urbana.

CARACTERÍSTICAS
Elegante banco de uso polivalente pensado para exteriores e interiores, especialmente andenes de tren.
Su simetría y el respaldo móvil permiten invertir la posición del asiento con el consiguiente aprovechamiento del espacio.

DIMENSIONES

Longitud	191 cm
Altura del asiento	38 cm
Altura total	80 cm
Profundidad	50 cm

DESCRIPTION
Elegant multi-purpose bench designed for outdoors and indoors, especially railway station platforms.
Its symmetry and movable backrest allow the position of the seat to be reversed, thus making full use of available space.

DIMENSIONS

Length	*191 cm*
Seat height	*38 cm*
Total height	*80 cm*
Depth	*50 cm*

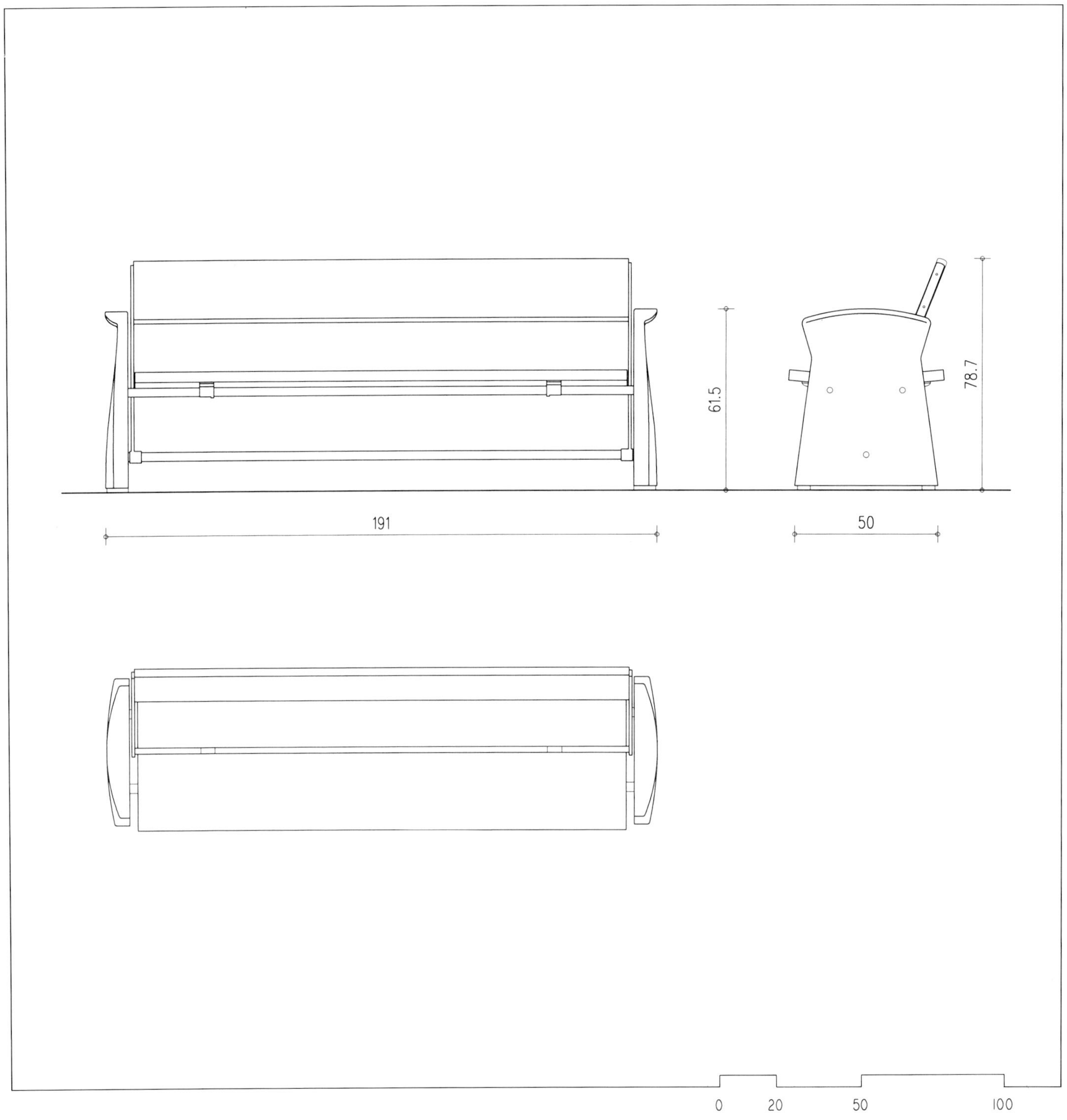

ESPECIFICACIONES TÉCNICAS
Pies de fundición de hierro pintado con Oxirón negro.
Asiento y respaldo de tablón de madera de bolondo o similar.
Estructura del respaldo en acero galvanizado y tornillería de acero inoxidable tipo *Allen*.

COLOCACIÓN
Sujeto al pavimento mediante tacos químicos y tornillería de acero inoxidable.

TECHNICAL SPECIFICATIONS
Cast iron legs painted with black Oxiron paint.
Seat and backrest of bolondo or similar wooden board.
Backrest structure in galvanized steel with stainless steel Allen-type nuts and bolts.

FIXING
Secured to the pavement using chemical plugs and stainless steel bolts.

34. Silla/*Chair* LA VILLETTE

AUTOR/*DESIGNER*
Philippe Starck (1988)

PRODUCTOR/*PRODUCER*
FONTES DE PARIS.

CARACTERÍSTICAS
Silla pivotante (360°) individual de planchas de fundición de aluminio preformadas y soldadas.
Esta silla tiene la particularidad de poder colocarse en grupo de una forma bastante anárquica. Los mismos usuarios se agrupan o se individualizan.

DIMENSIONES

Altura	46 cm en el asiento
	90 cm en el respaldo
Anchura	40 cm
Profundidad	47 cm

DESCRIPTION
Individual pivoting (360°) of preshaped and welded cast aluminium plates.
The special feature of this chair is that it can be placed quite anarchically in groups, with the users themselves forming the groups or moving chairs away from the group.

DIMENSIONS

Height	*46 cm to the seat*
	90 cm to the backrest
Width	*40 cm*
Depth	*47 cm*

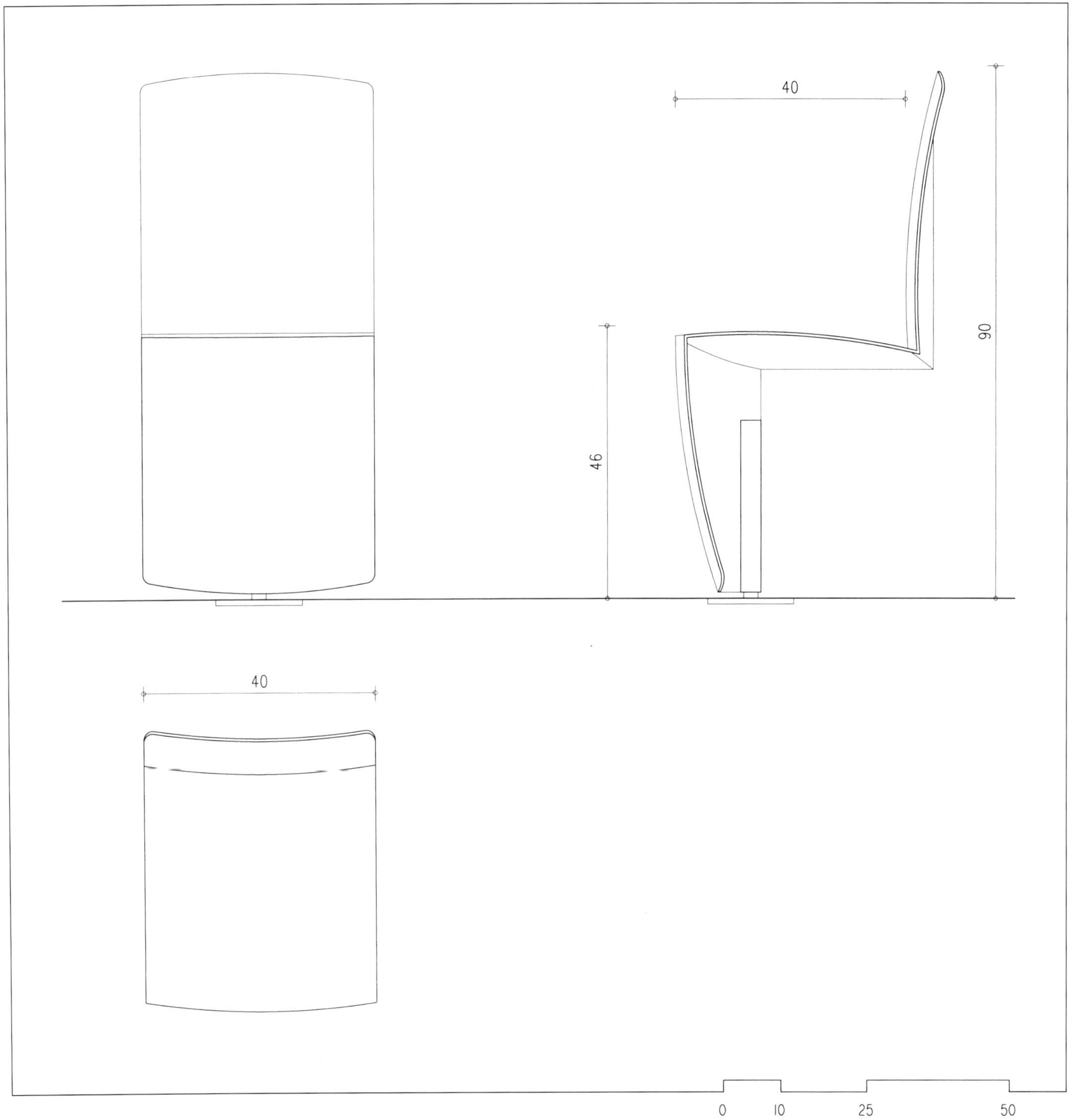

ESPECIFICACIONES TÉCNICAS
Las planchas de fundición de aluminio, de 5 mm de espesor, están soldadas entre sí y sujetas al mismo tiempo a un nervio situado en el eje de la silla que contribuye al diseño y a la solidez del mismo. El aluminio se acaba cepillado o pintado al horno con pintura poliéster (color a escoger).
El giro pivotante de 360° está asegurado por un eje de acero de resistencia 66 kg/mm^2 y en la parte superior lleva un cojinete de acero inoxidable. En la parte inferior va soldado a una pletina de acero de ø 15 cm que permite colocar la silla sobre 4 soportes. En el eje hay una clavija antirrobo.

COLOCACIÓN
La pletina de acero de ø 15 cm queda a ras de pavimento y por debajo las cuatro tijas, que sirven al mismo tiempo de soporte y nivelación de la silla.

TECHNICAL SPECIFICATIONS
The 5 mm cast aluminium plates are welded to each other and at the same time secured to a rib situated on the axis of the seat, thus contributing to its design and solidity. The aluminium has a brushed finish or can be oven painted with polyester paint (colour to order).
The 360° pivoting rotation is made possible by a steel spindle with a strength of 66 kg/mm^2, on top of which there is a stainless steel bearing. The bottom of the spindle is welded to a 15 cm ø plate so that the chair can be located on 4 supports. The spindle is fitted with an anti-theft peg.

FIXING
The 15 cm ø steel plate is fitted flush with pavement level on top of the 4 stems, which serve both to support and to level the chair.

35. Silla y Banqueta/*Chair and Banquette* MONTSENY

AUTOR/*DESIGNER*
Leopoldo Milà (1990)

PRODUCTOR/*PRODUCER*
DAE Diseño Ahorro Energético, S.A.

CARACTERÍSTICAS
Conjunto de asientos que cubren las necesidades de estancia en lugares públicos.
Los materiales utilizados, fundición de hierro y madera de iroko barnizado, son resistentes a la intemperie y al vandalismo. Susceptibles de ser utilizados indistintamente como banqueta simple, doble o silla.
Su sobriedad estética los hace utilizables en cualquier proyecto.
Seleccionado premios Delta ADI–FAD 1991.

DIMENSIONES

Altura	45 cm en el asiento	
	84 cm en el respaldo (silla)	
	68 cm en los apoyabrazos (banqueta)	
Longitud (3 versiones)	banqueta doble	300 cm
	banqueta sencilla	150 cm
	silla	48 cm
Anchura	57,5 cm (silla)	
	63 cm (banqueta)	

DESCRIPTION
Set of chairs to meet seating needs in public places.
The materials used –cast iron and varnished iroko *wood– stand up to inclement weather and vandalism. Can be used interchangeably as a single or double banquette or chair.*
Its aesthetic sobriety means it can be used in any situation.
Selected for the 1991 ADI-FAD Delta Prizes.

DIMENSIONS

Height	*45 cm to the seat*	
	84 cm to the backrest (chair)	
	68 cm to the armrests (banquette)	
Length (3 versions)	*double banquette*	*300 cm*
	single banquette	*150 cm*
	chair	*48 cm*
Width	*57.5 cm (chair)*	
	63 cm (banquette)	

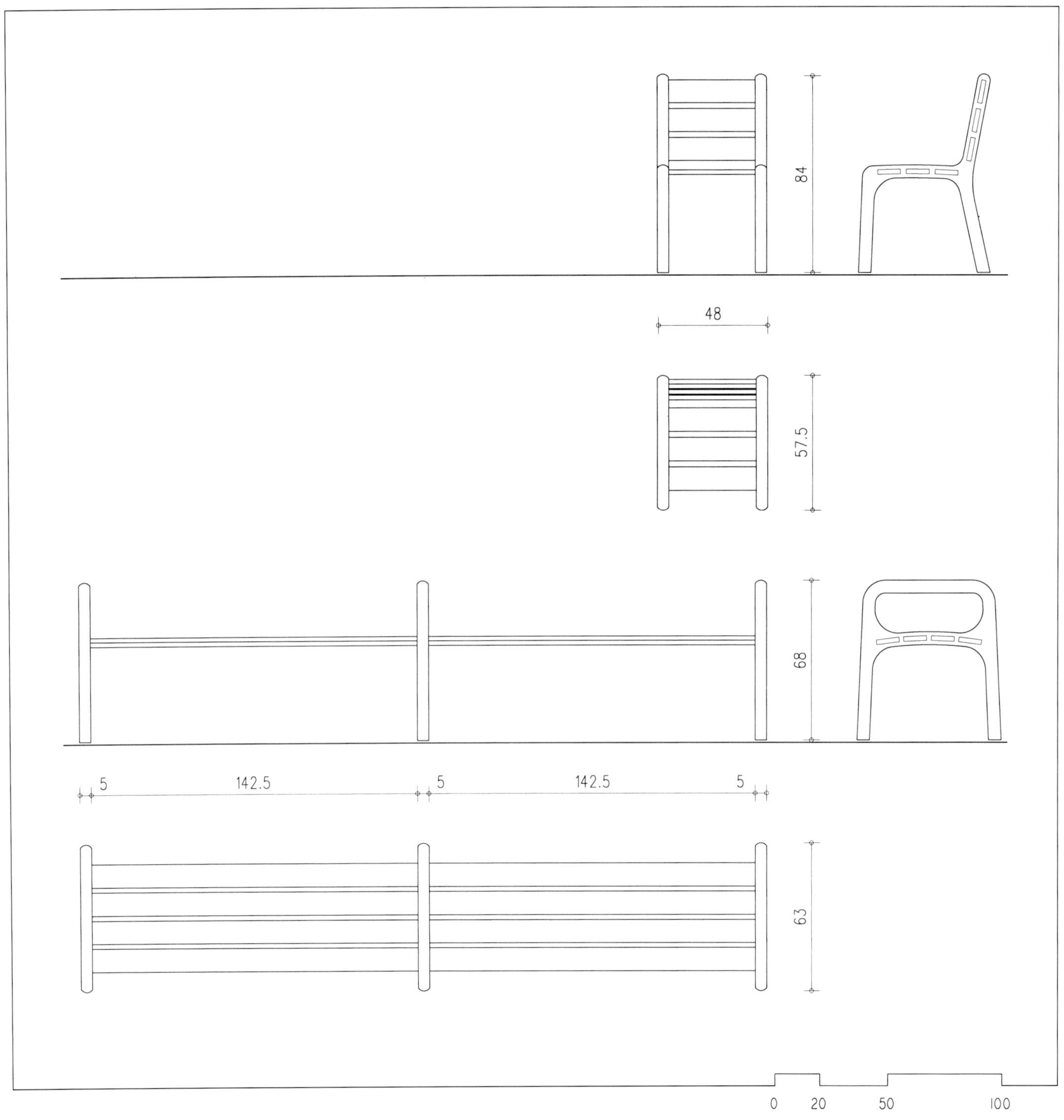

ESPECIFICACIONES TÉCNICAS
Estructura de fundición de hierro pintado con Oxirón color negro forja.
Asiento y respaldo de listones de madera de iroko pulidos y barnizados. En el asiento tres listones de sección 108x33 mm y en el respaldo, tres de sección 103x27 mm para la silla y cuatro de sección 108x33 mm para el asiento de la banqueta. Los listones van sujetos a la estructura mediante tornillería de acero inoxidable.
El peso oscila entre los 29 kg de la silla y los 100 kg de la banqueta doble.

COLOCACIÓN
Se colocan sobre dados de hormigón y se sujetan mediante pernos ciegos roscados a la parte inferior de cada pata.

TECHNICAL SPECIFICATIONS
Cast iron structure, painted with forge black Oxiron paint. Seat and backrest of polished and varnished iroko wood slats. The seat has three slats of 108x33 mm section, while the backrest has three of 103x27 mm section for the chair and four of 108x33 mm section for the banquette seat. The slats are secured to the structure using stainless steel nuts and bolts. The weight ranges between 29 kg for the chair and 100 kg for the double banquette.

FIXING
Set on concrete blocks and secured by blind bolts threaded into the bottom part of each leg.

36. Silla/*Chair* NIGRA

AUTORES/*DESIGNERS*
Montse Periel - Màrius Quintana (1994)

PRODUCTOR/*PRODUCER*
ESCOFET 1886, S.A.

CARACTERÍSTICAS
Silla de hormigón armado de una sola pieza con formas muy anguladas y geométricas.
Su gran ventaja respecto a otras sillas es que no necesita mantenimiento.

DIMENSIONES

Altura	45 cm en el asiento
	76 cm en el respaldo
Anchura	50 cm
Profundidad	56 cm

DESCRIPTION
Chair of one-piece reinforced concrete with highly angled geometrical forms.
Its great advantage compared with other chairs is that it requires no maintenance.

DIMENSIONS

Height	*45 cm at seat*
	76 cm at backrest
Width	*50 cm*
Depth	*56 cm*

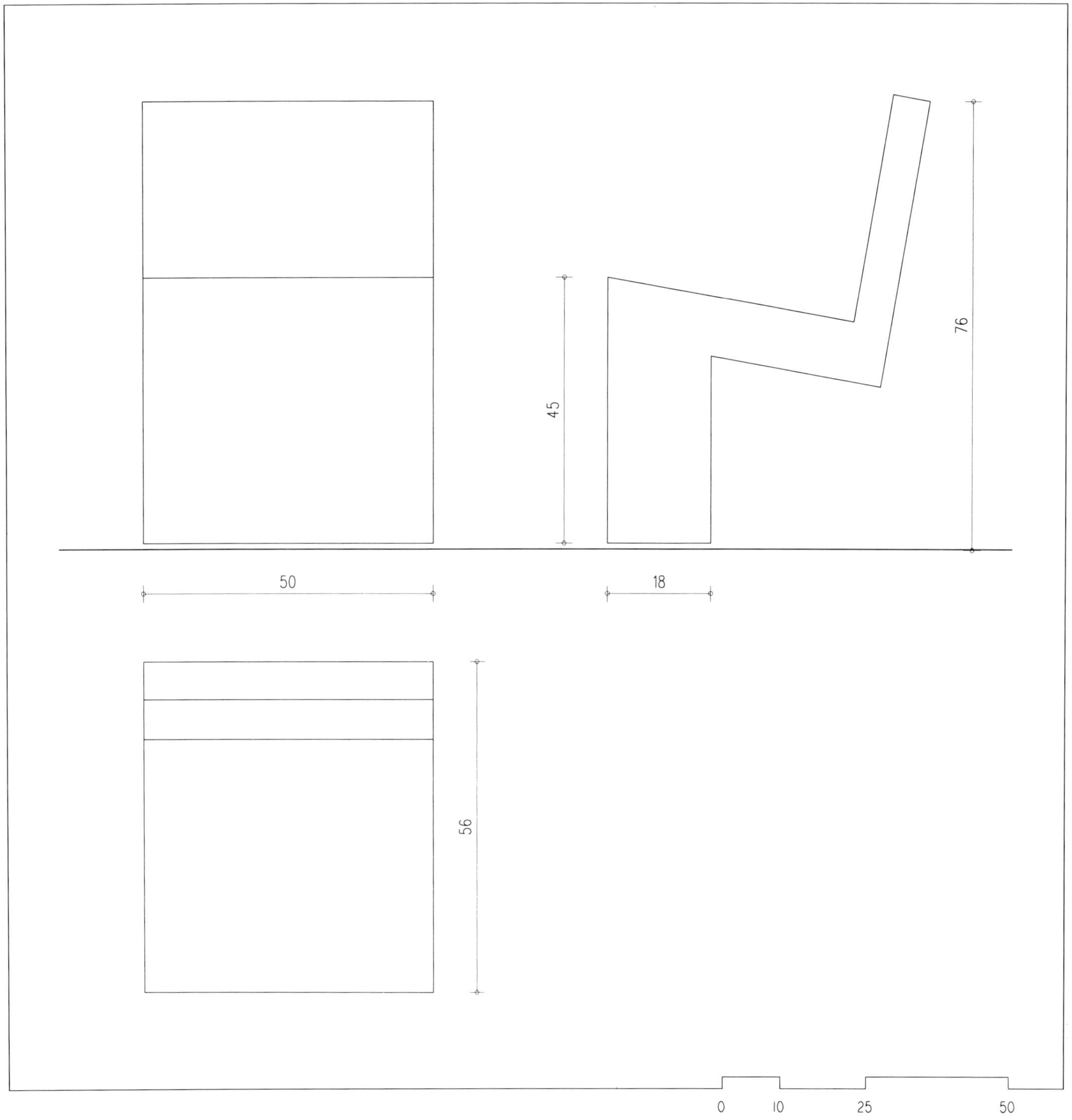

ESPECIFICACIONES TÉCNICAS
Realizada en hormigón con armadura de acero inoxidable y acabado salido de molde.
De sección rectangular, ancha en la única pata (18x50 cm), se va reduciendo en el asiento (10x50 cm) y en el respaldo (6,5x50 cm).

COLOCACIÓN
Mediante cuatro pernos embebidos en un lado del hormigón y empotrados en la pata con resinas epoxy a ras de pavimento.

TECHNICAL SPECIFICATIONS
Made in concrete with stainless steel reinforcement and ex-mould finish.
Of rectangular section, wide at the single leg (18x50 cm) and reducing at the seat (10x50 cm) and backrest (6.5x 50 cm).

FIXING
By means of four studs embedded in a concrete block and set into the legs at pavement level with epoxy resins.

37. Banqueta/*Banquette* CALDES

AUTORES/*DESIGNERS*
Albert Blanch - Lluís Bravo (1990)

PRODUCTOR/*PRODUCER*
SEÑALIZACIÓN Y DISEÑOS URBANOS, S.A.

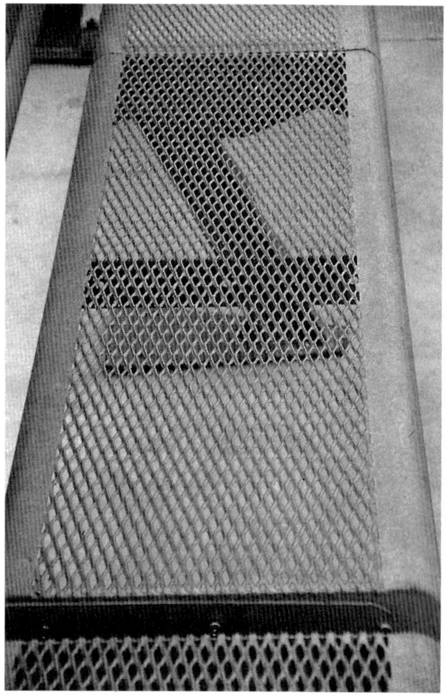

CARACTERÍSTICAS
Banqueta modular de exteriores en acero y plancha *deployé*. Puede adaptarse a dos tipos de patas: para apoyar y para empotrar.
Se fabrica en módulos de 1,25 m de largo que pueden unirse formando bancos de longitudes múltiplo del módulo base.

DIMENSIONES

Altura	45 cm en el asiento
Longitud	125 cm (un módulo)
Anchura	39 cm

DESCRIPTION
Modular outdoor banquette in steel and deployé sheet.
Can be fitted with two leg types, for resting on ground and setting in.
Manufactured in modules 1.25 metres long, which can be joined to form benches of multiple lengths of the base module.

DIMENSIONS

Height	*45 cm to seat*
Length	*125 cm (one module)*
Width	*39 cm*

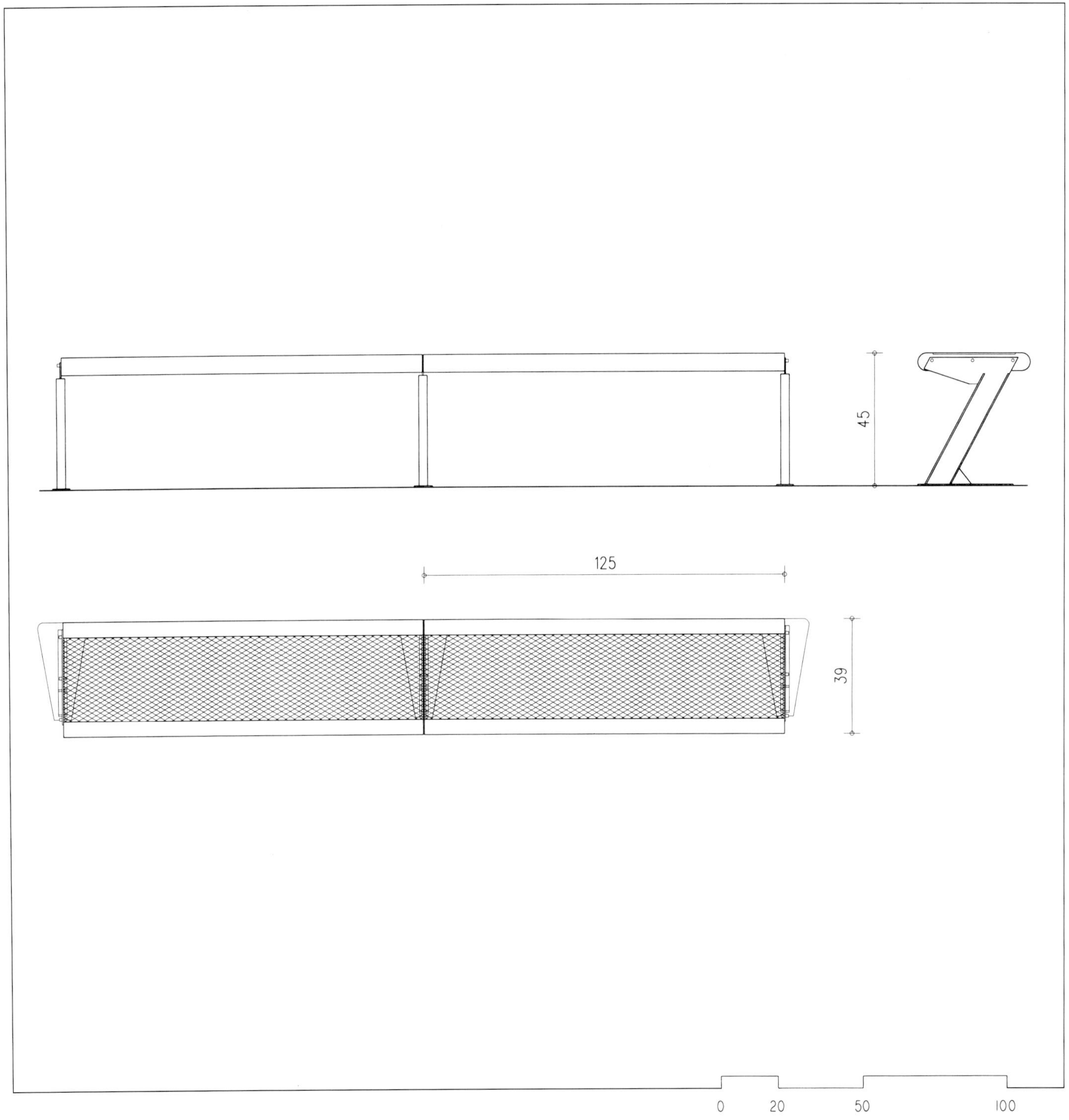

ESPECIFICACIONES TÉCNICAS

La estructura del soporte es un IPN de 80, soldada a una pletina *deployé.*
Puede adaptarse a dos tipos de patas: para apoyar y para empotrar.
Se fabrica en módulos de 1,25 m de largo que puede unirse formando bancos de longitudes múltiplo del módulo base.

COLOCACIÓN

El modelo para apoyar va atornillado al pavimento.
El modelo empotrado va sujetado mediante pernos a un dado de hormigón de 40x40x40 cm, colocado 10 cm por debajo del pavimento.

TECHNICAL SPECIFICATIONS

The support structure is in IPN 80 welded to a plate to which the seat is in turn bolted.
This can be used with two types of supoort, free or fixed.
The seating is manufactured in 1.25 m modules which fit together to form benches of variable length.

FIXING

The ground supported model is bolted onto the pavement.
The embedded model is secured by bolts to a concrete block of 40 40x40 cm, 10 cm below the pavement.

38. Banqueta/*Banquette* NIMES

AUTORA/*DESIGNER*
Marie–Christine Dorner (1993)

PRODUCTOR/*PRODUCER*
FOURNITURE

CARACTERÍSTICAS
Banqueta de una o tres plazas realizada en madera, que forma parte de un conjuto de elementos pensados para estaciones de autobús y otros lugares de espera corta.

DIMENSIONES

Altura	44 cm en el asiento
Longitud	120 cm banqueta triple
	40 cm banqueta sencilla
Profundidad	40 cm

DESCRIPTION
One- or three-seater banquette made of wood, forming part of a seating set designed for bus stations and other short-wait areas.

DIMENSIONS

Height	*44 cm to seat*
Length	*120 cm triple banquette*
	40 cm single banquette
Depth	*40 cm*

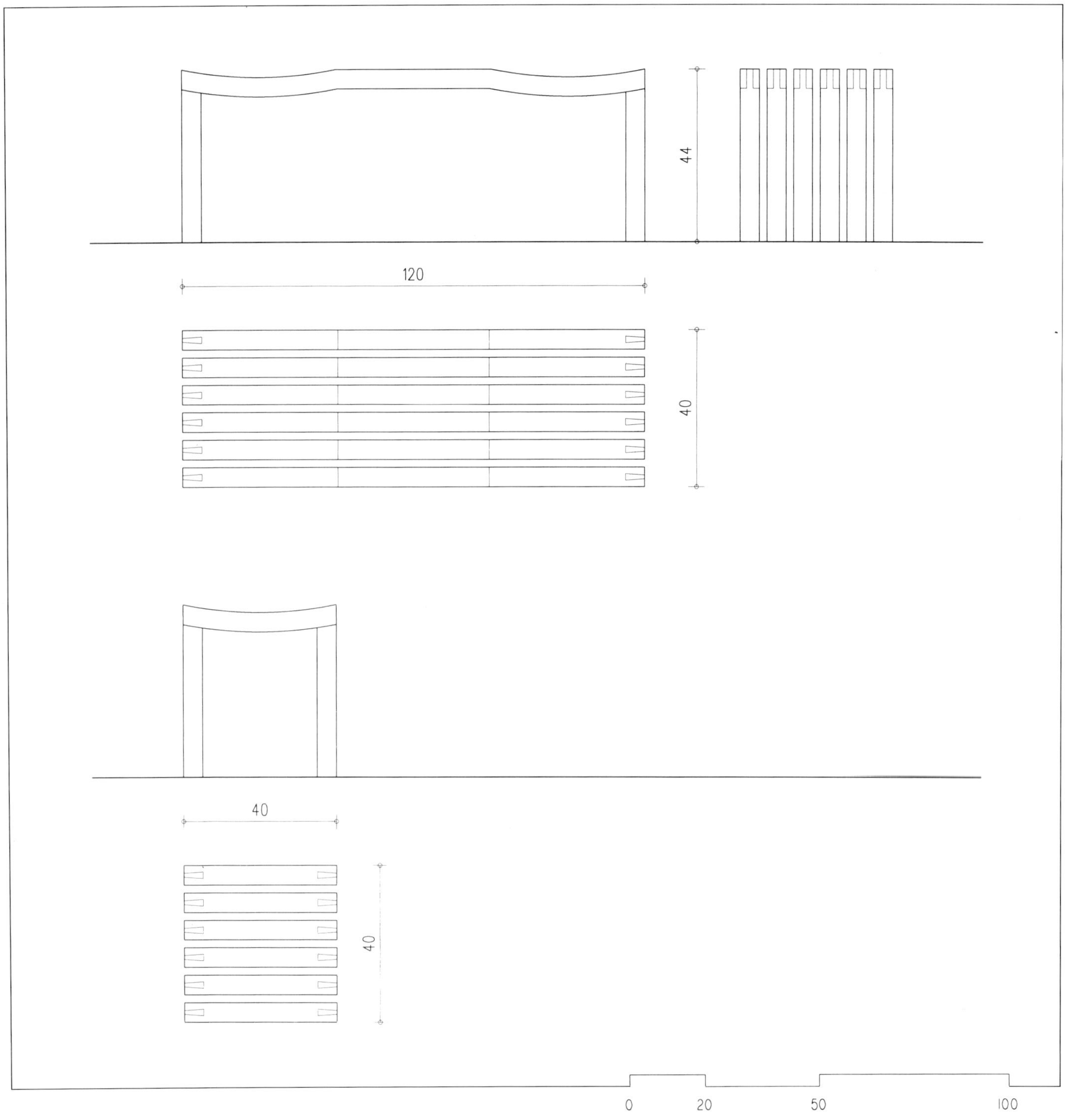

ESPECIFICACIONES TÉCNICAS
Elemento formado por 6 listones de madera de *IPE* de 5x 5 cm.
Los listones tienen una prolongación en el pavimento, y forman una superficie continua de la cual van surgiendo los distintos elementos.

COLOCACIÓN
Se coloca atornillada a una cubeta de acero galvanizado empotrada en el pavimento y que conforma el espacio entre elementos.

TECHNICAL SPECIFICATIONS
Made of six 5x5 cm slats of IPE wood.
The slats have an extension into the pavement, forming a continuous surface from which the different parts emerge.

FIXING
It is fitted by bolting onto a galvanized steel tube set into the pavement and setting the space between the parts.

39. Banqueta/*Banquette* SEVILLE

AUTOR/*DESIGNER*
Rodney Kinsman (1991)

PRODUCTOR/*PRODUCER*
OMK Design Ltd.

CARACTERÍSTICAS
Banqueta modular diseñada originariamente para el pabellón del Reino Unido en la Expo'92 de Sevilla.
Está formada por perfiles de aluminio estrusionado montados sobre patas de aluminio.
De gran sencillez formal es un elemento muy resistente pensado para sitios de espera corta, exteriores o interiores.

DIMENSIONES

Altura asiento	55,5 cm
Longitud (2 patas)	mínimo 135 cm (tres módulos) máximo 315 cm (siete módulos) (43 cm por módulo más 2 cm de junta)
Profundidad	35 cm

DESCRIPTION
Modular banquette originally designed for the United Kingdom pavilion at Expo'92 in Seville. It is made of extruded aluminium profiles fitted onto aluminium legs.
Of great formal simplicity and strength, it is seating designed for outdoor or indoor short-stay waiting places.

DIMENSIONS

Seat height	*55.5 cm*
Length (2 legs)	*minimum 135 cm (three modules)* *maximum 315 cm (seven modules)* *(43 cm per module plus 2 cm seal)*
Depth	*35 cm*

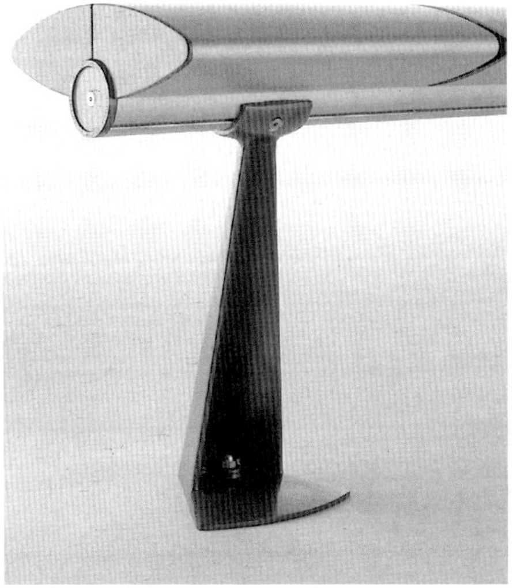

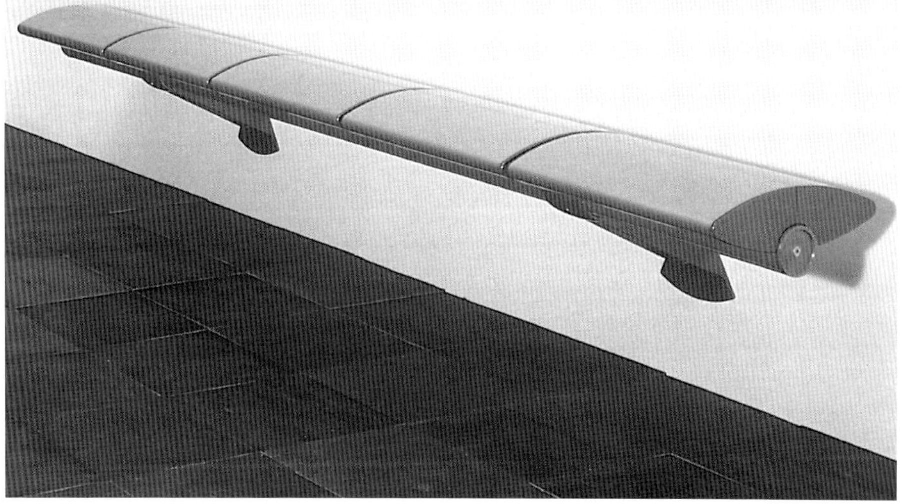

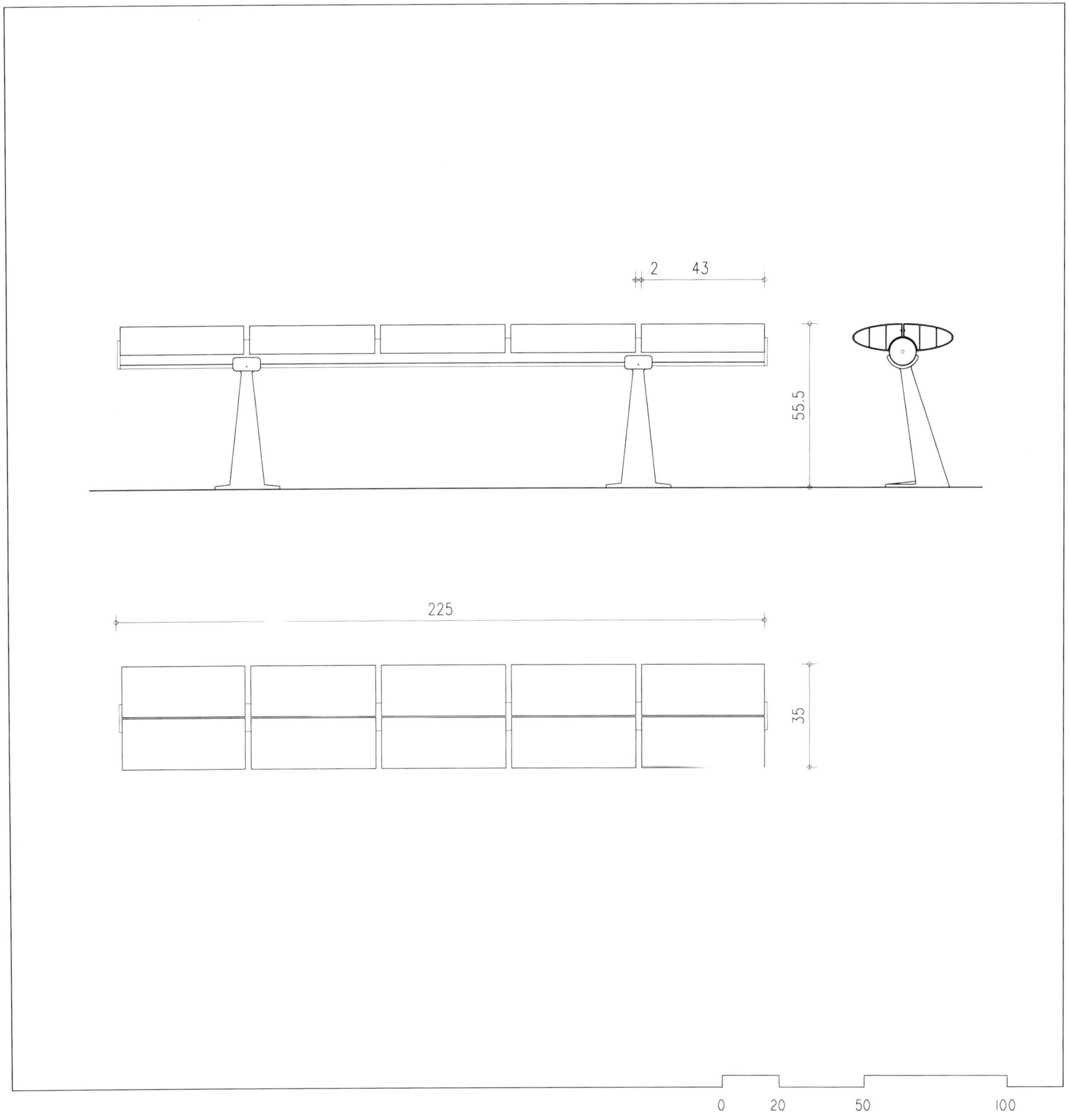

ESPECIFICACIONES TÉCNICAS
Patas de fundición de aluminio barnizado de color gris, fijadas al suelo o a la pared.
Las secciones del asiento (parábola) y del soporte (circular) son de aluminio extrusionado y anodizado color natural, trabadas entre sí sin la necesidad de accesorios y montadas sobre las patas.
Dispone de tapas opcionales para cerrar los extremos de las secciones del asiento.

COLOCACIÓN
Fijada al suelo o pared mediante tornillería de acero inoxidable.

TECHNICAL SPECIFICATIONS
Cast aluminium legs varnished in grey and fixed to the floor or wall.
The sections of the seat (parabola) and of the support (circular) are of naturally coloured extruded and anodized aluminium, joined to each other without any need for accessories and fitted onto the legs.
Has optional caps to close off the ends of the seat sections.

FIXING
Secured to ground or wall using stainless steel bolts.

Todas las cotas de los dibujos están en centímetros/
All drawings measurements are in centimeters

ELEMENTOS DE ILUMINACIÓN
LIGHTING

Es un grupo de elementos muy amplio, y probablemente el que primero ha requerido la intervención de industrias especializadas. Este grupo que constituye la base para la comprensión y el funcionamiento de la ciudad nocturna, ha sido tratado de forma bastante superficial en los proyectos de urbanización. En este capítulo se incluyen las columnas para la colocación de lámparas, las farolas, apliques, balizas y focos. La selección se ha realizado atendiendo tanto a la diversidad de planteamientos formales como a los modos de proyección de la luz.

This is a very broad group of items, and probably the one which first called for the intervention of specialized industries. This section forms the basis for understanding and operation of the night city, often the recipient of scant attention in city planning projects. This section includes columns for the fitting of lamps, streetlights, wall lights, marker beacons and spotlights. The selection was made taking account of the diversity of formal approaches and means of light projection.

40. Columna/*Column* NIKOLSON

AUTORES/*DESIGNERS*
Pedro Barragán - Josep Ma. Julià - Bernardo de Sola (1986)

PRODUCTOR/*PRODUCER*
SANTA & COLE, S.A. División Urbana.

CARACTERÍSTICAS
Modelo original de la columna más instalada en el urbanismo contemporáneo; considera un clásico. Acepta gran variedad de luminarias.
La columna se fundamenta por la unión de dos segmentos cilíndricos de acero de diámetro y longitud distintos, mediante un aro que sirve al mismo tiempo de fijación y embellecedor.
Se entrega galvanizada o pintada al horno.

DIMENSIONES

Alturas columna	260, 360, 380, 400 o 440 cm
Altura base	80 cm
Diámetro base	12,7 cm
Diámetro fuste	10 cm

DESCRIPTION
Original model of the column most widely installed in contemporary town/city planning and considered to be a thorough classic. It takes a wide variety of lighting units.
A column based on the union of two cylindrical steel segments of different diameters and lengths by means of a ring which serves as both fixing and trim.
It is supplied galvanized or painted.

DIMENSIONS

Column heights	*260, 360, 380, 400 or 440 cm*
Base height	*80 cm*
Base diameter	*12.7 cm*
Pole diameter	*10 cm*

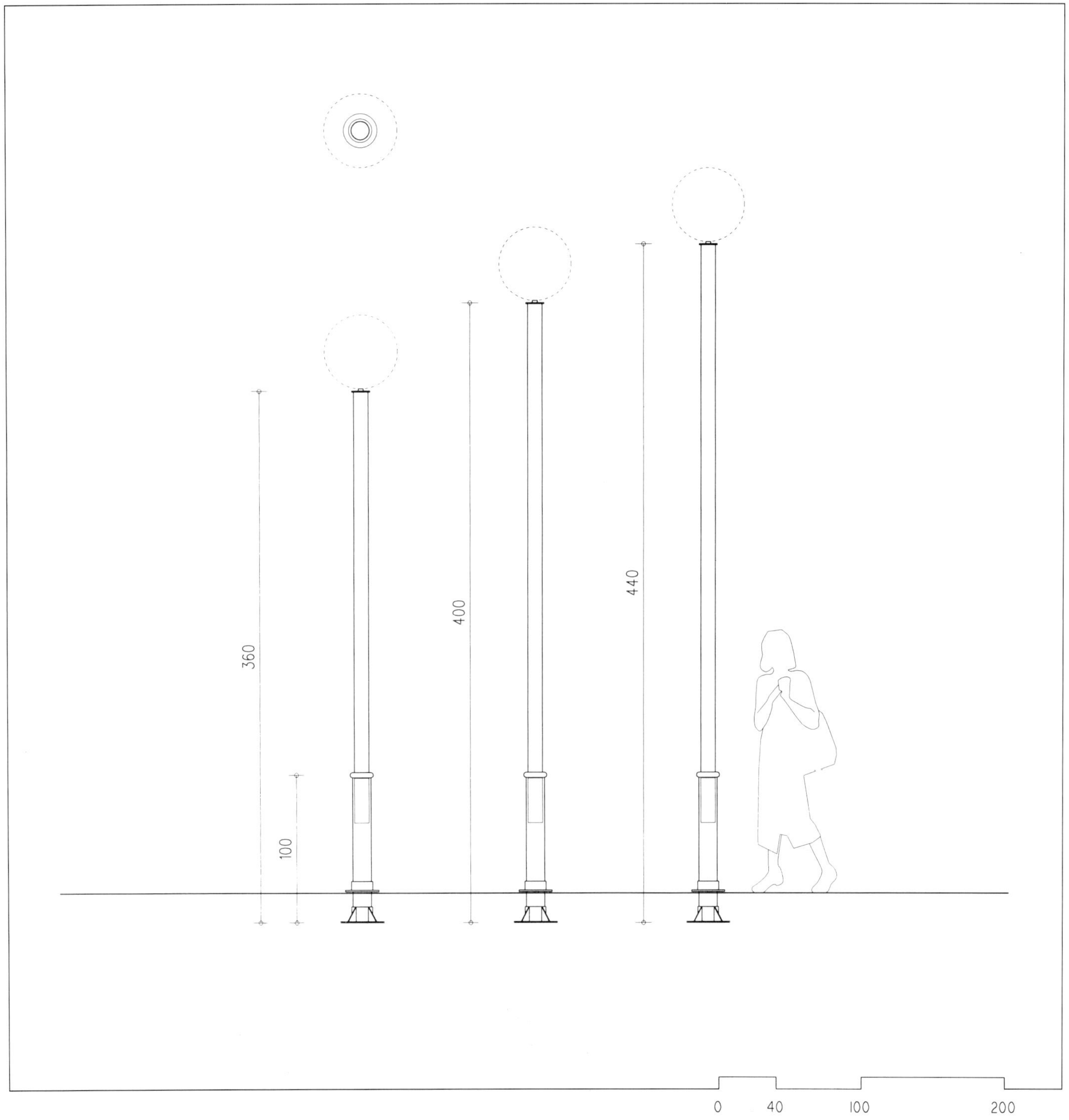

ESPECIFICACIONES TÉCNICAS

Todo el material empleado es de acero galvanizado por inmersión en baño de cinc caliente.

Existen cinco alturas estándar, pero se pueden suministrar otras por encargo.

La puerta de registro está cortada al láser por lo que es totalmente lisa y sin protuberancias.

Debe especificarse el tipo de anclaje de la luminaria.

COLOCACIÓN

Mediante pernos roscados a la base; éstos se suministran con la columna y van anclados a un lado de hormigón de 60x 60x60 cm.

TECHNICAL SPECIFICATIONS

All the material is steel galvanized by dipping in a hot zinc bath.

There are five standard heights, though others can be supplied to order.

The inspection door is laser cut, making it perfectly smooth and without protuberances.

The type of lighting unit clamp must be specified.

FIXING

By bolts threaded onto the base. These are supplied with the column and are anchored onto a 60x60x60 cm block.

41. Columna/*Column* CSV

AUTORES/*DESIGNERS*
Pedro Barragán - Bernardo de Sola (1988)

PRODUCTORES/*PRODUCERS*
URALSA (Utilización Racional del Alumbrado, S.A.).
CALDERERÍA DELGADO, S.A.

CARACTERÍSTICAS
Columna telescópica con segmentos de diámetros y alturas variables.
Se suministra con uno o dos brazos en la parte superior para iluminación de calzadas y se puede acoplar un brazo para iluminación peatonal a la altura conveniente.

DIMENSIONES

Alturas columna		900, 1.200 y 1.400 cm
Diámetro segmentos	900	16,8 / 11,5 cm
	1.200 /1.400	21,9 / 16,8 / 11,5 cm
Ancho (sin luminaria)	1 brazo	180 cm
	2 brazos	350 cm

DESCRIPTION
Telescopic column with segments of variable heights and diameters.
Supplied with one or two arms at the top for lighting the road, while an arm can be attached at a suitable height for pedestrian lighting.

DIMENSIONS

Column heights		*900, 1,200 and 1,400 cm*
Segments diameter	*900*	*16.8 / 11.5 cm*
	1,200/1,400	*21.9 / 16.8 / 11.5 cm*
Width (without lighting unit)	*1 arm*	*180 cm*
	2 arms	*350 cm*

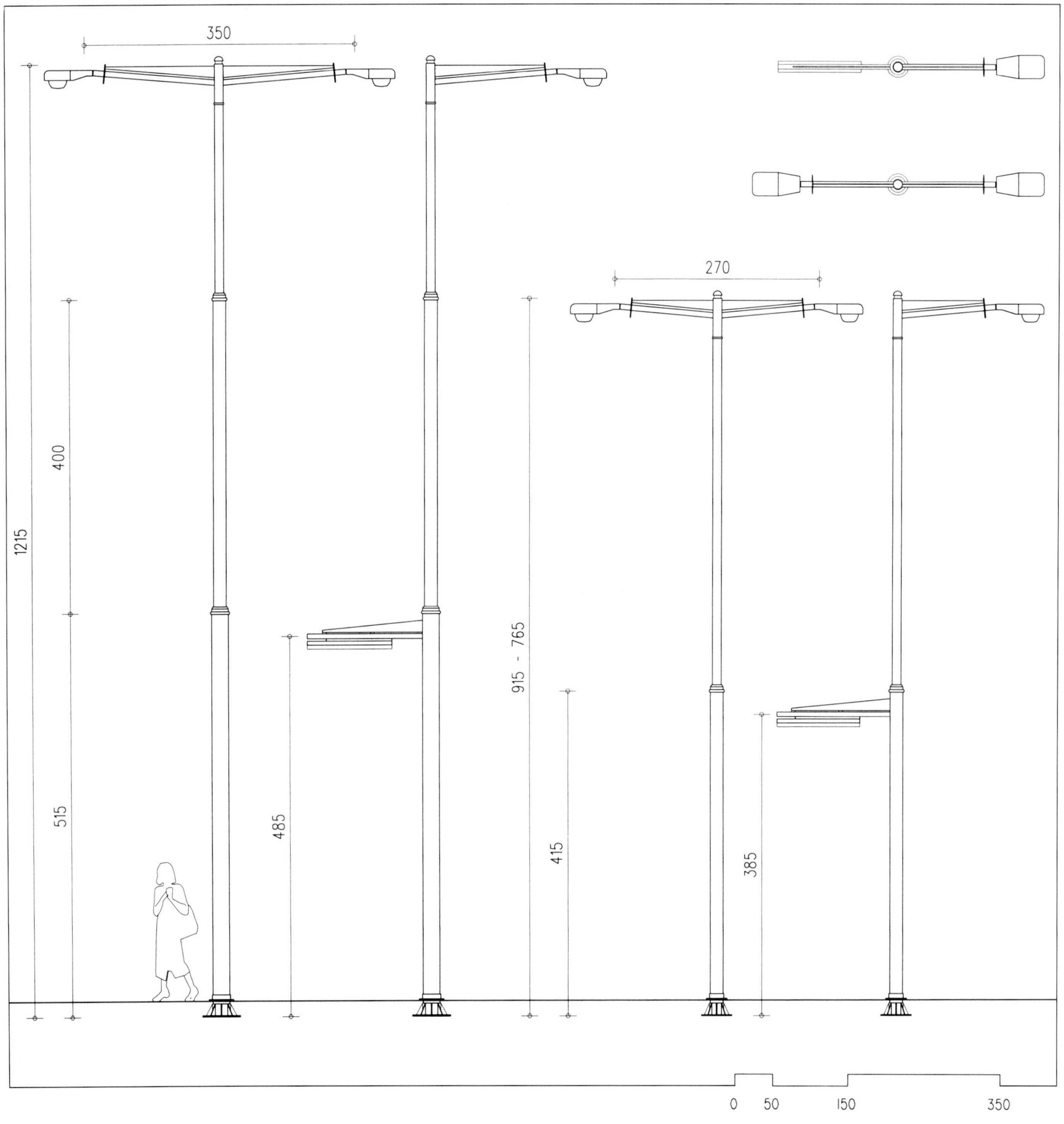

ESPECIFICACIONES TÉCNICAS

Columna de segmento de tubo de acero, protegido mediante galvanizado por inmersión en baño de cinc caliente. La unión de los segmentos va soldada y en esas uniones se adaptan aros de fundición de aluminio como protección y adorno. En la base lleva una placa de anclaje soldada y reforzada con aros y cartelas. Puesto que las cartelas de refuerzo van empotradas en el suelo, se suministra un aro tapajuntas móvil y adaptable. En la parte inferior de la columna hay dos puertas de registro con visera.
Brazo de tubo de sección circular con cartela de refuerzo en la parte superior.

COLOCACIÓN

Placa base empotrada y roscada a los pernos que están anclados a un dado de hormigón.

TECHNICAL SPECIFICATIONS

Column of steel tube segments, protected by galvanizing in hot zinc bath. The segment joints are welded and fitted with cast aluminium rings as protection and decorative trim. The base has an fixing plate welded and reinforced with a rings and flanges. Since the reinforcement flanges are set into the ground, a movable and adaptable flashing is supplied. The lower part of the column has two inspection doors with sight-window.
Tube arm of circular section with reinforcement flange at the top.

FIXING

Base plate set into ground, threaded onto the bolts supplied and fixed onto a concrete block.

42. Columna/*Column* PRIM

AUTOR/*DESIGNER*
Pedro Barragán (1991)

PRODUCTOR/*PRODUCER*
LUXTEC, S.L.

CARACTERÍSTICAS
Columna de acero de sección circular constante con tres carriles empotrados de sección en U en la parte superior, para la colocación de focos hasta un máximo de cinco por carril.
Es una columna de una gran sencillez conceptual, pero de gran rendimiento lumínico.

DIMENSIONES

Altura columna	1.200, 1.400 y 1.600 cm (tres alturas)
Diámetro columna	22 cm (1.200)
	24,4 cm (1.400 y 1.600)
Longitud raíles	360 cm (1.200)
	418 cm (1.400)
	480 cm (1.600)

DESCRIPTION
Steel column of constant circular section with three inset U-section rails at the top for the fitting of spotlights, up to a maximum of five per rail.
This is a column of great conceptual simplicity, but with a high light output.

DIMENSIONS

Column height	*There are three different heights, 1,200, 1,400 and 1,600 cm*
Column diameter	*22 cm (1,200)*
	24.4 cm (1,400 and 1,600)
Rail lengths	*360 cm (1,200)*
	418 cm (1,400)
	480 cm (1,600)

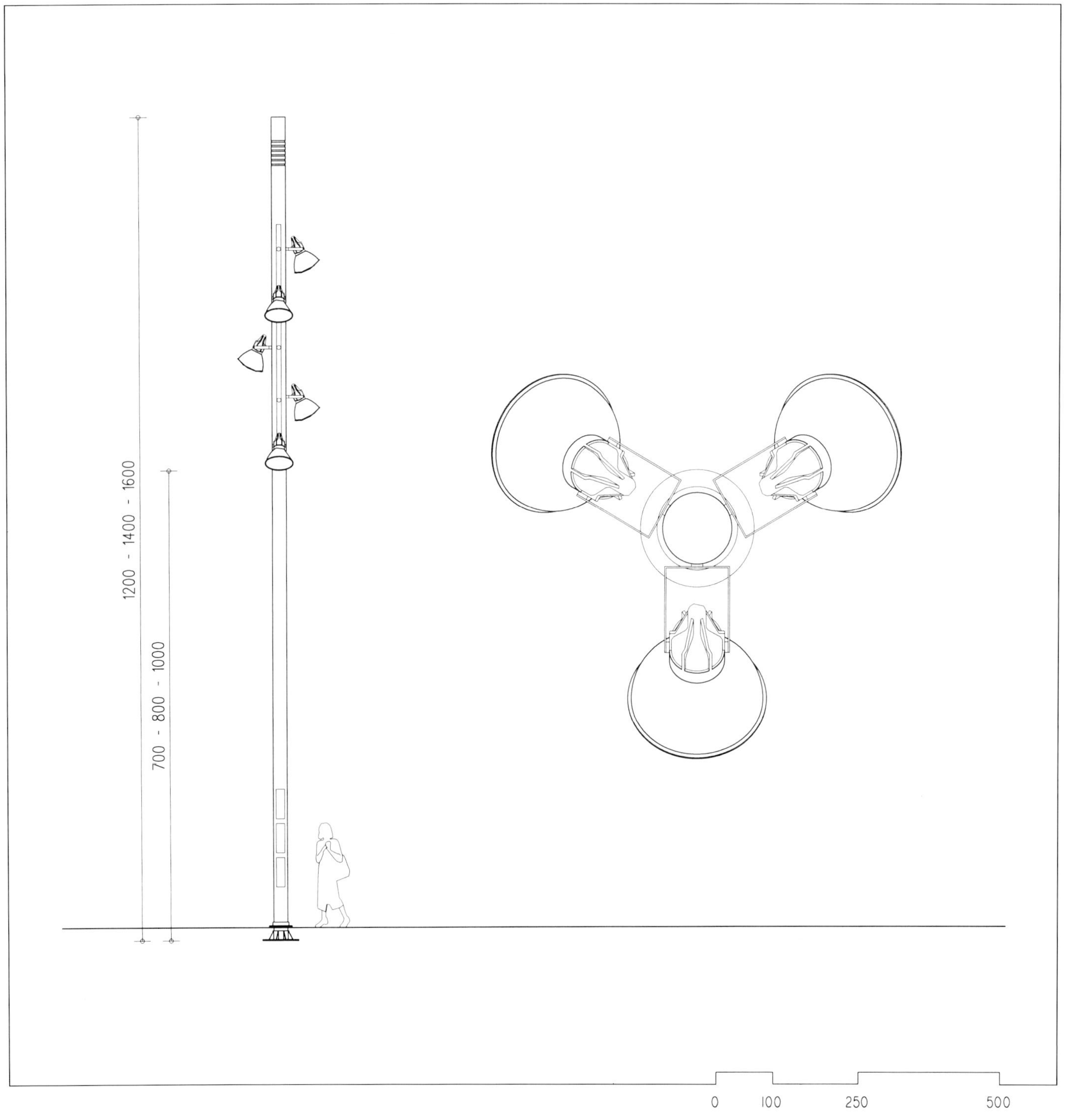

ESPECIFICACIONES TÉCNICAS
Columna de tubo de acero protegido mediante galvanizado por inmersión en baño de cinc caliente. En la base lleva una placa de anclaje soldada al fuste. Los carriles llevan acopladas cinco bases roscadas cada uno, para la sujeción de la horquilla de los proyectores. En la parte inferior de la columna hay tres portezuelas de registro donde se ubican los accesorios de encendido y protección.
Como luminaria admite cualquier tipo de proyector, pero se recomiendan proyectores de revolución parabólica.

COLOCACIÓN
Roscada a unos pernos anclados a un dado de hormigón de 150x150x150 cm en la columna de 1.200 cm y de 180x180x 180 cm en las otras.

TECHNICAL SPECIFICATIONS
Steel-tube column galvanized in a hot zinc bath. The base has a fixing plate welded to the post. The rails each have five threaded bases coupled to them, to hold the fork of the spotlight. The bottom part of the column has three inspection doors to house the ignition and protection accessories.
Any type of spotlight can be used as a lighting unit, though parabolic spotlights are recommended.

FIXING
Threaded onto studs fixed to a 150x150x150 cm concrete block for the 1,200 cm column, and 180x180x180 cm for the others.

43. Columna/*Column* VICTORIA

AUTORES/*DESIGNERS*
Jaume Arbona - Antoni Balagué - Eduard Bru (1991)

PRODUCTOR/*PRODUCER*
LUXTEC, S.L.

CARACTERÍSTICAS
Columna de acero de grandes proporciones para la iluminación de espacios públicos amplios. Su origen es la reinterpretación de luminarias para espacios aeroportuarios.
La columna consta de tres partes: un fuste fijo, un fuste basculante motorizado (grupo motorreductor) y dos o tres brazos portaproyectores en forma de V.
Seleccionada para los Premios Delta ADI–FAD 1991.

DIMENSIONES

Altura columna	1.600 y 2.100 cm (dos alturas)
Longitud fuste inferior	515 cm (1.600) y 750 cm (2.100)
Longitud fustes intermedios	550 cm (1.600) y 460 y 290 cm (2.100)
Longitud brazos	510 cm (1.600) y 570 cm (2.100)
Diámetro fuste inferior	27,3 cm (1.600) y 35,6 cm (2.100)
Diámetro fustes intermedios	19,3 cm (1.600) y 27,3 y 19,3 cm (2.100)

DESCRIPTION
Sizeable steel column for the lighting of large public areas. It has its origins in the reinterpretation of lights for airport areas.
The column is made up of three parts: a fixed post, a swivelling motor-driven post (reduction-gear motor assembly) and two or three V-shaped floodlight-holder arms.
Selected for the 1991 ADI-FAD Delta Prizes.

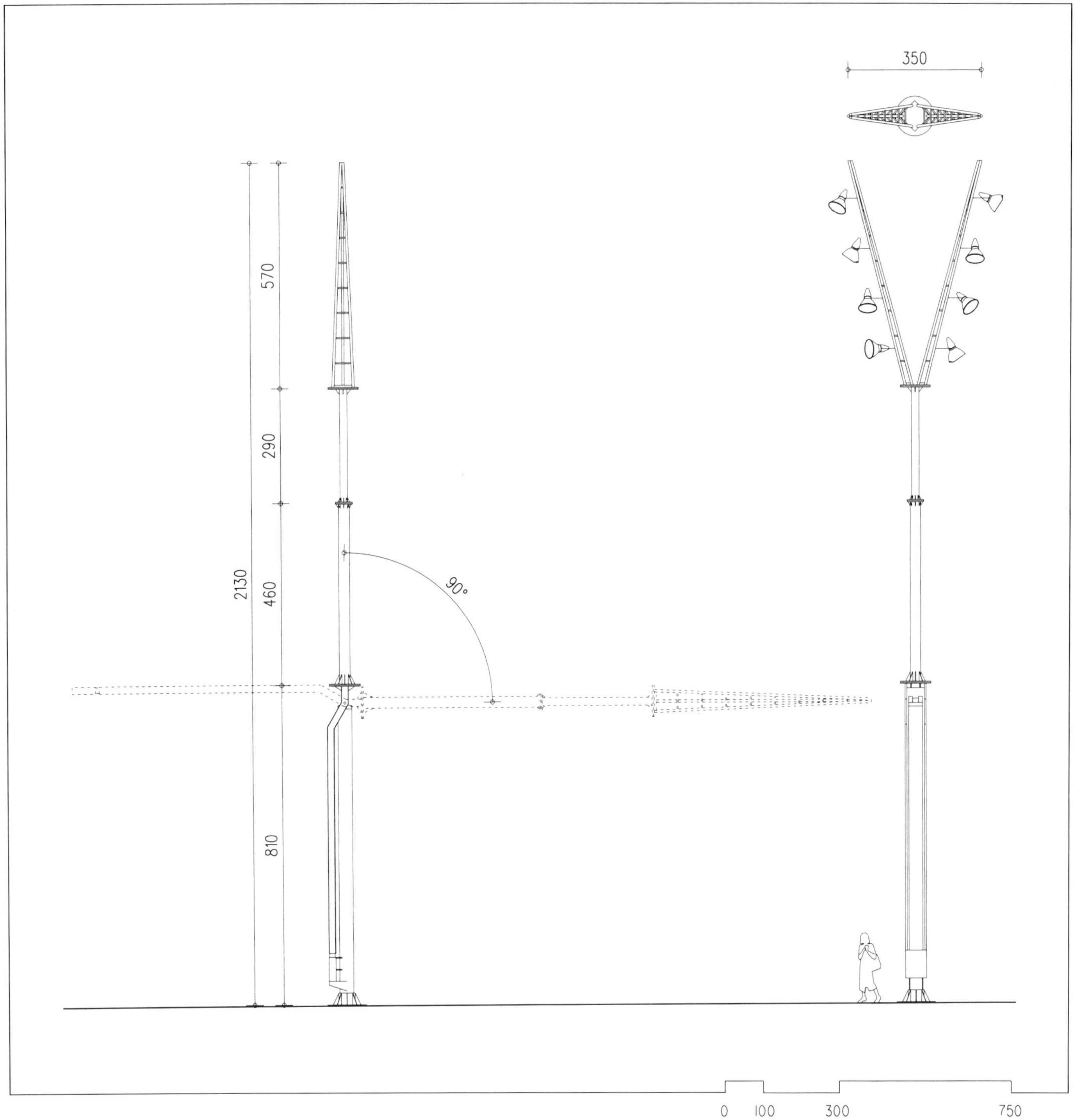

DIMENSIONS

Column height	*There are two different heights, 1,600 and 2,100 cm*
Lower pole length	*515 cm (1,600) and 750 cm (2,100)*
Intermediate pole length	*550 cm (1,600) and 460 and 290 cm (2,100)*
Length of arms	*510 cm (1,600) and 570 cm (2,100)*
Lower pole diameter	*27.3 cm (1,600) and 35.6 cm (2,100)*
Intermediate pole diameter	*19.3 cm (1,600) and 27.3 and 19.3 cm (2,100)*

ESPECIFICACIONES TÉCNICAS
Toda la columna es de tubo y pletinas de acero galvanizado por inmersión en baño de cinc caliente.
Fuste inferior fijo con placa base soldada en el extremo inferior, reforzada con ocho cartelas y aros.
Fuste intermedio basculante formado por uno o dos tubos unidos telescópicamente mediante placas superpuestas y atornilladas. El extremo superior termina con una placa rómbica para la fijación de los brazos. Los brazos portaproyectores de tubo de acero forman una celosía de sección triangular. Tanto el fuste intermedio como los brazos llevan un contrapeso para facilitar la basculación.

COLOCACIÓN
Roscada a 8 pernos anclados a un dado de hormigón de 170x170x200 cm en la columna de 1.600 cm y de 200x200x250 cm en la de 2.100 cm.

TECHNICAL SPECIFICATIONS
The entire column is of steel tube and plates galvanized by dipping in hot zinc.
Fixed lower post section with base plate welded at bottom end, reinforced with eight flanges and a ring.
Swivelling intermediate pole made up of one or two tubes linked telescopically by means of superimposed bolted plates. The upper end is topped with a rhomboidal plate for fixing the arms. The steel tube floodlight-holder arms form a lattice-work pattern of triangular section.
The intermediate pole and the arms have counterweights to assist swivelling.

FIXING
Threaded on 8 studs anchored to a 170x170x200 cm concrete block for the 1,600 cm column, and 200x200x250 cm for the 2,100 cm column.

44. Columna/*Column* ANDREA

AUTORES/*DESIGNERS*
Oriol Bohigas - David Mackay - Josep Ma. Martorell - Albert Puigdoménech (1992)

PRODUCTOR/*PRODUCER*
DAE Diseño Ahorro Energético, S.A.

CARACTERÍSTICAS
Columna de planta cuadrada y considerable altura que nace para dar respuesta a un doble requerimiento funcional: la necesidad de marcar lumínicamente hitos o singularidades en grandes espacios y la conveniencia de integrar los sistemas de ventilación de los aparcamientos subterráneos en el espacio público urbano.

DIMENSIONES

Altura total	Columna con luminaria	955 cm
	Columna ventilación	187 cm
Dimensiones		100x100x100 cm (módulo)
Peso	Columna con luminaria	4.625 kg
	Columna ventilación	2.166 kg

DESCRIPTION
Column of square plan and considerable height designed to meet a dual functional requirement: the need to light up landmarks or notable features in large open spaces and the advisability of integrating the ventilation shafts of underground car parks into the public urban area.

DIMENSIONS

Total height	*Column with lighting unit*	*955 cm*
Ventilation shaft		*187 cm*
Module dimensions		*100x100x100 cm*
Weight	*Column with lighting unit*	*4,625 kg*
Ventilation shaft		*2,166 kg*

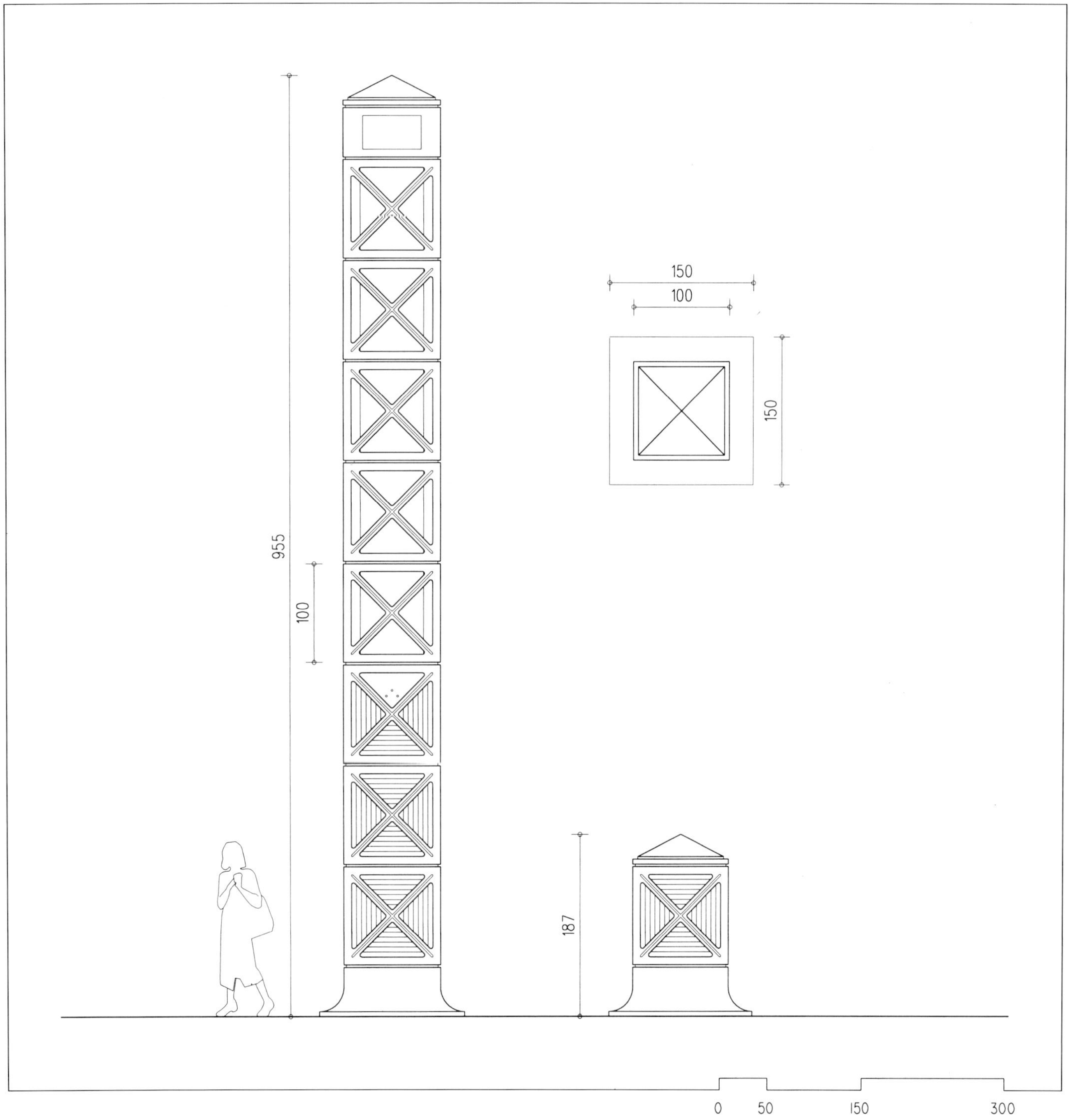

ESPECIFICACIONES TÉCNICAS

Toda la estructura es de fundición de hierro pintada en Oxirón color negro forja y está dividida en módulos de 100 cm de altura. En su parte inferior se alojan dos focos de 250 w de vapor de mercurio (5 o 6 módulos), cubiertos por un difusor de metacrilato de 6 mm de espesor.
El módulo superior de 60 cm aloja dos proyectores direccionales de 70 w con halogenuros metálicos y está cubierto por un casquete de forma piramidal.
Las rejillas de ventilación y superficies opacas son de acero protegidas contra la corrosión mediante bicromatado y están pintadas con Oxirón color negro forja.

COLOCACIÓN

Su colocación se realiza sobre dados de hormigón de 250x 250x150 cm y se sujeta mediante pernos.

TECHNICAL SPECIFICATIONS

The entire structure is of cast iron painted in black forge Oxiron paint and divided into modules 100 cm high. In the interior are housed two mercury vapour 250 W spotlights (5 or 6 modules), covered by a 6 mm Perspex diffusor. The upper 60 cm module houses two outdoor directional metal halide floodlights of 70 W and is covered with a pyramidal hood.
The ventilation grilles and opaque surfaces are of steel protected against corrosion by means of bichromate and black forge Oxiron paint.

FIXING

Placed on 250x250x150 cm concrete blocks and secured using studs.

45. Farola/*Street-light* LYNDON

AUTOR/*DESIGNER*
Vico Magistretti (1977)

PRODUCTOR/*PRODUCER*
OLUCE, S.R.L.

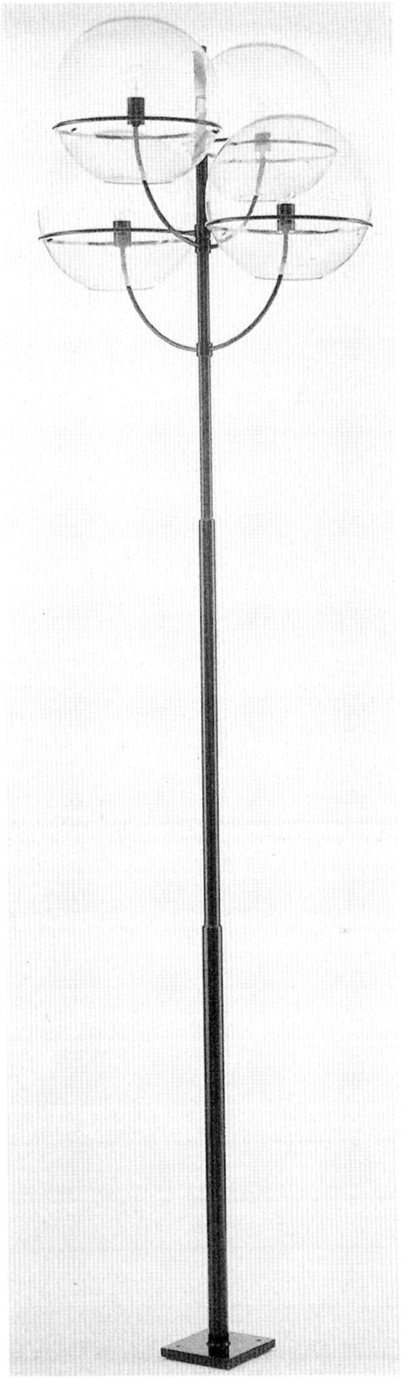

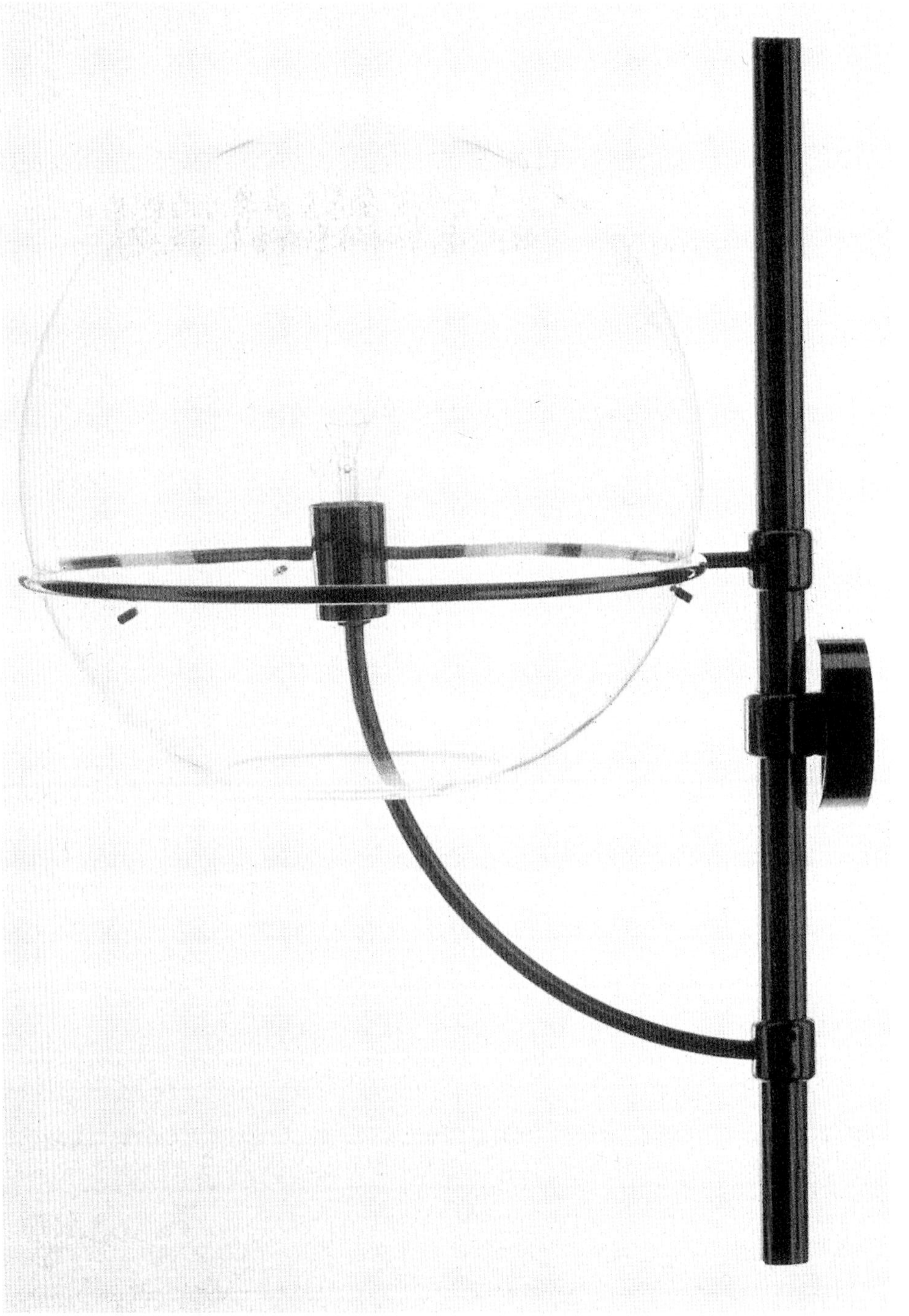

CARACTERÍSTICAS
Farola muy sencilla de pie o de pared, compuesta por una estructura metálica y globo transparente. Se ha convertido en un clásico de los elementos urbanos.
La farola de pie está compuesta de cuatro globos y la de pared, de uno.

DIMENSIONES

Diámetro globo	40 cm
Altura	300 cm (de pie) / 70 cm (de pared)
Diámetro conjunto	90 cm (de pie)
Longitud brazo	50 cm (de pared)

DESCRIPTION
Very simple lamp-post or wall-mounted lamp which has become a classic of urban fixtures, made up of a metal structure and transparent globe.

DIMENSIONS

Globe diameter	*40 cm*
Height	*300 cm (lamppost) / 70 cm (wall)*
Assembly diameter	*90 cm (lamppost)*
Arm length	*50 cm (wall-mounted)*

ESPECIFICACIONES TÉCNICAS
Fuste cilíndrico de tres tramos con distintos diámetros (lámpara de pie) y una pletina cuadrada en la base, o de un solo tramo (lámpara de pared), de acero galvanizado y termolacado color negro, al cual se sujetan los soportes de los globos y las luminarias del mismo material y acabado.
Globo en policarbonato transparente.
Luminaria incandescente clara de 100 w.

COLOCACIÓN
Atornillada al pavimento o pared.

TECHNICAL SPECIFICATIONS
Cylindrical post in three sections with different diameters (lamp-post) and square plate at base, or of a single section (wall-mounted lamp), in black heat-lacquered galvanized steel, to which are secured the light globes and fittings in the same material and finish.
Globe in transparent polycarbonate.
Clear incandescent 100 W light bulb.

FIXING
Bolted to the pavement or wall.

46. Farola/*Street Light* LAMPARAALTA

AUTORES/*DESIGNERS*
Beth Galí - Màrius Quintana (1984)

PRODUCTOR/*PRODUCER*
SANTA & COLE, S.A. División Urbana.

CARACTERÍSTICAS
Luminaria con proyección de luz por reflexión, cuya disposición protege la lámpara contra las agresiones. Foco hermético de fundición de aluminio que incorpora el equipo eléctrico.
Existe en dos tamaños.
Delta de Plata ADI–FAD (1984).

DIMENSIONES

Altura lámpara	82 y 98 cm (pequeña y grande)
Ancho lámpara	56,7 y 45,5 cm
Largo lámpara	96 y 120 cm

DESCRIPTION
Lighting unit with light projection by reflection, with arrangement which protects the light against vandalism.
Hermetically sealed cast aluminium spotlight with built-in electrical equipment.
Supplied in two sizes.
ADI-FAD Siver Delta award (1984).

DIMENSIONS

Lighting unit height	*82 and 98 cm (small and large)*
Lighting unit widths	*45,5 and 56,7 cm*
Lighting unit length	*96 and 120 cm*

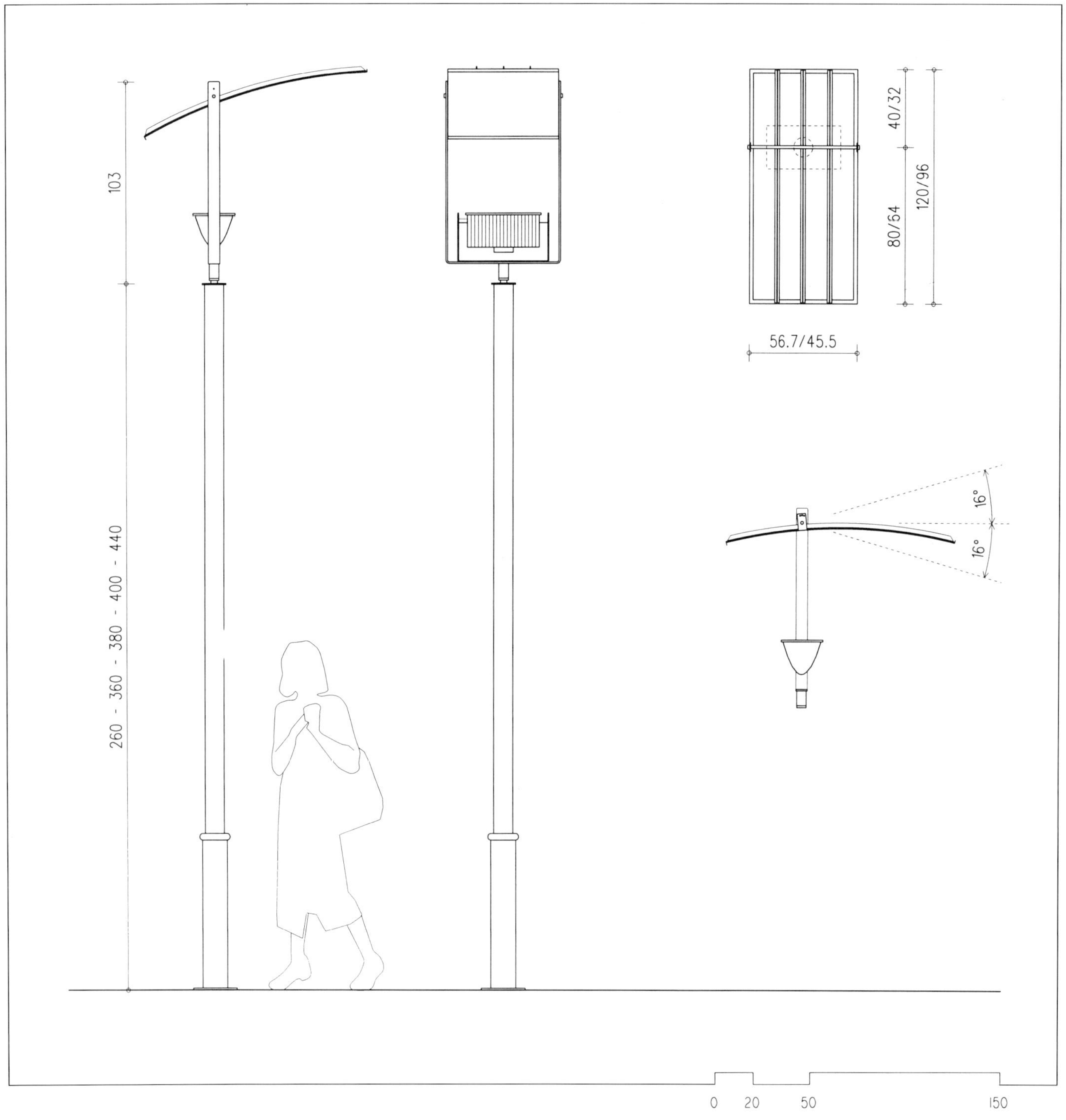

ESPECIFICACIONES TÉCNICAS
Pantalla curvada de acero galvanizado y pintada al horno en color blanco.
Lira de sujeción de la pantalla y el foco, de acero galvanizado y pintada al horno.
Foco de fundición de aluminio, vidrio templado, preparado para lámpara de vapor de mercurio de 125 y 250 w en las versiones estándar. Puede equipar lámparas de halogenuros metálicos y de vapor de sodio de alta presión.

COLOCACIÓN
En principio está pensada para ser colocada sobre una columna Nikolson que incorpora el manguito especial de 50 mm con ranura de seguridad. (ver ficha 40. Columna Nikolson).

TECHNICAL SPECIFICATIONS
Curved galvanized steel reflector, stove-enamelled in white.
Reflector and spotlight mounting plate, in galvanized and stove-enamelled steel.
Cast aluminium spotlight, tempered glass, designed for 125 or 250 W mercury vapour bulb in standard versions. Can be fitted with metal halide and high-pressure sodium vapour light sources.

FIXING
This model is in principle designed for placement on a Nikolson column *fitted with the special 50 mm sleeve with safety groove (see item 40. Nikolson Column).*

47. Farola/*Street Light* LAMPELUNAS

AUTORES/*DESIGNERS*
José A. Martínez Lapeña - Elías Torres (1986)

PRODUCTOR/*PRODUCER*
SANTA & COLE, S.A. División Urbana.

CARACTERÍSTICAS
Farola de grandes dimensiones compuesta por 3 o 6 focos con pantalla reflectora colocados en espiral vertical. Luz indirecta por reflexión.
Escultura luminosa muy indicada para espacios singulares.
Delta de Oro ADI–FAD 1986.

DIMENSIONES

Columna	Altura de 1.200 y 900 cm Conicidad de 12x1.000 Diámetro superior de 7,6 cm
Pantallas	de 120 cm de diámetro, colocadas cada 75 cm a partir de 600 cm de altura, en espiral cada 60°
Focos	De 80 cm de altura y 60 cm de diámetro

DESCRIPTION
Large lamp-post made up of 3 or 6 spotlights with reflectors placed in an ascending spiral.
Light sculpture highly suited to unusual areas.
1986 ADI-FAD Gold Delta award.

DIMENSIONS

Column	*Height: 1,200 and 900 cm* *Conicity: 12x1,000* *Upper diameter: 7.6 cm*
Reflectors	*of 120 cm diameter, fitted every 75 cm from 600 cm height, in spiral every 60°*
Spotlights	*80 cm in height and 60 cm diameter*

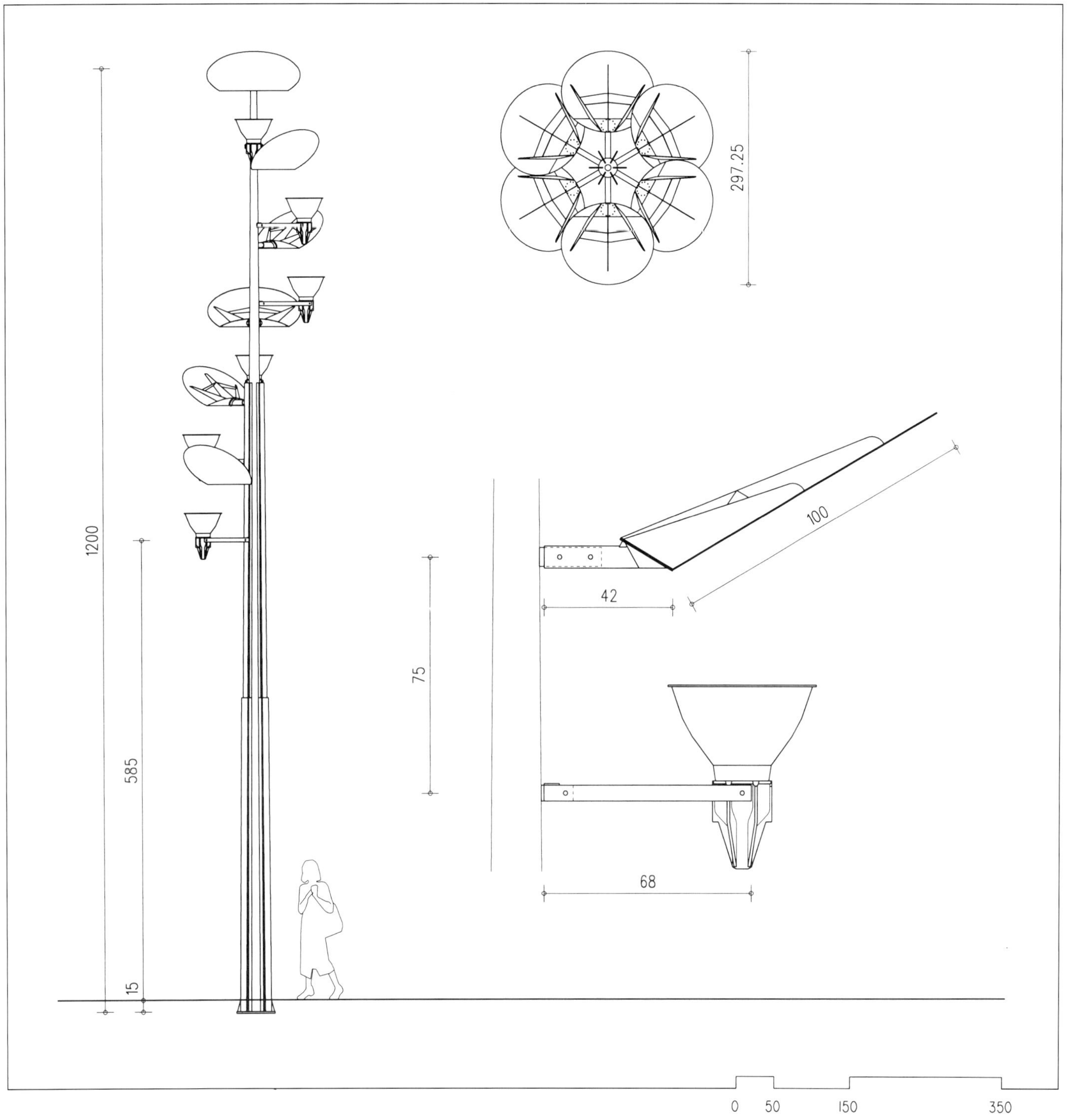

ESPECIFICACIONES TÉCNICAS

Columna troncocónica de 12 o 6 m de altura, de chapa de acero galvanizada en caliente de 5 mm de espesor, reforzada con 6 cartelas de 70x10 mm, 3 de 4 m y 3 de 8 m de altura desde la base.
Pantallas de acero galvanizado en caliente y pintado al horno de color blanco de 3 mm de espesor, reforzadas por la parte superior con cartelas del mismo espesor.
Tres o 6 focos de fundición de aluminio pintados al horno de color azul y de revolución parabólica según modelo. Difusor de aluminio repulsado, cerrado herméticamente con vidrio templado, con lámpara de vapor de mercurio (versión estándar). Los focos incorporan el equipo en su interior.

COLOCACIÓN

Colocada sobre un dado de hormigón de 100x100x100 cm, y fijada con pernos de 80 cm, 20 cm por debajo de la línea de pavimento.

TECHNICAL SPECIFICATIONS

Truncated-cone column of 12 or 6 metres height, in 5 mm hot-galvanized steel plate reinforced with 6 knees of 70x 10 mm, 3 of them 4 m and 3 of them 8 m above the base.
Hot-galvanized 3 mm steel reflectors, stove-enamelled in white and reinforced at the top by flanges of the same thickness.
Three or 6 cast aluminium parabolic spotlights stove-enamelled in blue, according to model. Spun aluminium diffusor, hermetically sealed with tempered glass, with mercury vapour light source (standard version). The spotlights have built-in electrical equipment.

FIXING

Fitted on a 100x100x100 cm concrete block, fixed with 80 cm studs 20 cm below the pavement level.

48. Farola/*Street Light* P.E.P.

AUTORES/*DESIGNERS*
Jordi Henrich - Olga Tarrasó (1988)

PRODUCTOR/*PRODUCER*
ABB Metron, S.A.

CARACTERÍSTICAS
Farola de columna troncocónica invertida y luminaria cilíndrica de vidrio. Es de gran sencillez visual y alto rendimiento lumínico, muy apropiada para grandes espacios peatonales.

DIMENSIONES

Altura sobre pavimento	638 cm
Altura columna	497 cm
Diámetro columna	superior 26,7 cm/ inferior 20,3 cm
Diámetro luminaria	27 cm

DESCRIPTION
Inverted truncated-cone column lamp-post and cylindrical glass lighting element. It is of great visual simplicity and offers high light output, most suitable for large pedestrian areas.

DIMENSIONS

Height above pavement	*638 cm*
Column height	*497 cm*
Column diameter	*top 26.7 cm/ bottom 20.3 cm*
Light section diameter	*27 cm*

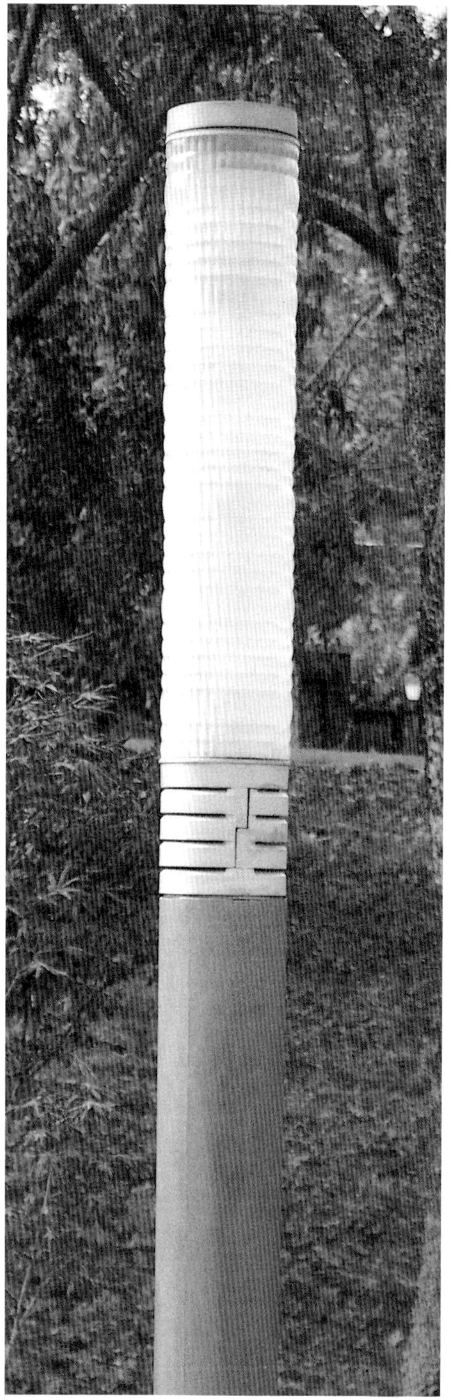

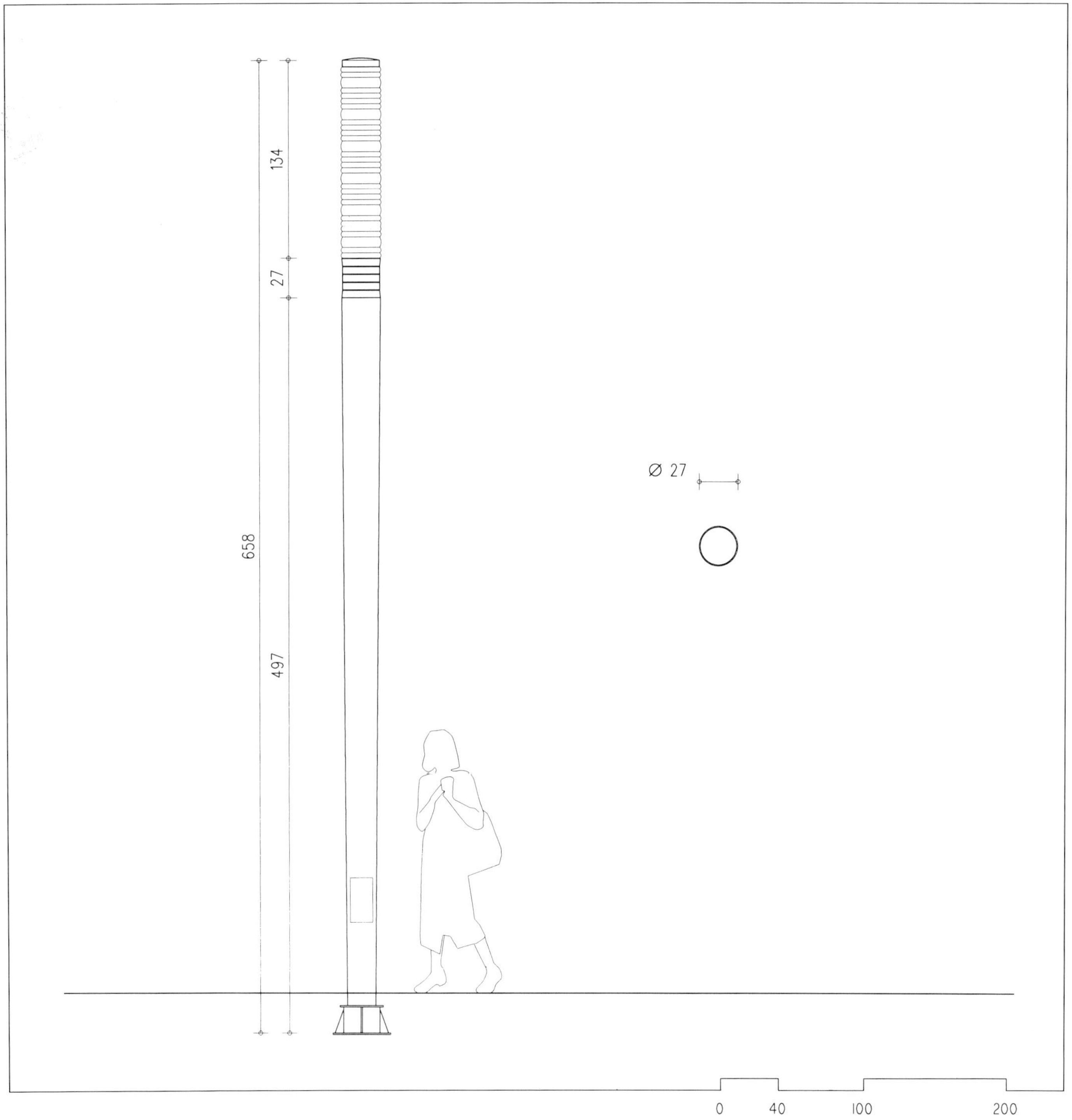

ESPECIFICACIONES TÉCNICAS

Columna troncocónica en chapa de acero galvanizado de 3 mm de espesor. Dispone de un refuerzo de doble chapa en su parte inferior, un anillo tapajuntas y placa de anclaje de 40x40 cm. La columna termina en una pieza de fundición de aluminio que la une al portaequipos.
Cuerpo portaequipos ventilado y registrable en fundición de aluminio.
Luminaria formada por seis segmentos cilíndricos de vidrio refractor *Holophane* con espesor variable, ensamblados mediante dos aros de aluminio. En el interior, dos perfiles albergan los portalámparas para 5 lámparas de 80 w de v.m.c.c. Permite encendidos de 2, 3, o 5 lámparas.
Tapa superior de fundición de aluminio.

COLOCACIÓN

Sobre un lado de hormigón con pernos de anclaje roscados, empotrada 20 cm respecto al nivel del pavimento.

TECHNICAL SPECIFICATIONS

Truncated-cone column in 3 mm galvanized steel. It has double-plate reinforcement on its bottom part, a flashing ring and 40x40 base plate. The column is crowned with a cast aluminium piece which joins it to the lamp holder.
Ventilated and accessible equipment housing in cast aluminium.
Lighting unit made up of six cylindrical segments of Holophane *heat-resistant glass of variable thickness, linked by two aluminium rings. Inside, two profiles house the lampholders for five 80 W DC lighting units allowing 2, 3 or 5 lights to be switched on.*
Top cover of cast aluminium.

FIXING

On a concrete block with threaded fixing studs, set 20 cm beneath pavement level.

49. Farolas/*Street Lights* TRONIC/TIKA

AUTOR/*DESIGNER*
Antoni Riera (1990)

PRODUCTOR/*PRODUCER*
DAE Diseño Ahorro Energético, S.A.

CARACTERÍSTICAS
Las farolas Tronic y Tika pretenden afrontar cualquier necesidad de iluminación dentro de una ciudad y adaptarse a todos los contextos urbanos.
El fuste cilíndrico (Tronic) permite adaptar la luminaria a distintas alturas, así como el número de luminarias.
La farola Tronic fue premiada con el Delta de Oro ADI–FAD 1991.
La farola Tika fue seleccionada para los premios Delta ADI– FAD 1991.

DIMENSIONES

Altura total	Tronic	533 cm
	Tika	618 cm
Altura luminaria	Tronic	470 cm (estándar)
	Tika	492 cm
Peso	Tronic	Entre 162 y 194 kg, según, incorpore 1 o 3 luminarias
	Tika	Entre 336 y 368 kg, según incorpore 1 o 3 luminarias
Diámetro luminaria		66 cm

DESCRIPTION
The Tronic *and* Tika *aim to meet any lighting requirement within a city and fit in with any urban context.*
The cylindrical post (Tronic) allows the lighting units to be set at varying heights and their number varied.
The Tronic *was awarded the 1991 ADI-FAD Gold Delta.*
The Tika *was selected for the 1991 ADI-FAD Delta awards.*

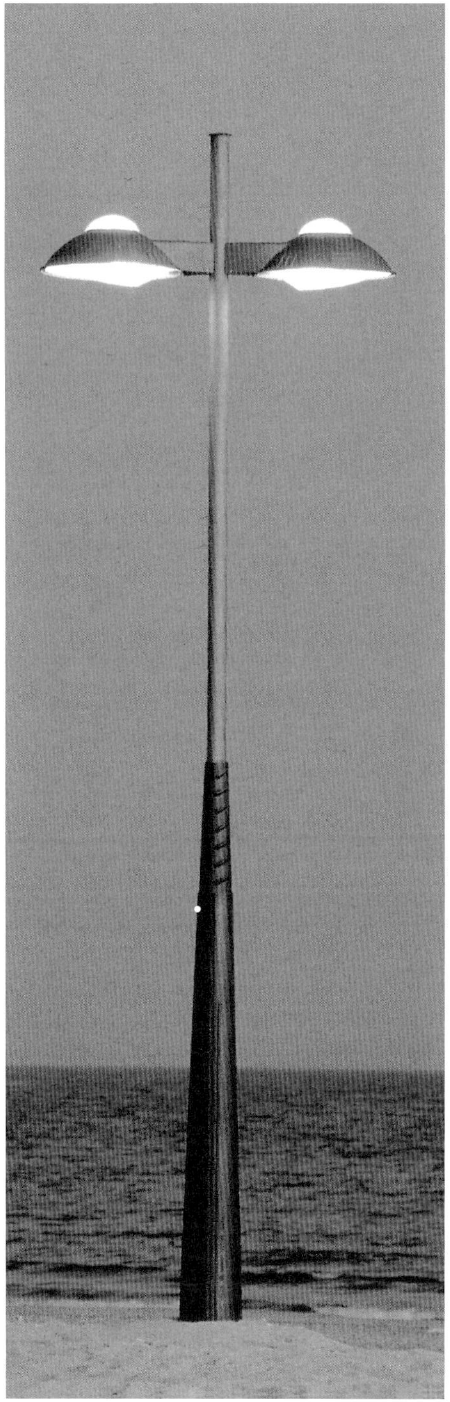

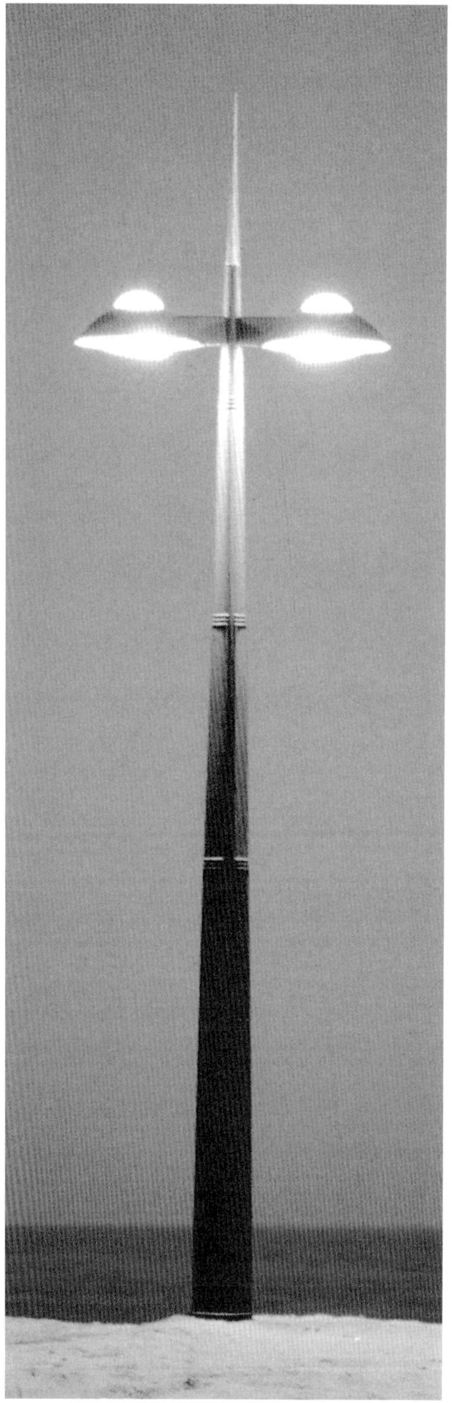

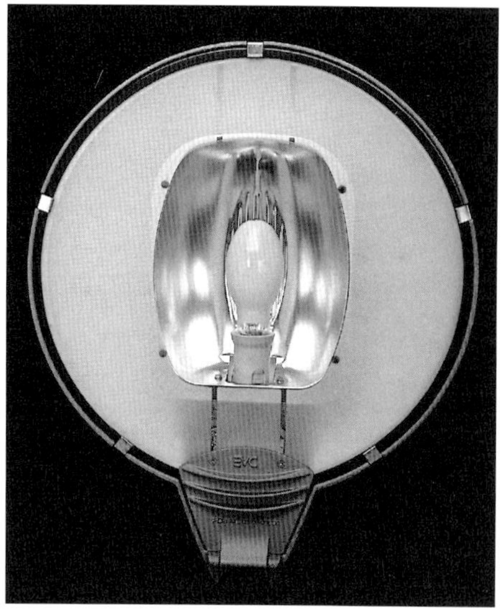

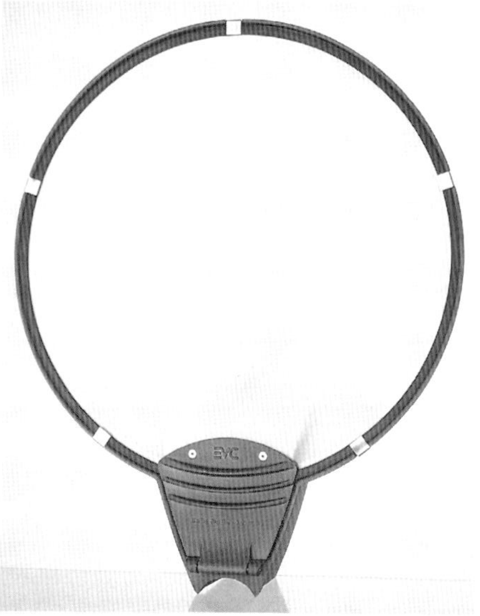

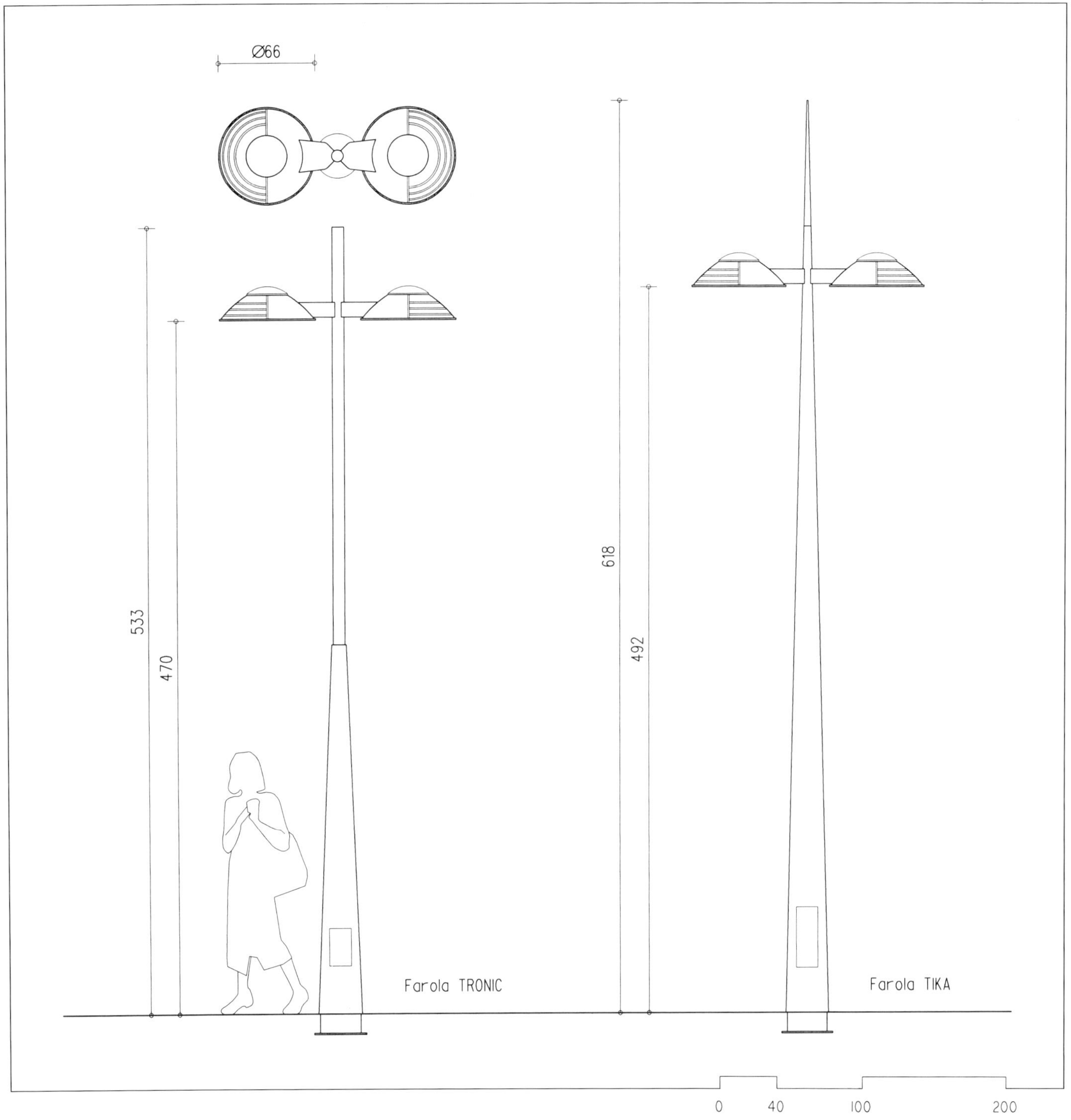

DIMENSIONS

Total height	*Tronic*	*533 cm*
	Tika	*618 cm*
Light source height	*Tronic*	*470cm (standard)*
	Tika	*492 cm*
Weight	*Tronic*	*Between 162 and 194 kg, depending on whether there are 1 or 3 light sources*
	Tika	*Between 336 and 368 kg, depending on whether there are 1 or 3 light sources*
Light source diam.		*66 cm*

ESPECIFICACIONES TÉCNICAS

Fuste Tronic: Base troncocónica de fundición de hierro pintado con Oxirón negro forja. Resto cilíndrico de acero galvanizado pintado con Oxirón gris claro.

Tika: Fuste troncocónico de fundición de hierro pintado con Oxirón negro forja y punta superior dorada.

Luminaria de fundición de aluminio con el casquete superior de vidrio prensado y cierre de cristal circular securizado. Pueden montarse luminarias con o sin reflector, según sean para viales o zonas peatonales. Preparadas para lámparas de 250 w de vapor de mercurio.
Pintada con Oxirón gris acero (Tronic) y negro forja (Tika).

COLOCACIÓN

Sobre dados de hormigón y se sujeta mediante pernos.

TECHNICAL SPECIFICATIONS

Post — *Tronic*: *Truncated-cone base in cast iron painted with forge black Oxiron paint. Rest in cylindrical galvanized steel painted with light grey Oxiron paint.*

Tika: *Truncated cone cast iron post painted with forge black Oxiron paint with gilt top point.*

Lighting unit of cast aluminium with upper hood of pressed glass and closure of circular toughened glass. Lights can be fitted with or without reflector, depending on whether they are for roadways or pedestrian zones. Designed for 250 W mercury vapour lamps.
Painted with steel grey Oxiron (Tronic) and forge black Oxiron (Tika).

FIXING

Mounted onto concrete blocks and secured by studs.

50. Farola/*Street Light* CHAMPS ELYSEES

AUTOR/*DESIGNER*
Jean–Michel Wilmotte (1990)

PRODUCTOR/*PRODUCER*
JCDECAUX, S.A. Mobilier Urbain.

CARACTERÍSTICAS
Elemento de gran simplicidad y sobriedad diseñado para la reforma de los Campos Elíseos de París, con una modernidad respetuosa con el lugar y el mobiliario original no modificado.
Farola de dos brazos con fuste de segmentos troncocónicos decrecientes equipada con soporte para banderas.

DIMENSIONES

Altura total	1.200 cm (altura luminaria)
Altura base	360 cm
Diámetro base	35 cm
Diámetro lámpara	96 cm
Envergadura	800 cm

DESCRIPTION
A design of great simplicity and sobriety for refurbishment of the Champs-Elysées in Paris, with modernity showing respect for the site and the original furniture.
Double-arm lamp-post with post of decreasing truncated-cone segments equipped with support for flags.

DIMENSIONS

Total height	*1,200 cm (height of light source)*
Base height	*360 cm*
Base diameter	*35 cm*
Lamp diameter	*96 cm*
Span	*800 cm*

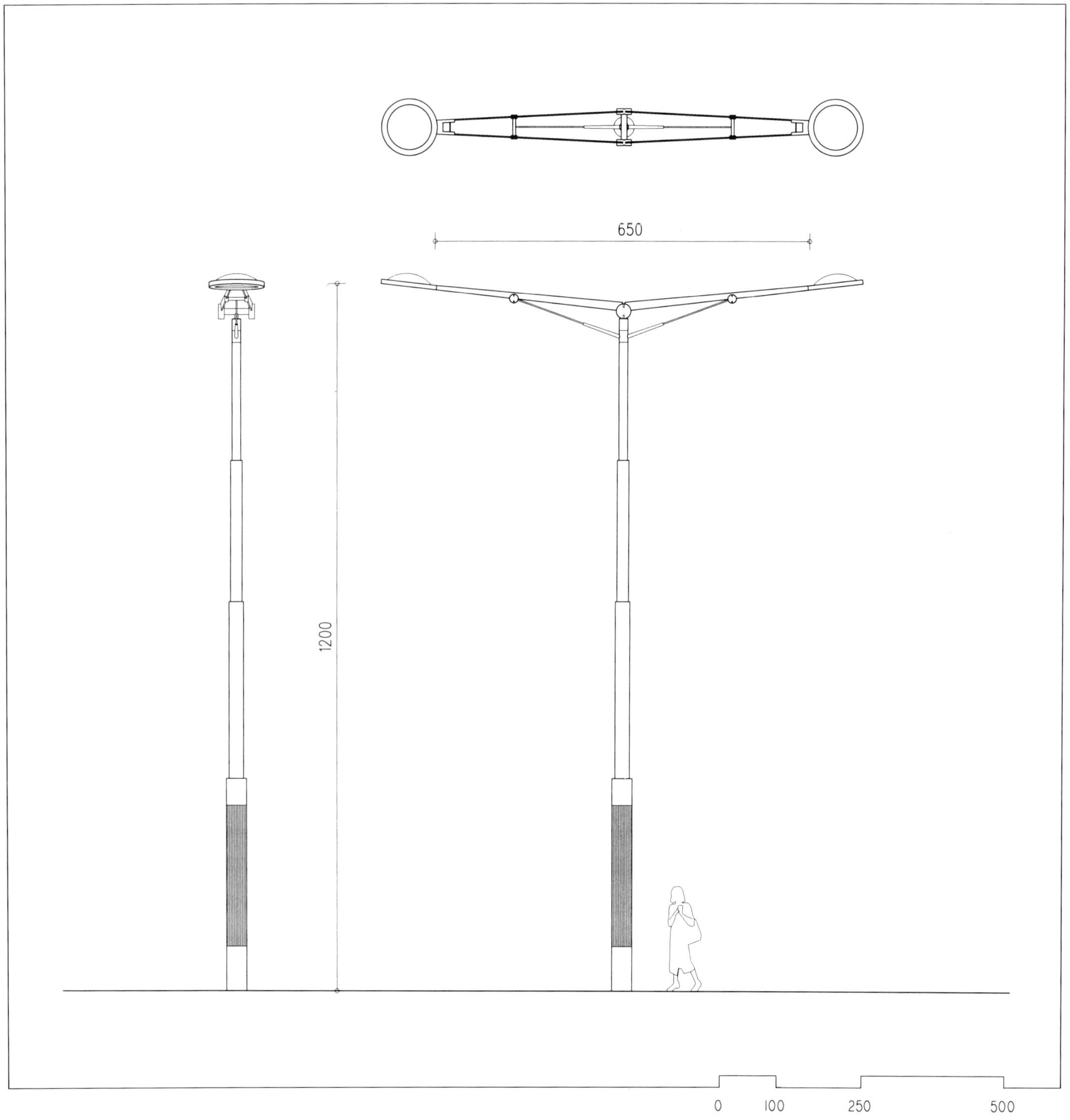

ESPECIFICACIONES TÉCNICAS
Fuste formado por tres tramos troncocónicos (ø 15, 20, 25 cm) de acero galvanizado en caliente y pintado con pintura con polvo de poliéster y base de fundición de acero metalizado al cinc.
Los brazos de la luminaria son de fundición de aluminio pintado con aspecto granítico y los elementos de anclaje de aspecto inoxidable brillante. La luminaria es de acero inoxidable con lámparas de sodio de color blanco en la acera y naranja en la calzada, según las normas parisinas de iluminación urbana.

COLOCACIÓN
Sobre dados de hormigón y se sujeta mediante pernos roscados.

TECHNICAL SPECIFICATIONS
Post formed of three truncated-cone sections (ø 15, 25, 25 cm) in heat-galvanized steel, painted with polyester powder coating, with a base of zinc-coated cast steel.
The arms of the lighting units are of cast aluminium painted with granite-look finish, while the support pieces are of high-gloss stainless steel appearance. The lighting unit is of stainless steel with white sodium lights on the pavement side and orange on the road side, in compliance with Parisian street lighting regulations.

FIXING
Mounted on concrete blocks and secured using threaded studs.

51. Farol/*Lamp* UNIVERSAL

AUTOR/*DESIGNER*
Jorge Pensi (1990)

PRODUCTOR/*PRODUCER*
SANTA & COLE, S.A. División Urbana.

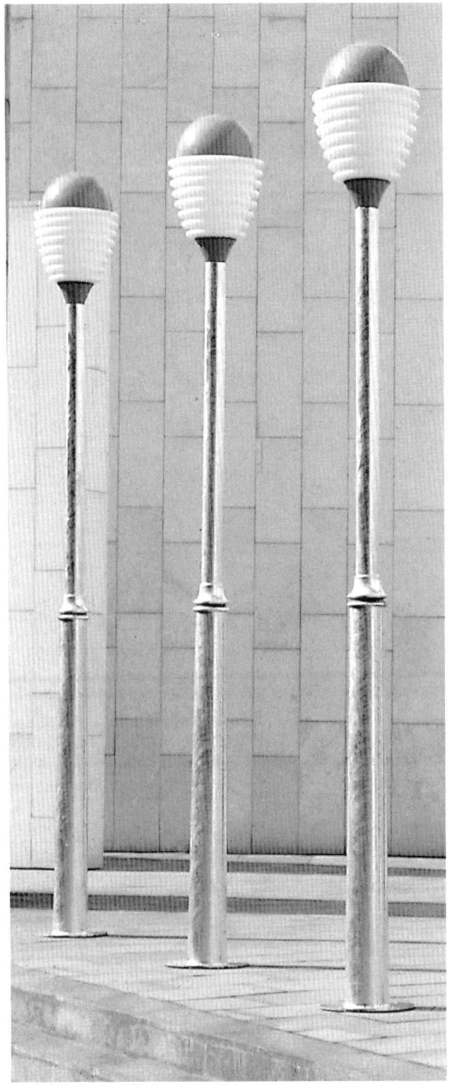

CARACTERÍSTICAS
Elegante farol en material plástico traslúcido, de pantalla nervada por ondulación casquete superior repulsado y cuello inferior de fundición de aluminio. Su discreta presencia formal lo hace adaptable a cualquier espacio.
Seleccionado para los Premios Delta ADI–FAD 1991.

DIMENSIONES

Diámetro máximo	46 cm
Altura total	67 cm

DESCRIPTION
Elegant lamp in translucent plastic material, with ribbed diffusor, spun top hood and lower neck of cast aluminium. Its discreet formal presence means it can be used in any space.
Selected for the 1991 ADI-FAD Delta Prizes.

DIMENSIONS

Maximum diameter	*46 cm*
Total height	*67 cm*

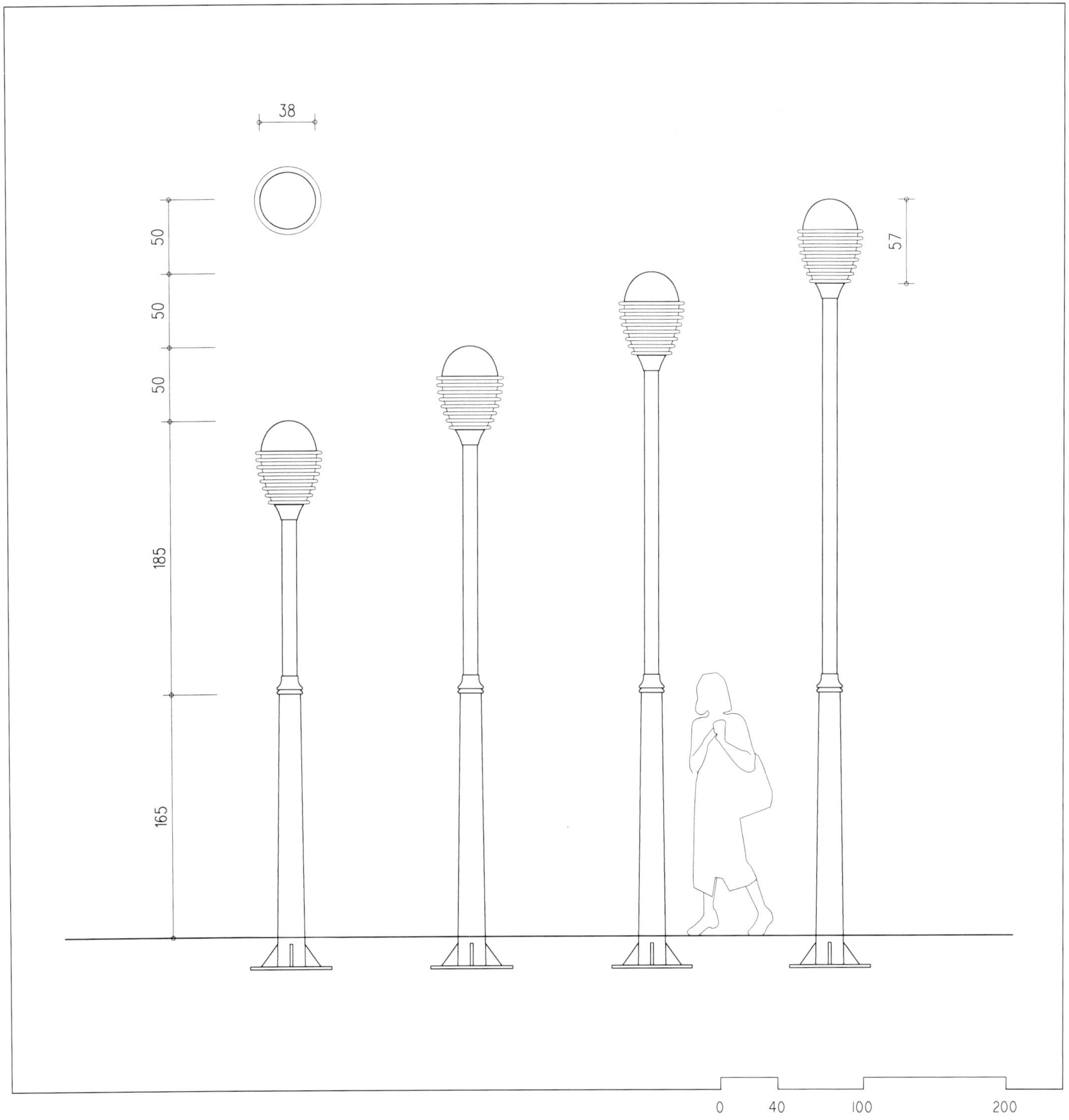

ESPECIFICACIONES TÉCNICAS
Difusor ovalado de polietileno blanco con tratamiento anti rayos U.V. de 4 mm. de espesor, fabricado por rotomoldeo.
El casquete superior es opaco, de color gris pálido.
Cuello de fundición de aluminio que incorpora tornillería imperdible de acero inoxidable.

COLOCACIÓN
Puede colocarse sobre cualquier columna o báculo que incorpore un manguito inferior a 60 mm.

TECHNICAL SPECIFICATIONS
Oval white polyethylene diffusor with anti UV treatment, 4 mm thickness, manufactured by rotary moulding. The top cover is opaque, in pale grey colour.
Cast aluminium neck with stainless steel safety nuts and bolts.

FIXING
Can be mounted on any column or post with sleeve of less than 60 mm.

52. Farola/*Lamp* LIVIO

AUTOR/*DESIGNER*
Piero Castiglioni (1991)

PRODUCTOR/*PRODUCER*
IGUZZINI Illuminazione, S.R.L.

CARACTERÍSTICAS
El sistema Livio nace de un proyecto de alumbrado de la Avenida XXII Marzo de Milán, zona de mucha actividad comercial y gran tráfico peatonal.
La luminaria, realizada en fundición de aluminio, está dotada de dos elementos difusores blancos.

DIMENSIONES

Luminaria	Diámetro semiesfera superior	60 cm
	Diámetro semiesfera inferior	40 cm
	Altura	79 cm
Postes	Diámetro parte alta	6 cm
	Diámetro base	8,9 cm
	Alturas	250 y 350 cm

DESCRIPTION
The Livio system arose out of a project for lighting Avenida XXII Marzo in Milan, an area with much commercial activity and pedestrian traffic.

DIMENSIONS

Lighting unit	*Diameter of top hemisphere*	*60 cm*
	Diameter of bottom hemisphere	*40 cm*
	Height	*79 cm*
Posts	*Diameter of upper section*	*6 cm*
	Diameter of base	*8.9 cm*
	Heights	*250 and 350 cm*

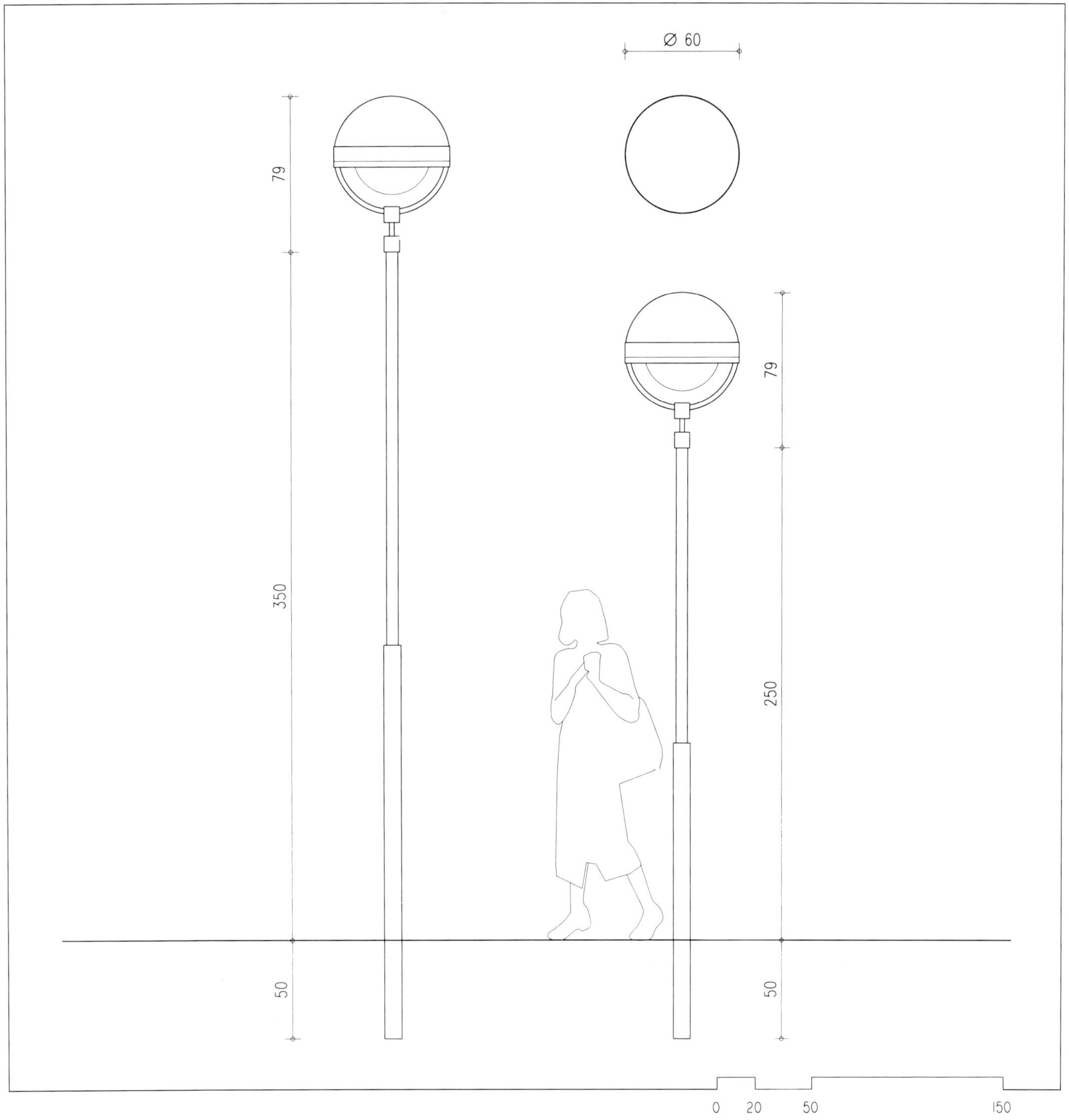

ESPECIFICACIONES TÉCNICAS
Luminaria constituida por un cuerpo óptico basado en estructura de fundición de aluminio en color gris antracita o negro, con horquilla y anillo que soporta dos semiesferas realizadas en material acrílico antirroturas color blanco que constituyen los elementos difusores de luz.
Soporte cilíndrico de dos tramos de distinto diámetro y dos alturas, para empotrar o con placa base.
Se pueden instalar lámparas de vapor de mercurio (125 w) o vapor de sodio alta presión (100 w).

COLOCACIÓN
Se puede colocar en los postes escogidos mediante los accesorios suministrados.

TECHNICAL SPECIFICATIONS
Lighting unit made up of an optical section based on a cast aluminium structure in anthracite grey or black, with fork and ring supporting two hemispheres made in white breakage-resistant acrylic material, which constitute the light diffusors.
Cylindrical support in two sections of different diameter and two heights, for setting into ground or with base plate.
125 W mercury vapour or 100 W high-pressure sodium vapour lights can be fitted.

FIXING
Can be fitted onto the chosen posts using the accessories supplied.

53. Farola/*Street Light* ARLAMURB

AUTOR/*DESIGNER*
Aldo Rossi (1991)

PRODUCTOR/*PRODUCER*
ALESSI, S.p.A.

CARACTERÍSTICAS
Elegante farola de pantalla redonda en material plástico traslúcido con casquete superior e inferior de acero repulsado y fuste también de acero coloreado. Forma parte de un conjunto formado por una lámpara de sobremesa (Arlamtav), una lámpara de pie (Arlamter) y una farola urbana (Arlamurb).

DIMENSIONES

Altura total	660 cm
Diámetro globo	60 cm
Diámetros fuste	45 cm / 30 cm / 15 cm
Diámetro base	100 cm

DESCRIPTION
Elegant lamp-post with rounded diffusor in translucent plastic with upper and lower hoods of spun steel, and coloured steel post. Forms part of a set made up of table-top lamp (Arlamtav), a standard lamp (Arlamter) and an urban street light (Arlamurb).

DIMENSIONS

Total height	*660 cm*
Globe diameter	*60 cm*
Post diameters	*45 cm / 30 cm / 15 cm*
Base diameter	*100 cm*

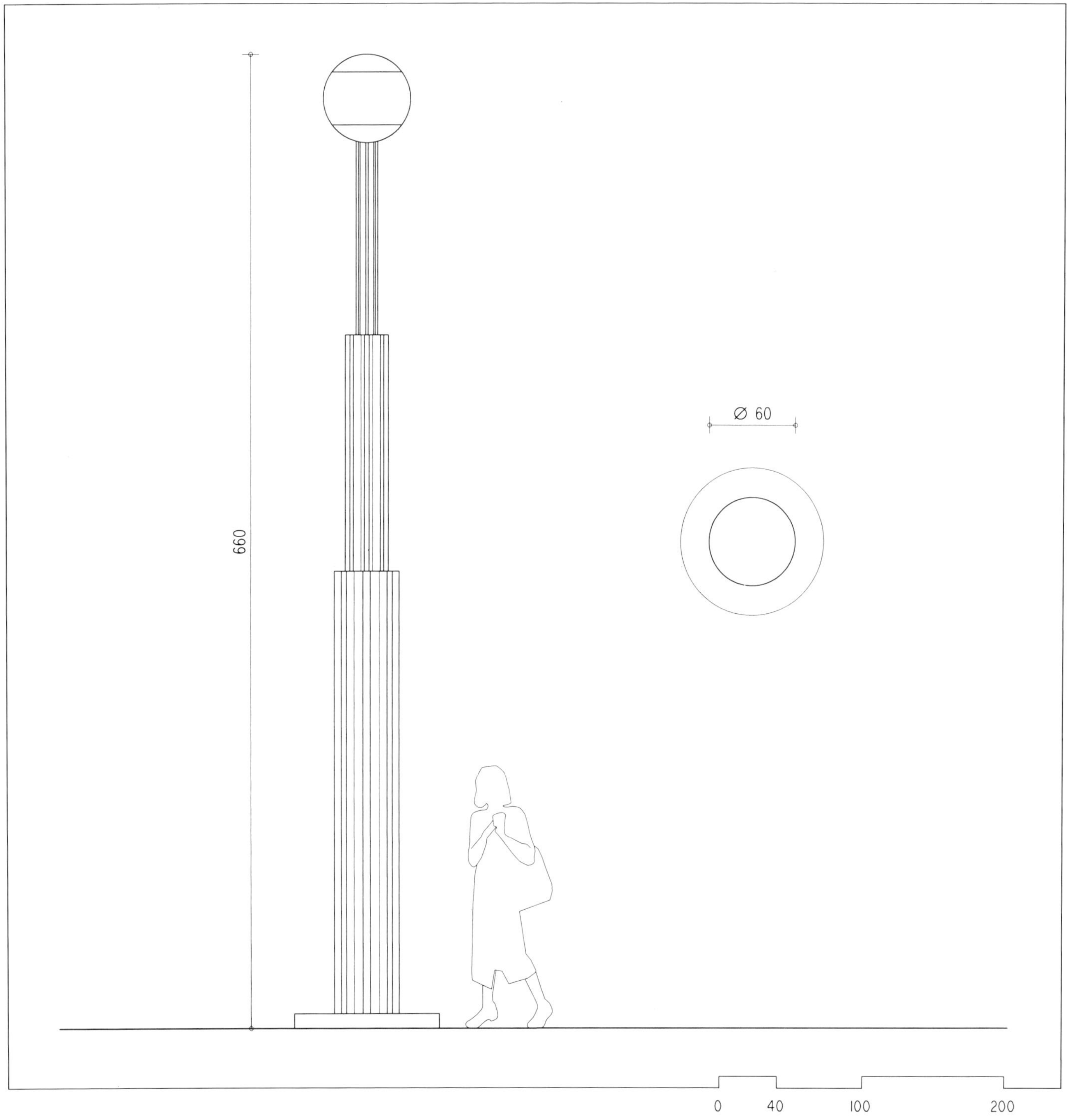

ESPECIFICACIONES TÉCNICAS
Globo difusor de policarbonato opaco de color blanco, con tratamiento anti rayos U.V.
Fuste estriado de tres tramos de longitud y secciones distintas.
Base de sujeción circular de acero.
Los casquetes y el fuste son de acero coloreado con esmalte satinado para exteriores color verde.
Lámpara de incandescencia.

COLOCACIÓN
Base roscada a pernos de acero anclados a un dado de hormigón. La base queda colocada encima del pavimento terminado.

TECHNICAL SPECIFICATIONS
Diffusor globe of white opaque polycarbonate, with anti-UV treatment.
Fluted three-section post of different lengths and sections.
Circular steel fixing plate.
The hoods and base are of steel coloured with exterior-quality satined enamel.
Incandescent lamp.

FIXING
Base threaded onto steel studs anchored to a concrete block.
The base is placed on the finished pavement.

54. Farola/*Street Light* STARCK

AUTOR/*DESIGNER*
Philippe Starck (1991)

PRODUCTOR/*PRODUCER*
JCDECAUX, S.A. Mobilier Urbain

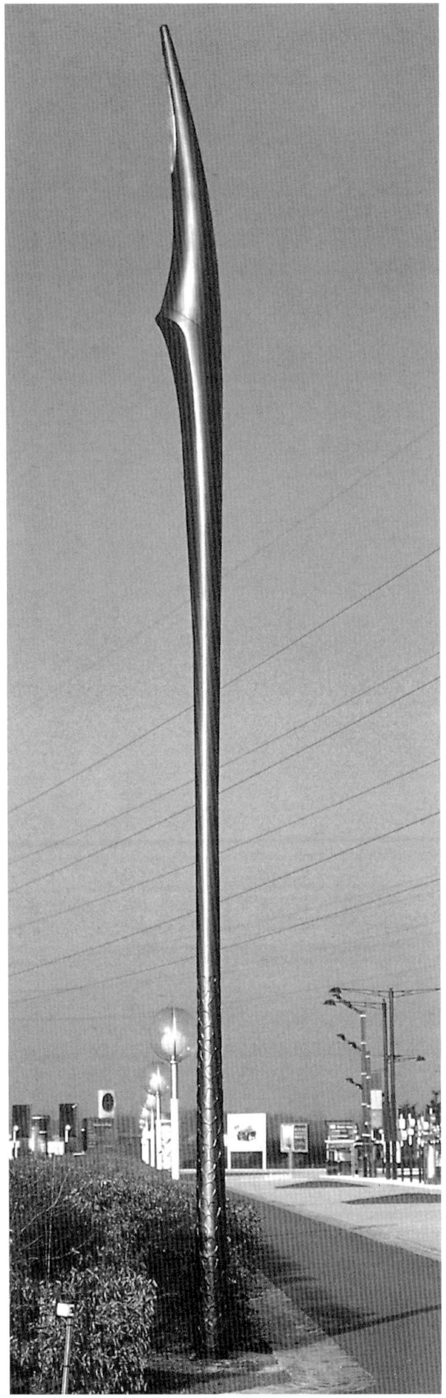

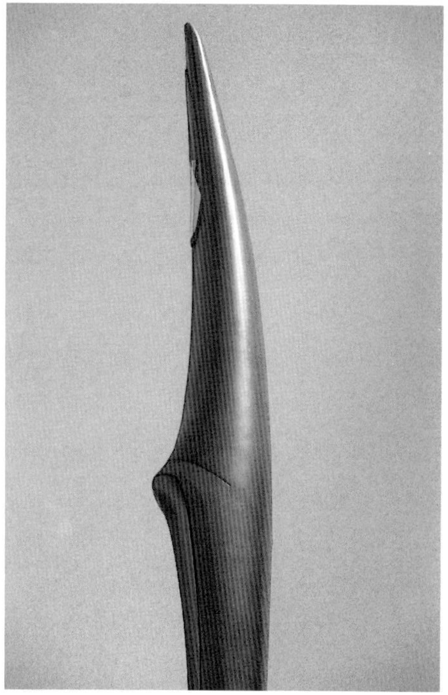

CARACTERÍSTICAS
Farola para espacios urbanos cuya característica es la rotación de la luminaria. De día está vertical, como una prolongación del fuste y de noche se inclina unos 70° mediante rotación motorizada.

DIMENSIONES

Altura total día	1.132 cm
Altura total noche	923 cm
Altura luminaria	900 cm
Envergadura noche	308 cm

DESCRIPTION
Lamp-post for urban areas, whose main characteristic is the swivelling of the lighting unit, which in the daytime is vertical, by way of prolongation of the post, while at night it inclines some 70°, driven by a motor.

DIMENSIONS

Total daytime height	*1,132 cm*
Total nighttime height	*923 cm*
Light source height	*900 cm*
Night span	*308 cm*

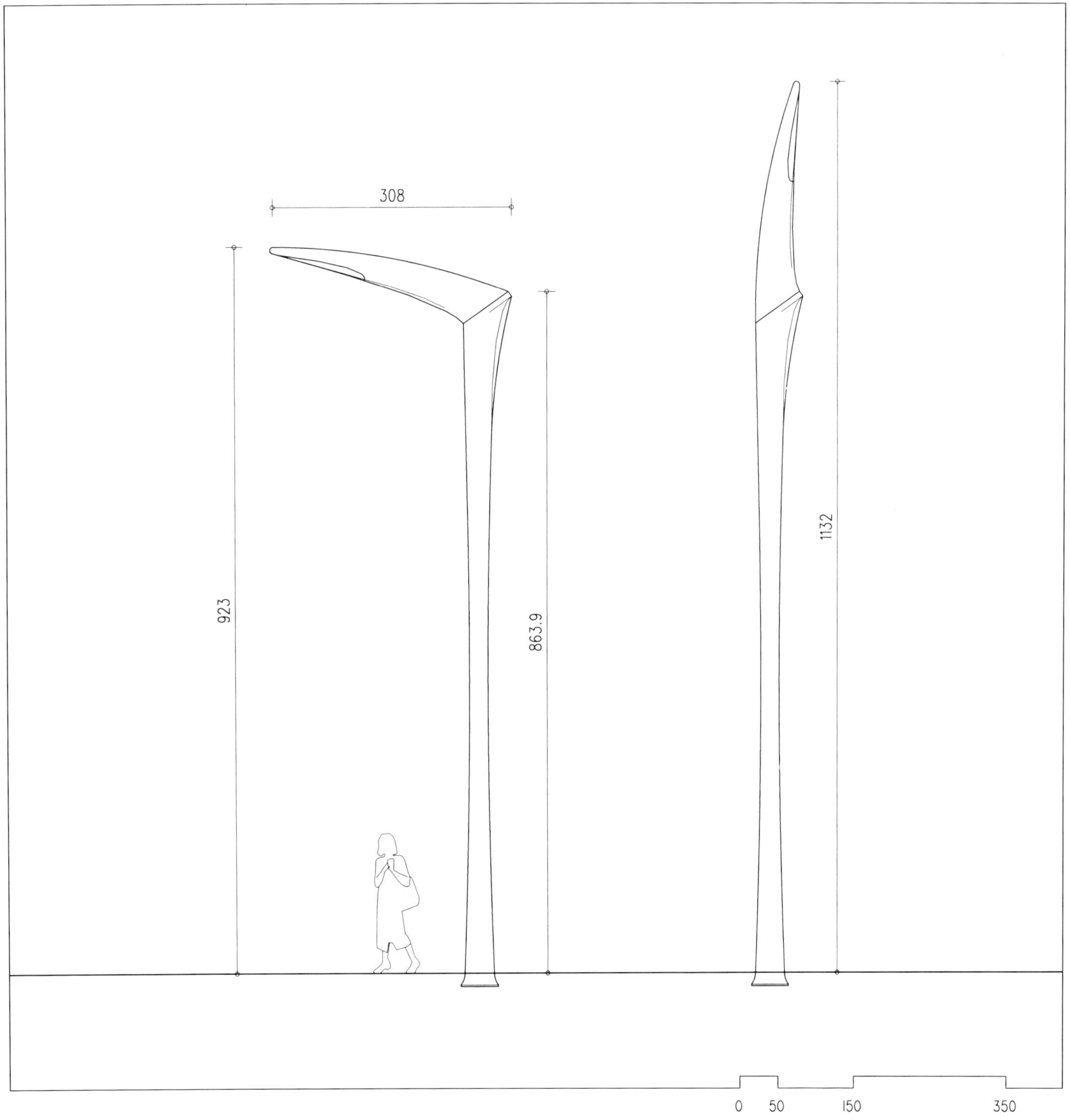

ESPECIFICACIONES TÉCNICAS
Fuste de forma orgánica realizado en fundición GS y acabado con pintura metalizada. La parte inferior está acabada en textura rugosa antifijación de carteles. En la base del fuste se ubica el compartimiento eléctrico y en la parte alta la motorización.
Luminaria de aleación de aluminio, cromada y acabada con pintura metalizada con la óptica integrada de 70 a 250 w y protegida por un cristal transparente.
La lámpara solo puede estar encendida cuando la luminaria está en posición nocturna (inclinada).

COLOCACIÓN
Se coloca sobre dado de hormigón y se sujeta mediante 4 pernos roscados de ø 24 mm.

TECHNICAL SPECIFICATIONS
Post of organic form made in cast GS and finished with metallic paint. The lower part is finished in rough anti-fly-posting texture. The base of the post houses the electrical compartment, while the top contains the rotation motor.
Light source of chrome-plated aluminium alloy finished with metallic paint with 70 to 250 W lamp protected by a cover of transparent glass.
The light can only be switched on when the lighting unit is in the inclined night position.

FIXING
Placed on a concrete block and secured using 4 threaded 24 mm ø studs.

55. Farola/*Lamp* EMILIA

AUTOR/*DESIGNER*
Valerio Sacchetti (1992)

PRODUCTOR/*PRODUCER*
IGUZZINI Illuminazione, S.R.L.

CARACTERÍSTICAS
Luminaria inspirada en las formas tradicionales, surgida como propuesta alternativa a las copias de farolas tradicionales solicitadas para los centros urbanos históricos. Moderna y de forma clásica, es discreta y atenúa el contraste en el ambiente.
La componibilidad de los elementos permite su utilización en postes cilíndricos o perfilados, y como aplique de pared.

DIMENSIONES

Luminaria	Diámetro	55 cm
	Altura	41 cm
Postes	Altura perfilado	370 cm
	Altura cilíndrico	332 cm
Brazo	Longitud	61 cm

DESCRIPTION
Lamp inspired by traditional forms, designed to act as an alternative offering to the copies of traditional lamps requested for historic quarters of towns and cities. Modern and of classic shape, it is discreet and tones down contrast with the setting.
The fact that the parts fit together in combinations means that it can be used on cylindrical posts, or posts of other sections, and as a wall fixture.

DIMENSIONS

Lighting unit	*Diameter*	*55 cm*
	Height	*41 cm*
Posts	*Shaped height*	*370 cm*
	Cylindrical height	*332 cm*
Arm	*Length*	61 cm

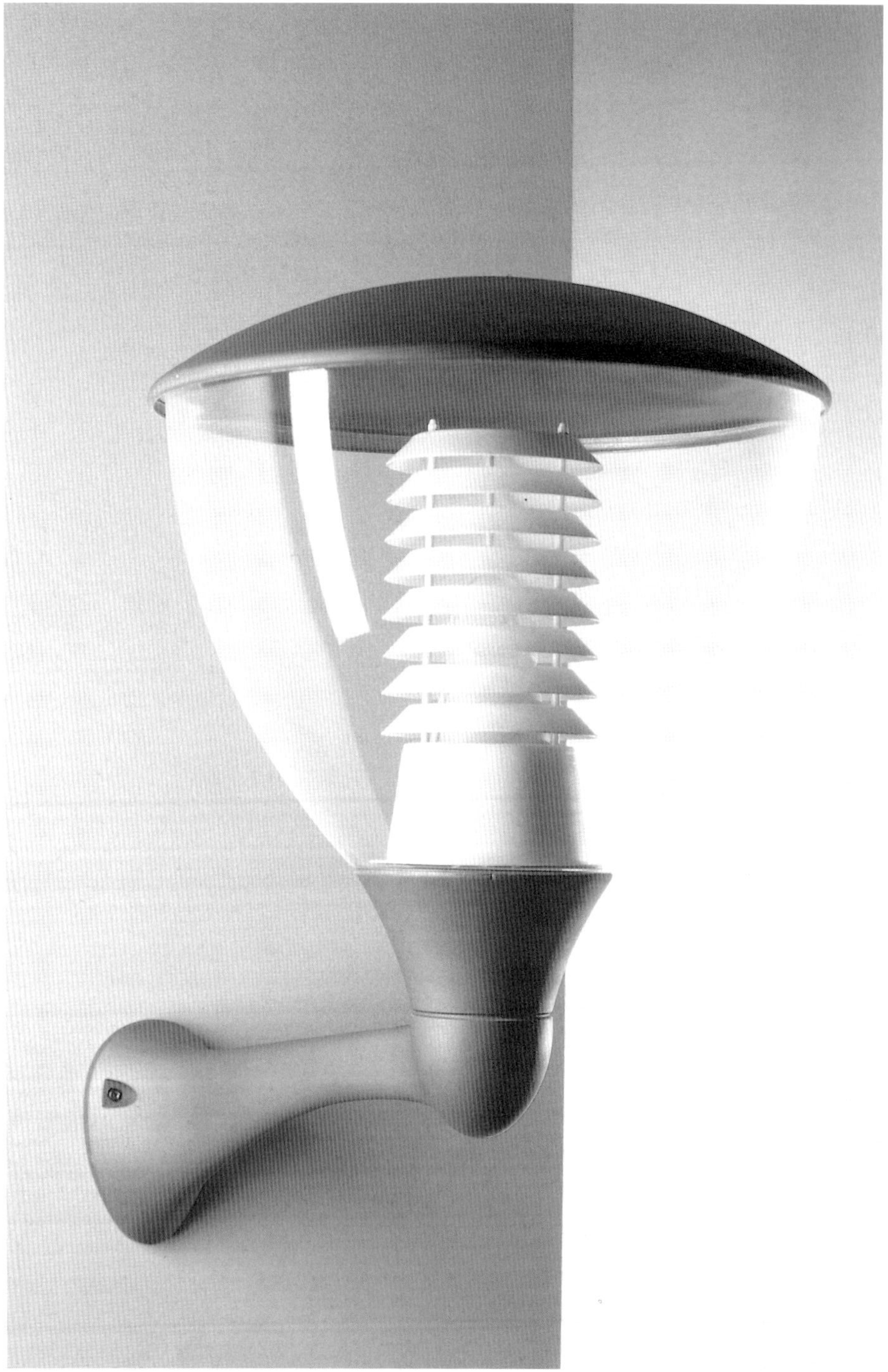

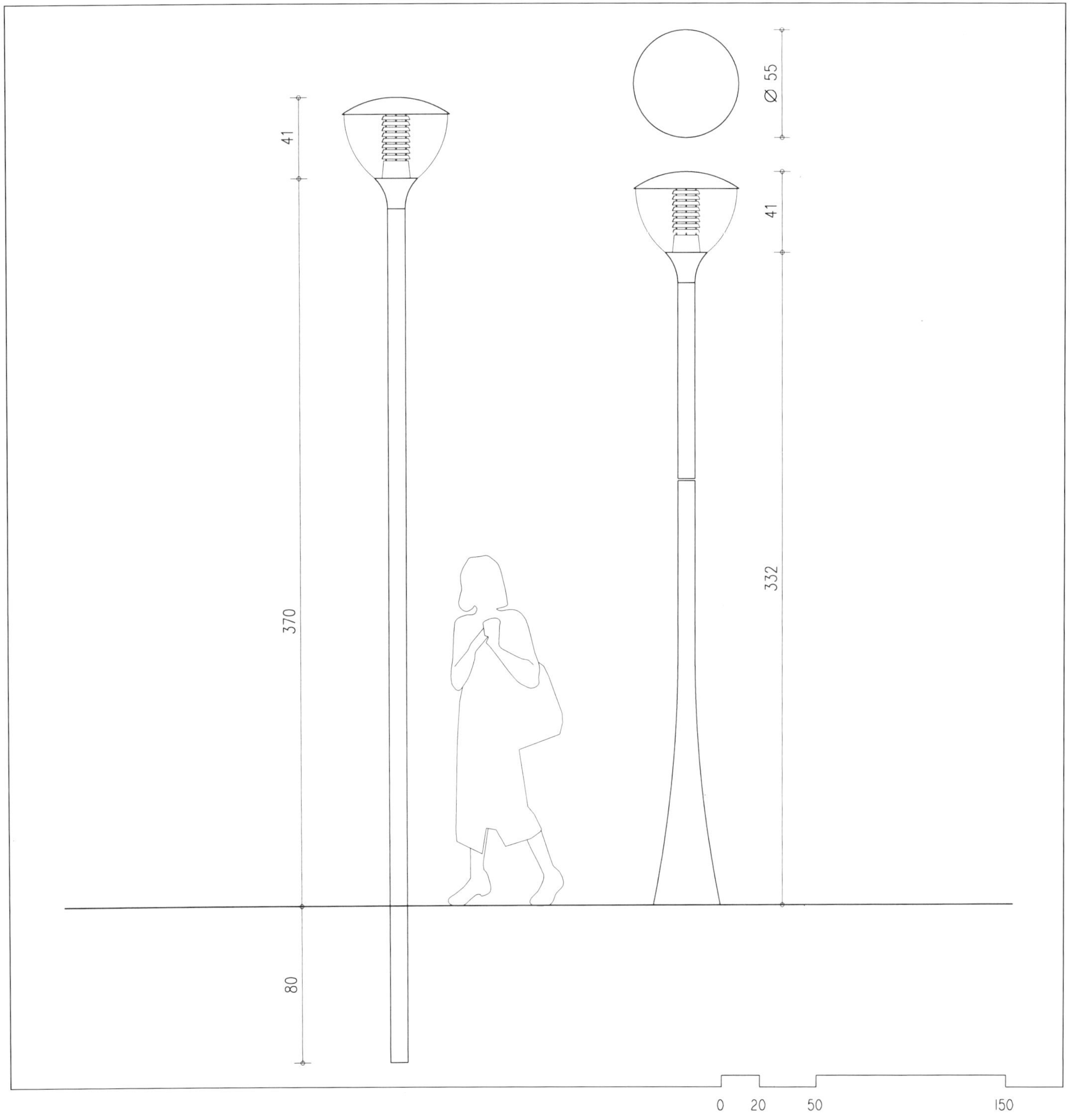

ESPECIFICACIONES TÉCNICAS
Está constituida por un cuerpo óptico que incluye soporte metálico para el conjunto eléctrico, difusor transparente o blanco de metacrilato antirroturas y cierre superior de aluminio. Puede instalarse en postes perfilados o brazos para aplicación a pared en fundición de aluminio, o en postes cilíndricos con placa base o empotrados de acero en color gris.
Permite lámparas de vapor de mercurio, de vapor de sodio alta presión y de halogenuros metálicos con potencias entre 70 y 150 w; también admite un reflector de lamas de aluminio para direccionar el flujo luminoso.

COLOCACIÓN
Se puede colocar en postes o brazo, mediante los accesorios suministrados.

TECHNICAL SPECIFICATIONS
Made up of an optical section which includes metal housing for the electrical assembly, transparent or white diffusor in breakage-resistant Perspex and upper closure in aluminium. It can be fitted to posts of various sections, cast aluminium arms for wall mounting, cylindrical posts with base plate or grey-coloured steel posts set into the pavement.
Accepts mercury vapour lights, high-pressure sodium vapour lights and metallic halide lights with power ratings between 70 and 150 W, and can always be fitted with reflector of aluminium strips to direct the light flow.

FIXING
Can be fitted on posts or arms, as desired, using the accessories supplied.

56. Farola/*Lamp* ACCA

AUTOR/*DESIGNER*
Piero Castiglioni (1993)

PRODUCTOR/*PRODUCER*
SCHOPENHAUER Gruppo FontanaArte.

CARACTERÍSTICAS
Luminaria de gran sencillez y elegancia para exteriores, apta para espacios intimistas en los cuales se desee que la iluminación pase desapercibida.
Compuesta de un fuste con distintas alturas y apoyos, y luminaria del mismo diámetro.

DIMENSIONES

Luminaria	Diámetro	4,5 cm
	Altura	17 cm
Fustes	Diámetros	3,5 cm / 4,5 cm / 5,3 cm / 6 cm
	Alturas	210 y 280 cm / 120 y 210 cm / 50 cm / 120, 210 y 280 cm

DESCRIPTION
Very simple and elegant lamp for outdoor locations, suited to intimate areas in which the lighting should go unnoticed. Made up of pole of various heights and supports and lighting unit of the same diameter.

DIMENSIONS

Lighting unit	*Diameter*	*4.5 cm*
	Height	*17 cm*
Posts	*Diameters*	*3.5cm / 4.5 cm / 5.3 cm / 6 cm*
	Heights	*210 and 280 cm / 120 and 210 cm / 50 cm / 120, 210 and 280 cm*

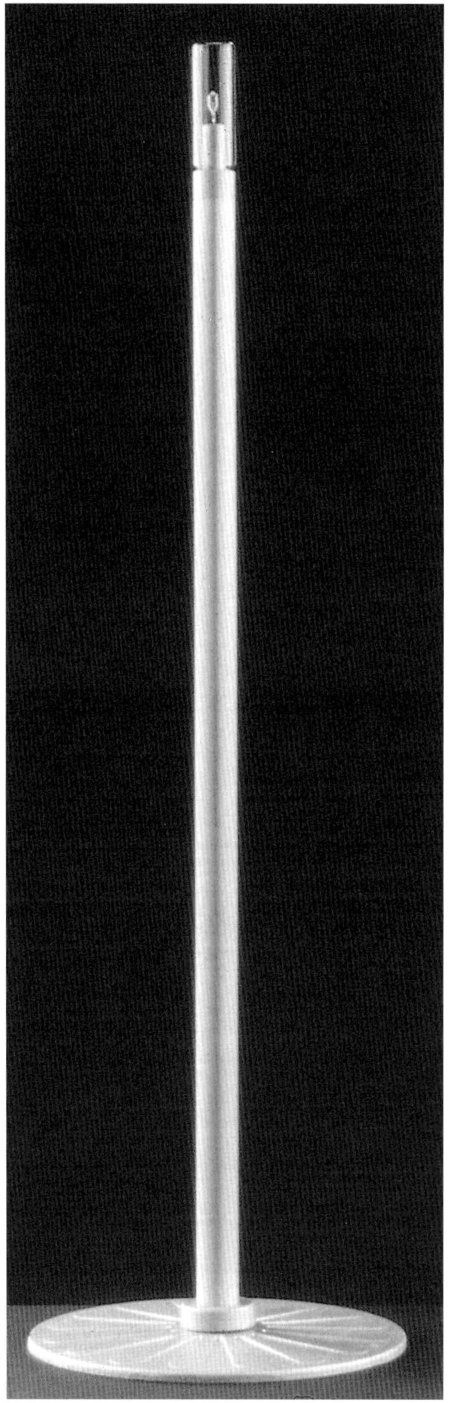
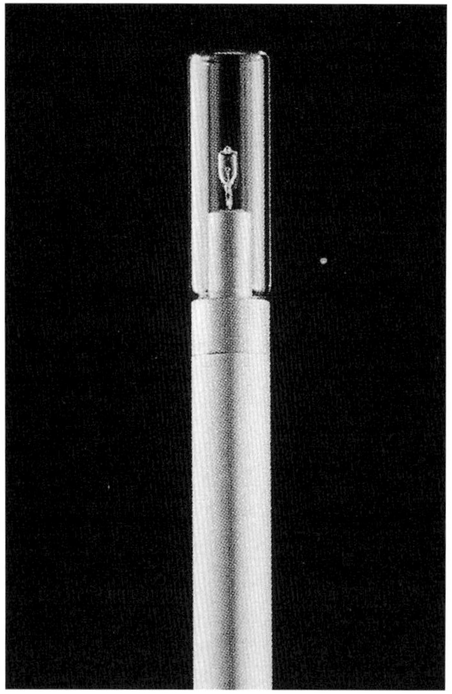
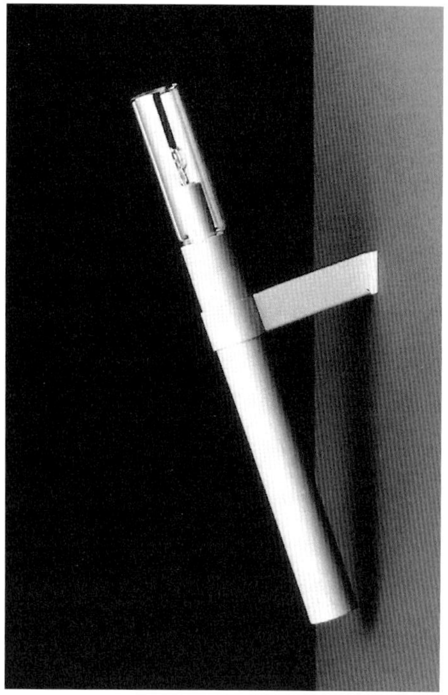
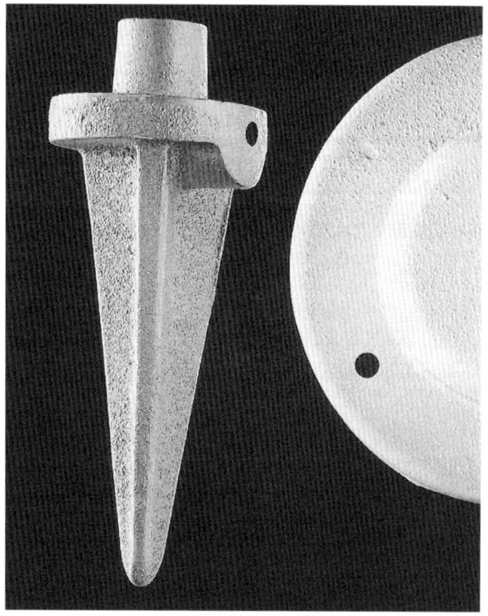

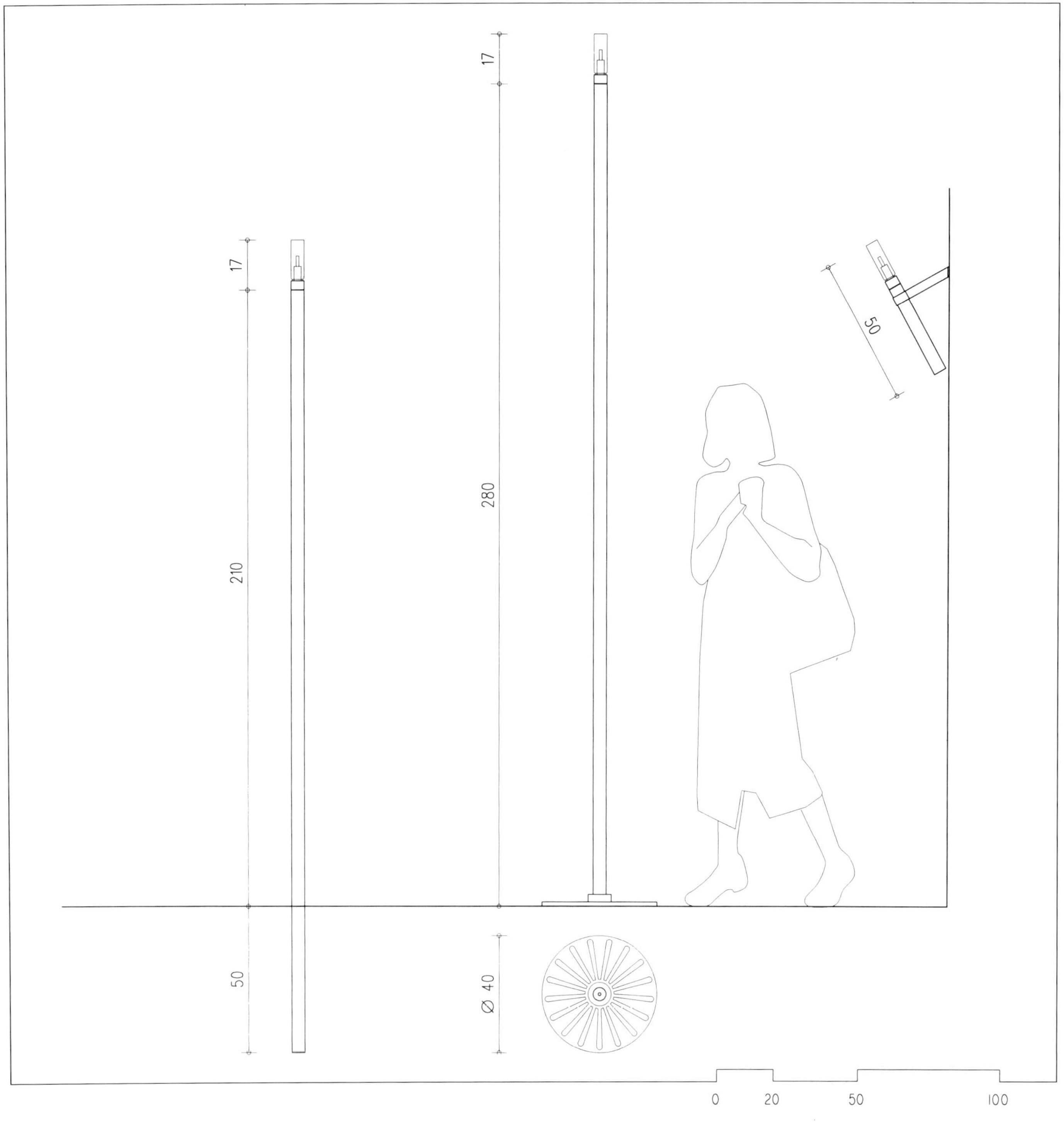

ESPECIFICACIONES TÉCNICAS
Fuste cilíndrico en aluminio acabado mate o termolacado color verde oscuro, con alturas y diámetros distintos para fijar en el suelo. Los distintos soportes son de fundición de aluminio.
Luminaria halógena de 100 w de 220 v o 24 v (incluye el transformador) protegida con un difusor de vidrio Pyrex, de diámetro igual al fuste.

COLOCACIÓN
Empotrada en el pavimento entre 40 y 50 cm según la altura de la lámpara.
Simplemente apoyada mediante una base de 40 cm de diámetro.
Atornillada al pavimento mediante una base de 8,4 cm de diámetro, o a la pared mediante pletina.
Clavada en terrenos blandos mediante un puntal de 23 cm.

TECHNICAL SPECIFICATIONS
Cylindrical pole in aluminium with matt or dark green enamelled finish, with different heights and diameters for fixing to the ground. The various bases are in cast aluminium.
100 W, 220 V or 24 V (with transformer) halogen light, protected with a Pyrex glass diffusor of diameter equal to the post.

FIXING
Set between 40 and 50 cm into pavement, according to height of the light.
Simply resting on ground using 40 cm diameter base.
Bolted to the pavement using an 8.4 cm diameter base, or to wall using a back-plate.
In soft terrain, driven into the ground using a 23 cm spike.

57. Farol/*Lamp* LANTERNA

AUTOR/*DESIGNER*
Pierluigi Molinari (1993)

PRODUCTOR/*PRODUCER*
IGUZZINI Illuminazione, S.R.L.

CARACTERÍSTICAS
Lanterna es una luminaria para exteriores constituida por un conjunto óptico realizado en fundición de aluminio que incluye el equipo auxiliar y un difusor de forma cilíndrica en material acrílico y sistema óptico de aluminio especular. Permite su instalación en postes cilíndricos y en brazos.

DIMENSIONES

Luminaria	Diámetro	34,5 cm
	Altura	52,5 cm
Postes	Altura	350 y 500 cm
Longitud brazo pared		62 cm
Longitud brazo poste		59 cm

DESCRIPTION
Lanterna is a lighting unit for exterior locations made up of an optical unit of cast aluminium which includes the auxiliary equipment and a cylindrical diffusor in acrylic material with an aluminium reflective system.

DIMENSIONS

Lighting unit	*Diameter*	*34.5 cm*
	Height	*52.5 cm*
Posts	*Height*	*350 and 500 cm*
Wall arm length		*62 cm*
Post arm length		*59 cm*

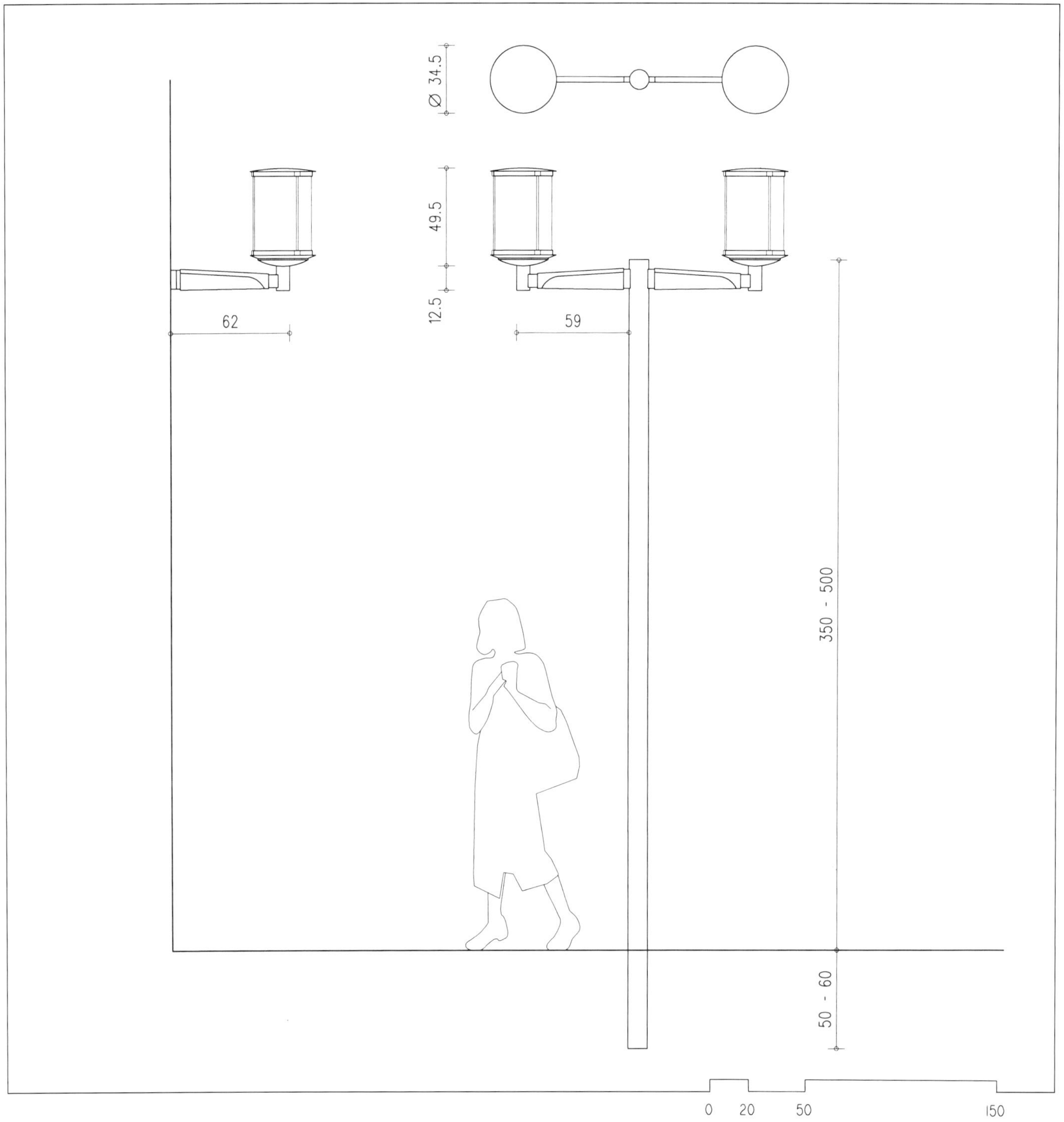

ESPECIFICACIONES TÉCNICAS
Conjunto óptico de fundición de aluminio color negro forja.
Difusor acrílico blanco o transparente (en este caso con difusor interno cilíndrico complementario), protegido contra impactos, y sistema óptico de aluminio especular.
Permite su instalación en postes cilíndricos de distintas alturas para empotrar y en brazos para aplicación a pared o postes, se obtienen farolas de 1, 2 o 3 lámparas.
Se pueden colocar lámparas de vapor de mercurio 125 w, vapor de sodio de alta presión 100 w, halogenuros metálicos 100 w o de inducción 85 w.

COLOCACIÓN
Se puede colocar en postes o brazos, según elección, mediante los accesorios suministrados.

TECHNICAL SPECIFICATIONS
Optical unit of cast black aluminium.
White or transparent acrylic diffusor (in the latter case, with supplementary internal cylindrical diffusor) protected against impact, and aluminium reflective system.
Can be fitted onto cylindrical posts of various heights for setting into the pavement, or on arms for fitting to walls or posts, providing lighting unit clusters of 1, 2 or 3 lights.
The lighting units can take 125 W mercury vapour bulbs, 100 W high-pressure sodium vapour bulbs, 100 W metal halogen bulbs or 85 W induction units.

FIXING
Can be mounted on posts or arms, as desired, using the accessories supplied.

58. Farola/*Lamp Post* GALDANA

AUTOR/*DESIGNER*
Josep Bosch (1993)

PRODUCTOR/*PRODUCER*
MB&Co. Producciones de diseño.

CARACTERÍSTICAS
Farola concebida para iluminar paseos, zonas peatonales, plazas y jardines urbanos. La bombilla alojada en el interior de la columna y protegida de agresiones exteriores, produce la luz por reflexión en el disco interior.
De fácil mantenimiento, ofrece una iluminación media de 20 Lux para una interdistancia de 17 m y una bombilla HQL 250 w.
Seleccionada para los Premios Delta ADI–FAD 1993.

DIMENSIONES

Altura columna	366 cm
Altura total	408 cm
Diámetro columna	16 cm
Diámetro disco reflectante	83,7 cm

DESCRIPTION
Lamp-post designed to light up promenades, pedestrian zones, squares and urban gardens. The light bulb housed inside the column, protected against external aggressions, produces light by reflection on the interior disc.
Easily maintained, if offers average lighting power of 20 Lux at an interval of 17 metres and with a HQL 250 W bulb.
Selected for the 1993 ADI-FAD Delta Prizes.

DIMENSIONS

Column height	*366 cm*
Total height	*408 cm*
Column diameter	*16 cm*
Reflective disc diameter	*83.7 cm*

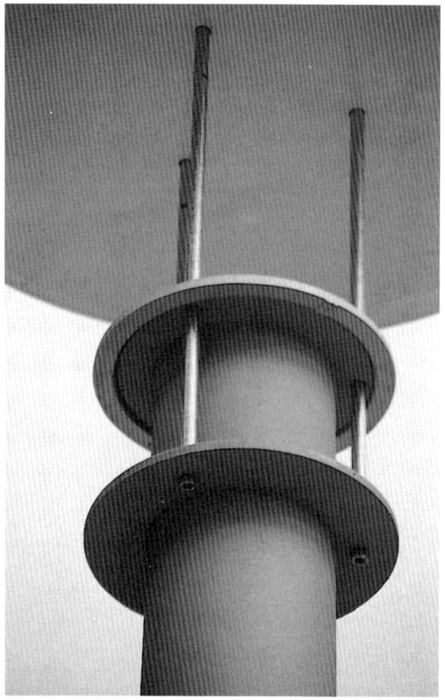

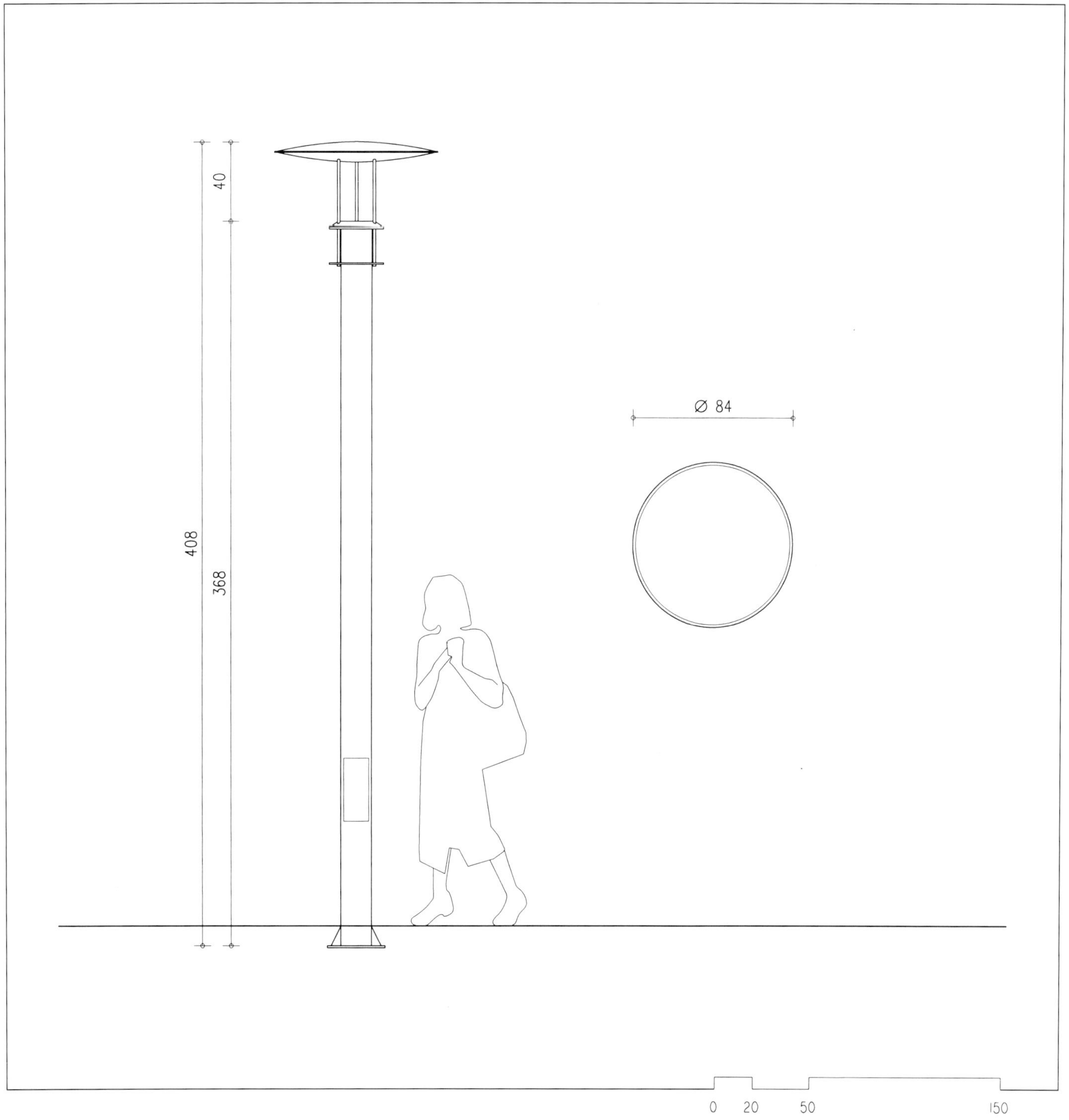

ESPECIFICACIONES TÉCNICAS

Columna de tubo redondo de acero de ø 160 mm, galvanizado en caliente, con puerta de registro enrasada con la columna.
Placa base grosor de 8 mm con cuatro cartelas de refuerzo.
Disco reflectante en aluminio anodizado ø 837 mm con tratamiento de endurecimiento H18, soportado por tres barras de acero inoxidable.
Luminaria formada por campana reflectora de aluminio anodino, casquete universal E40 y luna templada de protección de 5 mm de grosor.
Luminaria preparada para bombillas tubulares de posicionamiento vertical: vapor de sodio 150 w, halogenuros metálicos 250 w.

COLOCACIÓN

Se coloca con cuatro pernos M18x500 en un dado de hormigón. Las cartelas de refuerzo se empotran en el pavimento.

TECHNICAL SPECIFICATIONS

Column of 160 mm ø steel tube, hot-galvanized, with inspection door flush with the column.
Base plate 8 mm thick, with four reinforcement flanges.
Reflecting disc 837 mm ø in anodized aluminium with H18 hardening treatment supported by three stainless steel bars.
Lighting unit made up of anodized aluminium reflector hood with universal E40 cap and 5 mm tempered glass protective fitting.
Lighting unit designed to take vertically positioned tubular bulbs: 150 W sodium vapour, 250 W metal halide.

FIXING

Fitted with four M18 x 500 bolts onto a concrete block, the reinforcement flanges being set into the pavement.

59. Farola/*Lamp Post* LAMPAGENA

AUTORES/*DESIGNERS*
Andreu Arriola - Carme Fiol (1993)

PRODUCTOR/*PRODUCER*
LUXTEC, S.L.

CARACTERÍSTICAS
Luminaria de acero que forma parte de la serie *Flauta Màgica, òpera de mobiliari urbà.*
Luz indirecta para espacios públicos formada por una serie de ópticas deflectoras troncocónicas y pantalla reflectora circular de coronación.

DIMENSIONES	
Altura columna	255 / 345 cm
Altura brazo	30 cm
Longitud brazo	50 cm
Anchura brazo	30 cm
Altura luz	50,5 / 55 cm
Diámetro luz	70 / 90 cm

DESCRIPTION
Steel lighting unit, forming part of the Flauta Màgica, òpera de mobiliari urbà range.
Indirect light for public areas made up of a range of truncated-cone deflector lighting units and crowning circular reflector screen.

DIMENSIONS	
Column height	*255 / 345 cm*
Arm height	*30 cm*
Arm length	*50 cm*
Arm width	*30 cm*
Light height	*50.5 / 55 cm*
Light diameter	*70 / 90 cm*

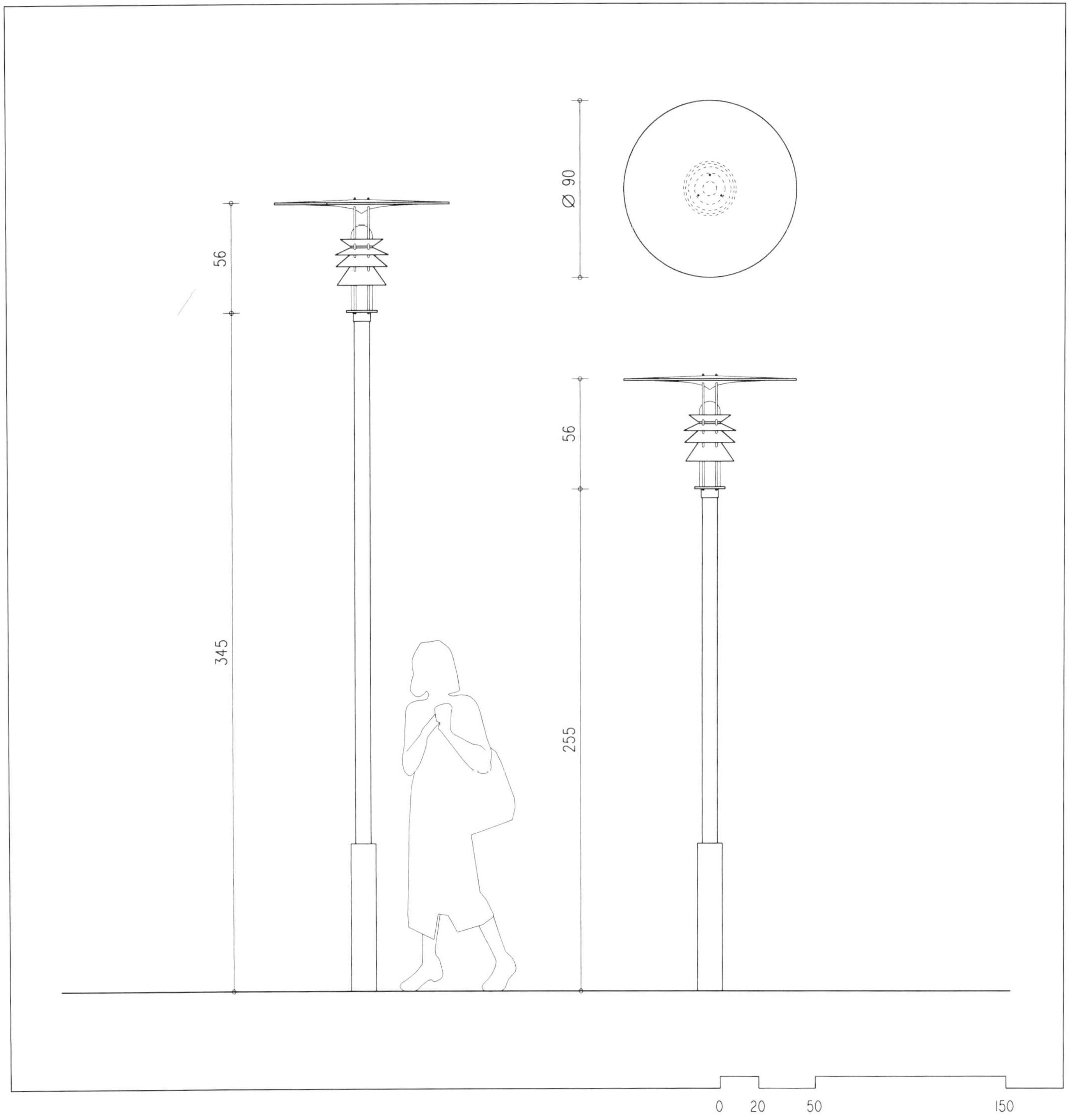

ESPECIFICACIONES TÉCNICAS

Columna telescópica formada por dos tubos cilíndricos de acero inoxidable, acabado arenado y lacado, de diámetros 63,5/76 y 129/154 mm.

Brazo formado por dos tubos de acero inoxidable, acabado arenado y lacado de diámetros 30 y 43 mm con una caja cilíndrica del mismo material, de 30 cm de diámetro y 10 cm de altura.

La luminaria se fabrica en dos tamaños con bombillas de 125 y 250 w de v.m.c. y se compone de los siguientes elementos: un bastidor de tres vástagos de acero roscados y en la parte superior una pantalla reflectora de acero inoxidable. El bastidor lleva intercalados cuatro deflectores de revolución troncocónicos de plancha de acero inoxidable para la distribución del flujo luminoso. Al cincho inferior se acopla una campana de vidrio de cuarzo que cierra herméticamente el alojamiento de la bombilla. Todo se fija a un zócalo de acero inoxidable y éste a la columna o brazo. Acabado pulido espejo del acero.

COLOCACIÓN

La columna se fija en un cimiento de hormigón. El brazo se fija a la pared con tacos mecánicos.

TECHNICAL SPECIFICATIONS

Telescopic column made up of two cylindrical stainless steel tubes, sandblasted and lacquered, of diameters 63.5/76 and 129/154 mm.

Arm formed by two stainless steel tubes with sandblasted and lacquered finish and diameters 30 and 43 mm, with a cylindrical box of the same material, diameter 30 cm and height 10 cm.

The lighting unit is manufactured in two sizes with mercury vapour bulbs of 125 and 250 W, comprising the following parts: a chassis of three threaded steel stems with a stainless steel reflector screen on the top. Inserted between the chassis members are four stainless steel plate truncated-cone reflectors to distribute the light. To the lower girdle is coupled a quartz-glass hood which hermetically seals the bulb housing. The whole is fixed to a stainless steel plinth which is in turn secured to the column or arm. Mirror-polished stainless steel finish.

FIXING

The column is set into a concrete foundation.
The arm is fixed to the wall with expansion bolts.

60. Aplique/*Light Wall* MACAYA

AUTORES/*DESIGNERS*
Ma. Lluïsa Aguado - Josep Ma. Julià (1986)

PRODUCTOR/*PRODUCER*
SANTA & COLE, S.A. División Urbana.

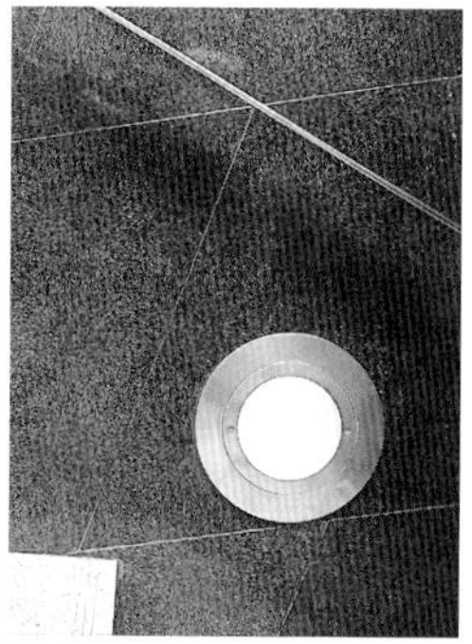

CARACTERÍSTICAS
Aplique empotrable antibarbarie con forma de disco, realizado en inyección y fundición de aluminio que admite distintos usos: baliza urbana (tapa urbana), rejilla de megafonía o ventilación (tapa de rejilla), registro de conexiones (tapa opaca) y aplique difusor (tapa traslúcida).
Delta de Plata ADI–FAD 1990.

DIMENSIONES
Existe en dos tamaños, el aro mediano tapajuntas de ø 22 cm y el grande 34 cm.
La bovedilla empotrable tiene una profundidad de 9 cm.

DESCRIPTION
Anti-vandalism inset wall light of disc shape in injected and cast aluminium and suitable for various purposes: urban beacon (urban cover), public address system or ventilation grille (grille cover), junction-box cover (opaque cover) and diffusor wall light (translucent cover).

DIMENSIONS
Supplied in two sizes, the smaller with 22 cm ø flashing ring and the larger with one of 34 cm.
The housing has a depth of 9 cm.

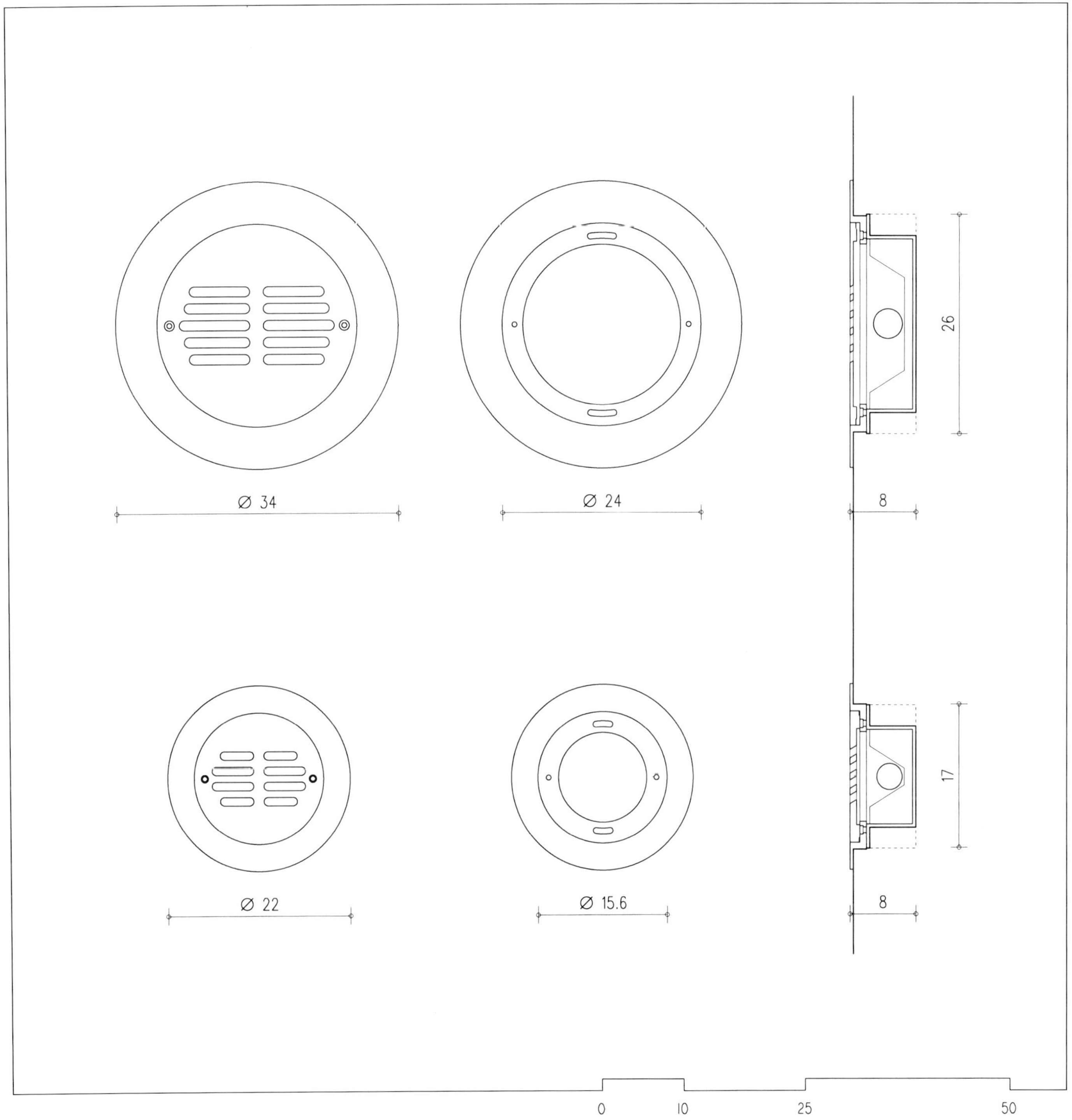

ESPECIFICACIONES TÉCNICAS
Todo el aluminio visto tiene acabado pulido.
Tapa y aro de inyección de aluminio. La tapa urbana incorpora inyección de policarbonato cubriendo la rejilla. La tapa traslúcida incorpora un disco macizo de policarbonato traslúcido. La bovedilla, empotrable, contiene en su interior el equipo eléctrico para lámparas de bajo consumo de 10 o 26 w, según modelo.

COLOCACIÓN
Empotrado en el paramento soporte, el aro se sujeta a la bovedilla mediante tornillería de acero inoxidable y actúa de tapajuntas. La tapa, en todas sus versiones, se fija al aro con tornillería de acero inoxidable tipo Allen.

TECHNICAL SPECIFICATIONS
All exposed aluminium has a polished finish.
Cover and ring of injected aluminium. The urban cover has injected polycarbonate covering the grille. The translucent cover has a built-in translucent solid polycarbonate disc. The base, which can be inset, houses the electrical equipment for 10 or 26 W low-consumption bulb, depending on model.

FIXING
Set into the wall surface, the ring is attached to the base with stainless steel fasteners, acting as a flashing. All cover versions are fixed to the ring with Allen-type stainless steel fasteners.

61. Aplique/*Light* LIGHT–UP Walk

AUTORES/*DESIGNERS*
Iguzzini Design (1994)

PRODUCTOR/*PRODUCER*
IGUZZINI Illuminazione, S.R.L.

CARACTERÍSTICAS
Gama de luminarias empotrables en tierra o pavimento, configurada por diferentes modelos de apliques de ópticas fijas y orientables y dos tamaños distintos.
Basadas en la utilización de acero inoxidable para el cuerpo base, aseguran una total resistencia a los agentes exteriores.

DIMENSIONES

Modelo pequeño	Diámetro superior	14 cm
	Diámetro inferior	10,3 cm
	Altura total	17,7 cm
Modelo grande	Diámetro superior	22 cm
	Diámetro inferior	18 cm
	Altura total	24,9 cm

DESCRIPTION
Range of lighting units which can be set into ground or pavement, made up various models of lighting units with fixed and adjustable optical elements and two different sizes. Based on the use of stainless steel for the base body, they ensure total resistance to external agents.

DIMENSIONS

Small model	*Top diameter*	*14 cm*
	Bottom diameter	*10.3 cm*
	Total height	*17.7 cm*
Large model	*Top diameter*	*22 cm*
	Bottom diameter	*18 cm*
	Total height	*24.9 cm*

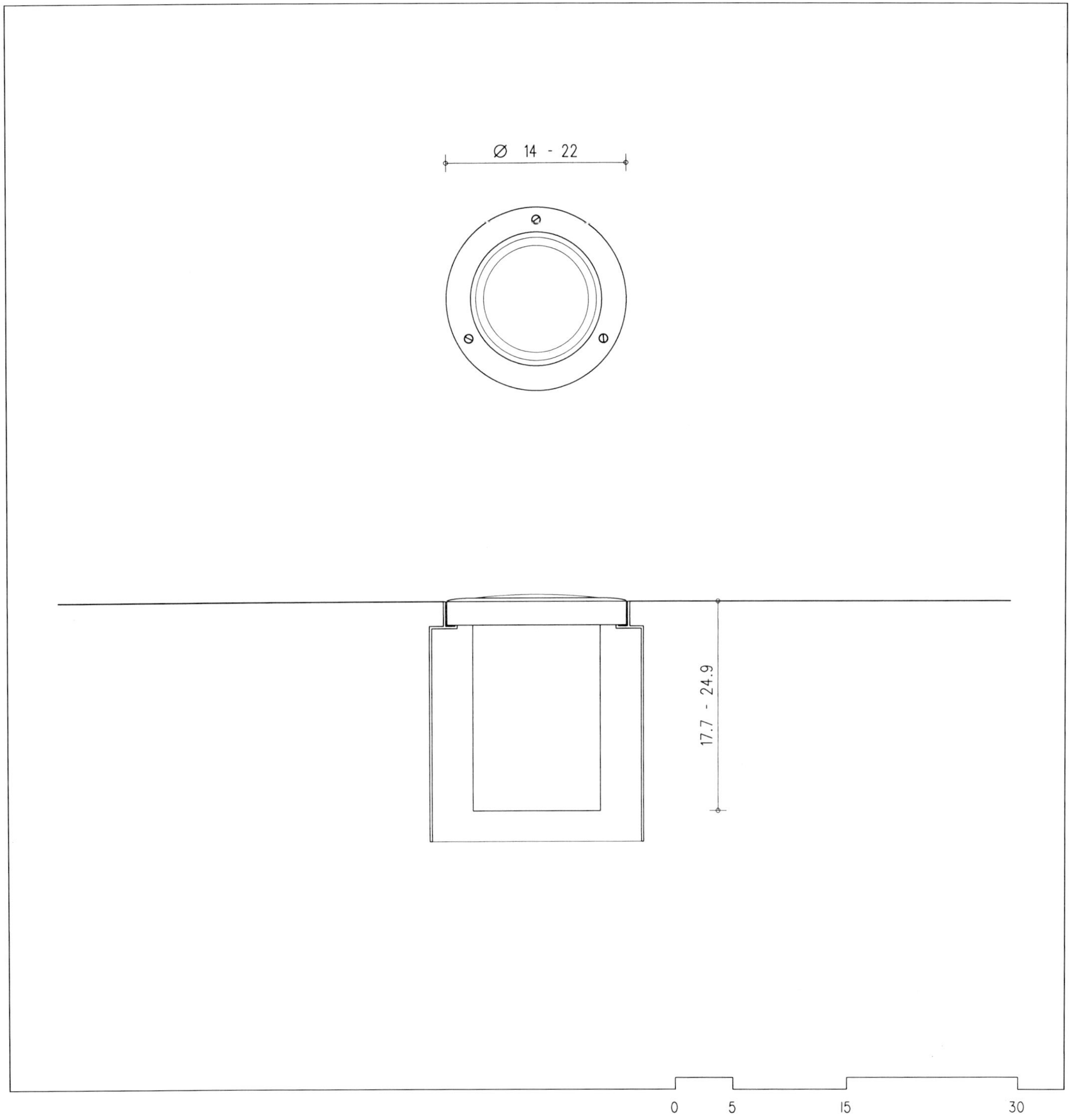

ESPECIFICACIONES TÉCNICAS

Cuerpo contenedor de empotramiento con un anillo de acero inoxidable y tubular de PVC si va empotrado en el pavimento. Si va empotrado en tierra se coloca directamente el cuerpo iluminante.
Cuerpo iluminante de acero inoxidable con cristal de seguridad templado, transparente y resistente hasta 1.000 kg. Entre el cristal y el acero hay una junta de protección de EPDM.
Lámparas halógenas de bajo voltaje, halogenuros metálicos, vapor de mercurio, vapor de sódio de alta presión, fluorescencia compacta o incandescentes halógenas.
Como accesorios lleva filtros de color, refractores y rejillas de protección y antideslumbrantes.

COLOCACIÓN

En tierra se empotra directamente y en el pavimento se fija mediante tornillos de acero inoxidable al cuerpo contenedor, el cual se instala mediante una colada de cemento con una base de grava para el drenaje.

TECHNICAL SPECIFICATIONS

Container body for housing with a stainless steel ring and PVC tubular ring if set into the pavement. If set into earth, then the light body is placed directly.
Lighting body of stainless steel with tempered safety glass, transparent and resistant up to 1,000 kg. Between the glass and the steel there is an EPDM protection seal.
Low-voltage halogen bulbs, metal halides, mercury vapour, high-pressure sodium vapour, compact fluorescent or halogen incandescent.
Accessories include colour filters, refractors and protection and anti-dazzle grilles.

FIXING

Set directly if in the ground; in pavement it is fixed to the container body with stainless steel bolts, and the container is installed in cement with gravel base for drainage.

62. Baliza/*Beacon* P.E.P.

AUTORES/*DESIGNERS*
Jordi Henrich - Olga Tarrasó (1991)

PRODUCTOR/*PRODUCER*
ABB Metron, S.A.

CARACTERÍSTICAS
Baliza de señalización de forma cilíndrica y dimensiones considerables que cumple también con la función de iluminar su entorno. Concebida para zonas portuarias de grandes dimensiones.

DIMENSIONES

Altura sobre pavimento	190 cm
Diámetro armazón	46 cm
Diámetro luminaria	27 cm

DESCRIPTION
Cylindrical signal beacon of considerable size which also serves to light up the surrounding area. Designed for large port zones.

DIMENSIONS

Height above pavement	*190 cm*
Frame diameter	*46 cm*
Lighting unit diameter	*27 cm*

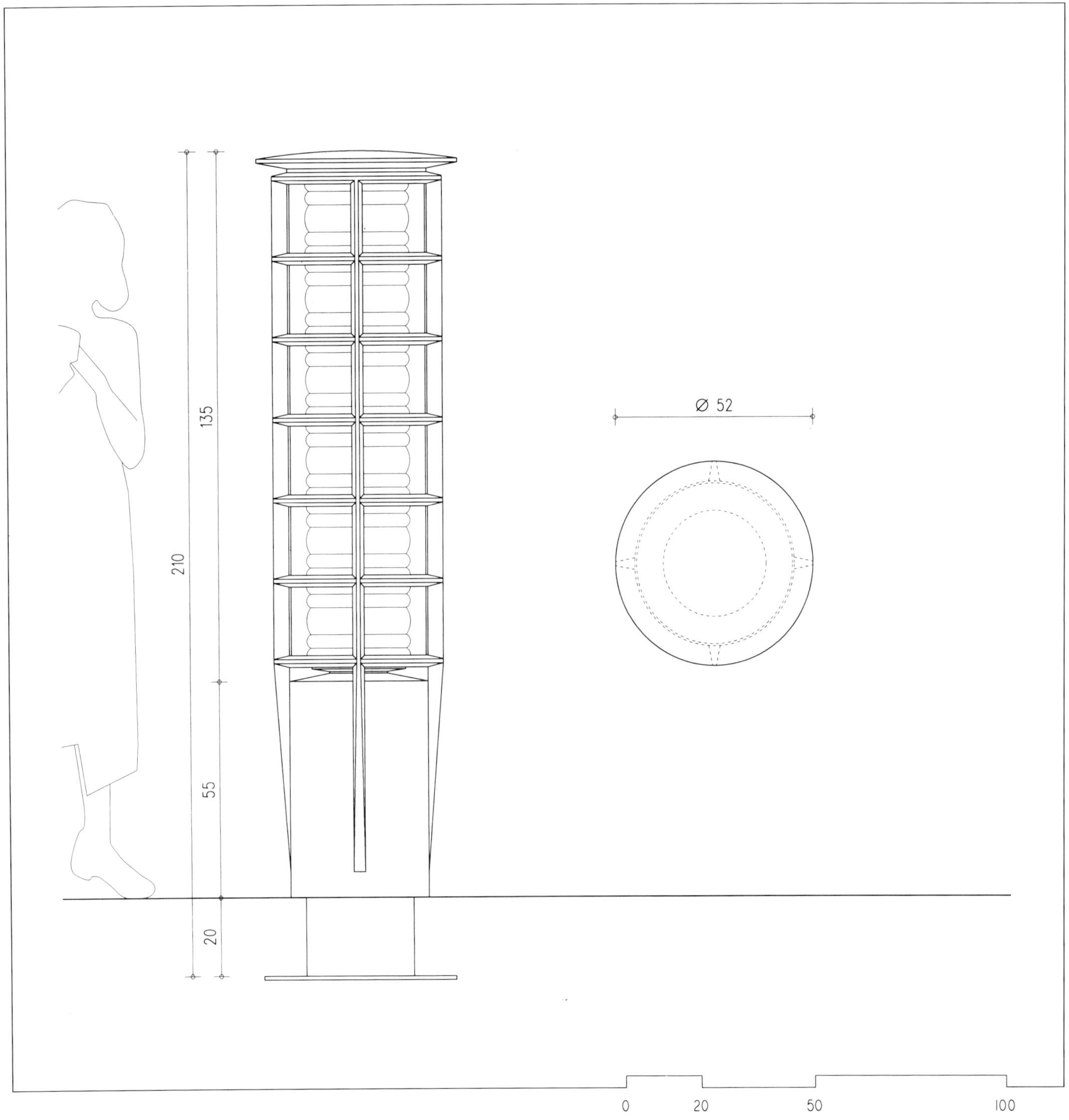

ESPECIFICACIONES TÉCNICAS
Base construida en chapa de acero galvanizado de 5 mm de espesor con portezuela de registro, soldada a una placa de anclaje de 500x500 mm.
Armazón formado por 5 aros intermedios, uno inferior y otro superior. Este último con tapa, construido en fundición de aluminio, acabado Martele. En el interior protector del conjunto óptico en chapa de acero inoxidable ranurado.
Luminaria formada por seis segmentos cilíndricos de vidrio refractor Holophane de espesor variable. Los segmentos se ensamblan mediante aros de acero. En su interior se ubica el bastidor portaequipos, con equipo de encendido para 6 tubos fluorescentes de 36 w.

COLOCACIÓN
Sobre un dado de hormigón con pernos de anclaje roscados, enpotrada 20 cm con respecto al nivel del pavimento.

TECHNICAL SPECIFICATIONS
Base constructed in 5 mm galvanized steel plate with inspection door, welded to a 500x500 mm base plate.
Frame made up of 5 intermediate rings, one lower one and one upper one. The upper one has a cover in hammered-finish cast aluminium. To the interior, lighting unit protector in slotted stainless steel plate.
Lighting unit made up of six cylindrical segments of variable-thickness heatproof Holophane glass. The segments are fitted together by steel rings. The equipment-carrying chassis is housed inside, with starter equipment for six 36 W fluorescent tubes.

FIXING
On concrete block with threaded anchorage studs, set 20 cm into the pavement.

63. Baliza/*Beacon* ARC

AUTORES/*DESIGNERS*
Yamada Design (1992)

PRODUCTOR/*PRODUCER*
IGUZZINI Illuminazione, S.R.L.

CARACTERÍSTICAS
Luminaria de señalización exterior con forma de boomerang, destinada al alumbrado de pasos peatonales en zonas residenciales. Ofrece soluciones personalizadas y de gran elegancia.
Realizada en aluminio, existe en dos tamaños.

DIMENSIONES

Ancho	41 cm pequeña / 85 cm grande
Grueso	10 cm
Altura	40 cm

DESCRIPTION
Boomerang-shaped outdoor marker light for lighting of pedestrian walkways in residential zones, offering individual and very elegant solutions.
Made of aluminium and supplied in two sizes.

DIMENSIONS

Width	*41 cm small / 85 cm large*
Thickness	*10 cm*
Height	*40 cm*

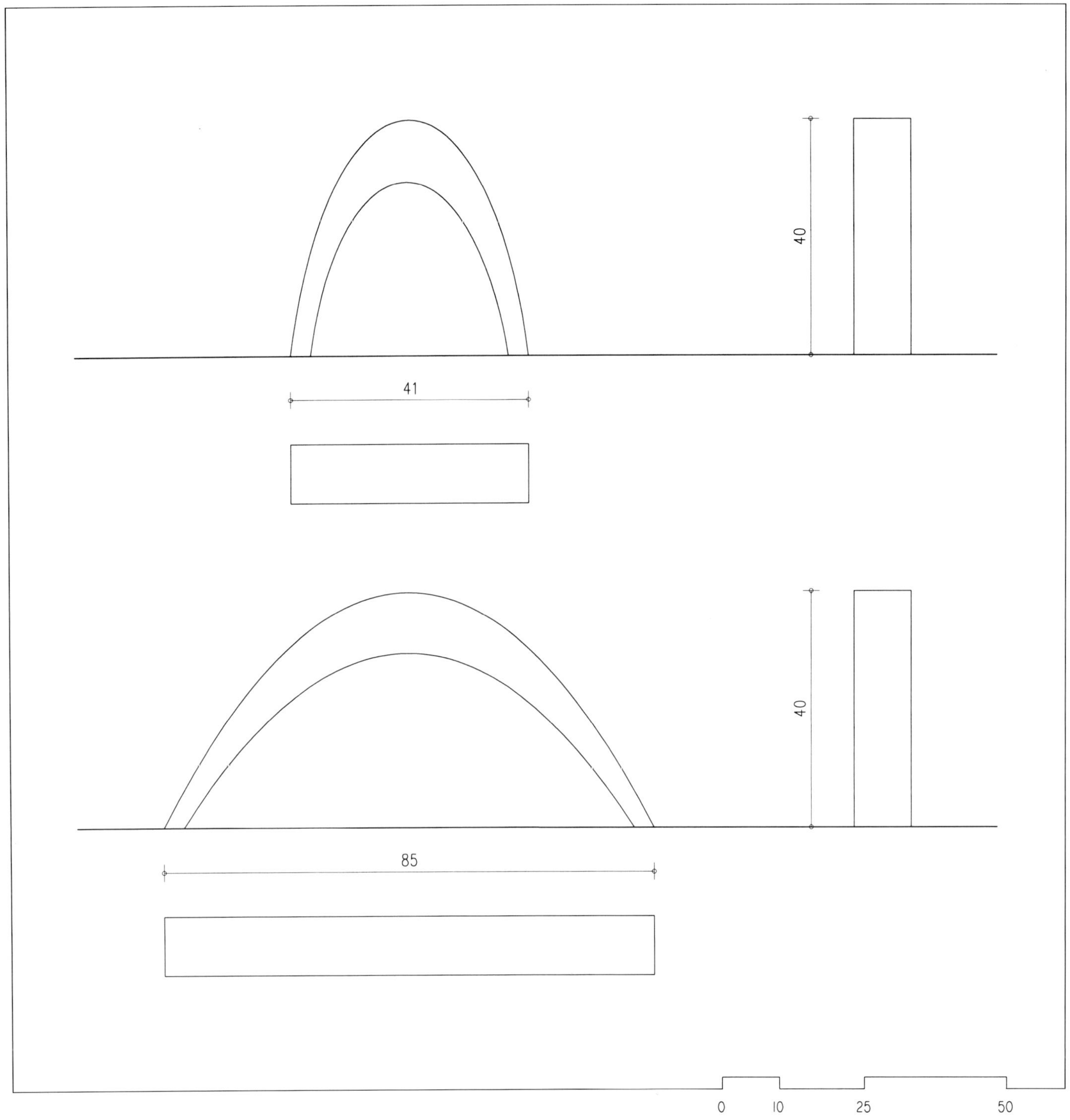

ESPECIFICACIONES TÉCNICAS
Cuerpo de aluminio acabado en color negro y gris jaspeado.
El difusor de luz es de metacrilato satinado.
Existen dos modelos: uno pequeño con lámpara fluorescente compacta de 13 w y otro grande con la misma lámpara pero de 26 w.

COLOCACIÓN
En el suelo mediante placa de anclaje situada en el hormigón o en el pavimento.

TECHNICAL SPECIFICATIONS
Aluminium body, finished in black and speckled in grey.
The light diffusor is in satin-finish Perspex.
There are two models: one small model with compact 13 W fluorescent light and a large one with 26 W light of the same type.

FIXING
On the ground, by means of base plate on the concrete or pavement.

64. Baliza/*Beacon* AUGUSTA

AUTORES/*DESIGNERS*
Joan Auge - Albert Ferrer - Antonio Viscasillas (1992)

PRODUCTOR/*PRODUCER*
DAE Diseño Ahorro Energético, S.A.

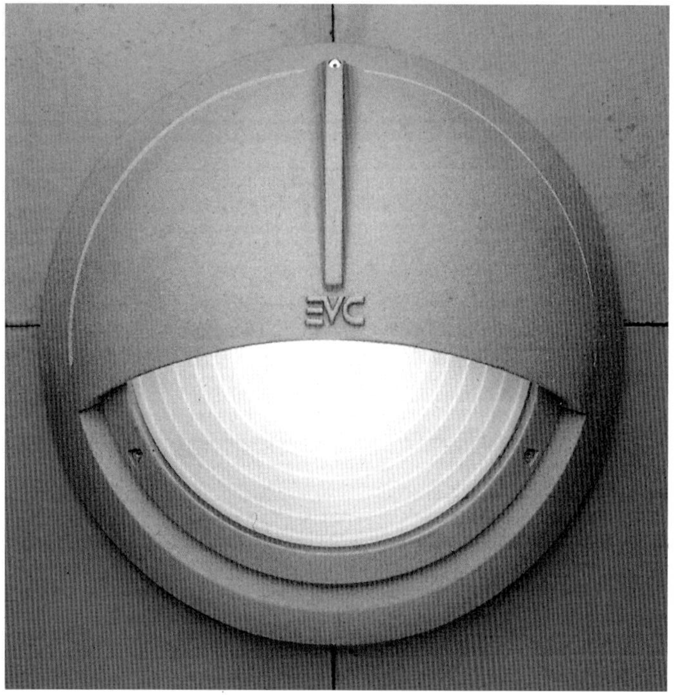

CARACTERÍSTICAS
Luminaria semiesférica para exteriores, no cenital, que se puede instalar en paramentos horizontales y verticales. Su función principal es la señalización y orientación.
Incorpora un protector–canalizador desmontable de luz.

DIMENSIONES

Altura con protector	15,5 cm
Diámetro superficie iluminación	28 cm
Diámetro total	41 cm

DESCRIPTION
Hemispherical non-ceiling mounted lighting unit for outdoor use, which can be fitted onto horizontal and vertical surfaces. It is intended mainly for marking and direction-guidance. Has removable light protector-channeller.

DIMENSIONS

Height with protector	*15.5 cm*
Lighting surface diameter	*28 cm*
Total diameter	*41 cm*

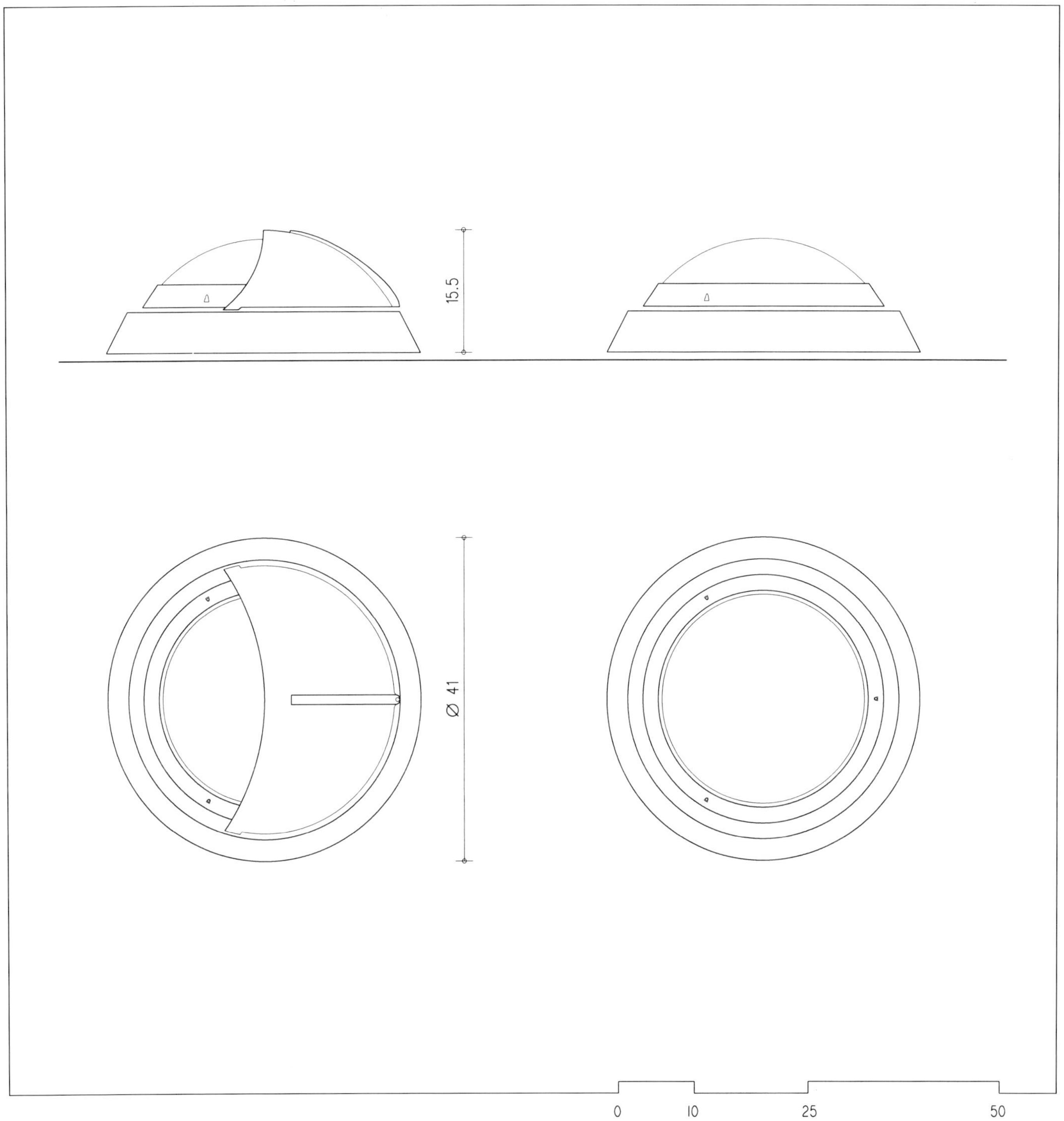

ESPECIFICACIONES TÉCNICAS
Baliza de fundición de aluminio pintada con Oxirón color gris acero.
La superficie de iluminación es un vidrio pyrex ovalado y la tornillería es de acero inoxidable.
Está preparada para bombillas de bajo consumo de 26 w.

COLOCACIÓN
Su colocación se realiza mediante tacos Speets.

TECHNICAL SPECIFICATIONS
Cast aluminium beacon painted with steel-grey Oxiron paint.
The lighting surface is of oval-shaped pyrex glass and the fasteners are of stainless steel.
Takes low-consumption 26 W bulbs.

FIXING
Fitted using Speets plugs.

65. Baliza/*Beacon* BLIZ

AUTORES/*DESIGNERS*
Yamada Design (1992)

PRODUCTOR/*PRODUCER*
IGUZZINI Illuminazione, S.R.L.

CARACTERÍSTICAS
Luminaria de señalización exterior de planta rectangular con emisión de luz asimétrica.
Realizada en aluminio con difusor de cristal matizado.

DIMENSIONES

Base	28x7 cm
Altura	50 cm

DESCRIPTION
Outdoor marker light of square plan with asymmetric light emission.
Made in aluminium with frosted glass diffusor.

DIMENSIONS

Base	*28x7 cm*
Height	*50 cm*

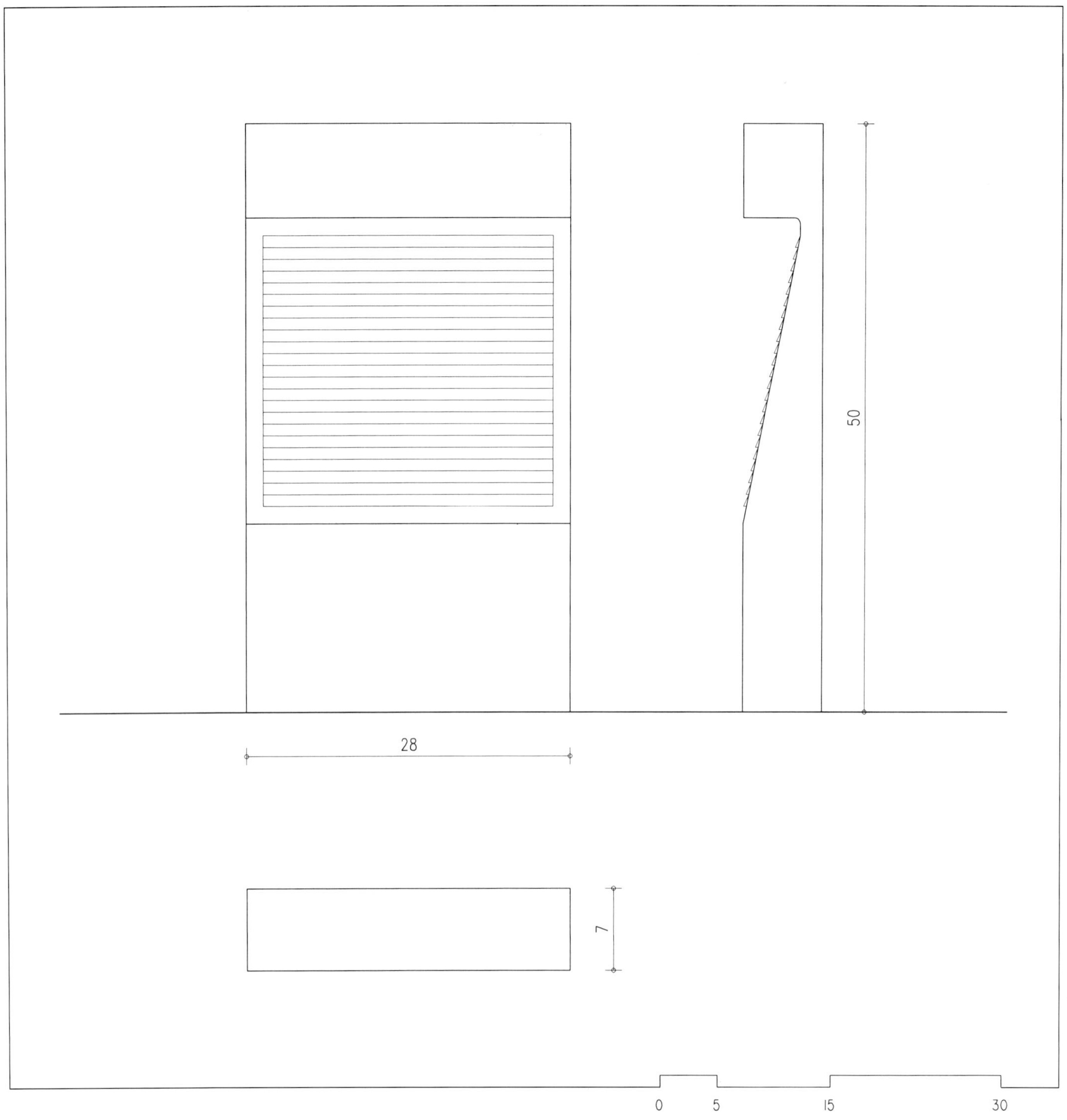

ESPECIFICACIONES TÉCNICAS
Cuerpo de aluminio acabado en color negro y gris jaspeado.
Puerta posterior de registro para mantenimiento y acceso a la instalación eléctrica.
El difusor de luz es de cristal matizado y antiagresiones.
Preparado para una lámpara fluorescente compacta de 26 w.

COLOCACIÓN
En el suelo mediante una placa de anclaje situada en el hormigón,

TECHNICAL SPECIFICATIONS
Aluminium body finished in black and speckled grey.
Rear inspection door for maintenance and access to the electrical equipment.
The light diffusor is of frosted vandal-resistant glass.
Takes compact 26 W fluorescent light.

FIXING
On ground using a base plate fixed to concrete.

66. Proyector/*Spotlight* LINGOTTO

AUTOR/*DESIGNER*
Renzo Piano (1993)

PRODUCTOR/*PRODUCER*
IGUZZINI Illuminazione, S.R.L.

CARACTERÍSTICAS
Gama de proyectores para alumbrado que permiten la utilización de distintas lámparas y ópticas para conseguir la distribución fotométrica más adecuada en cada ambiente.
El proyector tiene dos partes bien diferenciadas, el soporte orientable y el cuerpo óptico. Existe en dos tamaños.

DIMENSIONES

Cuerpo pequeño	18x27 cm altura 50 cm
Cuerpo grande	23x35 cm altura 60 cm

DESCRIPTION
Range of spotlights permitting the use of different light and optical fittings to achieve the distribution of light levels best suited to each setting.
The spotlight has two clearly differentiated parts, the adjustable mounting and the optical element. It is supplied in two sizes.

DIMENSIONS

Small housing	*18x27 cm* *height 50 cm*
Large housing	*23x35 cm* *height 60 cm*

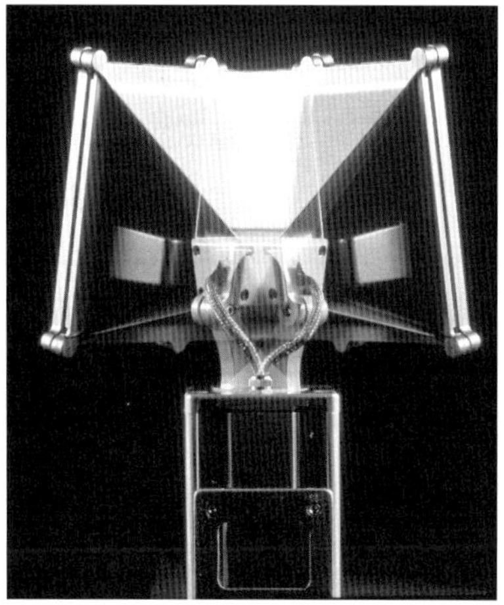

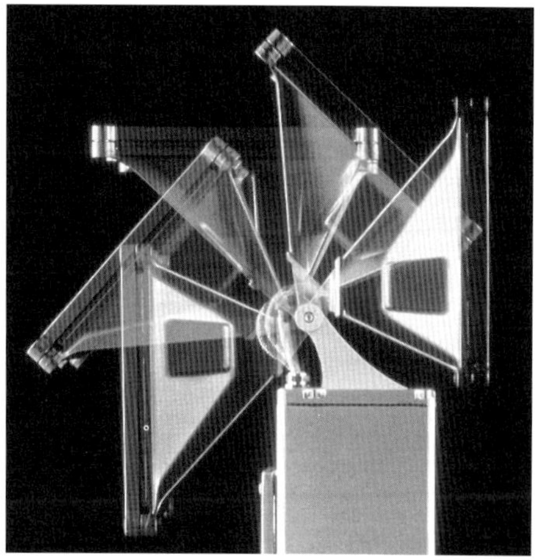

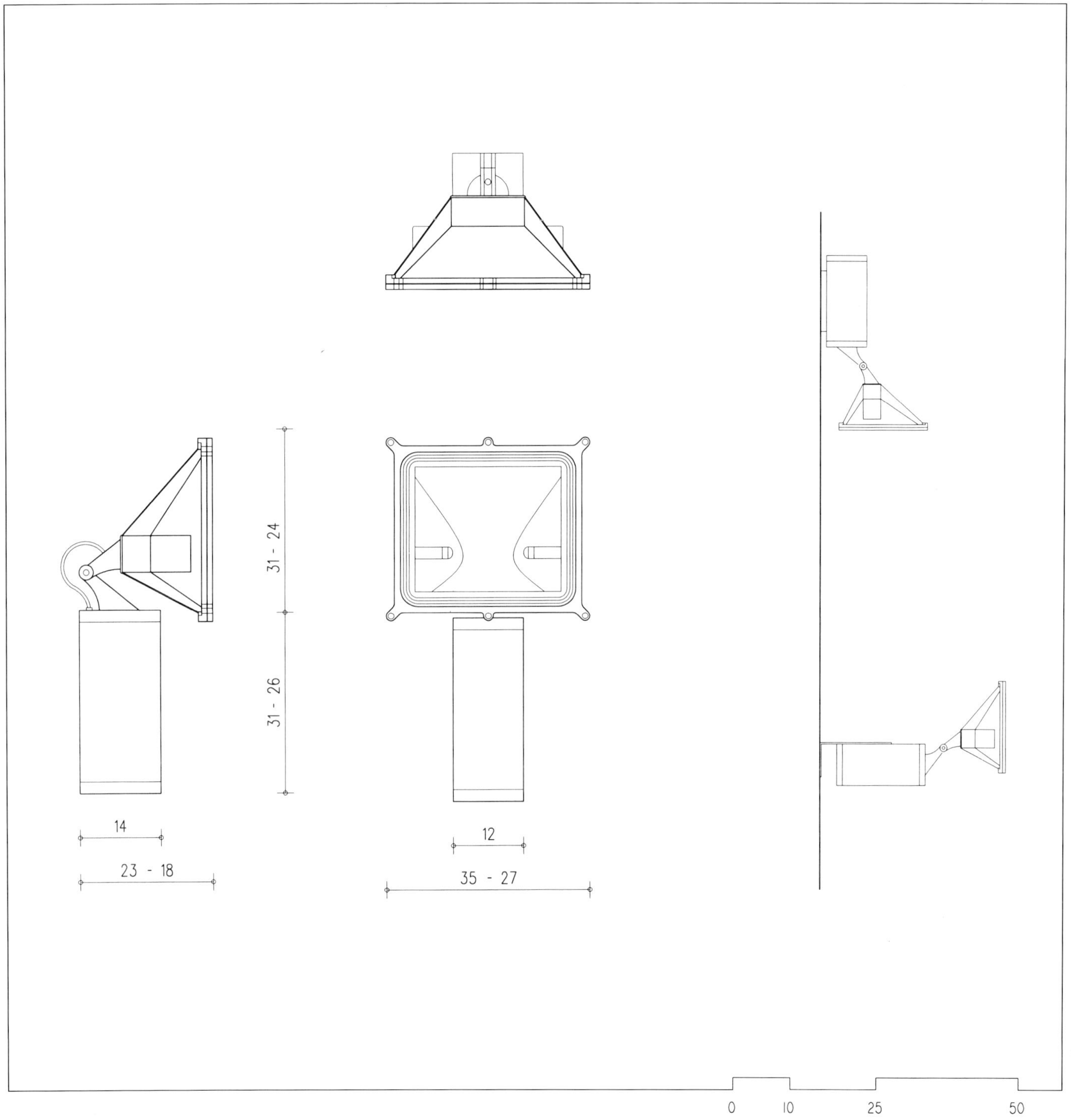

ESPECIFICACIONES TÉCNICAS
Cuerpo óptico. El cuerpo y el marco para cristal de protección o filtro U.V. son de fundición de aluminio a presión color gris metalizado. Ópticas de aluminio extrusionado, de tipo asimétrico, flood, medium o spot. Se pueden colocar lámparas halógenas con halogenuros metálicos o de vapor de sodio alta presión, con potencias de 150 a 400 w.
Soporte orientable de fundición de aluminio a presión termolacado color amarillo.
El equipo auxiliar va alojado en un contenedor de aluminio y los accesorios son rejillas antideslumbrantes y ópticas wall-washer. Tornillería de acero inoxidable.

COLOCACIÓN
Se puede colocar en postes, paredes o suelos, mediante los accesorios suministrados.

TECHNICAL SPECIFICATIONS
Optical housing. The housing and the frame for protective glass or U.V. filter are in metallic grey high pressure cast aluminium. Optical housing in asymmetric extruded aluminium, with flood, medium or spot elements. The light section can be fitted with halogen, metal halide or high-pressure sodium vapour bulbs with power ratings from 150 to 400 W.
Adjustable pressure-cast aluminium bracket enamelled in yellow.
The auxiliary equipment is housed in an aluminium container, having anti-glare grilles and wall-washer optical fittings. Stainless steel fixings.

FIXING
Can be mounted on posts, walls or pavement using the accessories supplied.

Todas las cotas de los dibujos están en centímetros/
All drawings measurements are in centimeters

ELEMENTOS DE JARDINERÍA Y AGUA
GARDEN AND WATER

Este capítulo incluye todos aquellos elementos que se relacionan con la vegetación y el riego, las fuentes y las evacuaciones de agua. Hemos seleccionado los cuatro subgrupos que consideramos más acordes con los contenidos del libro: jardineras, alcorques, protectores y fuentes. Esta vez, nuestro criterio ha sido descartar los tiestos, rejas, imbornales, pozos de registro y tapas.

This section includes all those items relating to vegetation and watering, fountains and water evacuation systems. We have nevertheless made a selection of the four subgroups which we feel to be most in accordance with the content of this book: flower-boxes, tree-grills, protectors and fountains. We have chosen to exclude flowerpots, railings, drainage grills, manholes and covers.

67. Jardinera/*Flower Box* BARCINA

AUTOR/*DESIGNERS*
Jaume Bach - Gabriel Mora (1982)

PRODUCTOR/*PRODUCER*
Fundiciones de Hierros COLOMER, S.A.

CARACTERÍSTICAS
Jardinera semiesférica de fundición y dimensiones apropiadas para plantas y arbustos.
Con gran superficie de plantación, es un elemento apropiado para espacios peatonales pavimentados.

DIMENSIONES

Diámetro máximo	135 cm
Diámetro tierra	112 cm
Altura	47 cm

DESCRIPTION
Hemispherical cast flower-box of size suitable for plants or shrubs.
With a large planting surface area, it is an item suitable for paved pedestrian zones.

DIMENSIONS

Maximum diameter	*135 cm*
Soil diameter	*112 cm*
Height	*47 cm*

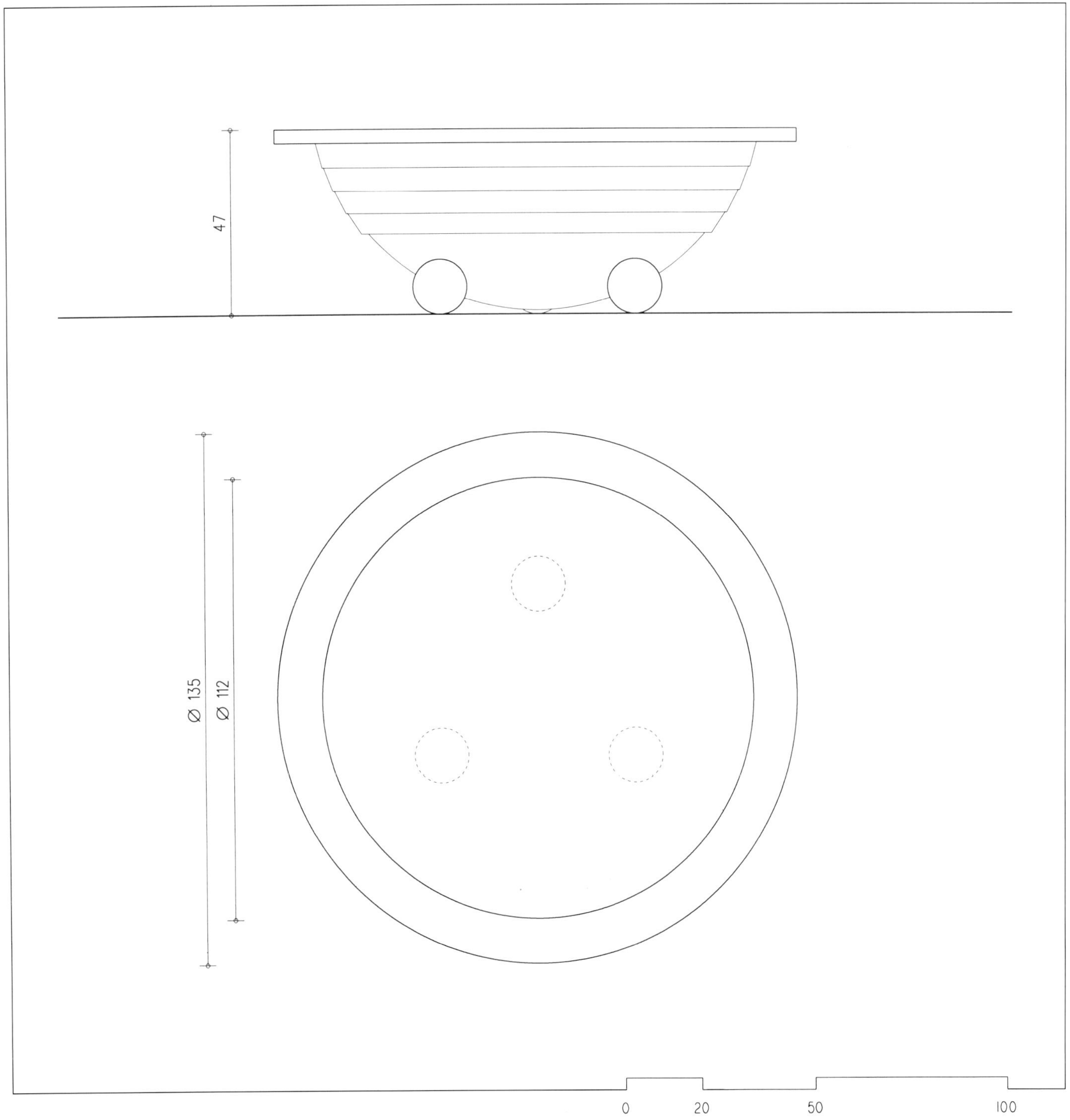

ESPECIFICACIONES TÉCNICAS
Jardinera de una sola pieza de fundición de hierro, con superficie exterior dentada y acabada con pintura Oxirón negra.
Para su estabilidad lleva roscadas tres patas redondas del mismo material y acabado.

COLOCACIÓN
Simplemente apoyada sobre el pavimento.

TECHNICAL SPECIFICATIONS
One-piece cast iron flower-box with stepped outer surface painted in black Oxiron paint.
For stability, it has three round legs of the same material and finish threaded onto the body.

FIXING
Simply resting on the pavement.

68. Jardinera/*Flower-Box* PLAZA

AUTORES/*DESIGNERS*
José L. Canosa - José A. Martínez Lapeña - Elías Torres (1987)

PRODUCTOR/*PRODUCER*
SANTA & COLE, S.A. División Urbana.

CARACTERÍSTICAS
Jardinera de planta cuadrada y gran capacidad (modelo grande), apta para árboles pequeños. Es un modelo apropiado para grandes espacios donde no se permita la plantación en el suelo.
Existen dos modelos (sólo varía la planta).

DIMENSIONES

Lado	60 cm (pequeña)
Lado	120 cm (grande)
Altura total	80 cm
Altura maceta	75 cm

DESCRIPTION
Square-plan high-capacity (large model) flower-box, suitable for small trees. This model is suitable for large spaces which do not allow planting in the ground.
Two models available, the only difference lying in the plan dimensions.

DIMENSIONS

Shorter side	*60 cm*
Longer side	*120 cm*
Total height	*80 cm*
Box height	*75 cm*

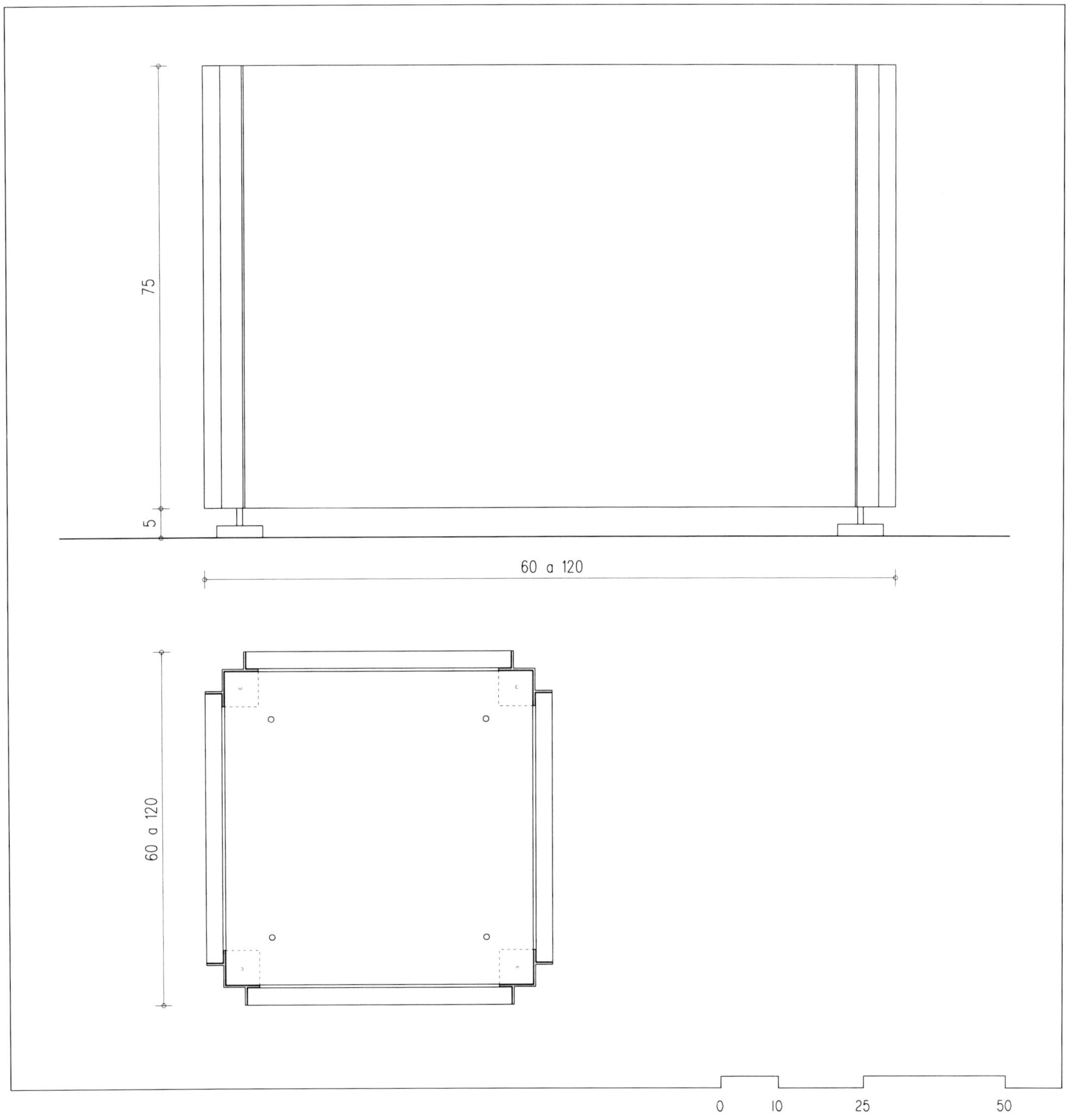

ESPECIFICACIONES TÉCNICAS

La jardinera está compuesta por una estructura de perfiles en T y en L de acero galvanizado y pintado, soldados entre sí que sirven para sostener los paneles de contrachapado que forman la maceta. Estos paneles están tratados contra la humedad y posteriormente barnizados.
La jardinera va apoyada en el suelo mediante cuatro patas regulables en altura, para nivelarla, y sujetas a la misma estructura.

COLOCACIÓN

Simplemente apoyada y nivelada sobre el pavimento.

TECHNICAL SPECIFICATIONS

The flower-box is made of a structure of T and L sections in galvanized and painted steel welded together, which support the plywood panels which form the box. The panels are treated against damp and then varnished.
The flower-box rests on the ground on four adjustable-height legs attached to the structure and serving to level the flower-box.

FIXING

Simply resting on the pavement and levelled.

69. Jardinera/*Flower-Box* TRAM

AUTOR/*DESIGNER*
Jaume Artigues (1993)

PRODUCTOR/*PRODUCER*
SANTA & COLE, S.A. División Urbana

CARACTERÍSTICAS
Límite urbano, destinado a la formación de líneas de verde para zonas en las que el subsuelo presenta dificultades para la plantación, y en lugares con urbanización efímera o transitoria. Sus dimensiones permiten la alineación de tramos de vegetación de arbustos, que se alimentan por un sistema de riego por goteo desde las uniones de cada tramo.

DIMENSIONES

Largo	200 cm
Alto	50 cm
Ancho	45 cm

DESCRIPTION
Urban partition, for the formation of lines of greenery for zones in which the subsoil hinders direct planting, and for spots to be laid out temporarily. Its dimensions permit alignment of sections of shrub vegetation, watered by drip irrigation from the joints in each section.

DIMENSIONS

Length	*200 cm*
Height	*50 cm*
Width	*45 cm*

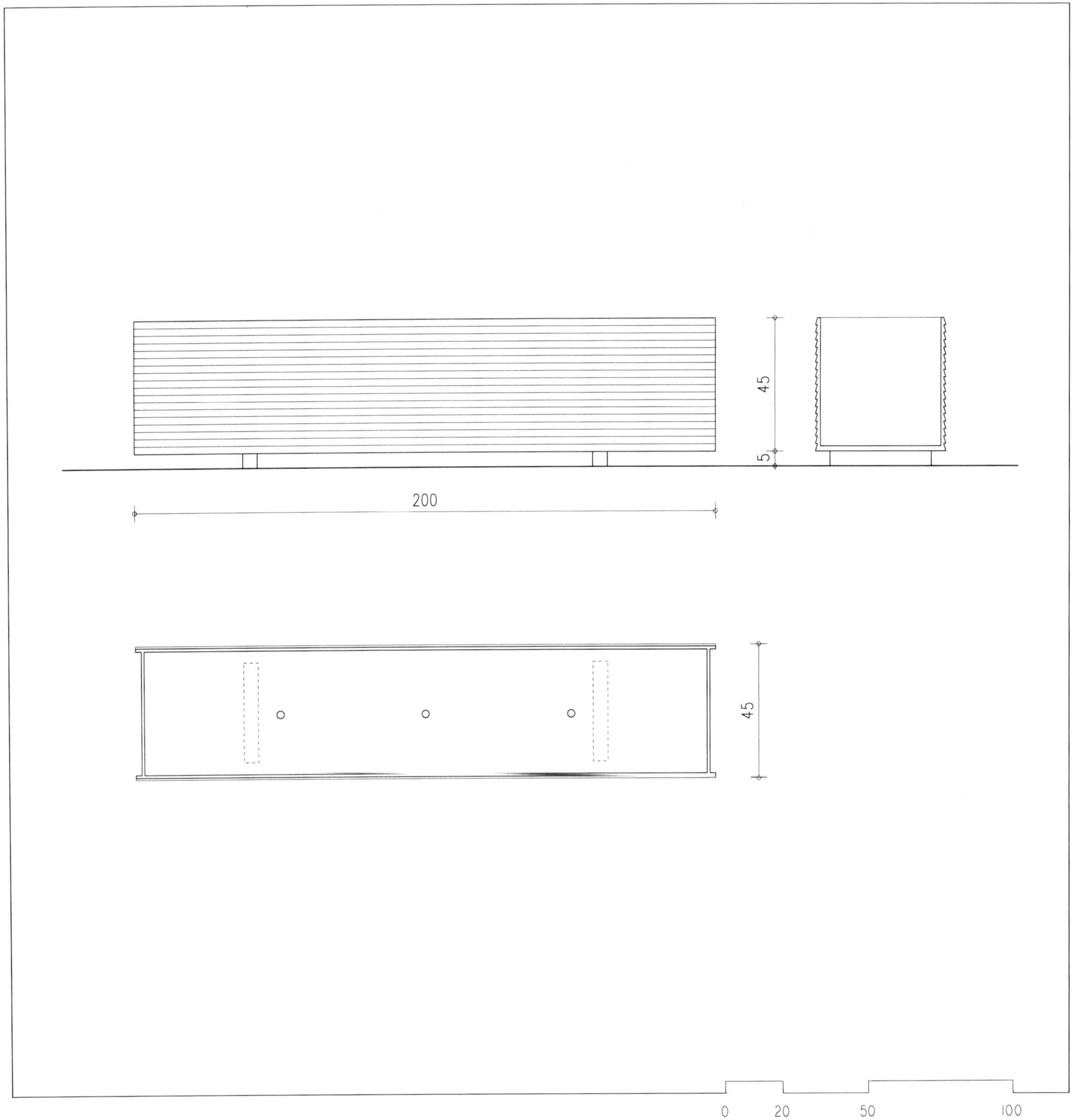

ESPECIFICACIONES TÉCNICAS
Jardinera de una sola pieza, de fundición de hierro con textura dentada en las dos superficies principales. Mediante dos pies de la misma fundición, queda levantada 5 cm del pavimento, evitando el contacto con el pavimento. El acabado de los dos laterales permite el acoplamiento de otras jardineras, reforzando la propia idea de linealidad de la jardinera.

COLOCACIÓN
Simplemente apoyada sobre el pavimento.

TECHNICAL SPECIFICATIONS
One-piece cast-iron flower-box with serrated texture on the two main surfaces. Raised 5 cm off the ground on two cast-in legs , thus avoiding contact with the pavement. The finish of the two sides allows other flower-boxes to be attached, thereby reinforcing this flower-box's linear conception.

FIXING
Simply resting on the pavement.

70. Marco de Alcorque/ *Tree-Well Surround* FIOL

AUTORA/*DESIGNER*
Carme Fiol (1983)

PRODUCTORES/*PRODUCERS*
FORMO UNILON, S.A.
ICA, S.A.
Y otras empresas especializadas/*and other specialized companies.*

CARACTERÍSTICAS
Pieza de hormigón o granito, de longitud variable que junto con otras tres piezas iguales forman un marco de alcorque, generalmente cuadrado, para espacios urbanos.

DIMENSIONES

Altura	20 cm
Grosor	7 cm
Longitud	entre 100 y 120 cm

DESCRIPTION
Piece of concrete or granite, of variable length, which together with another three identical pieces forms a tree-well surround, generally square in shape, for urban areas.

DIMENSIONS

Height	*20 cm*
Thickness	*7 cm*
Length	*between 100 and 120 cm*

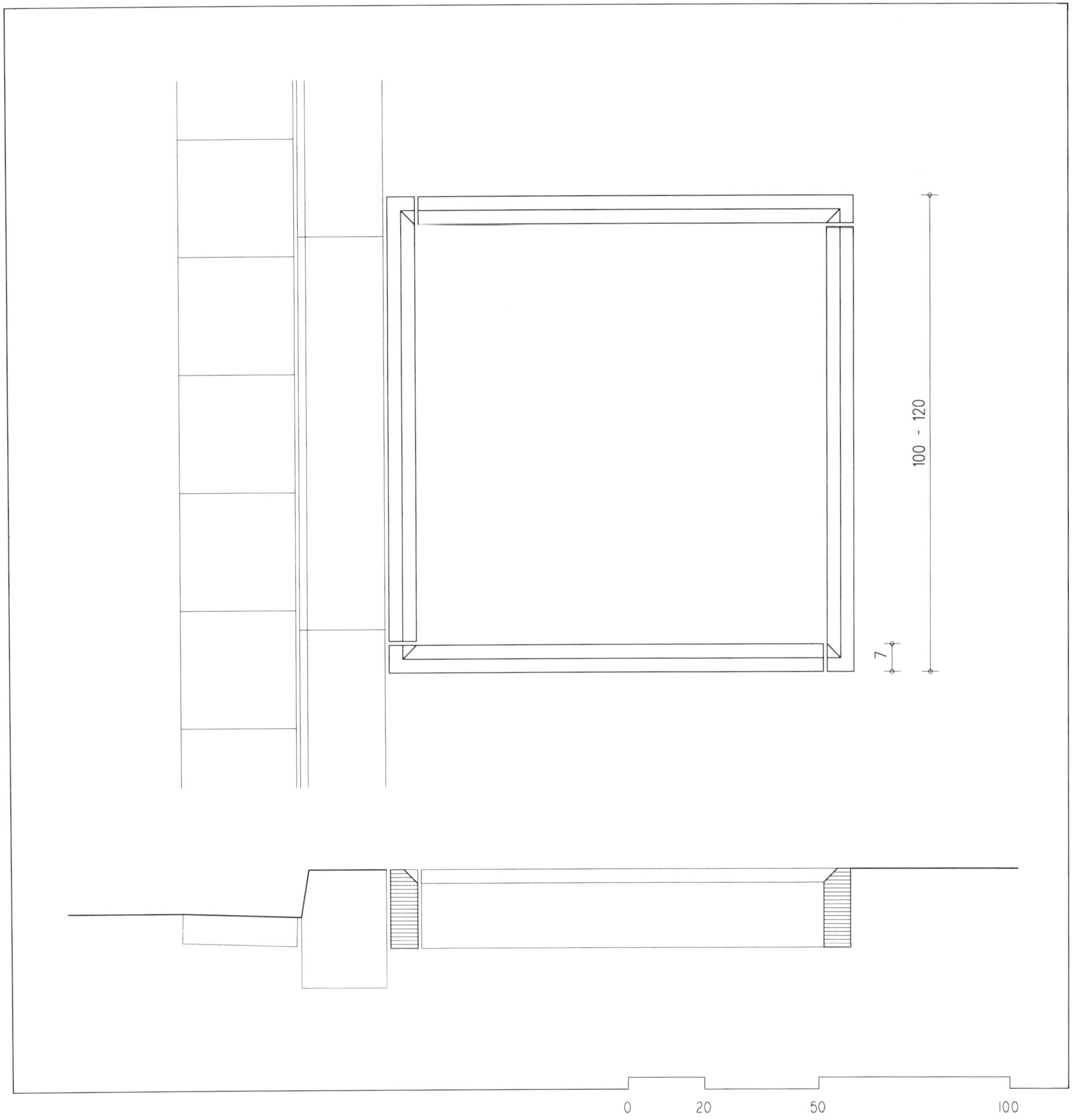

ESPECIFICACIONES TÉCNICAS
Prefabricada en hormigón con molde metálico. Tiene un bisel en la parte interior que encaja con la siguiente pieza para darle, una vez colocadas las cuatro piezas, continuidad en todo el perímetro. En las piezas de granito, el bisel (15x15 mm) es más pequeño que en las de hormigón (35x 35 mm).

COLOCACIÓN
Empotrado a nivel del pavimento, sobre una base de hormigón.

TECHNICAL SPECIFICATIONS
Prefabricated in concrete with metal mould. Has a bevelled edge to the interior which aligns with the next piece to lend continuity all round the perimeter once the four pieces are in place. On the granite pieces the bevel (15x15 mm) is smaller than on the concrete pieces (35x35 mm).

FIXING
Set in at pavement level, on a concrete base.

71. Alcorque/*Tree-Grid* CANAL

AUTORES/*DESIGNERS*
CANAL Atelier d'Architecture (1986)

PRODUCTOR/*PRODUCER*
ACIERIES DE CHARLEVILLE

CARACTERÍSTICAS
Alcorque de fundición formado por cuatro piezas iguales. De concepción simple, pero sólido.
Puede ser de perímetro cuadrado, o redondo para pavimentos continuos.

DIMENSIONES

Cuadrado	160x160 cm
Redondo	ø 160 cm
Espacio libre interior	ø 80 o 60 cm (para los dos tipos)

DESCRIPTION
Cast tree-grid made up of four identical pieces. Of simple yet solid design. Supplied with square perimeter, or round perimeter for continuous pavements.

DIMENSIONS

Square	*160x160 cm*
Round	*diam. 160 cm*
Free interior space	*diam. 80 or 60 cm (for both types)*

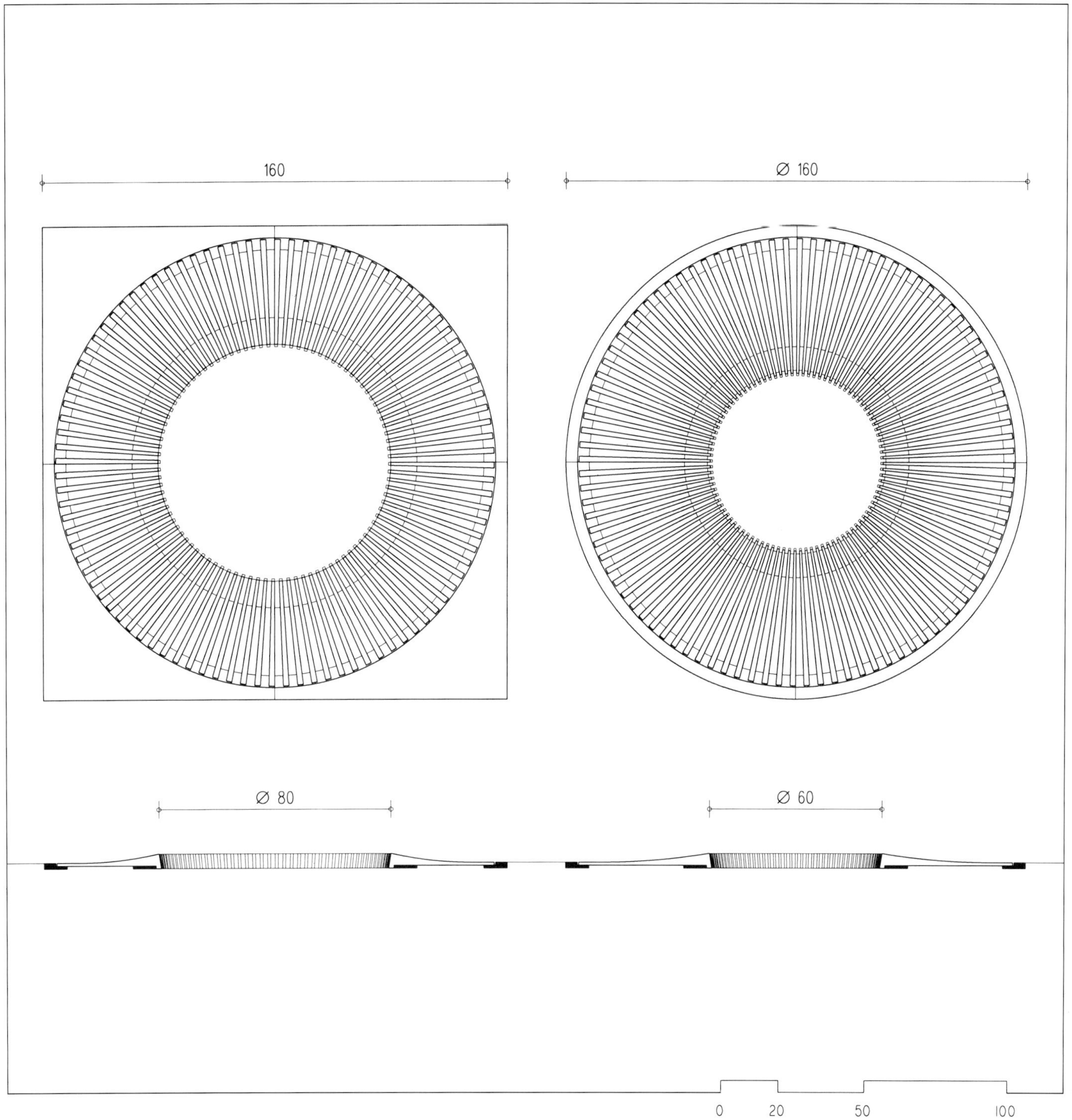

ESPECIFICACIONES TÉCNICAS
Elemento de fundición de acero formado por cuatro piezas salidas del mismo molde que tienen dos partes diferenciadas. El marco es macizo, redondo o cuadrado, y la parte central, más ligera y permeable, es igual para las dos formas.

COLOCACIÓN
Empotrado a nivel del pavimento, sea continuo o discontinuo, sobre una base de hormigón.

TECHNICAL SPECIFICATIONS
Cast steel item formed by four pieces from the same mould, with two different parts. The frame is solid, round or square, while the central part is light and permeable, being the same for both frame shapes.

FIXING
Set in at pavement level, whether continuous or discontinuous, on a concrete base.

72. Alcorque/*Tree-Well Surround* CARMEL

AUTORES/*DESIGNERS*
Estrella Ordóñez - Enric Pericas (S.E.U.) (1992)

PRODUCTOR/*PRODUCER*
ESCOFET 1886, S.A.

CARACTERÍSTICAS
El alcorque Carmel se propone como límite entre el pavimento urbano y el vacío necesario para plantar un árbol.
Un marco cuadrado de 120x120 cm formado por dos piezas de piedra granítica de hormigón prefabricado como transición entre la geometría del pavimento, generalmente ortogonal, y el perímetro circular del árbol. Interiormente se puede cerrar más con dos anillas concéntricas de fundición que se apoyan en el mismo marco.
Seleccionado para los Premios Delta ADI–FAD 1993.

DIMENSIONES

Marco cuadrado	120 cm de lado por 20 cm de grosor
Marco circular	Diámetros exterior 97 cm e interior 95,5 cm por 20 cm de canto
Aro grande	Diámetros exterior 95 cm e interior 75 cm
Aro pequeño	Diámetros exterior 71,8 cm e interior 53 cm

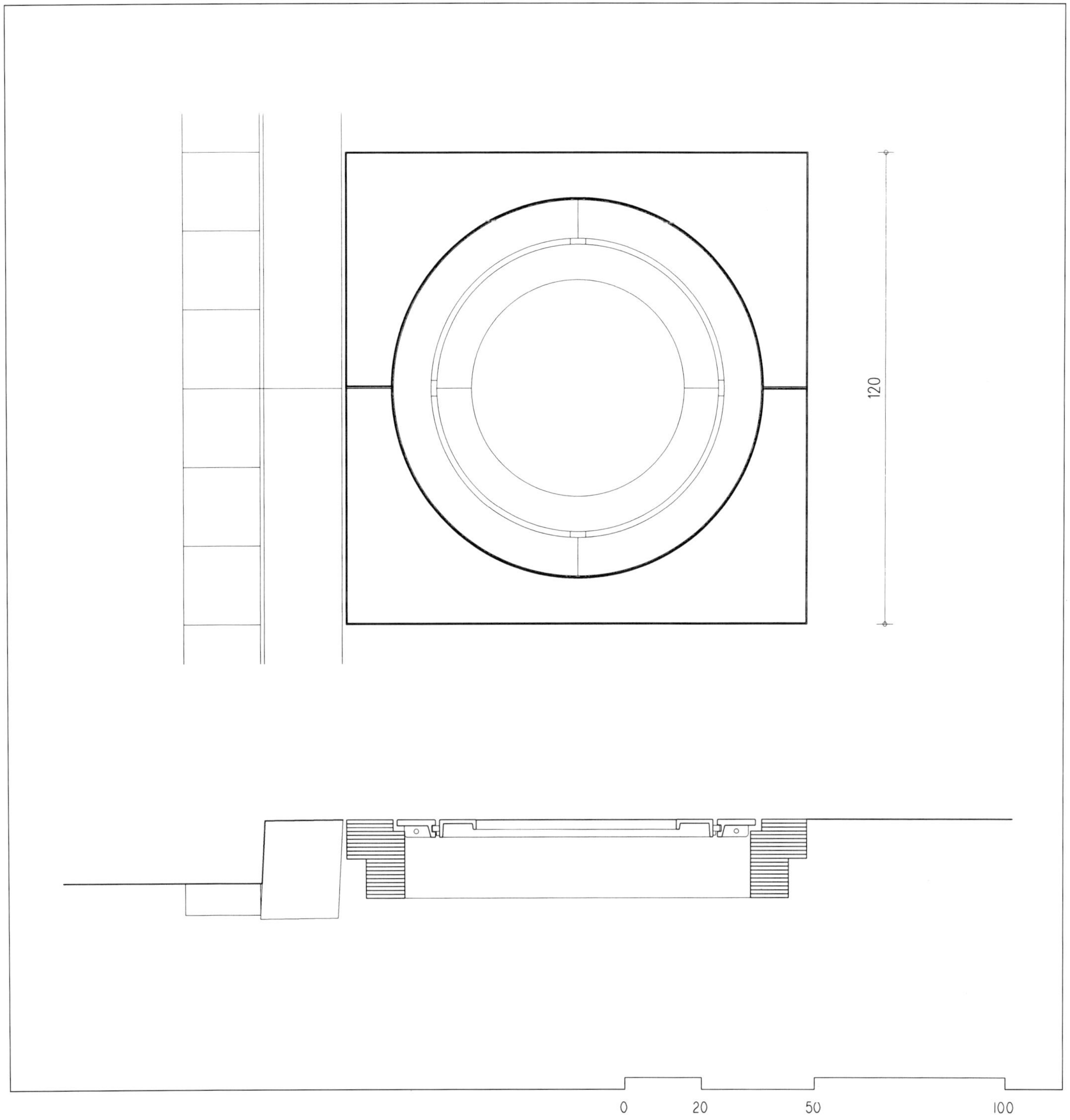

DESCRIPTION
The Carmel tree-well surround is offered to form a boundary between the urban pavement and the free area necessary to plant a tree.
A square 120x120 cm surround formed by two pieces of precast granitic concrete to act as a transition between the generally orthogonal geometry of the pavement and the circular perimeter of the tree. To the interior, the surround can be brought in closer with two concentric cast rings which rest against the surround itself.
Selected for the 1993 ADI-FAD Delta Prizes.

DIMENSIONS

Square surround	*120 cm along side by 20 cm thickness*
Round surround	*Exterior diameter 97 cm and interior 95.5 cm by 20 cm along edge*
Large ring	*Exterior diameter 95 cm and interior 75 cm*
Small ring	*Exterior diameter 71.8 cm and interior 53 cm*

ESPECIFICACIONES TÉCNICAS
La disposición de las anillas aporta dos soluciones de diámetro interior. Un anillo de 75 cm o dos anillos de 53 cm para adaptarse a los distintos requerimientos.
El marco se puede sustituir en caso de pavimentos continuos por un marco circular de fundición.
Los acabados del marco cuadrado son en un color gris granítico lavado al ácido, y en el marco circular y los aros, pintados de negro.

COLOCACIÓN
Empotrado a nivel del pavimento ya sea continuo o discontinuo.

TECHNICAL SPECIFICATIONS
The ring arrangement provides two interior diameter options –one ring of 75 cm or two rings of 53 cm– to adapt to differing requirements.
For continuous pavements, the surround can be replaced by a cast circular surround.
The square surround finishes are in an acid-washed granitic grey colour, while the circular surround and the rings are painted black.

FIXING
Set in at pavement level, whether continuous or discontinuous.

73. Alcorque/*Tree-Grid* FULLAT

AUTOR/*DESIGNER*
Josep A. Megias (1991)

PRODUCTOR/*PRODUCER*
CALDERERÍA DELGADO, S.A.

CARACTERÍSTICAS
Alcorque metálico circular formado por dos partes de tamaños distintos, colocadas dentro de un marco anclado en el pavimento. La razón de la diferencia de tamaño es facilitar la limpieza del alcorque sin tener que levantar toda la reja.

DIMENSIONES

Diámetro	100 cm
Sección marco	2x4x0,2 cm

DESCRIPTION
Circular metallic tree-grid formed by three parts of different sizes within a frame fixed to the pavement. The reason for the difference in size is to facilitate cleaning out the surround without having to lift the entire grill.

DIMENSIONS

Diameter	*100 cm*
Frame section	*2x4x0.2 cm*

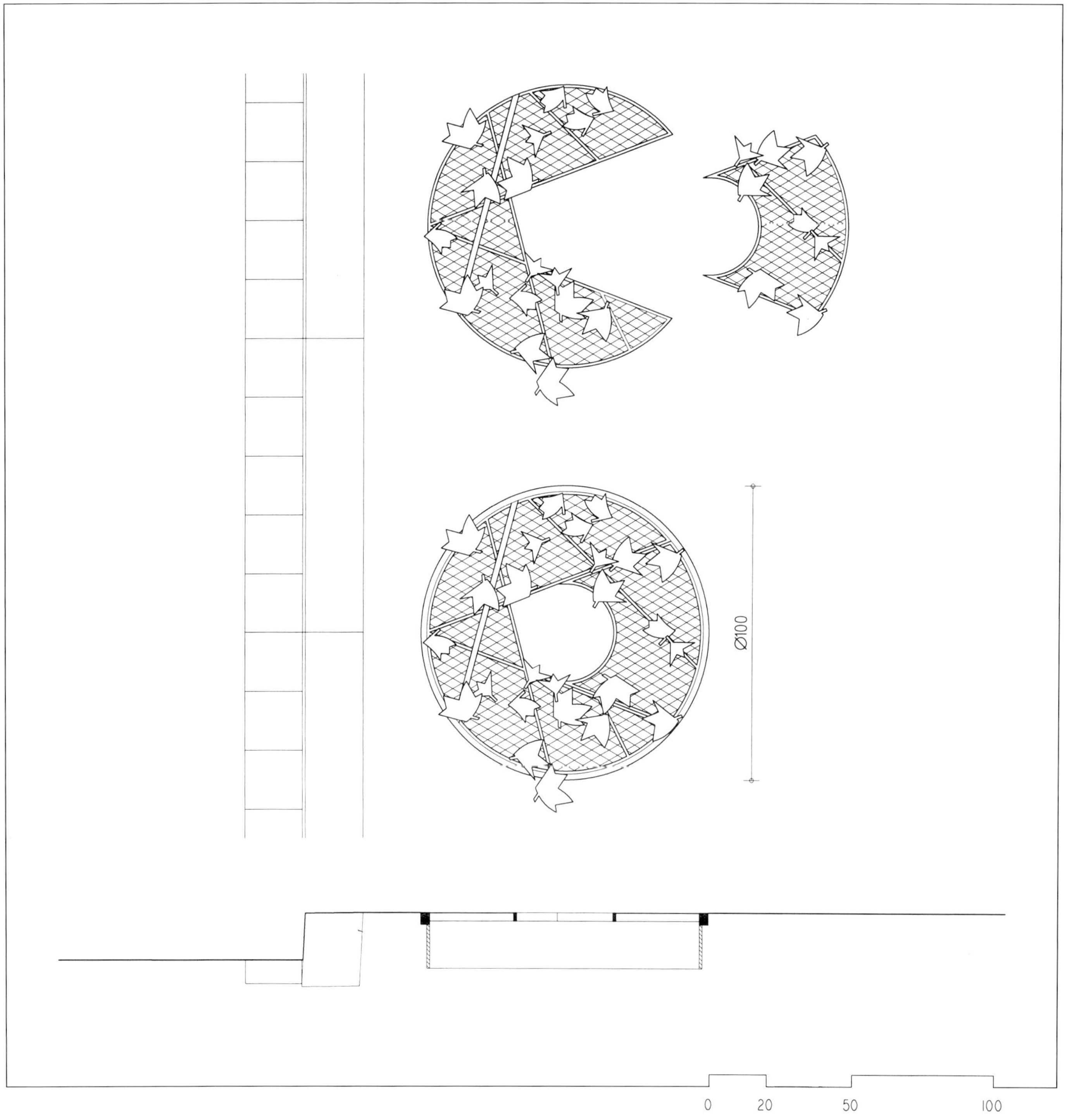

ESPECIFICACIONES TÉCNICAS

Distribución anárquica de los elementos que lo conforman, tanto la posición de las pletinas estructurales como de las hojas situadas encima del *deployé* (estas hojas representan las que han caído de los árboles).

El marco en forma de Z y las pletinas y la reja *deployé* soldada encima, tienen un acabado galvanizado en caliente y las hojas están pintadas además con poliuretano verde con posterior aplicación de carborundum.

COLOCACIÓN

Marco anclado en el pavimento y colocación de la reja a nivel del mismo.

TECHNICAL SPECIFICATIONS

Anarchic arrangement of the pieces which make it up, both in the position of the structural plates and of the leaves situated on top of the grating (representing the leaves fallen from the tree). The Z-shaped frame and the plates and deployé *grating welded onto it have a hot-galvanized finish, while the leaves are also in green polyurethane with finishing application of carborundum.*

FIXING

Frame fixed onto the pavement and grating fitted flush with it.

74. Límite/*Border* ARQUITECTÓNICO

AUTORES/*DESIGNERS*
Helio Piñón - Albert Viaplana (1991)

PRODUCTOR/*PRODUCER*
ESCOFET 1886, S.A.

CARACTERÍSTICAS
Frontalmente es una recta; de perfil, es una curva; y en grupo, una intermitencia.
Pieza de piedra de la cual solo emerge un cilindro de 18 cm de diámetro y que se utiliza principalmente para la protección de parterres urbanos.
Seleccionada para los Premios Delta ADI–FAD 1991.

DIMENSIONES

Altura total	31 cm
Altura emergente	19 cm
Longitud	100 cm
Anchura	26 cm

DESCRIPTION
From the front, straight; from the side, a curve; and as a group, an intermittence.
Piece of stone of which only an 18 cm diameter cylinder emerges, mainly used for the protection of urban flower beds.
Selected for the 1991 ADI-FAD Delta Prizes.

DIMENSIONS

Total height	*31 cm*
Projecting height	*19 cm*
Length	*100 cm*
Width	*26 cm*

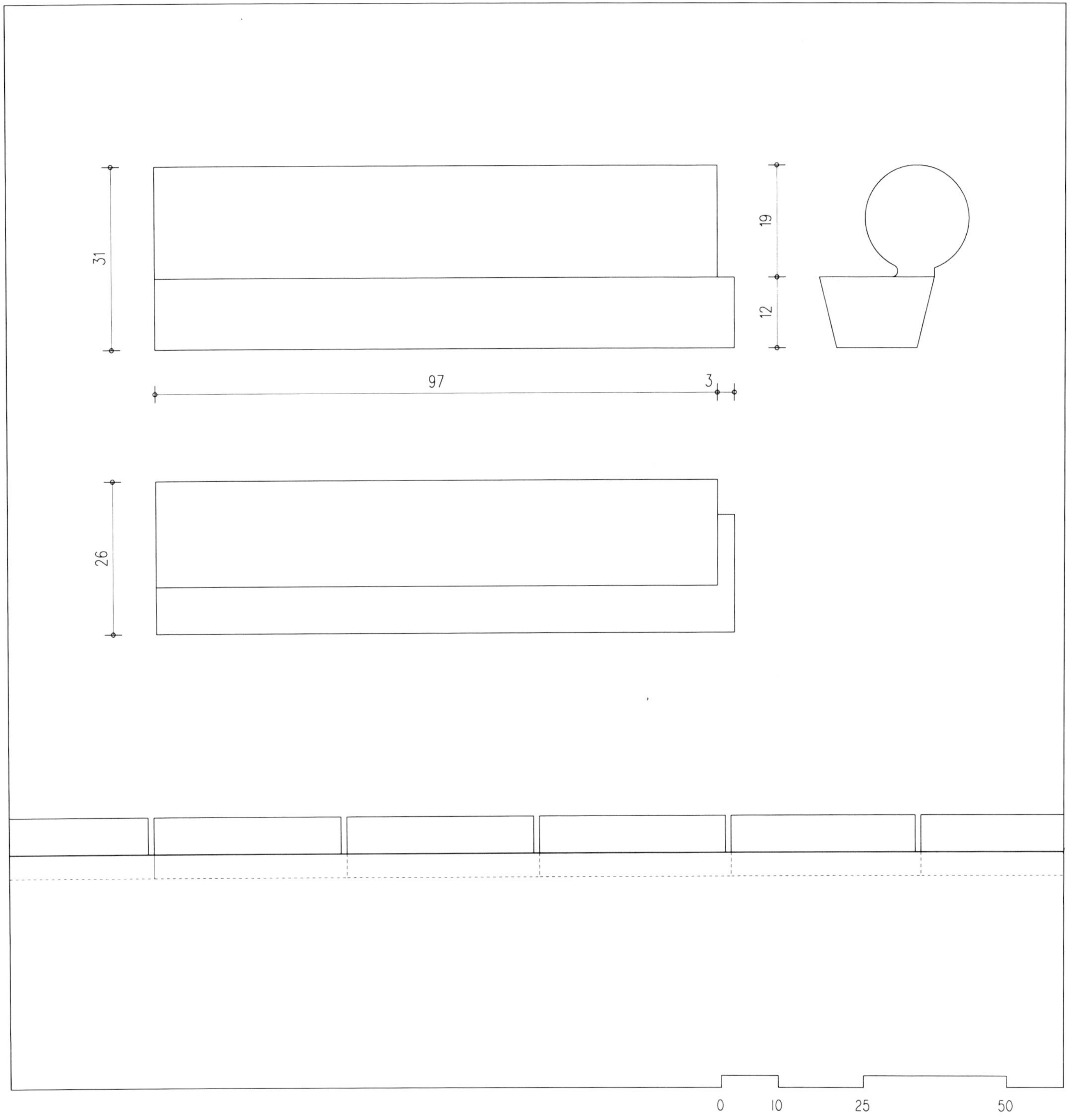

ESPECIFICACIONES TÉCNICAS
Pieza de hormigón armado de color gris granítico, acabado lavado al ácido y con armadura de acero inoxidable.
Tiene un peso de 120 kg.

COLOCACIÓN
Empotrado 12 cm en el pavimento.

TECHNICAL SPECIFICATIONS
Piece of reinforced concrete with an acid-washed granitic grey finish and stainless steel reinforcement.
Weight 120 kg.

FIXING
Set 12 cm into the pavement.

75. Bebedero/*Drinking Fountain* PÚBLICO

AUTORES/*DESIGNERS*
Pedro Feduchi - Luis Moreno - Álvaro Soto (1986)

PRODUCTOR/*PRODUCER*
Departamento de Mobiliario Urbano del Ayuntamiento de Madrid/*Urban Furniture Department of Madrid City Council.*

CARACTERÍSTICAS
Elemento mural de gran simplicidad, mitad fuente mitad escultura, compuesto por un surtidor, un conductor del agua y una reja de recogida.
Premio de arquitectura y diseño del Ayuntamiento de Madrid 1986.

DIMENSIONES

Altura surtidor	70 cm
Diámetro disco escultórico	28 cm

DESCRIPTION
Wall item of great simplicity, half-fountain, half statue, made up of a spout, a water pipe and a collector grating. 1986 Madrid City Council architecture and design prize.

DIMENSIONS

Spout height	*70 cm*
Sculpture disc diameter	*28 cm*

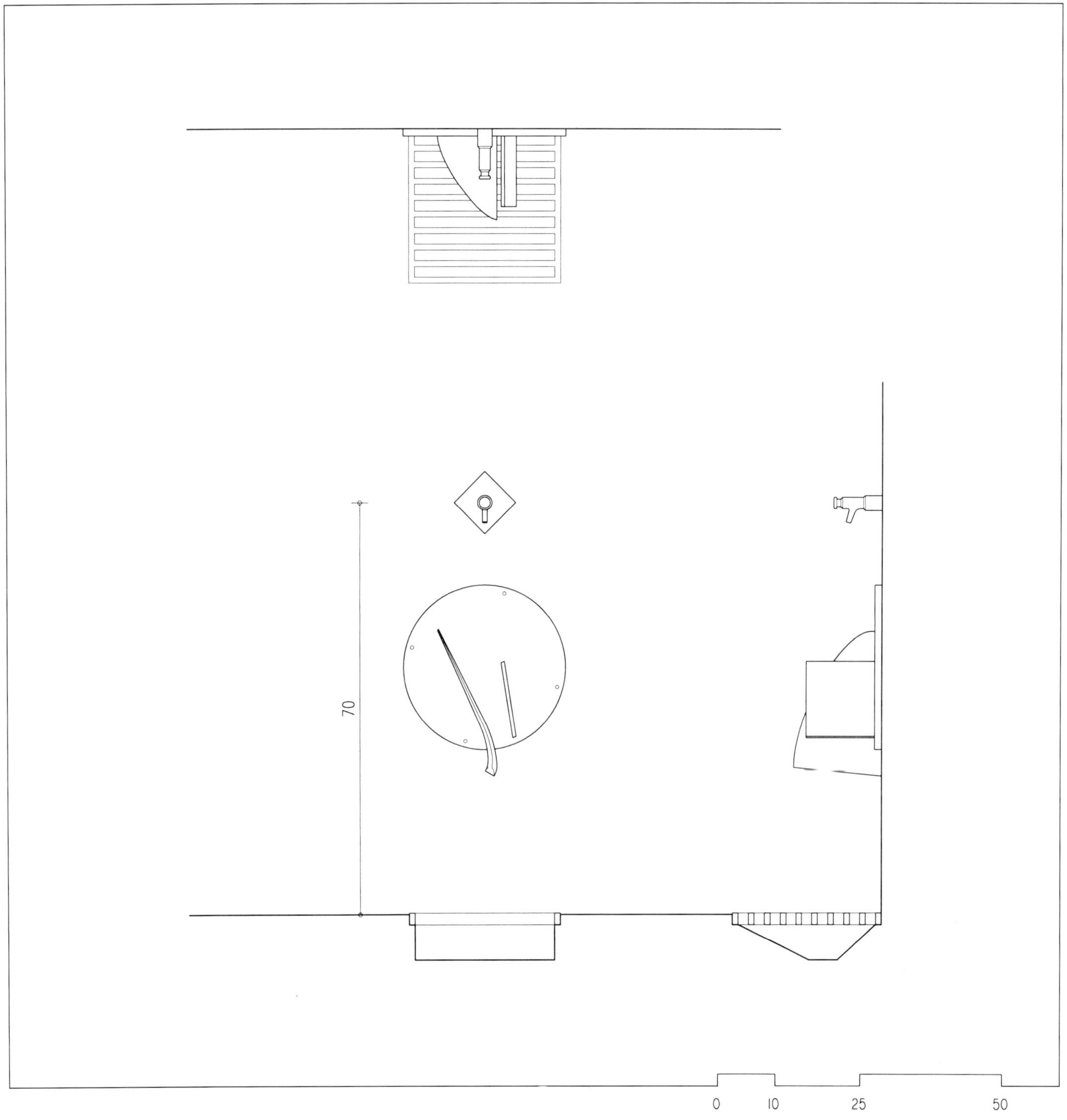

ESPECIFICACIONES TÉCNICAS
Surtidor con pulsador estándar empotrado en el muro soporte mediante una pletina cuadrada.
Elemento escultórico conductor del agua realizado en fundición de bronce.
Rejilla de recogida de agua en fundición de bronce apoyada en un marco en forma de L.

COLOCACIÓN
El disco va fijado mediante cuatro pernos empotrados en el muro.

TECHNICAL SPECIFICATIONS
Spout with standard pushbutton set into wall support on a square plate.
Water pipe sculpture made in cast bronze.
Water collector grating in cast bronze resting on an L-shaped frame.

FIXING
The disc is secured by four bolts set into the wall.

76. Fuente/*Drinking Fountain* AFRODITA

AUTORES/*DESIGNERS*
LA NAVE (1990)

PRODUCTOR/*PRODUCER*
INDUSTRIAS SALUDES, S.A.

CARACTERÍSTICAS
Fuente pública para beber de gran simplicidad y fácil manejo, compuesta por un cilindro inclinado.
Debe instalarse sobre una pileta o plato (a criterio del responsable del proyecto).

DIMENSIONES	
Altura total	120 cm
Diámetro fuste	16,8 cm
Diámetro base	30 cm

DESCRIPTION
Very simple and easily-used public drinking fountain, composed of an inclined cylinder.
For installation over a bowl or grid, by choice of the project architect.

DIMENSIONS	
Total height	*120 cm*
Shaft diameter	*16.8 cm*
Base diameter	*30 cm*

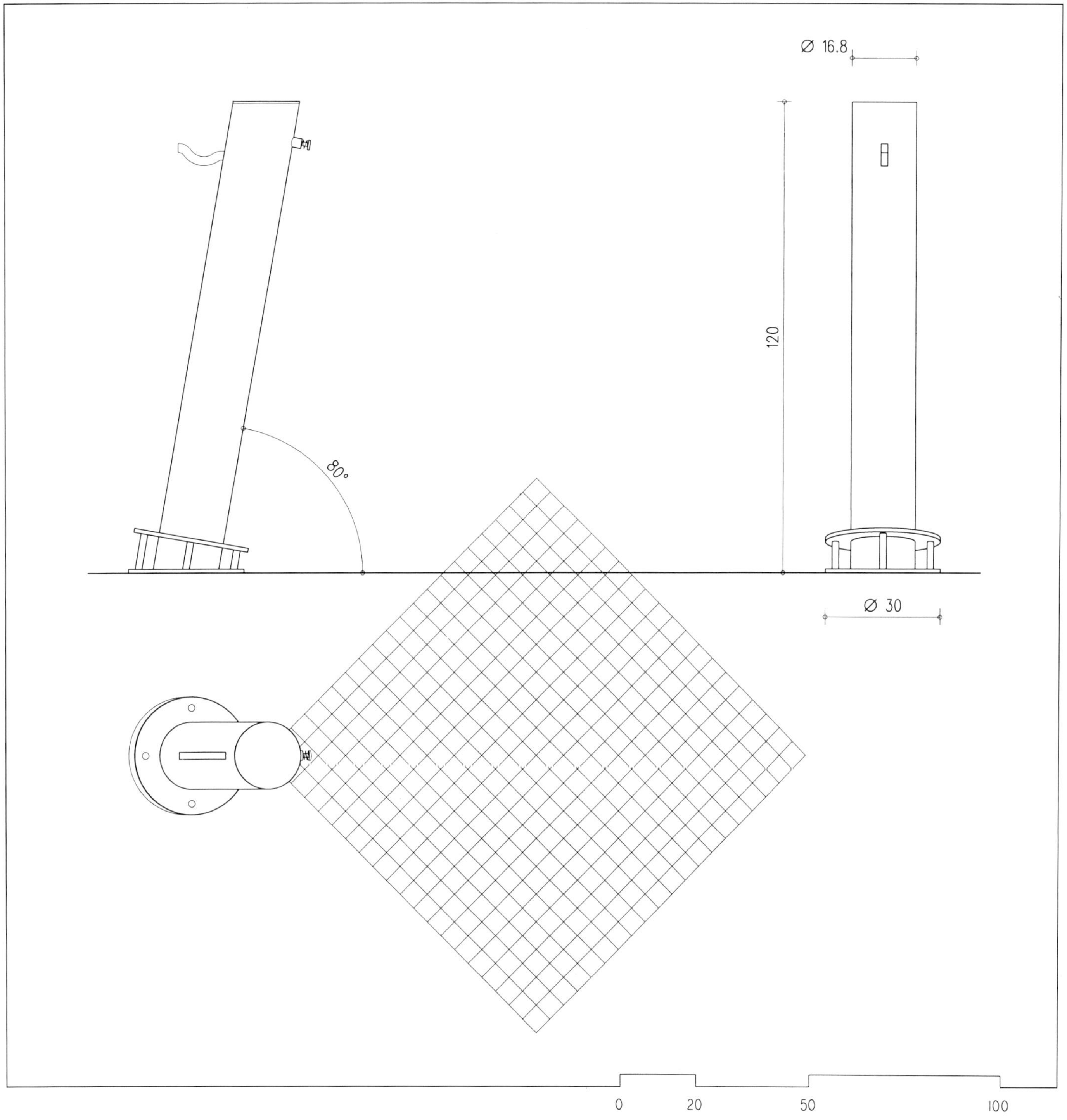

ESPECIFICACIONES TÉCNICAS

El fuste es un tubo de acero galvanizado de 5 mm de espesor, en una inclinación de 10° respecto de la vertical y cortado por los dos extremos en paralelo al pavimento. Por encima está cerrado y por debajo lleva una pletina de 10 mm de grosor que le sirve de base y de sujeción al pavimento (mediante tacos químicos).

La maneta es de acero galvanizado y el caño, de latón.

Todos los elementos metálicos van pintados con pintura poliéster o epoxy color gris oscuro, combinado con elementos pintados en azul celeste.

COLOCACIÓN

La solución propuesta por los autores es una pileta de obra, con desagüe, sobre la cual se enrasa una rejilla de malla Smith galvanizada de 100x100 cm de lado colocada en diagonal respecto a la fuente.

TECHNICAL SPECIFICATIONS

The shaft is a 5 mm galvanized steel tube, inclined 10° from the vertical and cut off at either end parallel to the pavement. It is closed off at the top, while at the bottom there is a 10 mm plate which serves as a base and for fixing to the pavement (by means of three resin plugs). The handle is of galvanized steel and the pipe of brass.

All the metal parts are painted with dark grey polyester or epoxy paint, combined with parts painted in sky blue.

FIXING

The solution proposed by the designers is a masonry bowl, with drain, upon which is a 100x100 cm Smith galvanized mesh grating placed diagonally with respect to the fountain.

77. Fuente/*Drinking Fountain* GEORGINA

AUTOR/*DESIGNER*
Antoni Roselló (1990)

PRODUCTOR/*PRODUCER*
Fundiciones de Hierros COLOMER, S.A.

CARACTERÍSTICAS
Fuente de acero inoxidable, bronce o fundición de hierro de gran simplicidad formal, con un único elemento que resalta de su fuste: un gollete de acero inoxidable con un pequeño orificio inclinado por el que mana el agua. Nivelada con el pavimento, una reja ondulada recoge el agua.
Seleccionada para los Premios Delta ADI–FAD 1991.

DIMENSIONES

Altura fuste	105 cm
Base (fuste y reja)	82,5x22 cm

DESCRIPTION
Stainless steel, bronze or cast iron drinking fountain of great formal simplicity, with a single piece projecting from its shaft, a stainless steel gullet spout with a small inclined orifice through which the water flows. Set flush with the pavement is an undulated water collector grating.
Selected for the 1991 ADI-FAD Delta Prizes.

DIMENSIONS

Shaft height	*105 cm*
Base (shaft and grating)	*82.5x22 cm*

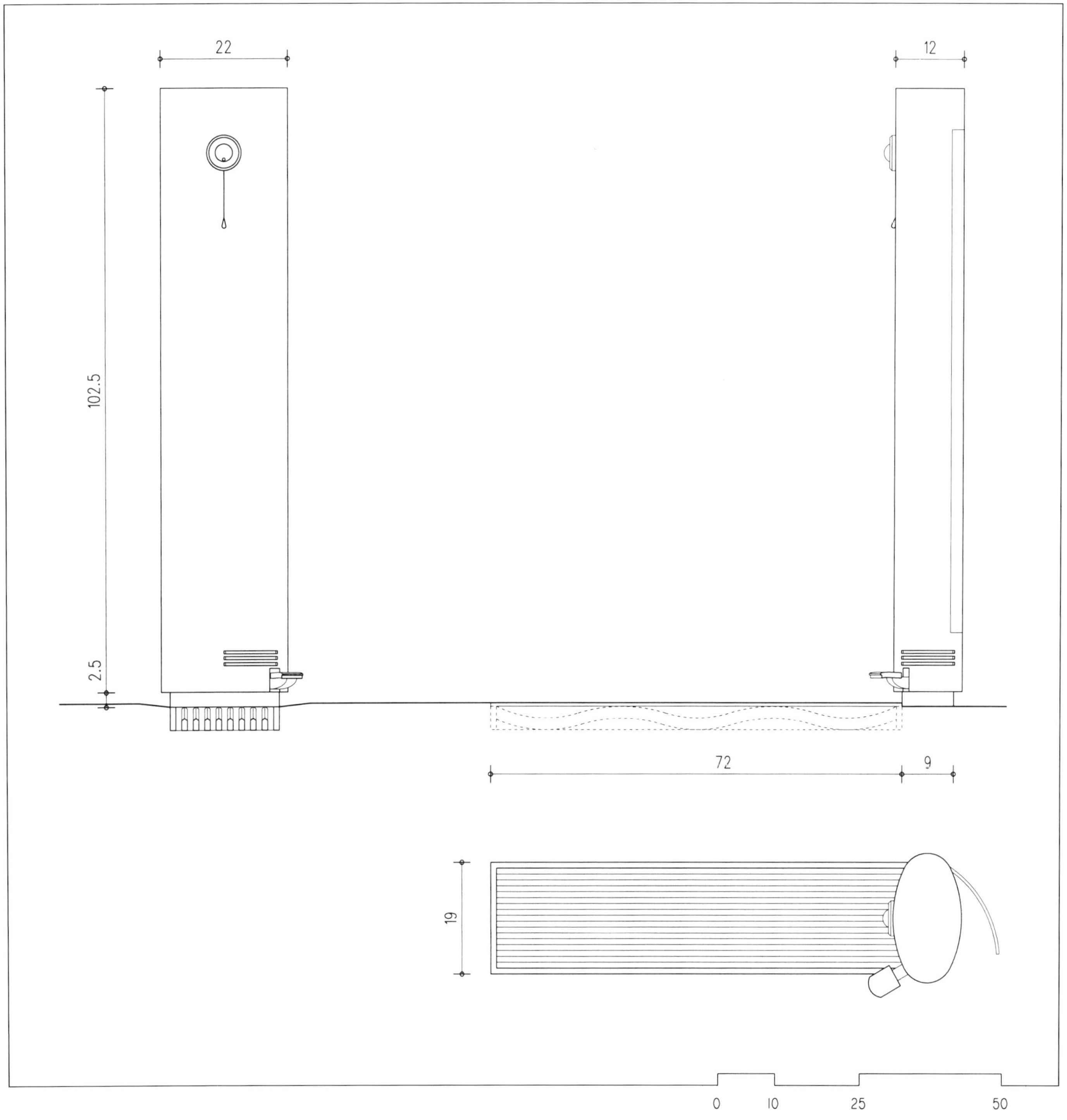

ESPECIFICACIONES TÉCNICAS

Fuste cilíndrico de sección ovalada originalmente de acero inoxidable, acabado mate de 1cm de grosor.

Bola de 30 mm de diámetro de acero inoxidable acabado brillante, con orificio inclinado de 3 mm de diámetro como gollete, enmarcado por una media esfera cóncava de 5 cm.

El pedal, barra de 2 cm de diámetro de acero inoxidable acabado brillante, acciona un temporizador alojado en el interior del fuste.

Reja de recogida de aguas ondulada, de acero inoxidable acabado mate de 10x20x190 mm.

Con los acabados de fundición de hierro o bronce, se mantienen el pedal y gollete en acero inoxidable.

COLOCACIÓN

El fuste y la reja van colocados sobre una caja de acero inoxidable acabado mate de 300x900x115 mm previamente empotrada en el pavimento. El fuste va sujeto con tornillos Allen de cabeza plana y la reja, simplemente apoyada.

TECHNICAL SPECIFICATIONS

Oval-section shaft, matt-finished 1 cm stainless steel.

Stainless steel bright-finish 30 mm ball, with 3 mm diameter inclined spout framed by a 5 cm concave hemisphere.

The pedal, a 2 cm diameter bright-finish steel bar, operates a timer housed inside the shaft.

Undulated water collector grating in matt-finish stainless steel, measuring 10x20x190 mm.

Finishes in cast iron or bronze, while the pedal and spout are in stainless steel.

FIXING

The shaft and grating are set on a 300x900x115 mm matt-finish stainless steel box previously set into the pavement. The shaft is secured with flat-head Allen bolts, while the grating simply rests.

78. Fuente/*Drinking Fountain* ATLÁNTIDA

AUTORES/*DESIGNERS*
Enric Batlle - Jordi Roig (1991)

PRODUCTOR/*PRODUCER*
SANTA & COLE, S.A. División Urbana.

CARACTERÍSTICAS
Monolito de fundición, con caño estándar de latón. Su geometría rectangular permite la instalación aislada, repetida en distintas posiciones, e incluso estar encastrada en un muro. La geometría de la rejilla de desagüe puede generar variantes compositivas adicionales.

DIMENSIONES

Altura total fuste	120 cm (110 cm sobre pavimento)
Sección fuste	30x15 cm
Dimensión rejilla	91x15 cm y 4,5 cm de grosor

DESCRIPTION
Cast monolith, with standard brass pipe. Its rectangular geometry allows it to be installed in isolation, repeated in different positions, or even set into a wall. The drainage grate geometry can provide further compositional variants.

DIMENSIONS

Total shaft height	*120 cm (110 cm above pavement)*
Shaft section	*30x15 cm*
Grating dimension	*91x15 cm by 4.5 cm thick*

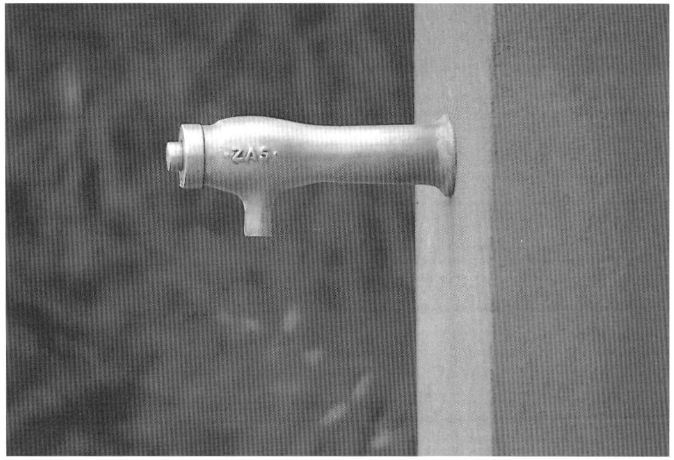

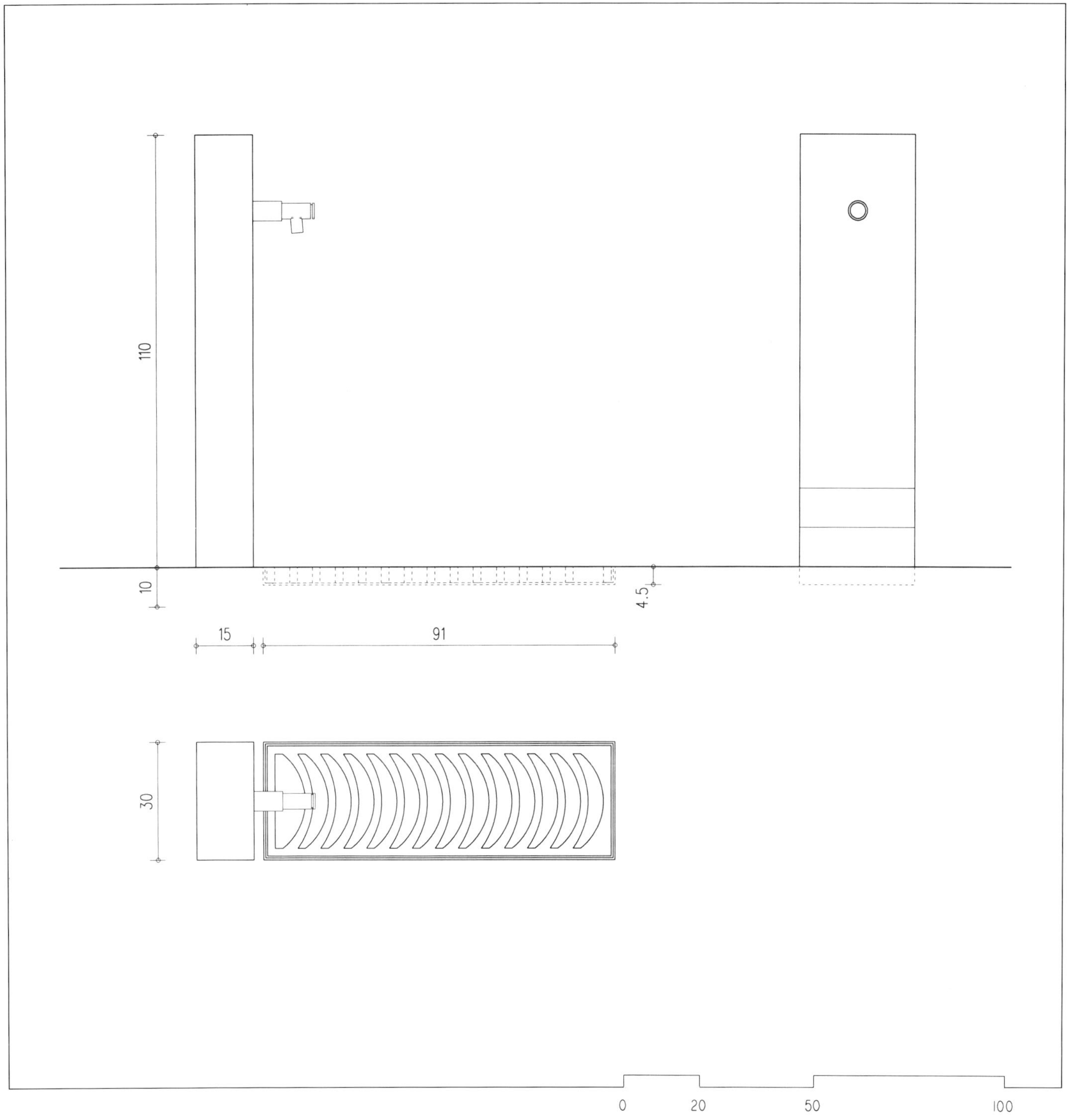

ESPECIFICACIONES TÉCNICAS

Fuste de fundición de hierro de sección rectangular única, con un caño de fundición de latón encastrado en la parte superior.
Rejilla de fundición de hierro con una forma muy peculiar, apoyada sobre un marco también de fundición de hierro.

COLOCACIÓN

Empotrada 10 cm en el suelo. La rejilla descansa sobre un marco metálico enrasado con el pavimento y tiene la misma dimensión que la arqueta de recogida de agua.

TECHNICAL SPECIFICATIONS

Single rectangular-section shaft in cast iron, with cast brass pipe set into the upper part.
Cast iron grating of highly unusual pattern, resting on a surround which is also of cast iron.

FIXING

Set 10 cm into the ground. The grating rests on a metal surround set flush with the pavement and of the same size as the water collector drain box.

79. Fuente/*Drinking Fountain* SARASTRO

AUTORES/*DESIGNERS*
Andreu Arriola - Carme Fiol (1993)

PRODUCTOR/*PRODUCER*
ESCOFET 1886, S.A.

CARACTERÍSTICAS
Fuente para beber incluida en la serie *Flauta Màgica, opera de mobiliari urbà*. Está formada por un soporte cilíndrico de acero Cor–Ten con un vaso superior tronco–cónico de acero inoxidable que tiene incorporado un reloj de sol.

DIMENSIONES	
Altura total	100 cm
Diámetro fuste	20 cm
Diámetro vaso	47 cm

DESCRIPTION
Drinking fountain forming part of the Flauta Màgica, opera de mobiliari urbà *range. It is composed of a Cor-Ten steel cylindrical support with an upper truncated-cone bowl in stainless steel characterized by a built-in sundial.*

DIMENSIONS	
Total height	*100 cm*
Shaft diameter	*20 cm*
Bowl diameter	*47 cm*

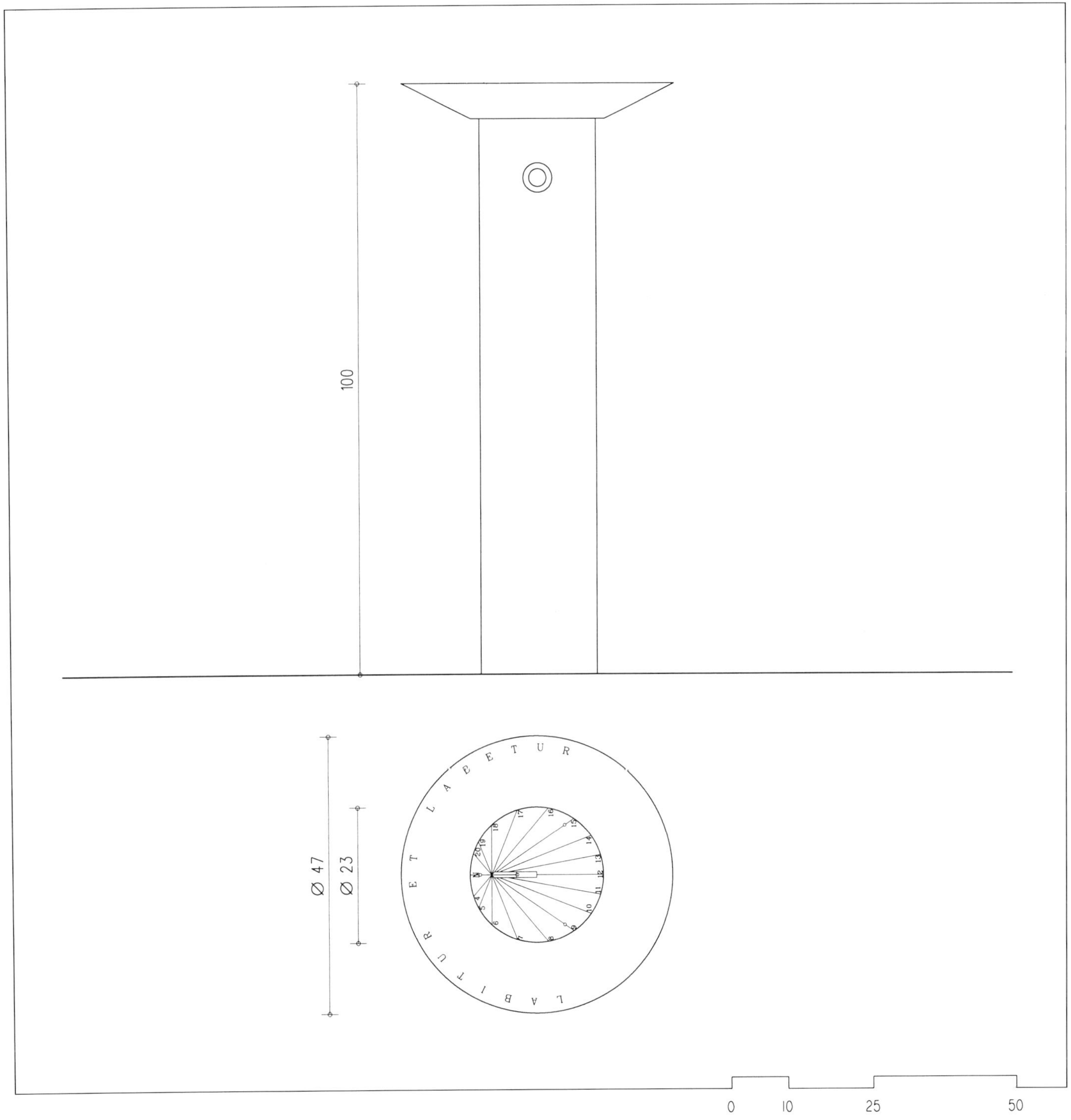

ESPECIFICACIONES TÉCNICAS
El soporte es un cilindro de chapa de acero Cor–Ten de ø 20 cm con un pulsador de acero inoxidable con temporizador.
El vaso está formado por un tronco de cono con un disco redondo que contiene una pieza triangular de donde brota el agua, que luego desaparece entre el disco y el vaso. El vaso es de acero inoxidable pulido y el disco superior de acero inoxidable satinado.

COLOCACIÓN
El fuste va roscado a cuatro pernos situados encima de la arqueta por donde desagua la fuente a través del mismo cilindro.

TECHNICAL SPECIFICATIONS
The support is 20 cm diameter Cor-Ten steel plate cylinder, with a stainless steel button and timer.
The bowl is made up of a truncated cone with a disc containing a triangular component from which the water spurts, draining down afterwards between the disc and the bowl. The bowl is of polished stainless steel, while the upper disc is of satin-finish stainless steel.

FIXING
The shaft is threaded onto four bolts situated on the collection box through which the fountain water runs out through the cylinder itself.

80. Fuente/*Drinking Fountain* CANELLA

AUTOR/*DESIGNER*
Josep A. Megias (1992)

PRODUCTOR/*PRODUCER*
REG JUNO–INCOS, S.A.

CARACTERÍSTICAS
Fuente de acero inoxidable para apoyar sobre muros u otros elementos de los espacios públicos.
Su aspecto y original colocación la diferencia del resto de fuentes existentes en el mercado.
Seleccionada para los Premios Delta ADI–FAD 1992.

DIMENSIONES

Diámetro surtidor	6 cm
Ocupación en planta	42x20 cm
Altura total	18 cm

DESCRIPTION
Stainless steel fountain to be installed on walls or other features of public spaces.
Its appearance and ingenious method of placement set it apart from the other fountains on the market.
Selected for the 1992 ADI-FAD Delta Prizes.

DIMENSIONS

Spout diameter	*6 cm*
Footprint	*42x20 cm*
Total height	*18 cm*

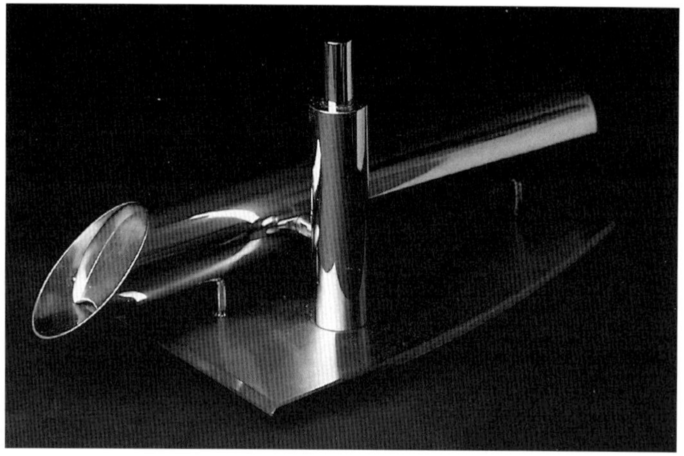

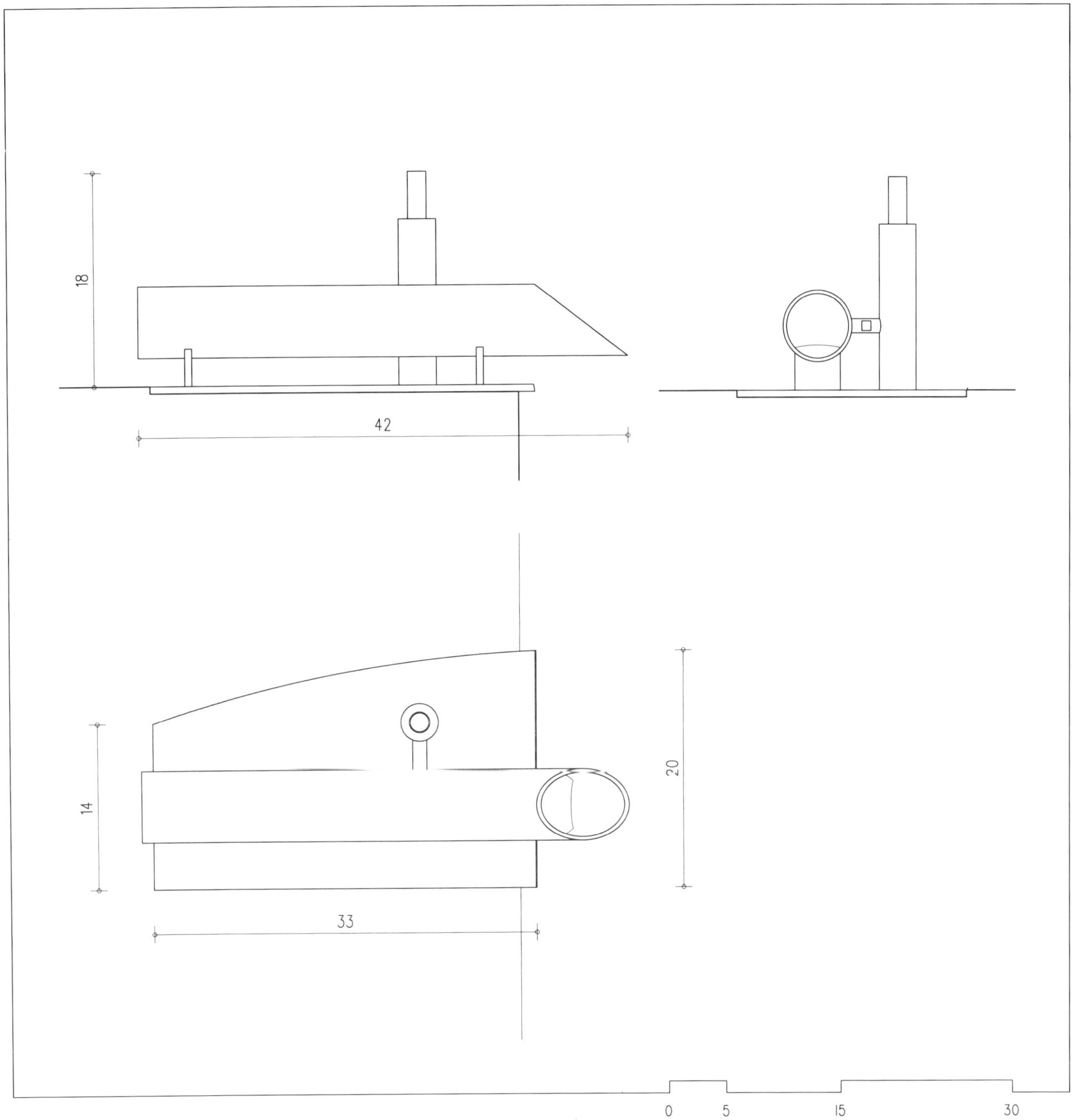

ESPECIFICACIONES TÉCNICAS

Está compuesta por dos cilindros (surtidor y pulsador) interconectados por un tercero, que a través de un mecanismo roscado libera el pulsador para así poder subsanar cualquier problema de mantenimiento.
El surtidor está soldado a la base mediante dos pletinas, y la base, anclada al muro o elemento de soporte.
Toda la fuente es de acero inoxidable pulido excepto la base que es mate.

COLOCACIÓN

Empotrado el grueso de la base en el muro soporte según dibujo.

TECHNICAL SPECIFICATIONS

Composed of two cylinders (spout and pushbutton) interconnected by a third, which through a threaded mechanism releases the pushbutton so that any maintenance problem can be tackled.
The spout is welded to the base via two flanges, while the base is anchored to the wall or other supporting element.
Except for the base, which is matt, the entire fountain is in polished stainless steel.

FIXING

Set into wall, supports the thickness of the base as in the drawing.

81. Fuente/*Drinking Fountain* CORRIENTE

AUTOR/*DESIGNER*
Miguel Milà (1993)

PRODUCTOR/*PRODUCER*
IRIS Mobiliario Urbano, S.L.

CARACTERÍSTICAS
Fuente de fundición de sección triangular para parques y jardines.
El agua brota por un orificio situado sobre un plano inclinado en la parte superior. La sobrante discurre por él y desagua en el interior del fuste.
El mecanismo de abertura para la salida del agua es un pulsador que se acciona con el pie.

DIMENSIONES

Altura fuste	90 cm
Profundidad fuste	22,5 cm
Profundidad base fuste	28,5 cm

DESCRIPTION
Triangular section cast fountain for parks and gardens.
The water emerges through an orifice situated on an inclined plane at the top. The excess water runs down the drain inside the shaft.
The water outlet is activated by a foot-operated button.

DIMENSIONS

Shaft height	*90 cm*
Shaft depth	*22.5 cm*
Shaft base depth	*28.5 cm*

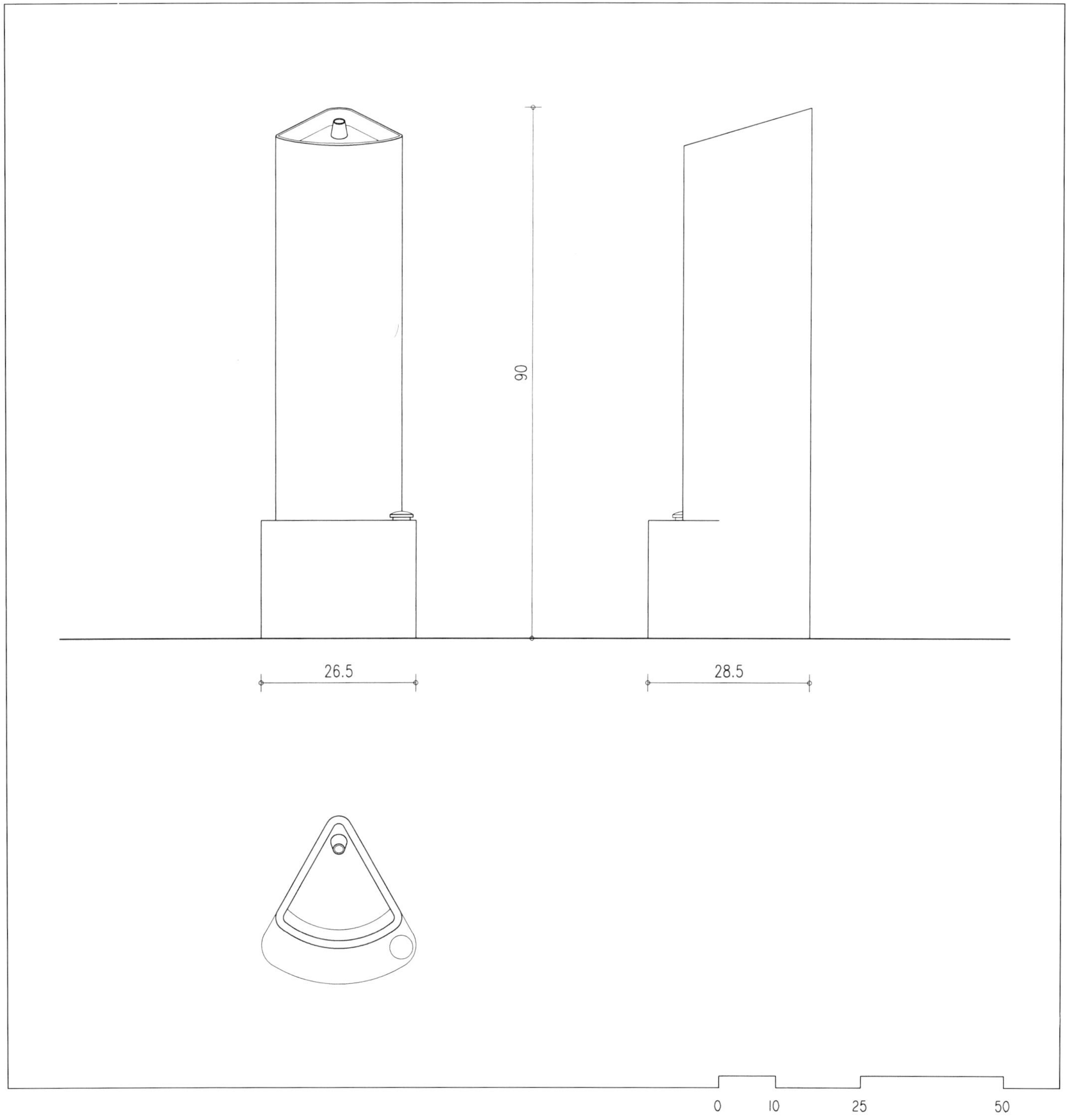

ESPECIFICACIONES TÉCNICAS

Fuste de sección triangular de fundición de hierro nodular acabado pintado con Oxirón. La parte baja en la que se coloca el pedal tiene una sección mayor.

El pulsador y el orificio de salida del agua son de acero inoxidable con acabado brillante.

A diferencia de la mayoría, esta fuente no necesita reja exterior de recogida, pues tanto la entrada como la salida del agua se producen en el interior del fuste de una forma totalmente higiénica y limpia.

COLOCACIÓN

El fuste, empotrado respecto de la línea de pavimento, va sujeto mediante pernos anclados a un dado de hormigón, en el cual se debe prever la entrada de agua y el desagüe.

TECHNICAL SPECIFICATIONS

Triangular section nodular cast iron shaft painted with Oxiron paint. The bottom part on which the pedal is placed is of a larger section.

The button and the water outlet orifice are of polished stainless steel.

Unlike most fountains, this one requires no exterior grating, as water inlet and outlet take place totally hygienically and cleanly inside the shaft.

FIXING

Set in with respect to the pavement level, the shaft is secured by bolts anchored to a concrete block, which must be designed to accommodate water inlet and drainage.

Todas las cotas de los dibujos están en centímetros/
All drawings measurements are in centimeters

ELEMENTOS DE COMUNICACIÓN
COMMUNICATION

En el espacio público existen muchos soportes para la comunicación: señalización, información y publicidad. La selección se ha centrado en los elementos puntuales más innovadores, en las columnas de información y MUPIs (Mobiliario Urbano para la información), los nuevos elementos ligados a los carteles publicitarios ideados por la sociedad francesa JCDecaux, pionera en la modalidad del mobiliario autogestionado.

Public areas have many supports for communication: signage, information and advertising. Selection here has centred on the most innovative items, on information columns and UIFs (urban information furniture), the new elements used in connection with advertising posters created by the French company JCDecaux, a pioneer in the field of company-managed street furniture.

82. Semáforo/*Traffic Light* CHAMPS ELYSEES

AUTOR/*DESIGNER*
Jean–Michel Wilmotte (1990)

PRODUCTOR/*PRODUCER*
JCDECAUX, S.A. Mobilier Urbain.

CARACTERÍSTICAS
Elemento de gran simplicidad y sobriedad diseñado para la reforma de los Campos Elíseos de París. Moderno y respetuoso con el lugar y el mobiliario original no modificado. El semáforo consta de tres piezas de fundición, con luces tricolores en la parte alta y en el centro. En la parte alta también incorpora el cajón para peatones.

DIMENSIONES

Altura total	370 cm
Altura cajón peatones	235 cm
Anchura total	30 cm
Profundidad total	74 cm (incluidas viseras y cajón peatones)

DESCRIPTION
An item of great simplicity and sobriety designed for the refurbishment of the Champs-Elysées in Paris.
Modern, yet respectful of the setting and non-modified original street furniture.
The traffic light is composed of three cast pieces, with three coloured lights at the top and in the centre. The upper part also contains the pedestrian lights.

DIMENSIONS

Total height	*370 cm*
Total height pedestrian box	*235 cm*
Total width	*30 cm*
Total depth	*74 cm (including sun visor and pedestrian box)*

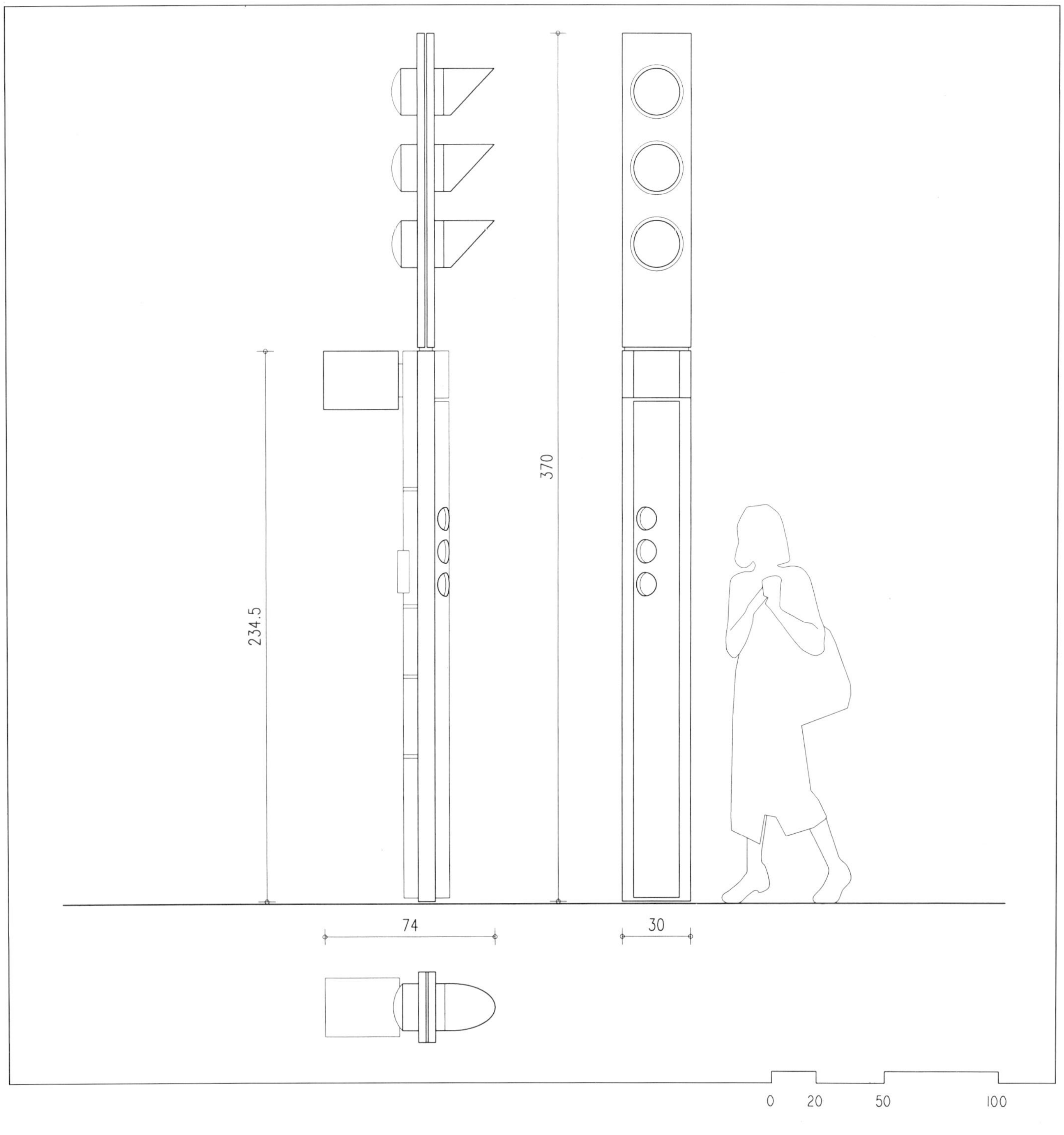

ESPECIFICACIONES TÉCNICAS
Fuste con la parte central de forma rectangular color gris antracita y partes laterales cilíndricas, de aspecto inoxidable granulado. Puntos de anclaje inoxidable brillante.
En la parte superior hay tres luces tricolores 20 cm de diámetro equipadas con lámparas fluorescentes tipo ECI protegidas con viseras. En el centro tres luces de 100 mm de diámetro. Detrás, un cajón para peatones y dos botones: uno para los peatones y otro para la policía.
En el cajon para peatones se puede incorporar un aparato con señales sonoras para invidentes.

COLOCACIÓN
Anclado mediante un dado de hormigón armado y pernos de acero roscados.

TECHNICAL SPECIFICATIONS
Shaft with rectangular central section in anthracite grey and side sections cylindrical, of granulated stainless steel appearance. Bright stainless steel fixing points.
The top is fitted with three 20 cm diameter lights with ECI-type fluorescent tubes shielded by visors. In the centre are three lights of 100 mm diameter. Behind is a box for pedestrians and two buttons – one for pedestrians and the other for the police.
The box for pedestrians can be fitted with a device to emit audible signals for the blind.

FIXING
Anchored by means of reinforced concrete block and threaded steel bolts.

83. Columna Anunciadora/ *Announcement Column* BARCELONA

AUTORES/*DESIGNERS*
Jordi Badia - Tonet Sunyer (1987)

PRODUCTOR/*PRODUCER*
PUBLIMOB, S.A. Mobiliario Urbano.

CARACTERÍSTICAS
Columna para pegar carteles de uso libre para el anunciante y para el ciudadano. Consta de una estructura soporte y un cuerpo principal que constituye la superficie disponible para la información libre, de ø 80 cm. En la parte superior tiene un espacio de 550 mm de altura y el mismo diámetro que el resto de la columna para publicidad fija, con iluminación nocturna y protección de cristal curvo.
Seleccionada para los Premios Delta ADI–FAD 1992.

DIMENSIONES	
Altura total	351 cm
Diámetro columna	80 cm

DESCRIPTION
Column for affixing posters, freely available to advertisers and citizens. It has a support structure and a main body which constitutes the free surface 80 cm ø available for information. The upper part has an area 550 mm in height and the same diameter as the rest of the column for fixed advertising, with night lighting and curved protection glass. Selected for the 1992 ADI-FAD Delta Prizes.

DIMENSIONS	
Total height	*351 cm*
Column diameter	*80 cm*

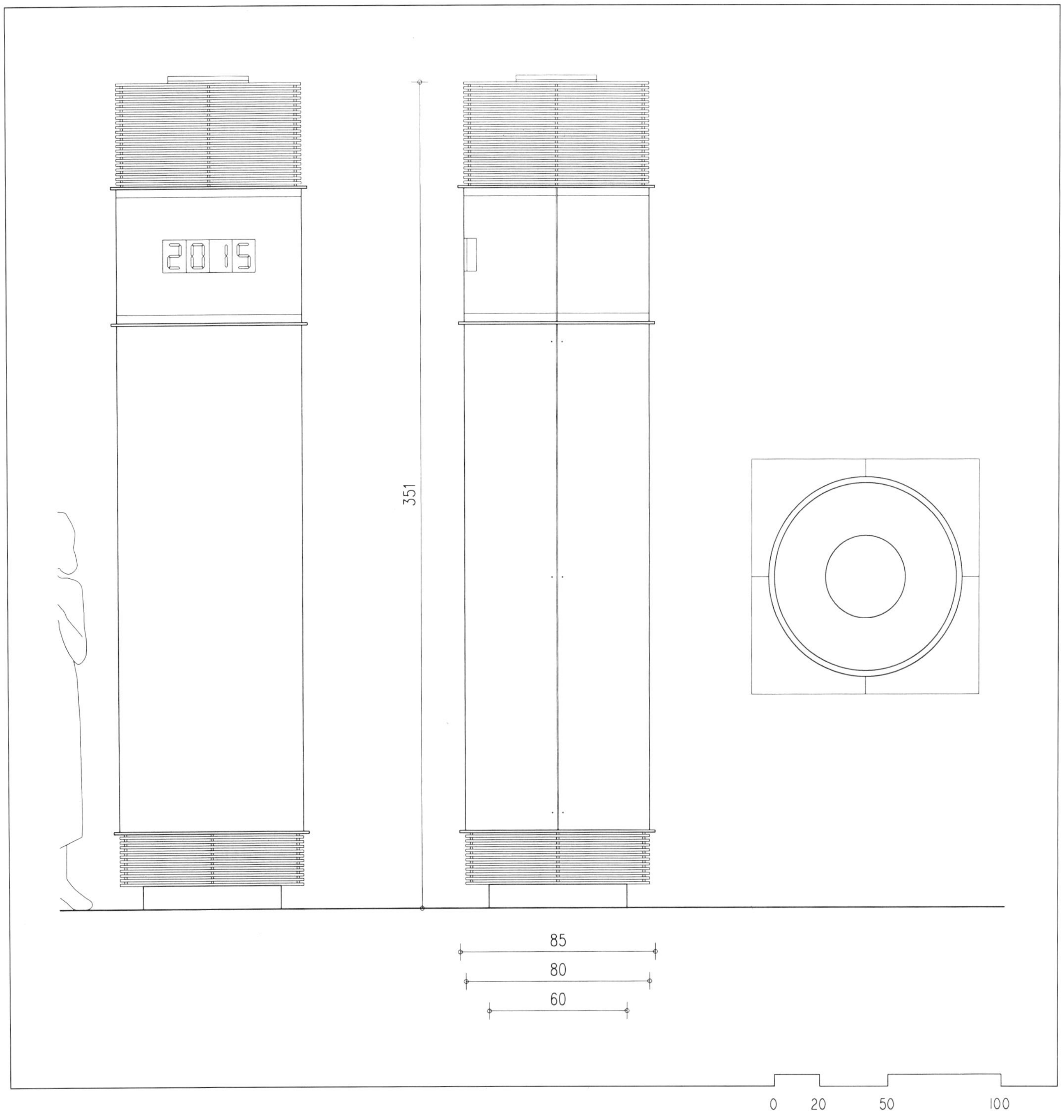

ESPECIFICACIONES TÉCNICAS
Estructura soporte: poste central tubular de acero de 15,2 cm de diámetro y 4 mm de espesor.
Cilindro principal de 215 cm de altura de 80 cm de diámetro, constituido por dos medios círculos de aluminio. Superficie total de uso: 215x251 cm.
Rejillas de fundición de aluminio en la parte inferior y superior de la columna, de 23,6 y 46 cm con funciones estéticas e iluminación nocturna.
Espacio información fija ubicado debajo la rejilla superior con una altura de 55 cm y diámetro igual a la columna, protegido por un cristal curvo de alta resistencia.

COLOCACIÓN
Estructura soporte en acero galvanizado y placa de anclaje como elemento de sujeción.

TECHNICAL SPECIFICATIONS
Tubular steel central pillar support structure 15.2 cm in diameter and 4 mm thick.
Main cylinder 215 cm high and 80 cm diameter, made up of two semicircular aluminium pieces. Total usable surface area: 215x251 cm.
Cast aluminium grid at the bottom and top of the column, 23.6 and 46 cm high respectively, with aesthetic and night lighting functions.
Fixed information area located beneath the upper grid, with a height of 55 cm and diameter equal to that of the column, protected by curved high-strength glass.

FIXING
Support structure in galvanized steel, with base plate to secure to pavement.

84. Columna Anunciadora/ *Announcement Column* FOSTER

AUTOR/*DESIGNER*
Norman Foster (1990)

PRODUCTOR/*PRODUCER*
JCDECAUX, S.A. Mobilier Urbain

CARACTERÍSTICAS
Columna para la exposición de carteles publicitarios e información municipal, de uso controlado por la empresa productora, que se encarga del cambio periódico de los carteles. Consta de un zócalo con banco incorporado, un cuerpo principal que constituye la superficie de información (dos carteles) de sección circular y otro cuerpo adosado en la parte posterior de mayor altura y sección elíptica con espacio para un cartel. En la parte superior tiene una marquesina que cubre 2/3 del cilindro, coincidiendo con el banco.

DIMENSIONES

Superficie exposición (3 carteles)	318,4x132,5 cm
Altura total	505,4 cm
Altura marquesina	416,5 cm
Diámetro columna	143,6 cm
Diámetro marquesina	396 cm
Diámetro banco	420 cm
Altura banco	42,5 cm

DESCRIPTION
Column for display of advertising posters and municipal information, whose use is controlled by the manufacturer, which periodically changes the posters.
Comprises a base plinth with built-in bench, a main body which constitutes the circular-section information surface (two posters) and another section backing onto it, of greater height and elliptical in section for one poster. The top part has a projecting canopy covering 2/3 of the cylinder, coinciding with the bench.

DIMENSIONS

Exhibition surface area (3 posters)	*318.4x132.5 cm*
Total height	*505.4 cm*
Canopy height	*416.5 cm*
Column diameter	*143.6 cm*
Canopy diameter	*394 cm*
Bench diameter	*420 cm*
Bench height	*42.5 cm*

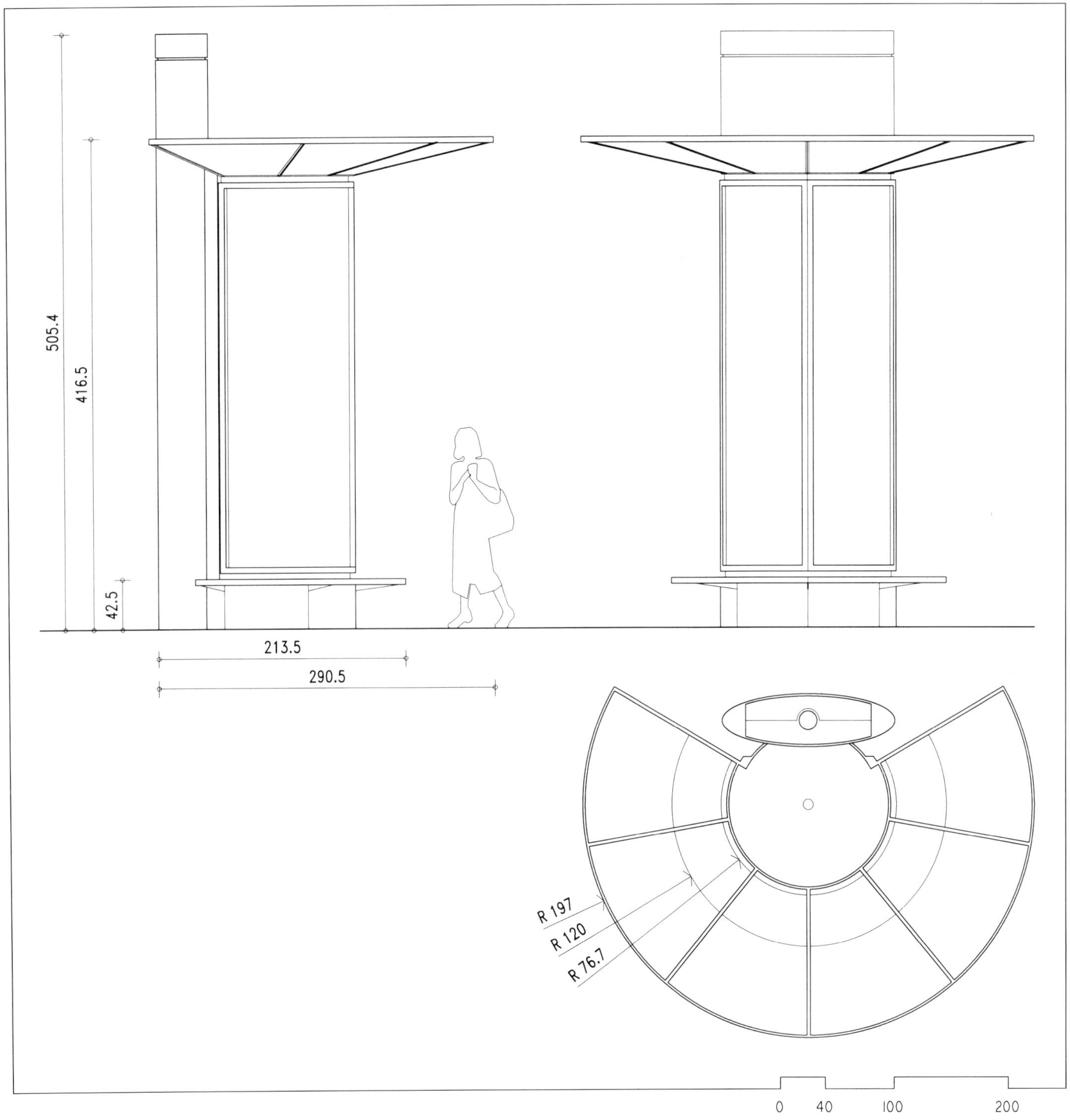

ESPECIFICACIONES TÉCNICAS

Zócalo de fundición fijado por medio de un rodamiento que permite el pivotamiento de la columna en el momento de la colocación de los carteles.
La zona de fijación de carteles se divide en dos partes, 2 / 3 de sección cilíndrica, y permite la colocación de dos carteles. El resto es un módulo cilíndrico que incluye el tercer cartel. Este módulo pivota para permitir entrar en la columna. La estructura es de acero y las puertas de protección de los carteles abren a la italiana. Las superficies de fijación están iluminadas de noche mediante 12 tubos fluorescentes de 58 w.
La marquesina superior es de estructura de aluminio y estratificado de vidrio/poliéster.
Acabado en colores metalizados gris claro o gris oscuro.
La columna puede ir equipada con un reloj y un termómetro digitales fijados en el módulo elíptico.

COLOCACIÓN

Anclada mediante un dado de hormigón armado y pernos de acero roscados.

TECHNICAL SPECIFICATIONS

Cast iron base plinth secured on a bearing which permits the column to be pivoted for access to the posters.
The poster zone is divided into two parts: one consists of two-thirds of a cylinder, on which two posters may be displayed, while the rest is an oval-section module for the display of the third poster. This module pivots to permit entry into the column. The structure is of steel and the poster protection doors are hinged at the top. The display surfaces are lit up at night by 12 58 W fluorescent tubes.
The upper canopy has an aluminium structure glazed with glass/polyester sandwich.
Finish in metallic light or dark grey.
The column can be equipped with a digital clock and thermometer in the elliptical module.

FIXING

Anchored on a reinforced concrete block with threaded steel studs.

85. Columna Anunciadora/ *Announcement Column* TUSQUETS

AUTOR/*DESIGNER*
Óscar Tusquets (1990)

PRODUCTOR/*PRODUCER*
JCDECAUX, S.A. Mobilier Urbain.

CARACTERÍSTICAS
Columna para la exposición de carteles publicitarios e información municipal, de uso controlado por la empresa productora que se encarga del cambio periódico de los carteles. Consta de un zócalo de fundición, un cuerpo principal que constituye la superficie de información (tres carteles) de sección circular y en la parte superior un casquete de fundición y metacrilato tintado.

DIMENSIONES

Superficie exposición (3 carteles)	318,4x132,5 cm
Altura total	518,8 cm
Altura bajo marquesina	373,1 cm
Diámetro columna	143,6 cm
Diámetro marquesina	245 cm
Diámetro zócalo	188 cm

DESCRIPTION
Column for the display of advertising posters and municipal information, whose use is controlled by the manufacturer, which periodically changes the posters.
Comprises a cast base plinth, a main body which constitutes the circular-section information surface (three posters) crowned by a hood of cast steel and tinted perspex.

DIMENSIONS

Exhibition surface area (3 posters)	*318.4x132.5 cm*
Total height	*518.8 cm*
Height under canopy	*373.1 cm*
Column diameter	*143.6 cm*
Canopy diameter	*245 cm*
Base plinth diameter	*188 cm*

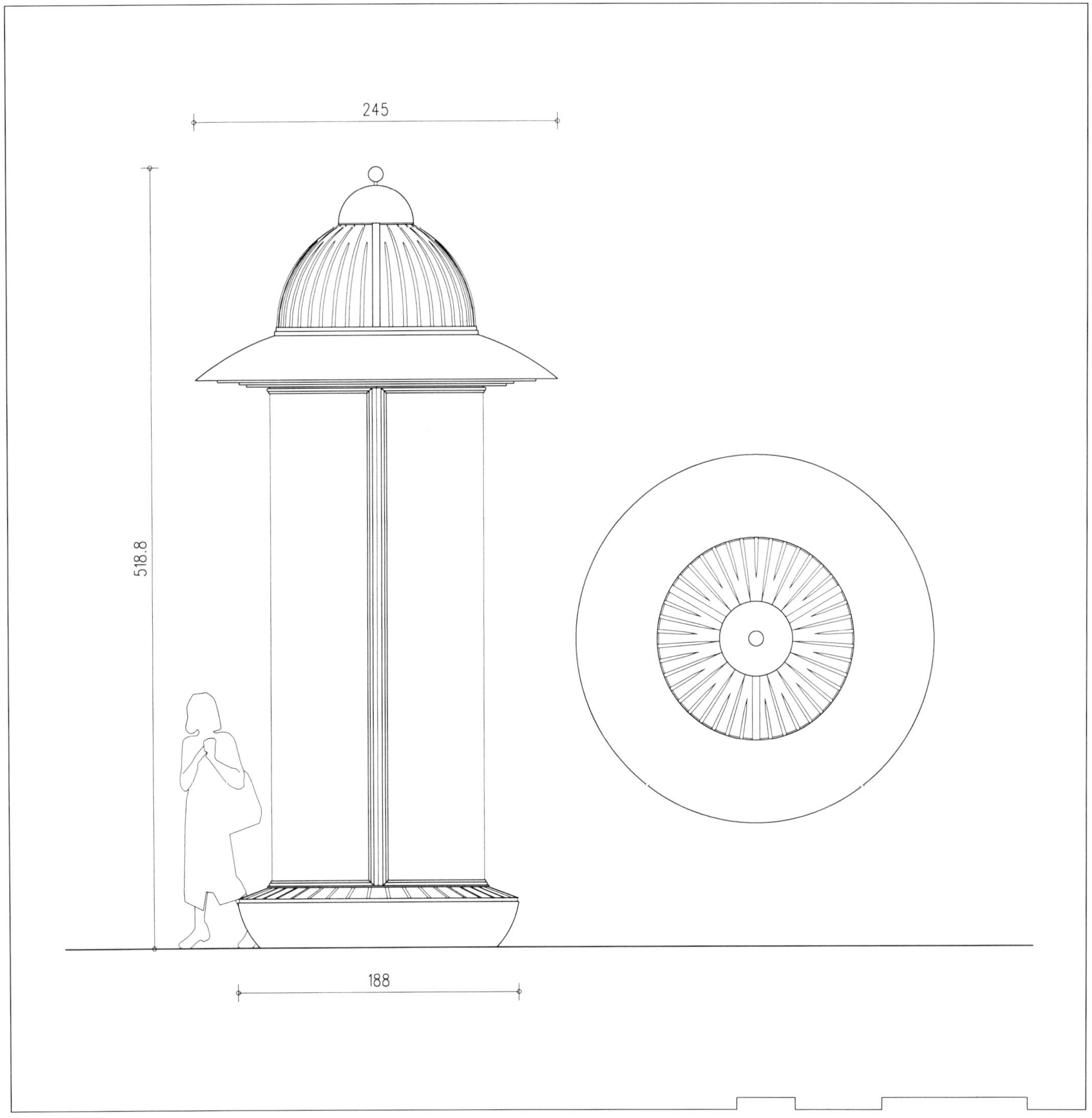

ESPECIFICACIONES TÉCNICAS
Zócalo de fundición protegido con un zincado, y acabado con pintura de polvo de poliéster secada al horno. Está fijado con intermediación de un rodamiento que permite el pivotamiento de la columna en el momento de la colocación de los carteles.
Cuerpo de sección circular con tres módulos para la colocación de carteles, protegidos por puertas de abertura a la italiana e iluminación interior nocturna mediante 12 fluorescentes de 58 w.
Casquete de metacrilato–cristal tintado azul fluorescente en forma de cúpula y una marquesina de metacrilato en forma de copa y con iluminación interior.
Acabado en color verde.

COLOCACIÓN
Anclada mediante un dado de hormigón armado y pernos de acero roscados.

TECHNICAL SPECIFICATIONS
Cast zinc-coated base plinth finished with oven-dried polyester powder coating. Set on a bearing which permits pivoting of the column of the column when affixing posters.
Body of circular section with three modules for the display of posters, protected by panels hinged at the top, with interior night lighting by twelve 58 W fluorescent tubes.
The fluorescent-blue tinted perspex domed hood, with a projecting canopy shaped like the brim of a hat, contains interior lighting.

FIXING
Anchored on a reinforced concrete block with threaded steel studs.

86. Columna Anunciadora/ *Announcement Column* WILMOTTE

AUTOR/*DESIGNER*
Jean–Michel Wilmotte (1992)

PRODUCTOR/*PRODUCER*
JCDECAUX, S.A. Mobilier Urbain

CARACTERÍSTICAS
Columna para la exposición de carteles publicitarios e información municipal, de uso controlado por la empresa productora que se encarga del cambio periódico de los carteles. Consta de un zócalo de fundición, un cuerpo principal que constituye la superficie de información (tres carteles) de sección circular y, en la parte superior, un casquete de fundición y poliéster estratificado.

DIMENSIONES

Superficie exposición (3 carteles)	318,4x132,5 cm
Altura total	409,9 cm
Altura bajo marquesina	37,4 cm
Diámetro columna	143,6 cm
Diámetro marquesina	245 cm
Diámetro zócalo	167 cm

DESCRIPTION
Column for display of advertising posters and municipal information, whose use is controlled by the manufacturer, which periodically changes the posters.
Comprises a cast base plinth, a main body which constitutes the circular-section information surface (three posters), with a cast and polyester sandwich hood at the top.

DIMENSIONS

Exhibition surface area (3 posters)	*318.4x132.5 cm*
Total height	*409.9 cm*
Height under canopy	*37.4 cm*
Column diameter	*143.6 cm*
Canopy diameter	*245 cm*
Base plinth diameter	*167 cm*

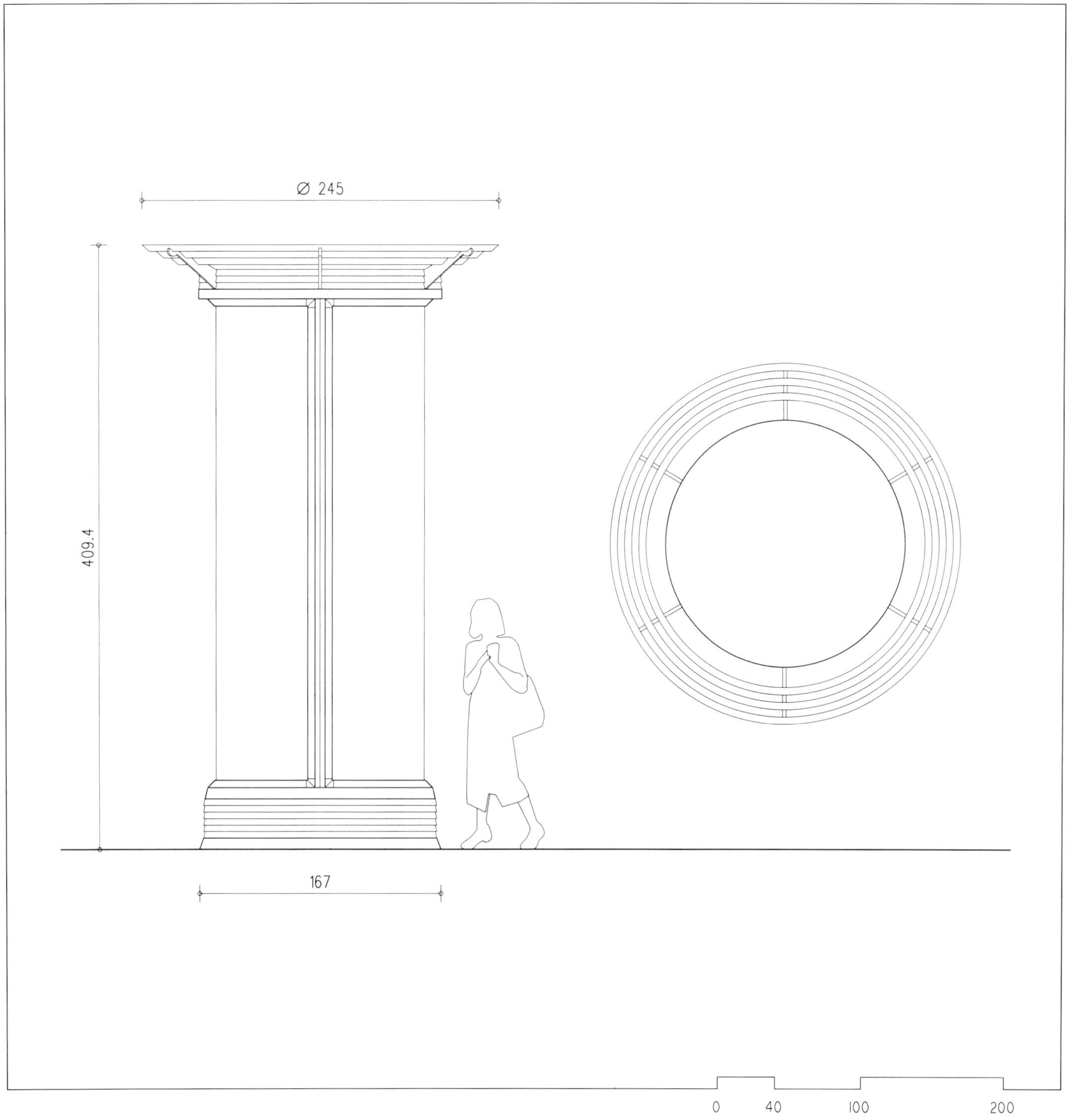

ESPECIFICACIONES TÉCNICAS
Zócalo de fundición protegido con un cincado y acabado con pintura de polvo de poliéster secada al horno. Está fijado con intermediación de un rodamiento que permite el pivotamiento de la columna en el momento de la colocación de los carteles.
Cuerpo de sección circular con tres módulos para la colocación de carteles, protegidos por puertas de abertura a la italiana e iluminación interior nocturna mediante 12 fluorescentes de 58 w.
Techo de poliéster estratificado tintado con estructura metálica para recoger las aguas pluviales. Marquesina decorativa en fundición de aluminio fijada al techo.
Acabado en color gris metalizado oscuro.

COLOCACIÓN
Anclada mediante un dado de hormigón armado y pernos de acero roscados.

TECHNICAL SPECIFICATIONS
Cast iron-plate protected by a zinc bath base plinth finish with oven-dried polyester powder coating. Fixed on a bearing which permits pivoting of the column when affixing posters.
Body of circular section with three modules for the display of posters, protected by panels hinged at the top, with interior night lighting by twelve 58 W fluorescent tubes.
Roof of tinted polyester sandwich on a metal structure to collect rainwater.
Decorative canopy in cast aluminium attached to the roof.
Finished in dark metallic grey.

FIXING
Fixed to a reinforced concrete block with threaded steel studs.

87. Faro de Información/ *Information Pillar* FOSTER

AUTOR/*DESIGNER*
Norman Foster (1991)

PRODUCTOR/*PRODUCER*
JCDECAUX, S.A. Mobilier Urbain.

CARACTERÍSTICAS
Elemento de grandes proporciones para la información, adecuado para las entradas de las ciudades y en grandes espacios urbanos.
De forma elíptica está dividido en dos partes. La inferior para el logotipo de la colectividad y mensaje permanente, reloj y termómetro digitales. La parte superior puede incluir una gran imagen visible día y noche gracias a la iluminación interior por transparencia.

DIMENSIONES

Altura total	930 cm
Altura parte inferior	280 cm
Anchura	265 cm
Profundidad	90 cm
Superficie visible superior	612x242 cm (por cada lado)

DESCRIPTION
Large structure to carry information, suitable for roadways entering big cities and for large urban spaces.
Of elliptical shape, it is divided into two parts. The lower part is for the logotype of the group and a permanent message, digital clock and thermometer. The top part can include a large message visible by day and by night thanks to internal lighting.

DIMENSIONS

Total height	*930 cm*
Height of lower section	*280 cm*
Width	*265 cm*
Depth	*90 cm*
Visible upper surface area	*612x242 cm (on each side)*

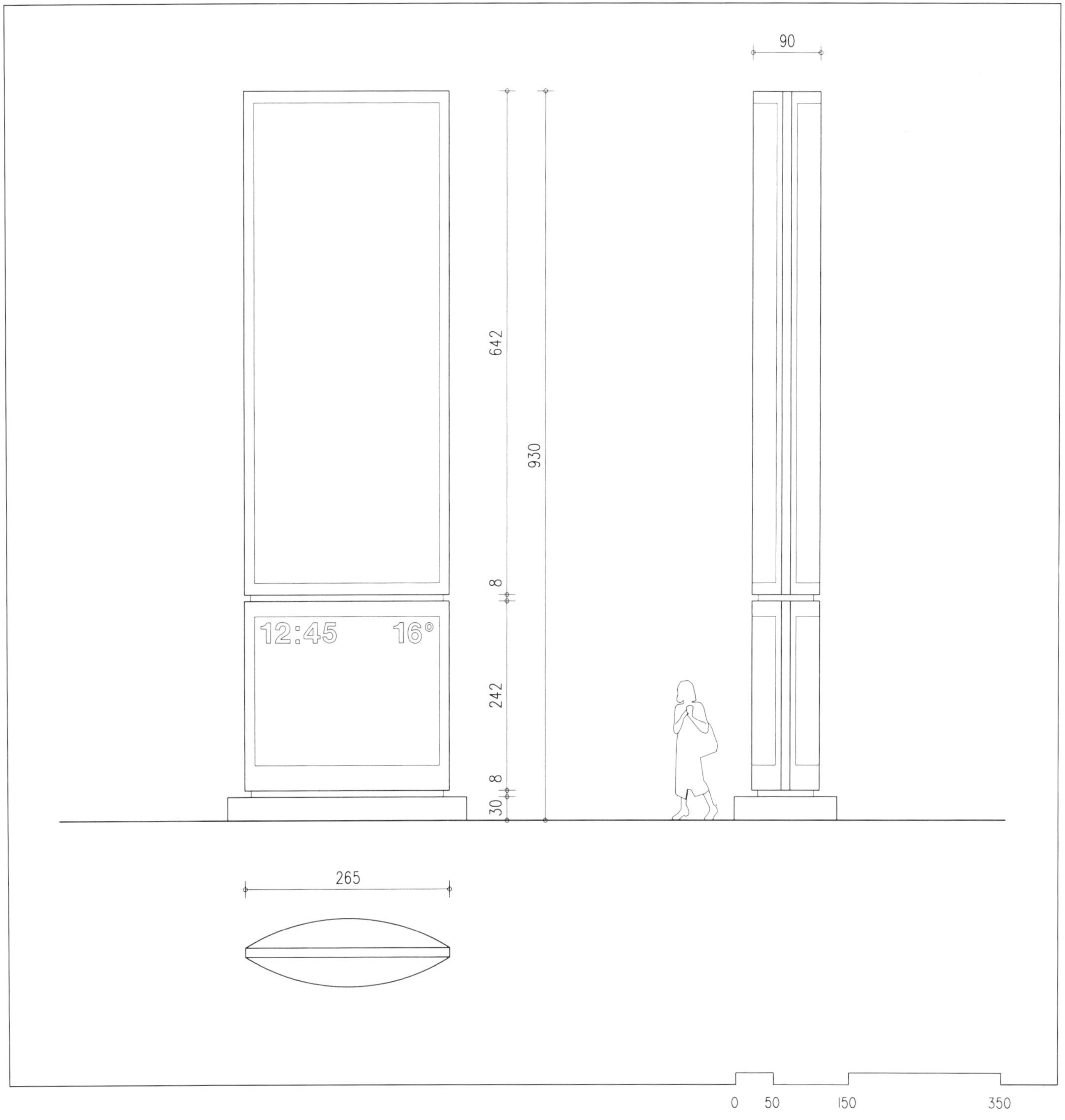

ESPECIFICACIONES TÉCNICAS

Estructura compuesta por dos montantes de tubo de acero tratado contra la corrosión, fijados a los pernos que soportan toda la fachada.

La parte inferior es de aluminio y paneles de metacrilato transparente. Iluminado desde el interior con 16 tubos fluorescentes de 13 w.

La parte superior es una estructura de aluminio y paneles de metacrilato transparente. La imagen está reproducida sobre una tela en poliéster con tratamiento anti-UV mediante chorro de tinta. La tela se sostiene por cajones de policarbonato difusor con un sistema de fijación que la mantiene tensa. La iluminación se realiza desde el interior a través de la tela mediante 16 tubos fluorescentes de 58 w.

COLOCACIÓN

Fijado a un dado de hormigón hecho in situ, de unos 10 m^3 y con 12 pernos de anclaje roscados (M30).

TECHNICAL SPECIFICATIONS

Structure comprising two steel tube uprights treated against corrosion, secured onto the bolts which support the entire facade.

Lower opening part in aluminium with transparent perspex panels. Lit up from the interior by sixteen 13 W fluorescent tubes.

The upper part has an aluminium structure and panels of transparent perspex. The image is printed on an anti-UV-treated polyester fabric using an ink-jet system. The fabric is supported by polycarbonate diffusor boxes with a securing system which keeps the fabric tensioned. The lighting is from the interior through the fabric using sixteen 58 W fluorescent tubes.

FIXING

Fixed to a concrete block cast in situ, of some 10 cubic metres, with 12 threaded anchorage studs (M30).

88. MUPI PARIS/*PARIS U.I.F.*

AUTOR/*DESIGNER*
J.C.Decaux (1978)

PRODUCTOR/*PRODUCER*
JCDECAUX, S.A. Mobilier Urbain.

CARACTERÍSTICAS
Es uno de los primeros paneles de información y se considera origen de los que existen en la actualidad.
De aspecto muy simple y visión por ambos lados, está colocado sobre un pie rectangular.

DIMENSIONES

Altura	245,8 cm
Ancho	127,2 cm
Grosor	19 cm

DESCRIPTION
This is one of the first information panels, a precursor of those now in existence.
Of very simple appearance, viewable from both sides, it is supported on a rectangular leg.

DIMENSIONS

Height	*245.8 cm*
Width	*127.2 cm*
Thickness	*19 cm*

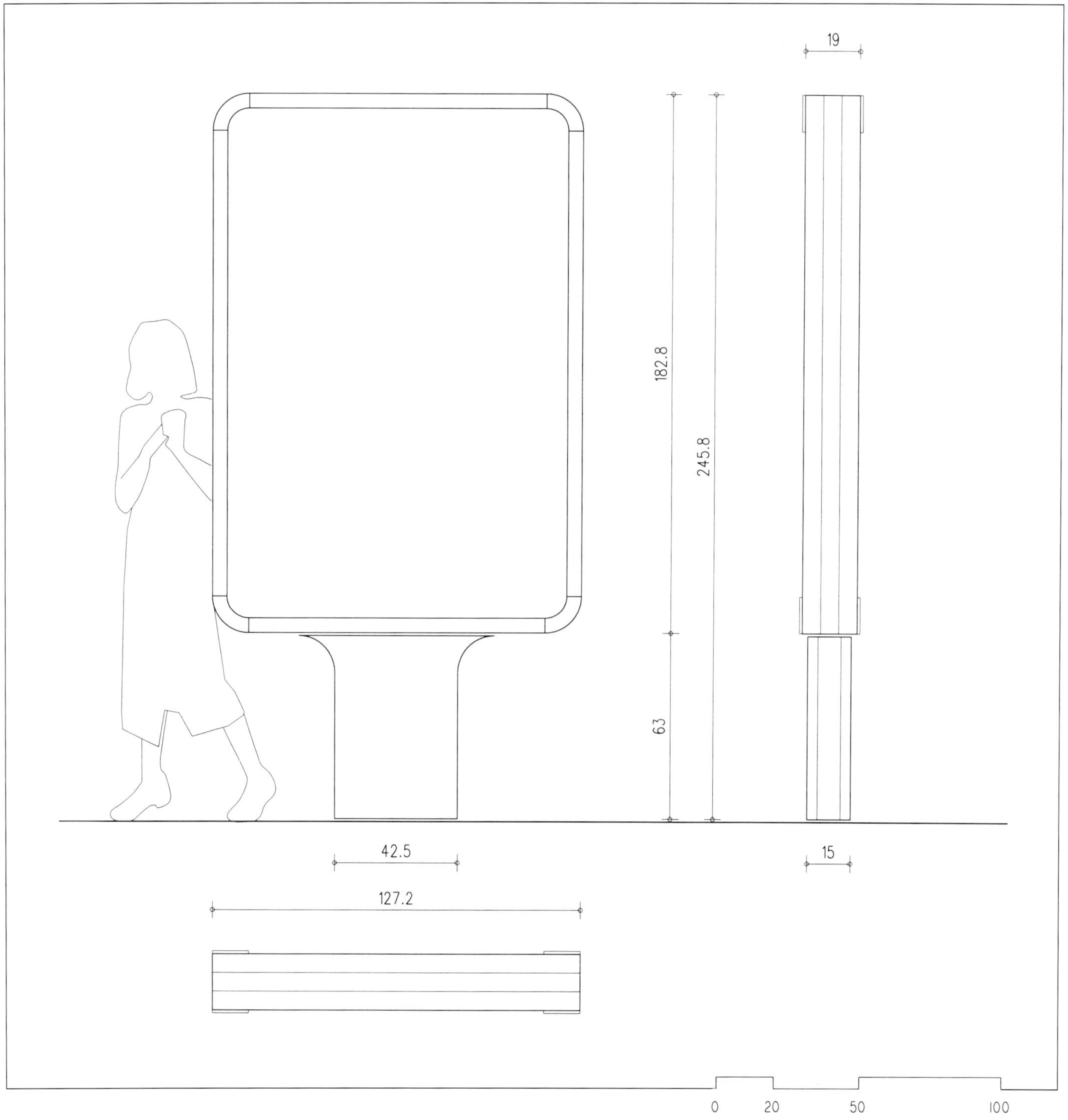

ESPECIFICACIONES TÉCNICAS

Estructura en tubo de acero galvanizado y pletina en la parte inferior para su colocación. La parte baja está protegida por dos placas fijadas a la estructura.
El panel fijado a la estructura dispone de dos caras de superficie libre de 171x116 cm y está compuesto de perfilería de aluminio cromado, tres tubos fluorescentes de 58 w, dos placas de metacrilato con soporte de carteles móvil y puertas con marcos de aluminio cromado con sistema de cierre y cristales Securit.
El color de acabado del panel es aluminio natural.

COLOCACIÓN

Anclado sobre un dado de hormigón armado con cuatro pernos roscados a la pletina.

TECHNICAL SPECIFICATIONS

Galvanized steel tube structure with plate at bottom for fixing. The bottom part is protected by two plates fixed to the structure.
The panel fixed to the structure has two free surface sides measuring 171x116 cm and is composed of a surround of chromium-plated aluminium, three 58 W fluorescent tubes, two perspex sheets with movable poster supports and doors with chromed aluminium frames with sealing system and Securit glass panes.
The panel is finished in natural aluminium colour.

FIXING

Fixed to reinforced concrete block with four studs threaded onto the plate.

89. PIM / *I.I.P. "PAL.LI"*

AUTORES/*DESIGNERS*
José L. Canosa - José A. Martínez Lapeña - Elías Torres (1987)

PRODUCTOR/*PRODUCER*
PUBLIMOB, S.A. Mobiliario Urbano.

CARACTERÍSTICAS
Panel informativo luminoso (OPPI) que pertenece a la línea de diseño PAL.LI. Se emplea como elemento informativo independiente en la vía pública o como panel lateral de las marquesinas de las paradas de autobús PAL.LI.
Dispone de dos caras de superficie libre de 171x116 cm cada una, para información institucional, planos turísticos o publicidad. Dispone de iluminación interior para hacerlos visibles de noche.

DIMENSIONES

Altura	260,5 cm
Ancho	134 cm
Grosor	20 cm

DESCRIPTION
Illuminated information panel (IIP) forming part of the PAL.LI design range. It is used as a freestanding information resource on the public highway or as a side panel for PAL.LI bus shelters.
It has two sides with free surface area of 171x116 cm each for municipal information, tourist city plans or advertising. Equipped with interior lighting for visibility at night.

DIMENSIONS

Height	*260,5 cm*
Width	*134 cm*
Thickness	*20 cm*

ESPECIFICACIONES TÉCNICAS
Armazón metálico en pletina de chapa de acero de 10 mm con cartabones y cabezal de refuerzo mediante tubo cuadrado y montante en arco de tubo de acero de 80x40 mm y 3 mm de espesor.
Estructura secundaria tubular y perfil en U, en chapa conformada para fijación de accesorios y forro exterior de acero inoxidable.
Dos placas de metacrilato blanco difusor sobre bastidor de aluminio, soportan los carteles (formato 120x176 cm).
Iluminación interior formada por 4 tubos fluorescentes de 58 w de alto rendimiento.
Acero galvanizado en caliente, acero inoxidable y revestimiento de las patas del conjunto en pintura esmaltada al horno.

COLOCACIÓN
Se ancla al suelo mediante varillas de ø 16 mm.

TECHNICAL SPECIFICATIONS
Metal framework in 10 mm steel plate with reinforcing stiffeners, rectangular hollow section through-beam and arched 3 mm steel 80x40 hollow section.
Tubular and channel-section secondary structure with profiled plate for attaching accessories and outer cover of stainless steel.
Two white perspex diffusors on aluminium chassis support the posters (120x176 cm format).
Interior lighting from 4 high-output 58 W fluorescent tubes.
Heat-galvanized steel, stainless steel, with legs finished in baked enamel.

FIXING
Fixed to ground using 16 mm ø rods.

90. MUPI/*U.I.F.* FORUM

AUTOR/*DESIGNER*
J.C. Decaux (1990)

PRODUCTOR/*PRODUCER*
JCDECAUX, S.A. Mobilier Urbain.

CARACTERÍSTICAS
Panel informativo luminoso para la vía pública.
Dispone de dos caras de superficie libre de 171x116 cm cada una, para información institucional, planos turísticos o publicidad; iluminación interior para hacerlos visibles de noche.
Puede ir sujeto lateralmente a un montante circular de acero o apoyado sobre un paralelepípedo de granito color gris oscuro.

DIMENSIONES

Mupi montante	Altura	257,7 cm
	Ancho	141,3 cm
	Grueso	19 cm
Mupi zócalo	Altura	253 cm
	Ancho	125 cm
	Grueso	19 cm

DESCRIPTION
Lit-up information panel which is used as a communication feature on the public highway. It has two sides with free surface area of 171x116 cm each for municipal information, tourist city plans or advertising. Equipped with interior lighting for visibility at night.
Can be secured at the sides to a circular steel upright or resting on a dark grey granite cuboid.

DIMENSIONS

UIF upright	*Height*	*257.7 cm*
	Width	*141.3 cm*
	Thickness	*19 cm*
UIF plinth	*Height*	*253 cm*
	Width	*125 cm*
	Thickness	*19 cm*

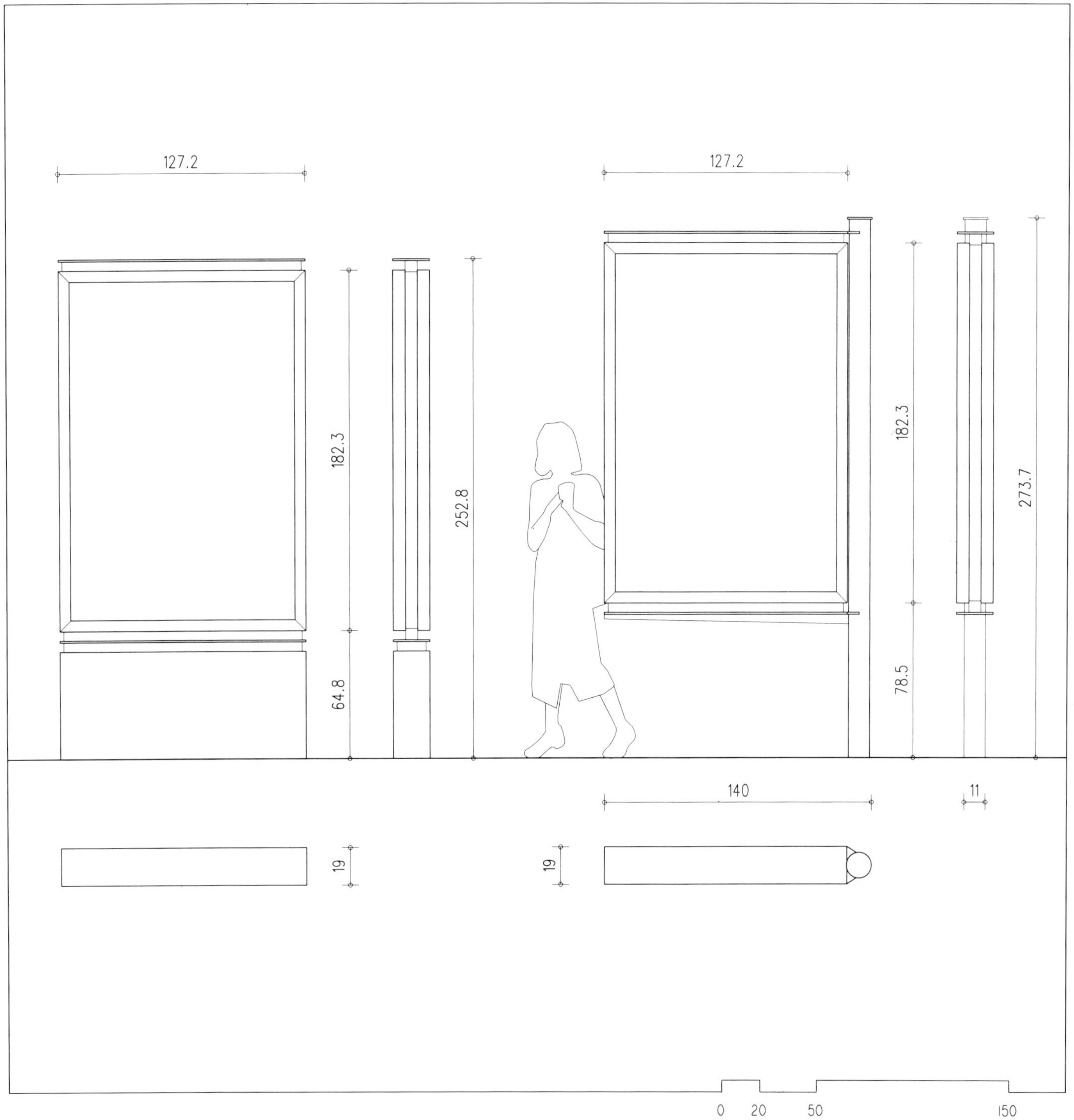

ESPECIFICACIONES TÉCNICAS
Montante de acero tratado, metalizado con cinc y acabado con pintura polvo poliéster de color gris cadena, con pletina de anclaje en la base y dos traviesas a las que se fija el panel. El panel de colocación de carteles es utilizable por las dos caras. Está compuesto de un cuerpo realizado en perfilería de aluminio, tres tubos fluorescentes de 58 w, dos placas de metacrilato con soporte de cartel móvil y dos puertas con sistema de cierre y vidrio Securit, decorado en el contorno con una banda esmaltada color gris.

COLOCACIÓN
Anclado encima de un dado de hormigón armado con cuatro pernos roscados.

TECHNICAL SPECIFICATIONS
Treated steel upright, metallized with zinc and finished with chain-grey polyester paint, with base-plate and two cross-members to which the panel is fixed.
The poster display panel can be used on both sides. It is composed of a body consisting of aluminium sections, three 58 W fluorescent tubes, two perspex sheets with moveable poster supports and two doors with sealing system and Securit *glass, adorned around the edge with a grey enamelled band.*

FIXING
Fixed to reinforced concrete block with four threaded studs.

91. MUPI/*U.I.F.* SZEKELY

AUTOR/*DESIGNER*
Martin Szekely (1993)

PRODUCTOR/*PRODUCER*
JCDECAUX, S.A. Mobilier Urbain.

CARACTERÍSTICAS
Panel informativo luminoso que se emplea como elemento de comunicación en la vía pública.
Dispone de dos caras de superficie libre de 171x116 cm cada una para información institucional, planos turísticos o publicidad. Dispone de iluminación interior para hacerlos visibles de noche.
En la parte inferior puede colocarse un contenedor de pilas o una papelera.

DIMENSIONES

Altura	331,2 cm
Ancho	139,8 cm
Grosor	19 cm

DESCRIPTION
Illuminated information panel which is used as a communication feature on the public highway. It has two sides with free surface area of 171x116 cm each for municipal information, tourist city plans or advertising. Equipped with interior lighting for visibility at night.
The lower part can be fitted with a container for used batteries or a wastepaper basket.

DIMENSIONS

Height	*331.2 cm*
Width	*139.8 cm*
Thickness	*19 cm*

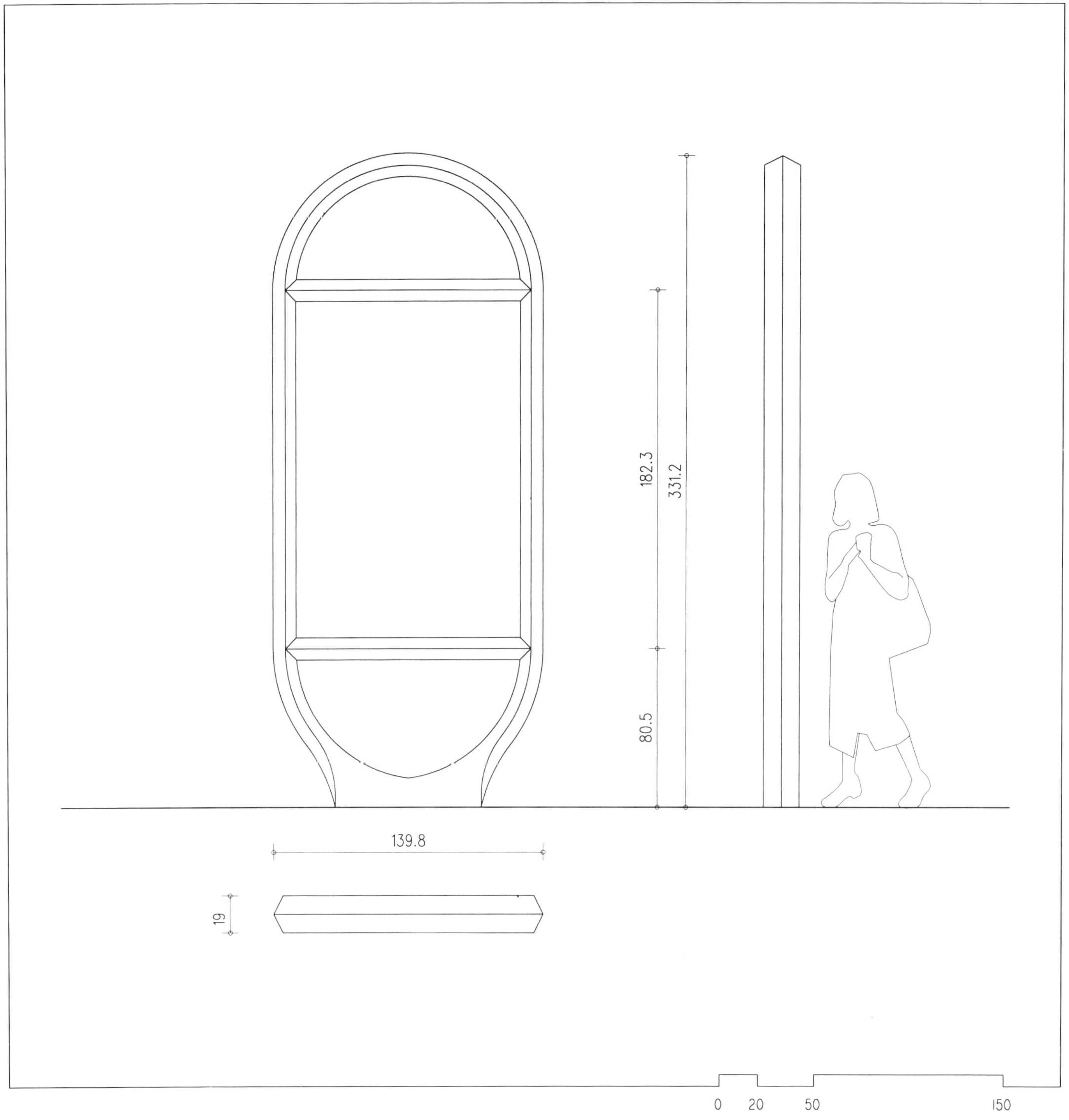

ESPECIFICACIONES TÉCNICAS
Estructura en fundición de aluminio, pintada con pintura y polvo de poliéster secado al horno, de color gris metálico.
El panel de colocación de carteles está fijado sobre la estructura de aluminio y es utilizable por las dos caras. Está compuesto de un cuerpo realizado en perfilería de aluminio, tres tubos fluorescentes de 58 w, dos placas de metacrilato con soporte de cartel móvil y dos puertas con sistema de cierre y vidrio Securit.

COLOCACIÓN
Anclado encima de un dado de hormigón armado con cuatro pernos roscados.

TECHNICAL SPECIFICATIONS
Structure in cast aluminium, painted with oven-dried polyester powder coating in metal grey colour.
The poster attachment panel is fixed onto the aluminium structure and can be used on both sides. It is composed of a body made of aluminium profiles, three 58 W fluorescent tubes, two perspex sheets with movable poster supports and two doors with dealing system and toughened glass.

FIXING
Fixed onto reinforced concrete block with four threaded studs.

92. PIM INFORMACIÓN/*I.I.P.* METROPOLITANO

AUTOR/*DESIGNER*
Óscar Tusquets (1994)

PRODUCTOR/*PRODUCER*
URBASER. Mobiliario Urbano.
Grupo Dragados y Construcciones.

CARACTERÍSTICAS
Soporte informativo y de señalización, que forma parte de una serie de mobiliario urbano, realizados con motivo de un concurso para la ciudad de Madrid.
El elemento consta de un solo pilar del cual penden los paneles informativos y está rematado por el anagrama del metropolitano.
Existen tres modelos: el doble alto, el doble bajo y el simple bajo.

DIMENSIONES

Altura total	557,3 cm
Altura de suelo al punto más bajo	
Modelo doble alto	110 cm
Modelos doble bajo y simple bajo	60 cm
Diámetro poste	14 cm

Paneles informativos 187,5x132x14,4 cm (cada unidad)
Superficie informativa o de publicidad 175 x 120 cm (por cada lado)
Luminaria identificativa 62x113 cm

DESCRIPTION
Information and signage medium which forms part of a range of street furniture developed for a competitive tender for the city of Madrid.
The item consists of a single pillar which supports the information panels, crowned by the logo of the underground railway system.
There are three models: high double, low double and low single.

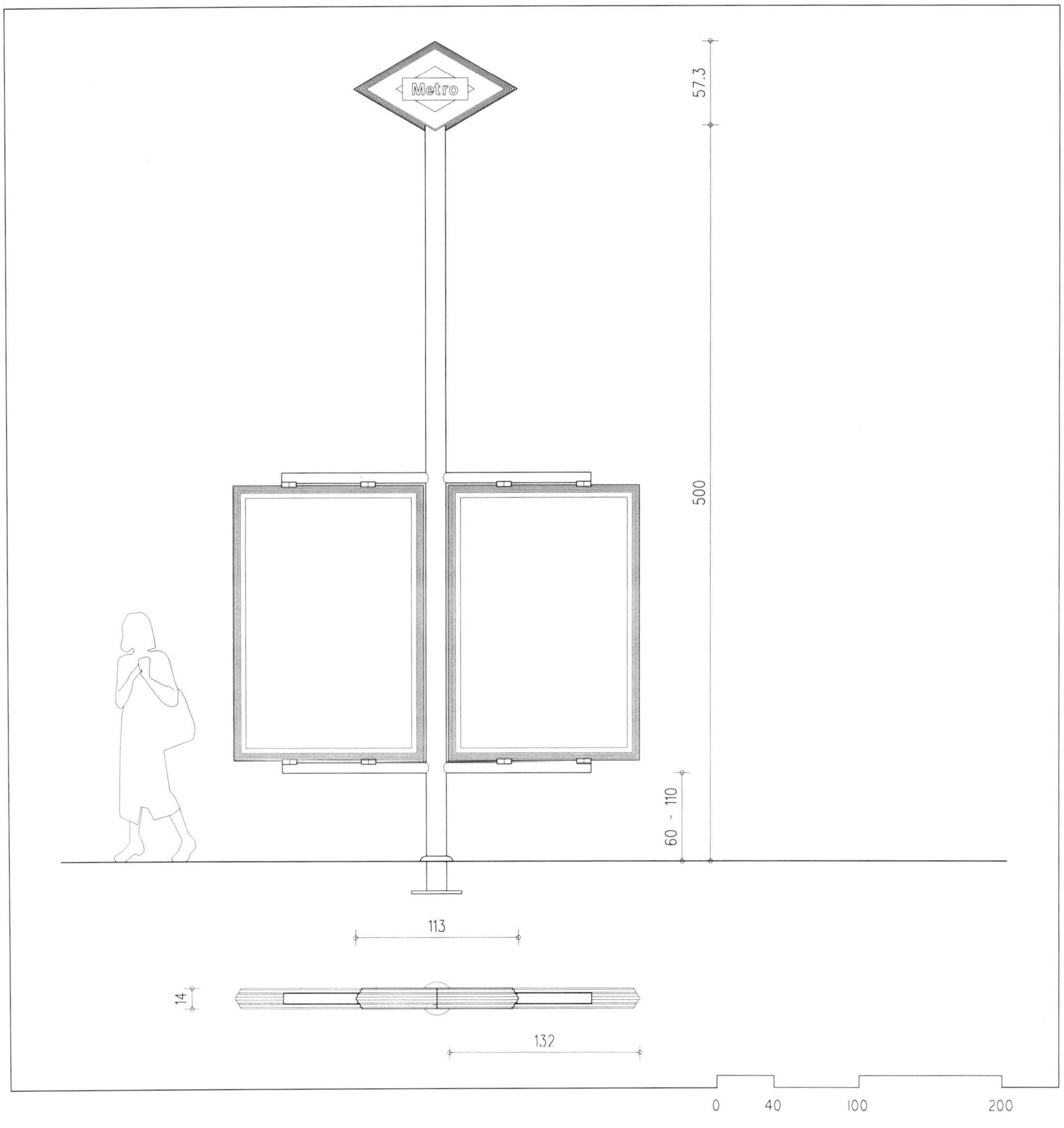

DIMENSIONS

Total height	*557.3 cm*
Height from ground at lowest point	
High Double model	*110 cm*
Low Double and Low Single	*60 cm*
Post diameter	*14 cm*

Information panels 187.5x132x14.4 cm (each unit)
Information or advertising surface 175x120 cm (each side)
Identification sign 62x113 cm

ESPECIFICACIONES TÉCNICAS

Columna de tubo redondo de precisión, en acero inoxidable acabado esmerilado. Rematado en su extremo superior por una luminaria identificativa del elemento y en la parte inferior por un anillo embellecedor de acero inoxidable y placa de anclaje.

Uno o dos paneles informativos con chasis perimetral fijo de perfiles de aluminio extrusionado y dos marcos de puertas abatibles que soportan el panel de vidrio Securit. En el interior, difusor de policarbonato Lexan blanco opal enmarcado en perfil de aluminio y equipo luminoso, formado por seis lámparas fluorescentes. Cada uno de los paneles está soportado por dos travesaños de acero inoxidable. Juntas de unión de nilon negro y tornillería de acero inoxidable.

Acometida eléctrica procedente de la red de alumbrado público.

COLOCACIÓN

Empotrado en el suelo mediante zapata de hormigón en masa de 80x40x60 cm y cuatro pernos de varilla roscada de 60 cm de longitud para la sujeción y nivelado de la placa de anclaje.

TECHNICAL SPECIFICATIONS

Precision tubular stainless steel column with polished finish. Crowned with an illuminated identifying sign, while at the bottom there is a stainless steel trim ring and fixing plate.

One or two information panels with fixed extruded aluminium section perimetral structure and two lowerable frames containing the toughened glass panel. Inside, opal white Lexan polycarbonate diffusor framed in aluminium section, and lighting equipment consisting of six fluorescent lights. Each one of the panels is supported by two stainless steel arms. Black nylon seals and stainless steel fixings.

Electric power taken from the street lighting supply.

FIXING

Set into ground on 80x40x60 cm footing of bulk concrete with four threaded rod studs 60 cm long for securing and levelling the fixing plate.

Todas las cotas de los dibujos están en centímetros/
All drawings measurements are in centimeters

ELEMENTOS DE SERVICIO PÚBLICO
PUBLIC SERVICE

Incluye el mobiliario dirigido a satisfacer las necesidades derivadas de los servicios públicos básicos de la ciudad, como son: el transporte, la telefonía, los aparcamientos para bicicletas, la vigilancia de las playas y los juegos infantiles.

This section includes furniture intended to meet the needs deriving from basic city public services such as transport, telephony, bicycle parks, beach surveillance and children's play areas.

93. Cabina de Información/*Information Booth* TURÍSTICA

AUTOR/*DESIGNER*
Antoni Roselló (1990)

PRODUCTOR/*PRODUCER*
ESTEVA, S.A.

CARACTERÍSTICAS
Cabina de forma trapezoidal para la información turística con cabida para dos personas. La puerta de entrada en la parte posterior, ligeramente curvada, sirve al mismo tiempo de armario ropero.
Los dos laterales son vidriados y en su interior se controla la luz mediantre persianas.
Seleccionada para los Premios Delta ADI–FAD 1991.

DIMENSIONES	
Longitud	220 cm
Anchura anterior	200 cm
Anchura posterior	69 cm
Altura cerrada	277 cm
Altura abierta	355 cm

DESCRIPTION
Booth of trapezoidal shape for tourist information, with space for two people. The slightly curved entrance door at the back can be used for hanging clothes.
The two sides are glazed, with the light inside being controlled by blinds.
Selected for the 1991 ADI-FAD Delta Prizes.

DIMENSIONS	
Length	*220 cm*
Front width	*200 cm*
Rear width	*69 cm*
Closed height	*277 cm*
Open height	*355 cm*

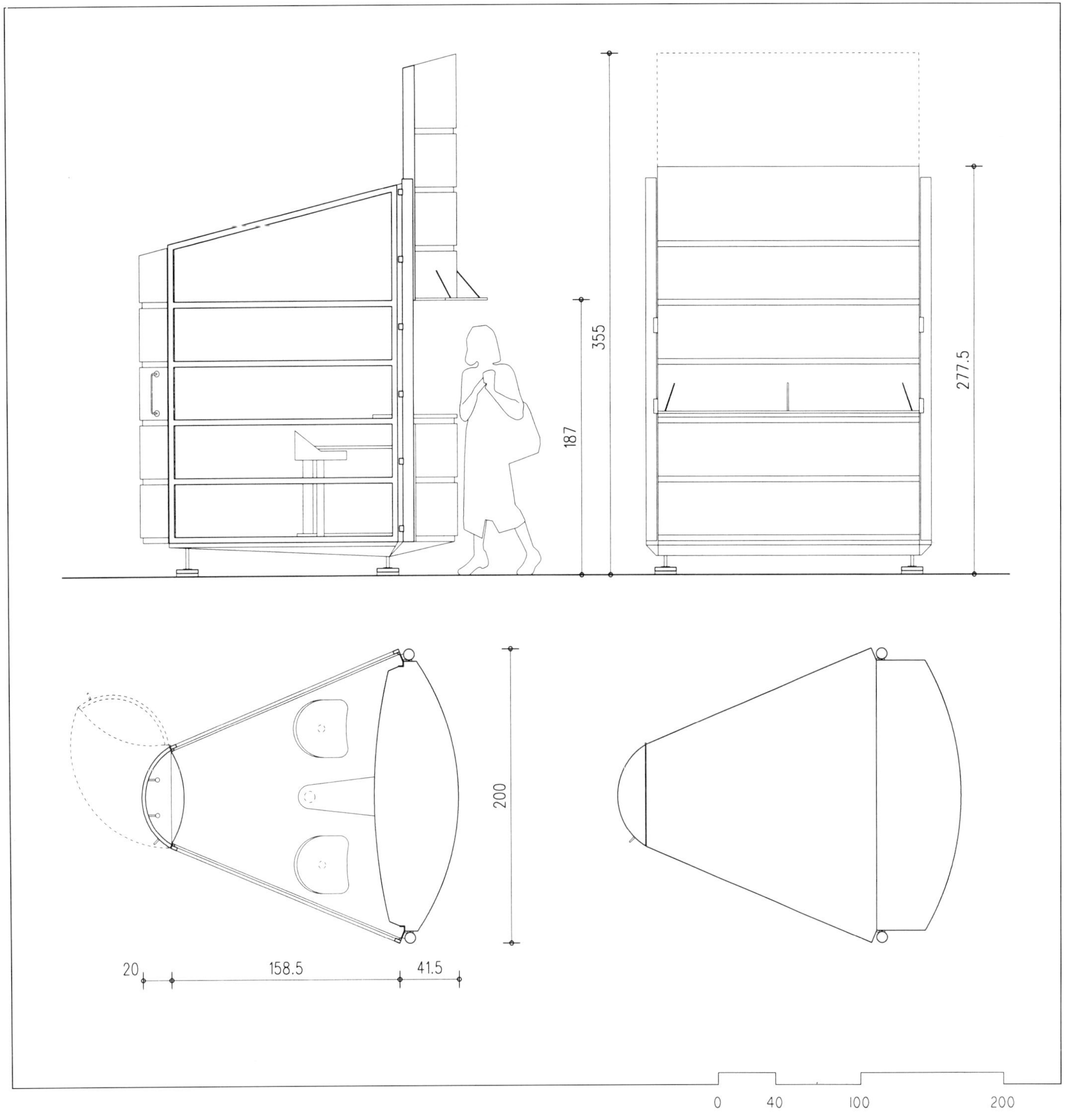

ESPECIFICACIONES TÉCNICAS
Estructura de perfiles de acero.
Revestimiento de poliéster reforzado con fibra de vidrio.
Portón delantero de apertura vertical mediante contrapesos y accionamiento manual.
Techo inclinado con claraboya abatible para ventilar.
Existen dos versiones, una con cristales antivandálicos coloreados y persiana interior y otra opaca de fibra de vidrio con aberturas redondas.

COLOCACIÓN
Simplemente apoyada en el pavimento mediante cuatro patas regulables para su nivelación.

TECHNICAL SPECIFICATIONS
Structure of steel section.
Polyester exterior reinforced with fibreglass.
Vertically opening front door using counterweights and manual opening system.
Sloping roof with opening skylight for ventilation.
There are two versions, one with coloured vandalproof windows and interior blind and another opaque fibreglass version with round openings.

FIXING
Simply set down on the pavement with four adjustable legs for levelling.

94. Cabina/*Telephone Pillar* TELEFÓNICA

AUTOR/*DESIGNER*
Josep Ma. Civit (Taula de Disseny) (1989)

PRODUCTOR/*PRODUCER*
TELEFÓNICA. Departamento Teléfonos de Uso Público/*Public Telephones Department*

CARACTERÍSTICAS
Columna de planta cuadrada de lámina de hierro para la colocación de uno, dos o tres teléfonos públicos. Se pueden colocar teléfonos a menor altura para personas con discapacidades físicas.
El lado de la columna que siempre queda libre está reservado para publicidad y para el acceso al interior de la columna.

DIMENSIONES

Altura total	275,2 cm
Planta columna	55x55 cm
Ocupación con 1 teléfono	85x55 cm
Ocupación con 2 teléfonos	115x55 cm
Ocupación con 3 teléfonos	115x85 cm

DESCRIPTION
Square-plan column in sheet steel for the fitting of one, two or three public telephones.
Telephones can be fitted lower for the physically handicapped.
The side of the column which is always left free is reserved for advertising and for access to the interior of the column.

DIMENSIONS

Total height	*275.2 cm*
Base dimensions	*55x55 cm*
With 1 telephone	*85x55 cm*
With 2 telephones	*115x55 cm*
With 3 telephones	*115x85 cm*

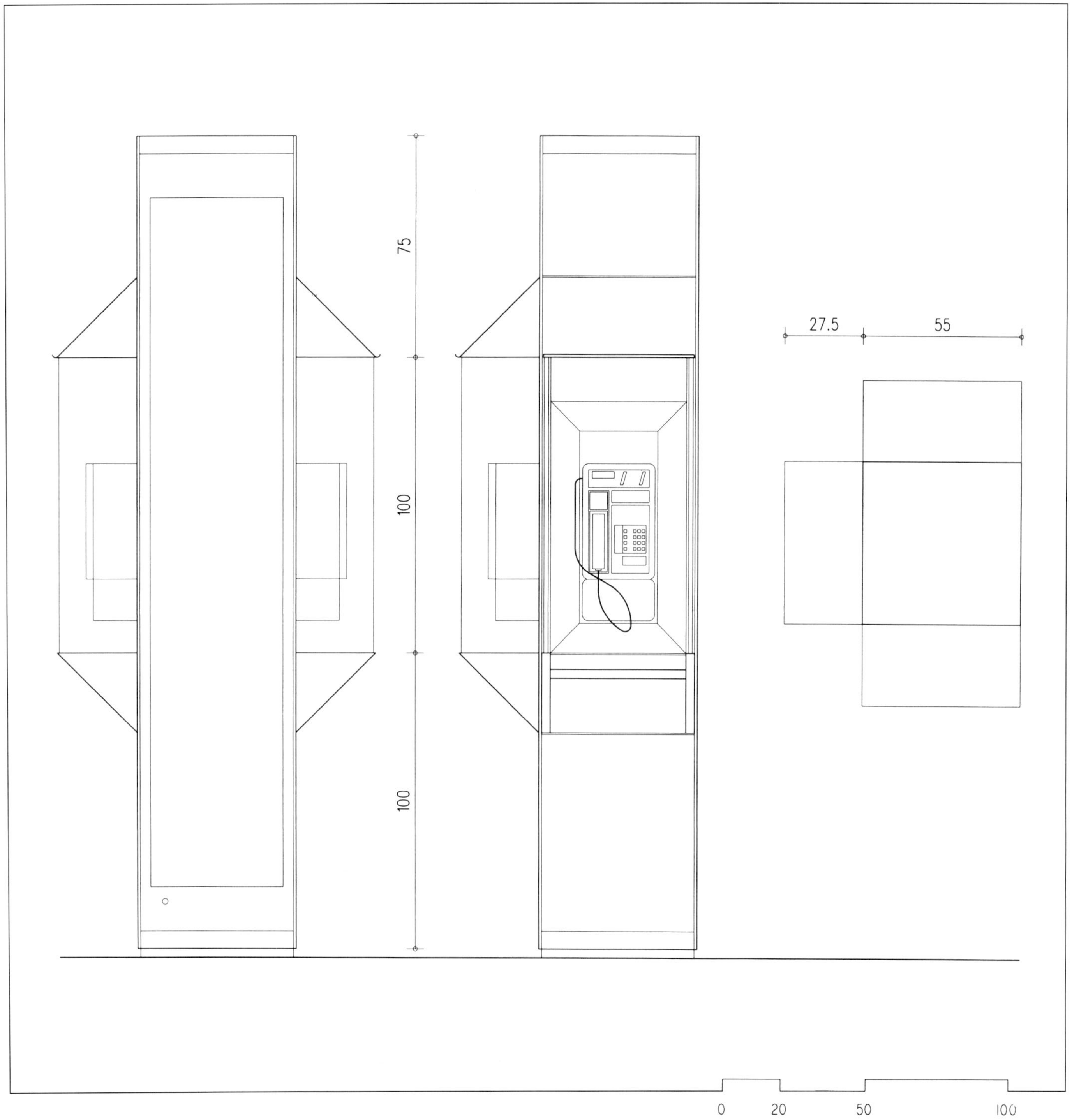

ESPECIFICACIONES TÉCNICAS

Estructura de tubo cuadrado de acero de 25x25 mm.

Panel inferior y tapa superior de lámina de hierro galvanizado de 2 mm con acabado con pintura antirrayaduras. El panel superior es igual que los anteriores pero lleva el logotipo de un teléfono en metacrilato y está iluminado interiormente. El panel central es de lámina perforada de hierro galvanizado de 1,5 mm con el mismo acabado que los anteriores. De este panel penden los teléfonos.

Uno de los lados es una puerta en toda la altura, con marco metálico y metacrilato, iluminada por el interior. Cuando en uno de los lados no haya teléfono el panel central no estará perforado.

Cada teléfono tiene un casquete superior para la iluminación y una bandeja inferior, y a los lados dos cristales con el logotipo de telefónica que privatizan el recinto. Cuando se coloca un teléfono para personas con discapacidades físicas no se instala la bandeja inferior.

COLOCACIÓN

Estructura interior atornillada a pernos fijados a un dado de hormigón.

TECHNICAL SPECIFICATIONS

25x25 mm steel hollow-section structure.

Lower panel and top cover of 2 mm galvanized steel sheet finished with anti-scratch paint. The upper panel is the same as these, but has a telephone logo in perspex and is illuminated from the interior. The central panel is of 1.5 mm galvanized iron perforated sheet with the same finish as the previous panels. The telephones are fitted to this panel.

One of the sides is a full-height access door with metal frame and perspex panel, with light in the interior. When there is no telephone on one of the sides the central panel is not perforated.

Each telephone has an upper hood for lighting and a lower tray, while at the sides two panes of glass with the Telefónica logotype make the booth more private. Where a telephone is located for handicapped people the lower tray is not fitted.

FIXING

Interior structure screwed onto bolts fitted to a concrete block.

95. Cabina sanitaria/*Booth* W.C.

AUTOR/*DESIGNER*
Antoni Roselló (1994)

PRODUCTOR/*PRODUCER*
ESTEVA, S.A.

CARACTERÍSTICAS
Cabina de poliéster y acero inoxidable de dimensiones mínimas que permite su instalación en cualquier espacio. Compacta, portátil y autónoma.
Por su forma ovalada no tiene rincones y por lo tanto es de fácil limpieza.
La puerta curvada y giratoria permite el ingreso de una manera envolvente y pausada y al ocupar la cabina recompone la forma ovalada, duplicando la superficie interior.

DIMENSIONES

Longitud	170 cm
Altura	233 cm
Anchura	100 cm

DESCRIPTION
Polyester and stainless steel booth of small size so that it can be installed in any space. Compact, portable and autonomous in operation.
Its oval shape without corners makes it easy to clean.
The curved revolving door allows comfortable wrap-around entry and, once the booth is occupied, it adopts its oval form once more, duplicating the interior surface.

DIMENSIONS

Length	*170 cm*
Height	*233 cm*
Width	*100 cm*

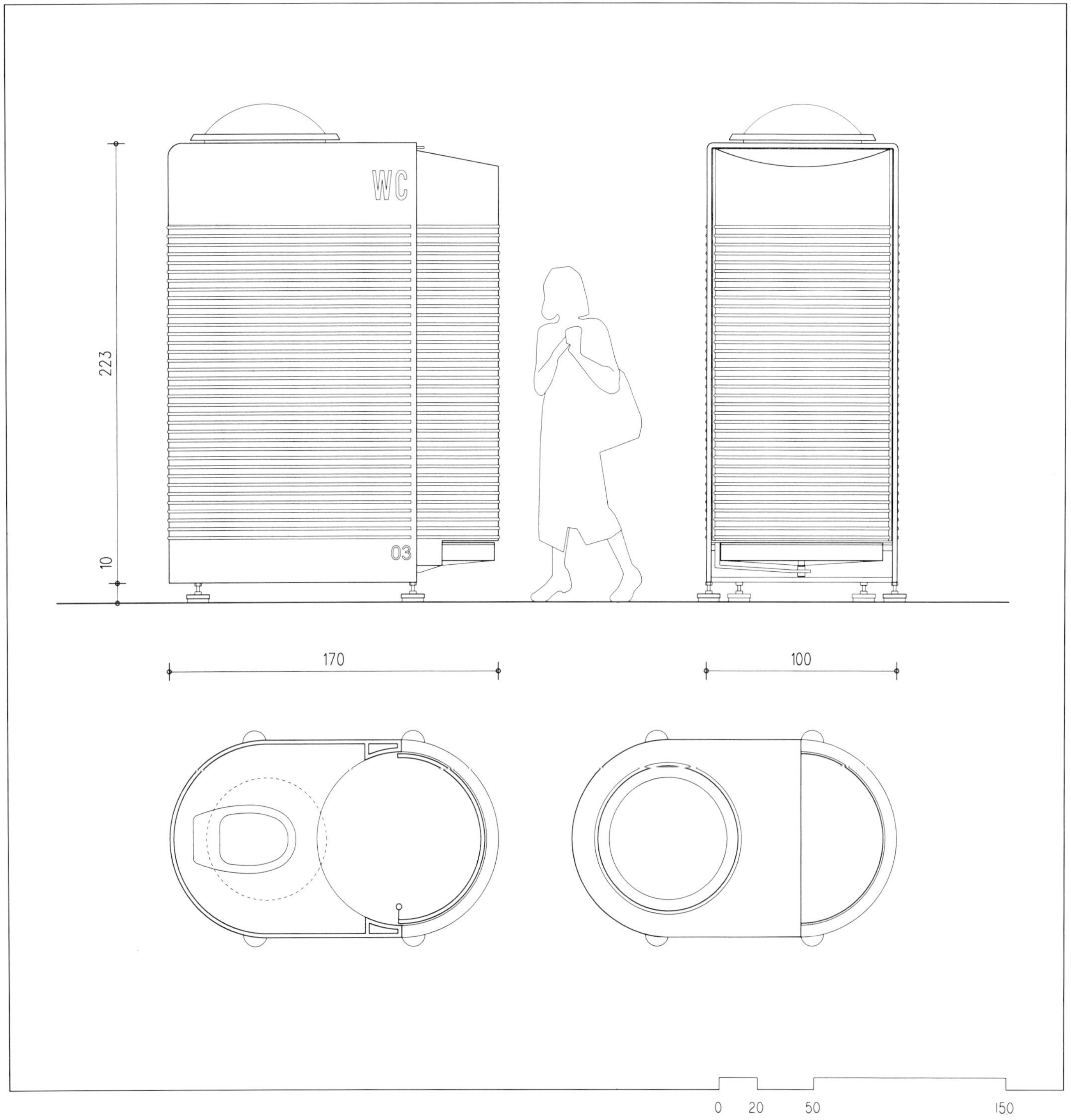

ESPECIFICACIONES TÉCNICAS
Cerramientos estructurales de poliéster reforzado con fibra de vidrio y capa intermedia de poliuretano, formando un panel compuesto de 35 mm de espesor.
Sistema de puerta giratoria montada sobre pivotes con estructura interior de refuerzo.
El suelo interior y la taza son de acero inoxidable antideslizante.
Depósito en la base de la cabina de poliéster reforzado con fibra de vidrio que tiene una boca hermética en la parte posterior para facilitar el cambio de los líquidos químicos.
Techo en forma de cúpula semiesférica, con funciones de tragaluz.

COLOCACIÓN
Se apoya sobre el pavimento mediante cuatro patas regulables para su nivelación.

TECHNICAL SPECIFICATIONS
Structural walls of fibreglass-reinforced polyester with intermediate layer of polyurethane, forming a compound panel 35 mm thick.
Revolving door system mounted on pivots with interior reinforcement structure.
The interior floor and toilet bowl are of non-slip stainless steel.
Tank in the base of the booth of polyester reinforced with fibreglass, with hermetic seal at the back to facilitate change of the chemical liquids.
Roof in the form of hemispherical dome and acting as light source.

FIXING
Rests on the pavement with four adjustable legs for levelling.

96. Cabina Taquilla/*Ticket Booth* FIRA

AUTOR/*DESIGNER*
Antoni Roselló (1994)

PRODUCTOR/*PRODUCER*
ESTEVA, S.A.

CARACTERÍSTICAS
Cabina cilíndrica de poliéster para la venta de entradas. Tiene dos aberturas: la puerta de entrada en la parte posterior y una ventana en la parte delantera. La ventana tiene una doble función: una parte es ventana corredera con vidrio antivandálico y la otra, marquesina de protección.
La cubierta es media esfera que aloja en su interior un aparato de aire acondicionado.

DIMENSIONES

Diámetro exterior	150 cm
Altura	329 cm

DESCRIPTION
Cylindrical polyester booth for the sale of tickets. It has two openings: the entrance door at the back and a window at the front. The window has a dual function: one part is a sliding window with vandalproof glass and the other a protective awning.
The roof is a hemisphere which houses an air conditioning unit.

DIMENSIONS

Exterior diameter	*150 cm*
Height	*329 cm*

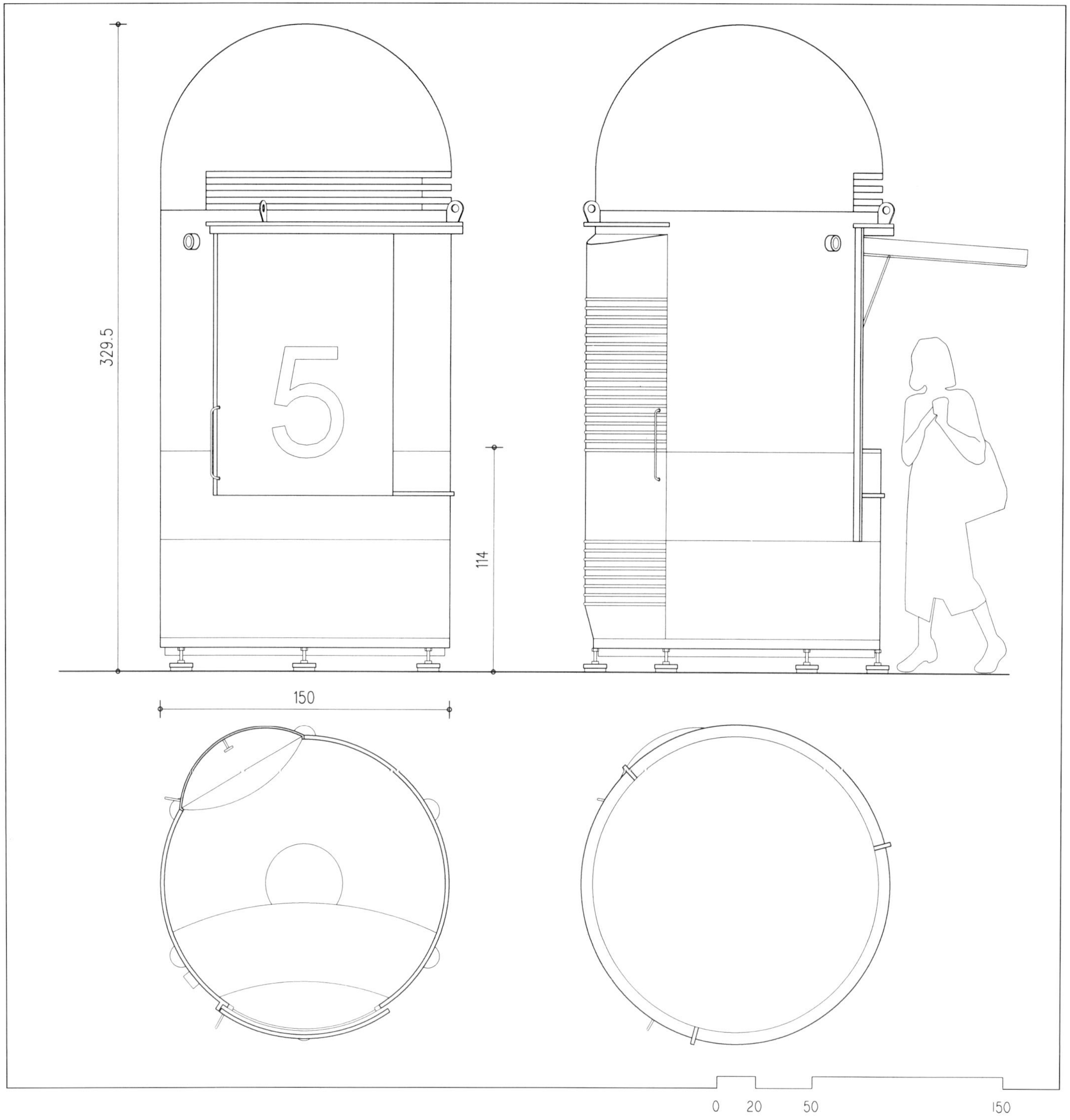

ESPECIFICACIONES TÉCNICAS
Estructura de perfiles de acero y accesorios de acero inoxidable.
Revestimiento de doble capa de poliéster reforzado con fibra de vidrio.
El mostrador interior es de madera acabada con formica.
Puerta de acceso con cerradura de seguridad. Incorpora un guardarropa en el espacio comprendido entre la puerta y la contrapuerta interior, también curvada. Abertura manual de la visera–marquesina mediante pistones oleoneumáticos.

COLOCACIÓN
Apoyada en el pavimento mediante cuatro patas regulables para su nivelación.

TECHNICAL SPECIFICATIONS
Structure of steel section and fittings in stainless steel.
Walls of double layer of polyester reinforced in the middle with fibreglass.
The interior counter is of wood finished with formica.
Access door with security lock. Space to hang clothes between the door and the interior door, also curved. Manual opening of the visor-awning with the aid of hydraulic cylinders.

FIXING
Simply set down on the pavement with four adjustable legs for levelling.

97. Cabina Venta Cupones/ *Coupon Sales Kiosk* O.N.C.E.

AUTOR/*DESIGNER*
Antoni Roselló (1986)

PRODUCTOR/*PRODUCER*
O.N.C.E. Delegación Barcelona/*O.N.C.E. (Organization for the Blind) Barcelona Branch.*

CARACTERÍSTICAS
La función de este quiosco es la venta de boletos de lotería de la O.N.C.E.
La formalización de este elemento se entiende como una microarquitectura compacta, independiente y autónoma. Cerrado es un prisma de poliéster. Abierto adopta otra forma, pues tres de los lados elevan su parte superior mediante un mecanismo de fácil manejo, convirtiéndose en marquesinas de protección solar. El techo, curvo, tiene una doble función: la tectónica de cubrir mediante un arco y la de proteger el sistema de aire acondicionado que contiene refrigeración y calefacción.

DIMENSIONES

Altura	255 cm
Base	115 x115 cm

DESCRIPTION
The function of this kiosk is the sale of O.N.C.E. lottery coupons in aid of the blind.
This item is formally expressed in a compact, free-standing and autonomously functioning piece of micro-architecture. When closed, it is a polyester prism. When open it adopts a different shape, for the top part of three of the sides opens up by means of an easy-to-work mechanism, to become protection awnings against strong sunlight. The curved roof has a dual function: the structural one of providing an arched covering and that of protecting the air conditioning system including cooling and heating equipment.

DIMENSIONS

Height	*255 cm*
Base	*115x115 cm*

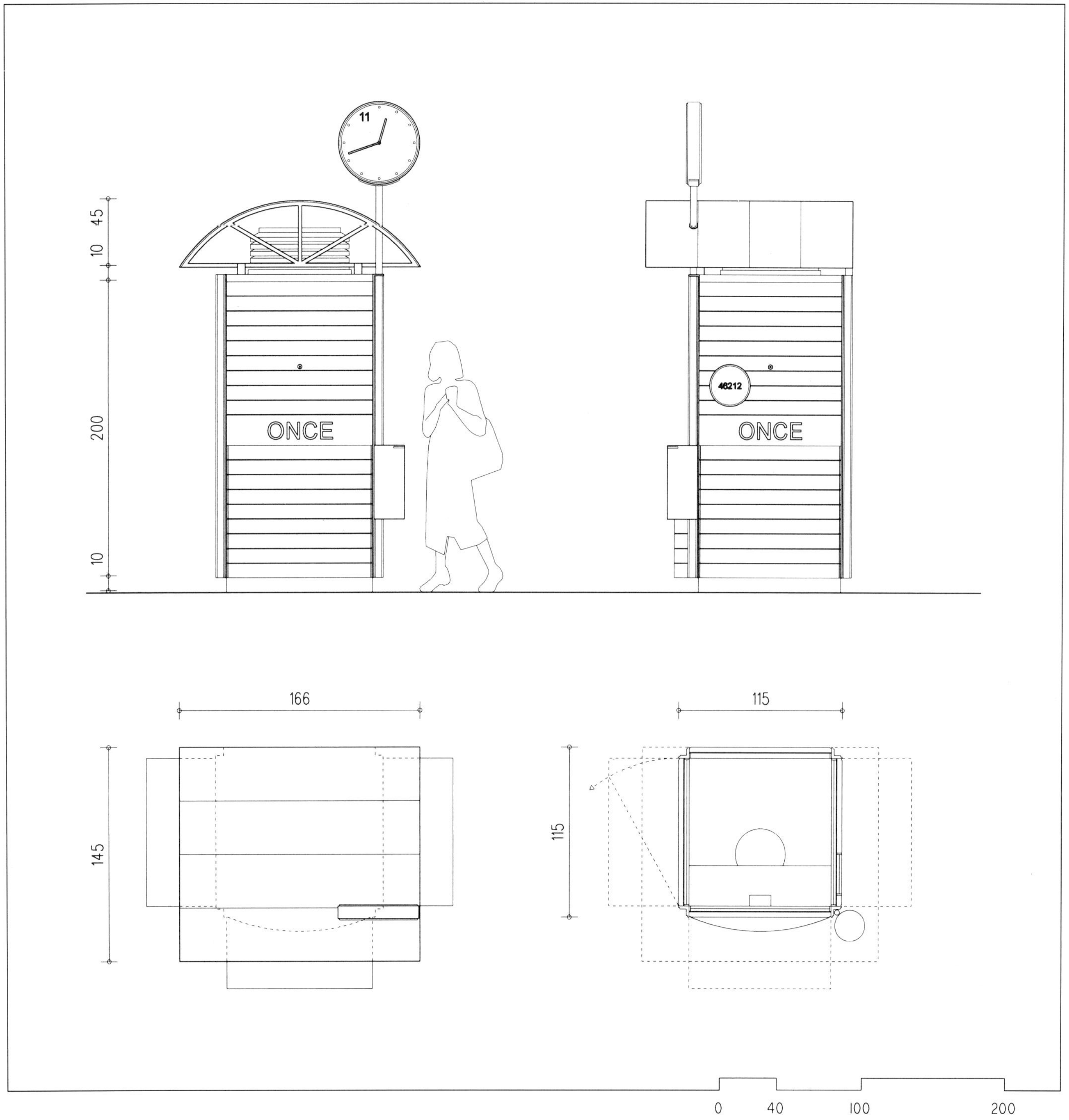

ESPECIFICACIONES TÉCNICAS
Estructura resistente de perfilería especial en aluminio extrusionado.
Paneles de cerramiento de poliéster con fibra de vidrio, realizados con resinas autoextinguibles. Aislamiento de poliuretano situado entre dos paneles con un espesor de 40 mm. Acristalamiento doble con cámara de aire. Uno de los paneles laterales es una puerta con cerradura de seguridad y cierre interior. En la parte superior se coloca un doble techo de poliéster reforzado para instalar la unidad condensadora del equipo acondicionador de aire.
Pavimento interior realizado en plancha de caucho antideslizante.

COLOCACIÓN
Se fija mediante tornillos a una base metálica previamente anclada al pavimento.

TECHNICAL SPECIFICATIONS
Resistant structure of extruded aluminium sections.
Wall panels in polyester with fibreglass, made with self-extinguishing resins. Polyurethane insulation 40 mm thick sandwiched between two panels. Double glazing with air gap. One of the side panels is a door with security lock and inner lock. On the top is fitted a double reinforced polyester roof for installation of the air conditioning condenser unit.
Interior flooring in non-slip rubber.

FIXING
Bolted to a metal base previously fixed to the pavement.

98. Edículo ascensor metro o aparcamiento/*Metro or car park lift module* V

AUTORES/*DESIGNERS*
Montse Periel - Màrius Quintana (1991)

PRODUCTOR/*PRODUCER*
Servei d'Elements Urbans de l'Ajuntament de Barcelona/*Urban Elements Department of the Barcelona City Council.*

CARACTERÍSTICAS
Elemento de vidrio y acero inoxidable para la salida a superficie del ascensor de metro o aparcamiento. Puede incluir la escalera de acceso al subterráneo y la ventilación.

DIMENSIONES

Módulo ascensor	Planta	200x200 cm
	Altura total	365 cm (sobre pavimento)
	Altura puerta	200 cm

El elemento se puede componer según necesidades añadiendo módulos de 2x2 metros.

DESCRIPTION
Glass and stainless steel unit for communication between the surface and the metro (underground railway) or car park. Can include the underground access stairway and ventilation.

DIMENSIONS

Lift module	*Plan*	*200x200 cm*
	Total height	*365 cm (over pavement)*
	Door height	*200 cm*

The module can be made up according to needs by adding modules of 2x2 metres.

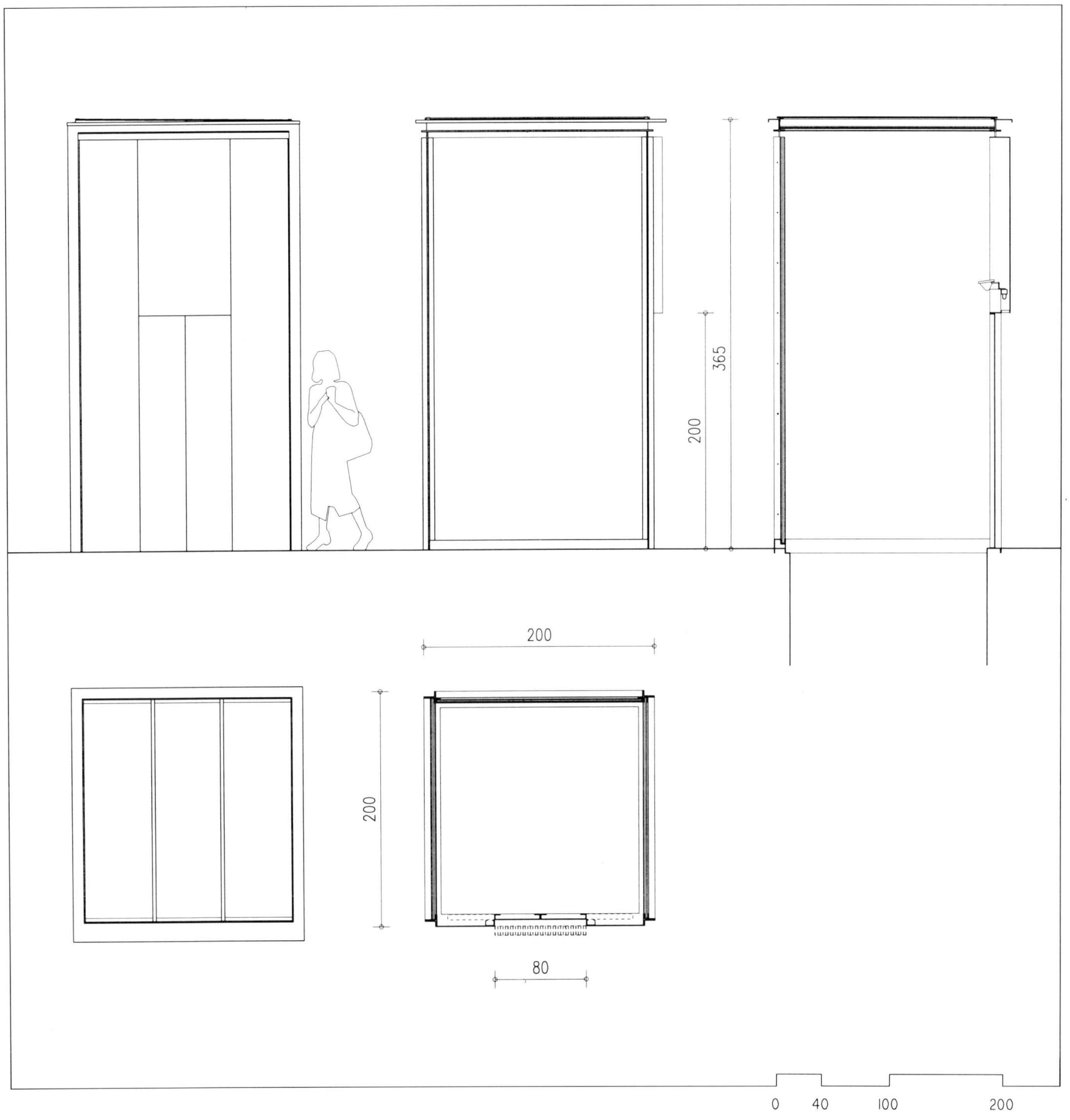

ESPECIFICACIONES TÉCNICAS
Perfiles conformados en caliente y pasamanos de acero inoxidable tipo AISI–316, acabado pulido satinado y con soldaduras de argón.
Tornillería de acero inoxidable.
Puertas en acero inoxidable acabado satinado de 40x200x 4,5 cm.
Cristales Stadip 6+6 o 6+6+6 con lámina de butiral de polivinilo transparente o traslúcido con cantos pulidos, aristas biseladas y juntas de neopreno entre los cristales y cualquier otro material.

COLOCACIÓN
Perfiles estructurales verticales soldados a placas de anclaje de acero inoxidable colocadas bajo el nivel de pavimento, acondicionadas según cada proyecto.

TECHNICAL SPECIFICATIONS
Hot-rolled sections and handrails in AISI-316 stainless steel with satin-polished finish and argon welds.
Stainless steel fasteners.
Stainless steel doors with satin finish, 40x200x4.5 cm.
Toughened laminated glass windows, either transparent or translucent with polished, bevelled edges and neoprene seals between the window panes and any other material.

FIXING
Vertical structural profiles welded to stainless steel baseplates fitted beneath pavement level, to suit each project.

99. Marquesina Autobuses/*Bus Shelter* PAL.LI

AUTORES/*DESIGNERS*
José L. Canosa - José A. Martínez Lapeña - Elías Torres (1987)

PRODUCTOR/*PRODUCER*
PUBLIMOB, S.A. Mobiliario Urbano.

CARACTERÍSTICAS
Marquesina para paradas de autobuses (pertenece a la línea de diseño PAL.LI), integrada al entorno urbano, innovadora, sólida, sencilla y de fácil mantenimiento.
Compuesta por estructura de tubulares de acero inoxidable pulido, techo opaco de poliéster con estructura metálica interior y mamparas verticales de cristal Securit.
Esta marquesina está pensada para instalarse con un O.P.P.I. de la misma línea de diseño PAL.LI.
Delta de Plata ADI–FAD 1988.

DIMENSIONES

Altura libre	240 cm
Longitud	420 cm (ampliable por múltiplos)
Anchura	163 cm

DESCRIPTION
Shelter for bus stops (part of the PAL.LI design range), integrated into the urban setting, innovative, solid, simple and easily maintained.
Made up of a structure of polished stainless steel tubes, opaque polyester roof with interior metal structure and vertical toughened glass panels.
This shelter is designed for installation with an I.I.P. which also forms part of the PAL.LI design range.
1988 ADI-FAD Silver Delta award.

DIMENSIONS

Free height	*240 cm*
Length	*420 cm (extendible in multiples)*
Width	*163 cm*

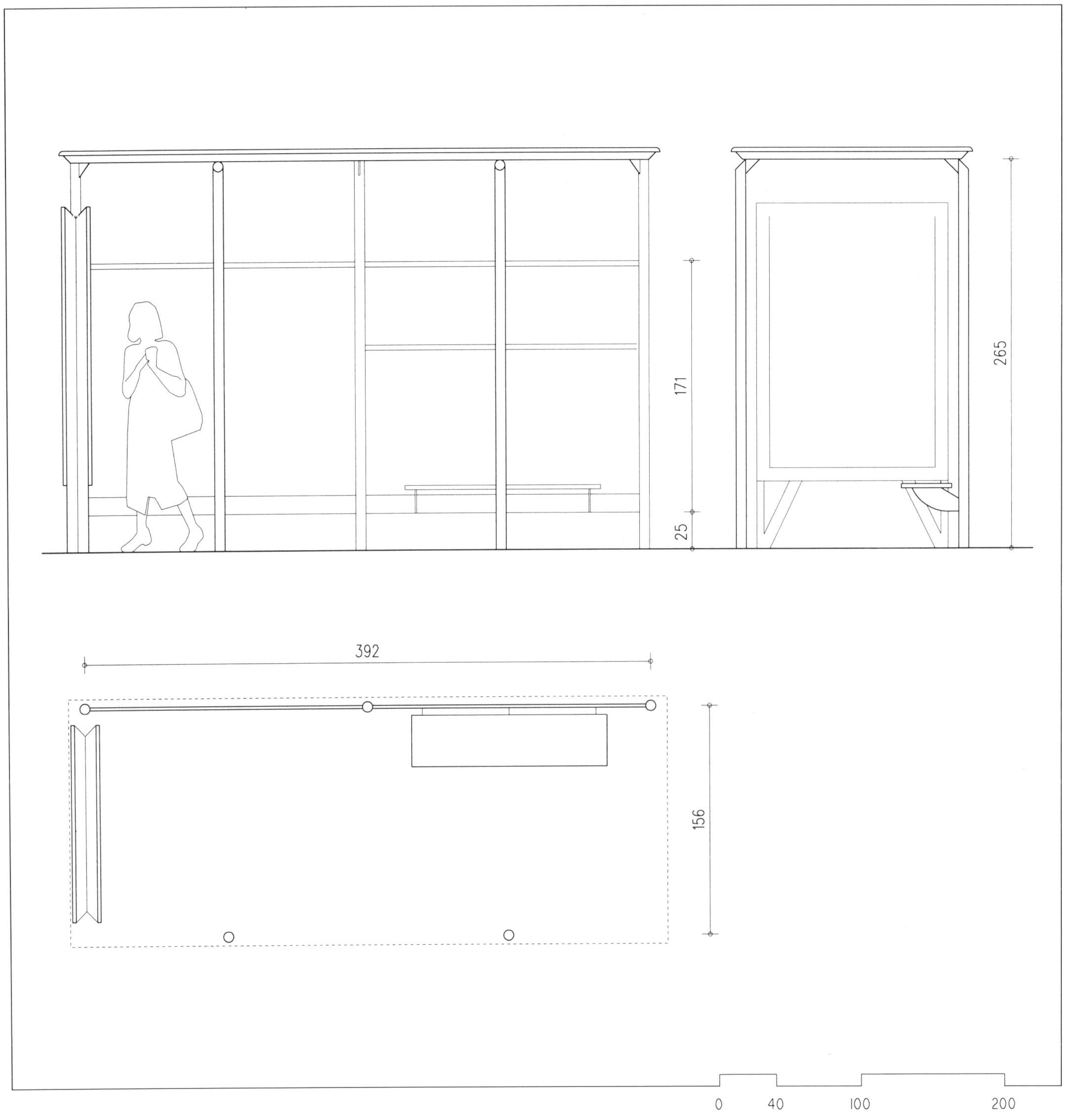

ESPECIFICACIONES TÉCNICAS
Estructura: cinco postes soporte de acero inoxidable pulido.
Estructuras posteriores de tubos rectangulares y perfiles longitudinales de acero inoxidable pulido como soporte de las mamparas.
Techo: estructura en perfilería tubular de acero que soporta cuerpo de poliéster irrompible y reforzado, en color a elegir.
Paramentos: elementos modulares de cristal Securit de 8 mm de espesor, soportados por estructuras de acero inoxidable. El paramento trasero está compuesto por cuatro lunas, dos de dimensiones 165x91,1 cm, otra de 182,2x55 cm y la cuarta de 182,2x107 cm.
Banco de capacidad para cuatro personas construido en poliéster sobre estructuras de acero tratado.
Cuadro de señalización de 175x52,5 cm en los cristales del paramento trasero, útil por ambas caras.

COLOCACIÓN
Postes anclados a dados o a losa de hormigón armado, según necesidades, mediante espárragos roscados de acero galvanizado y tuercas para nivelación y fijación.

TECHNICAL SPECIFICATIONS
Structure: Five polished stainless steel support posts. Rear structures of rectangular hollow section and longitudinal polished stainless steel sections to support the panels.
Roof: Structure of steel hollow section supporting the unbreakable reinforced polyester roofing, in colour of choice.
Wall: Modular panels of 8 mm toughened glass, supported by stainless steel structures. The rear wall is composed of four glass panels, two of 165x91.1 cm, another of 182.2x 55 cm and the fourth of 182.2x107 cm.
Bench with seating for four persons, constructed in polyester on treated steel structure.
Signboard frame of 175x52.5 cm on the panels of the rear wall, usable on both sides.

FIXING
Posts fixed to reinforced concrete blocks or to paving slabs, according to needs, by means of galvanized steel threaded studs and nuts for levelling and securing.

100. Marquesina Autobuses/*Bus Shelter* HOLSCHER

AUTOR/*DESIGNER*
Knud Holscher (1989)

PRODUCTOR/*PRODUCER*
JCDECAUX, S.A. Mobilier Urbain.

CARACTERÍSTICAS
Marquesina de protección para paradas de autobús pensada para soportar climas húmedos cercanos al mar. Está construida en acero galvanizado pintado al horno y cristal de seguridad y contiene banco para cuatro personas, cajón para anuncios de doble cara y cuadro de información.
La marquesina es especialmente ancha para proteger totalmente una persona en silla de ruedas.

DIMENSIONES

Marquesina	Longitud	406,1 cm
	Profundidad	190 cm
	Altura total	251 cm
Cajón	Sup.visible	172x116 cm

DESCRIPTION
Protective shelter for bus stops designed to withstand damp seaside climates. Constructed in baked-enamelled galvanized steel, with safety glass, housing a bench for four persons, double-sided board for advertising and information panel.
The shelter is specially wide in order to provide total protection for a person in a wheelchair.

DIMENSIONS

Shelter	*Length*	*406.1 cm*
	Depth	*190 cm*
	Total height	*251 cm*
Board	*Visible surface*	*172x116 cm*

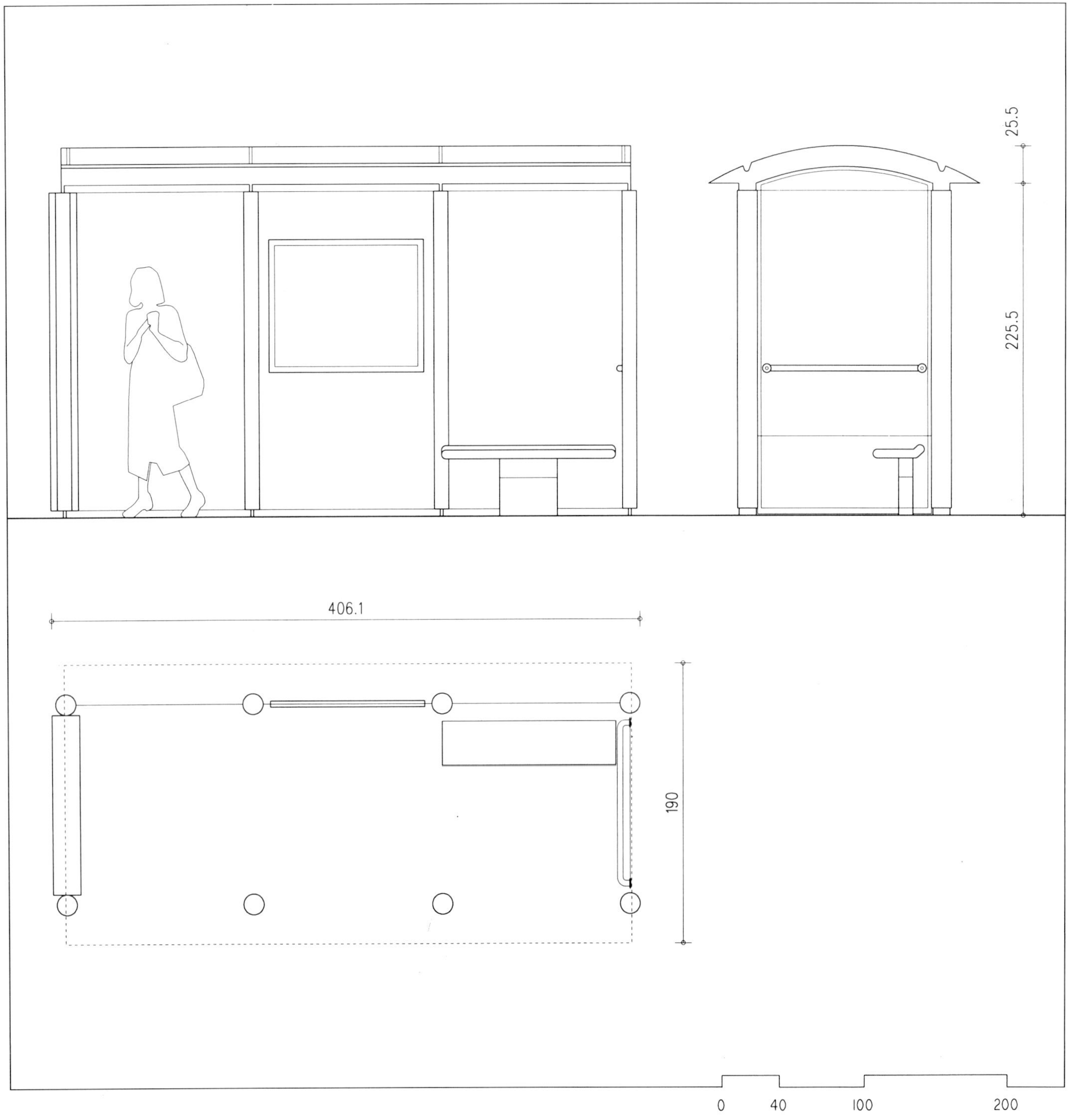

ESPECIFICACIONES TÉCNICAS
Estructura compuesta por seis postes de sección rectangular de acero galvanizado en caliente que sostienen el techo en su conjunto, el cajón de anuncios publicitarios y los vidrios. Los postes están recubiertos de embellecedores de acero galvanizado y acabados con pintura poliéster secada al horno.
Techo fijo sobre los postes, diseñado para resistir el peso de 10 personas, formado por dos pieles ensambladas para un perfecto acabado y resistencia al clima. La iluminación está integrada en la piel inferior. Las ranuras del techo están dispuestas de forma que recojan el agua de lluvia y la evacuen por los laterales.
Los cristales son de vidrio Securit antivandálicos y serigrafiados para una mejor visibilidad.
Cajón para anuncios de doble faz en perfil de aluminio cromatizado, iluminado interiormente mediante tres tubos fluorescentes, difusores de metacrilato con soporte de carteles y dos puertas Securit que se abren a la italiana.
Cuadro horario de información fijado al cristal posterior destinado a la compañía de transportes.

COLOCACIÓN
Fijada mediante dados de hormigón realizados in situ, con pernos de anclaje y ranura para conexión eléctrica.

TECHNICAL SPECIFICATIONS
Structure of six rectangular section heat-galvanized steel posts which support the roof as a whole, the advertising board and the glass panels. The posts are covered with galvanized steel trim and finished with oven-dried polyester paint.
Roof fixed onto the posts and designed to withstand the weight of 10 persons, made up of two skins carefully assembled for perfect finish and weather resistance. The lighting is built into the lower skin. The grooves on the roof are arranged so as to catch rainwater and channel it at the sides.
The glass panels are of vandalproof toughened glass, screen-printed to make them more clearly visible.
Double-sided advertising box in coloured aluminium sections, interior lighting by three fluorescent tubes, perspex diffusors with poster supports and two toughened glass panels hinged at the top.
Timetable board for the transport company fixed to the rear glass panel.

FIXING
Fixed in concrete blocks cast in situ, with fixings and slot for electrical connection.

101. Marquesina Autobuses/*Bus Shelter* FOSTER

AUTOR/*DESIGNER*
Norman Foster (1991)

PRODUCTOR/*PRODUCER*
JCDECAUX, S.A. Mobilier Urbain.

CARACTERÍSTICAS
Marquesina de protección para paradas de autobús, construida en acero y aluminio pintados al horno de color gris metal y cristal de seguridad, con banco para cuatro personas, cajón para anuncios de doble cara y cuadro de información.

DIMENSIONES

Marquesina	Longitud	401 cm
	Profundidad	170,5 cm
	Altura total	242 cm
Cajón	Total	185x130 cm
	Superficie visible	172x116 cm

DESCRIPTION
Shelter for bus stops, constructed in metallic grey enamelled steel, aluminium and safety glass, with bench for four persons, double-sided advertising panel and information board.

DIMENSIONS

Shelter	*Length*	*401 cm*
	Depth	*170.5 cm*
	Total height	*242 cm*
Board	*Total*	*185x130 cm*
	Visible surface	*172x116 cm*

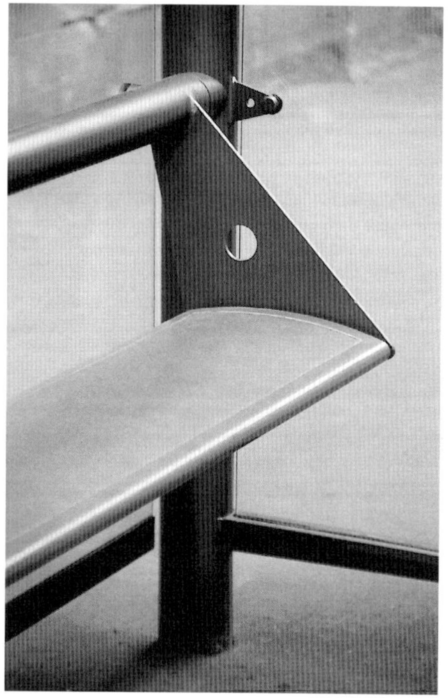

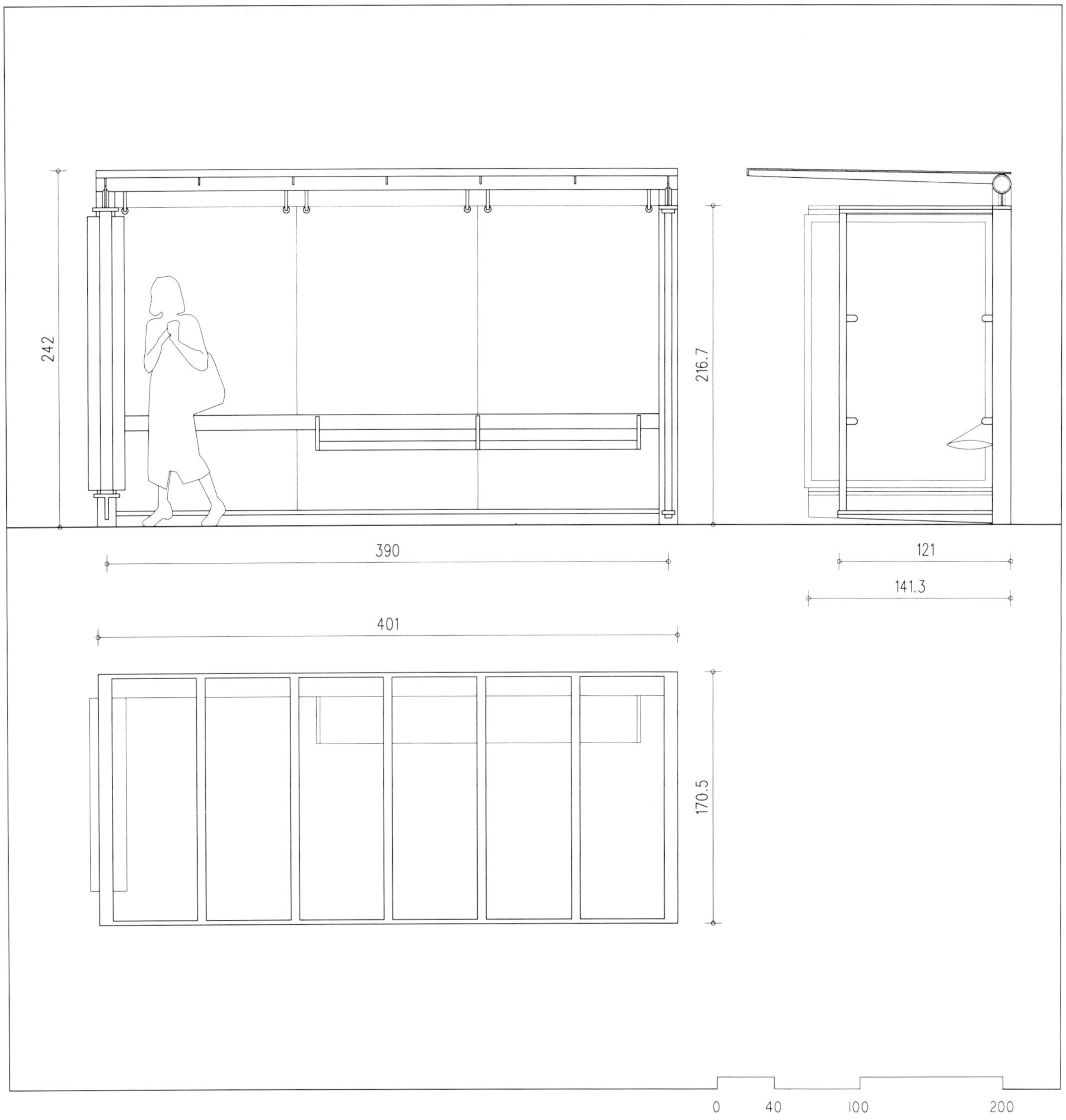

ESPECIFICACIONES TÉCNICAS

Estructura compuesta por dos postes tubulares de acero metalizado en cinc que sostienen el techo en su conjunto, el cajón de anuncios publicitarios y el vidrio lateral. Los postes se unen en la parte central por un travesaño que soporta el banco para cuatro personas y sujeta los cristales posteriores.

Techo fijo sobre los postes, formado por un conjunto de travesaños tubulares y perfiles soldados de acero. La cubierta es de cristales Securit de 10 mm de espesor.

Los cristales posteriores y el lateral son iguales que el de la cubierta. Están protegidos con un perfilado de aluminio y fijados con patas para cristales.

Cajón para anuncios de doble faz en perfil de aluminio cromatizado, difusores de metacrilato con soporte de carteles y dos puertas Securit que se abren a la italiana.

Iluminación del cajón: 3 tubos fluorescentes. Del techo: lámparas de 12 v protegidas.

Cuadro horario de información fijado al cristal posterior destinado a la compañía de transportes.

COLOCACIÓN

Fijada mediante dados de hormigón realizados in situ, pernos de anclaje y ranura para conexión eléctrica.

TECHNICAL SPECIFICATIONS

Structure composed of two galvanized tubular steel posts which support the roof assembly, the advertising panel and the side glass panel. The posts are joined to the central part by a crosspiece which supports the bench for four persons and secures the rear glass sections.

Roof fixed onto the posts, made up of a number of tubular crosspieces and welded steel sections.

The roof is 10 mm toughened glass.

The rear and side glass panels are the same as the roof. They are protected with aluminium profiles and fixed with feet for glass panels.

Double-sided advertising box in coloured aluminium section, perspex diffusors with poster supports and two Securit panels hinged at the top.

Box lighting: 3 fluorescent tubes. In roof: 12 V protected lights.

Timetable board for the transport company fixed to the rear glass panel.

FIXING

Fixed in concrete blocks cast in situ, with fixing bolts and slot for electrical connection.

102. Parking Bicicletas/*Bicycle Rack* BD

AUTOR/*DESIGNER*
Pep Bonet (1987)

PRODUCTOR/*PRODUCER*
B.D. Ediciones de Diseño.

CARACTERÍSTICAS
Mínima expresión de un elemento que cumple perfectamente con su función.
Elemento de chapa de acero para aparcar bicicletas, indistintamente para una de las ruedas.

DIMENSIONES
7x8x100 cm de altura

DESCRIPTION
Minimum expression of a facility which fulfils its function perfectly.
Steel plate bicycle rack, in which bicycles can be parked using either the front or the rear wheel.

DIMENSIONS
7x8x100 cm high

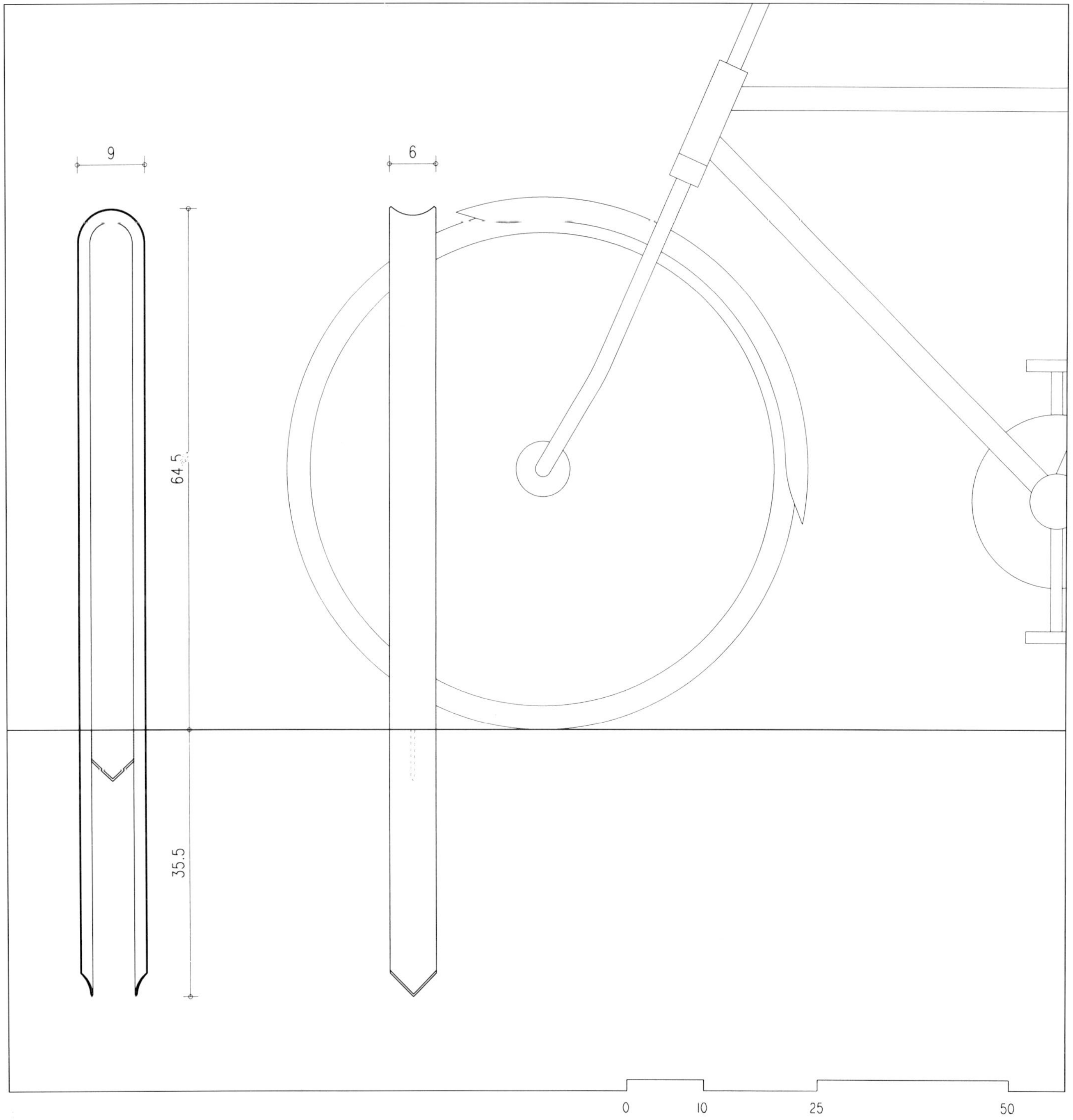

ESPECIFICACIONES TÉCNICAS
Chapa de acero galvanizado en caliente, curvada en forma de U y acabada en punta para facilitar su anclaje.

COLOCACIÓN
Tiene dos formas de colocación: clavada en tierra directamente mediante martillazos en la chapa intermedia, hasta dejar el borde superior de la misma a ras de suelo, o bien hormigonada hasta el borde superior de la chapa intermedia. En ambos casos la longitud del empotramiento será de 35 cm.

TECHNICAL SPECIFICATIONS
Heat-galvanized steel plate, curved in U shape and terminating in a spike to aid fixing.

FIXING
Two methods of fixing: Driven into the ground directly by hammer blows on the intermediate plate, until the upper edge of the latter is left flush with ground level, or setting into concrete up to the upper edge of the intermediate plate. In either case the rack will be set 35 cm into the ground.

103. Parking Bicicletas/*Bicycle Rack* BICIBLOCK

AUTOR/*DESIGNER*
Alfredo Tasca (1990)

PRODUCTOR/*PRODUCER*
METALCO, S.p.A.

CARACTERÍSTICAS
Elemento realizado a partir de una estructura tubular suspendida por dos basamentos de hormigón, a la cual va soldado un enrejado de tubos de acero moldeados.
Existe en tres longitudes según sea para 5, 7 o 9 plazas.

DIMENSIONES

Altura total	42 cm
Longitud total	195 cm (5pl) / 255 cm (7pl) / 315 cm (9pl)
Ancho	75 cm

DESCRIPTION
Made from a tubular structure suspended from two concrete bases, to which a grid of shaped steel tubes is welded. Supplied in three lengths, to take 5, 7 or 9 bicycles.

DIMENSIONS

Total height	*42 cm*
Total length	*195 cm (5 pl), 255 cm (7 pl), 315 (9 pl)*
Width	*75 cm*

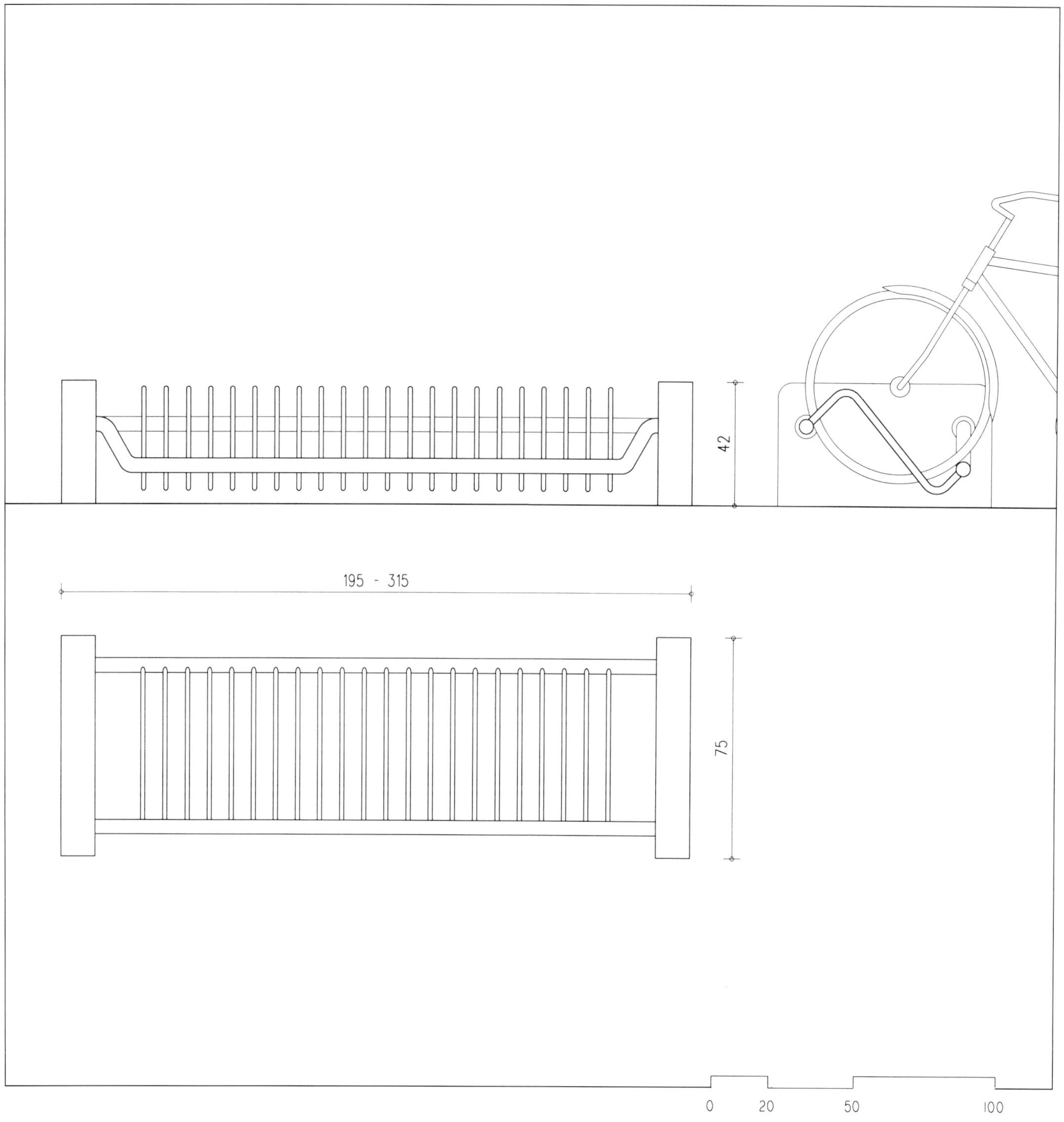

ESPECIFICACIONES TÉCNICAS
Tubo de acero moldeado de ø 40 mm para los estructurales y ø 25 mm para el enrejado, galvanizado en caliente y termolacado en todas las opciones.
Los soportes del conjunto son dos piezas de hormigón armado, acabado arenado de 75x42x12 cm, a los cuales van roscados los tubos estructurales.

COLOCACIÓN
Simplemente apoyado en el pavimento.

TECHNICAL SPECIFICATIONS
40 mm ø moulded steel tube for the structural tubes and 25 mm ø for the grid tubes, heat-galvanized and enamelled in all options.
The supports of the unit are two pieces of sand-finished reinforced concrete measuring 75x42x12 cm, to which are threaded the structural tubes.

FIXING
Simply resting on the pavement.

104. Parking Bicicletas/*Bicycle Rack* DI

AUTORES/*DESIGNERS*
Designit Arhus, IDD (1992)

PRODUCTOR/*PRODUCER*
VECSO TAULOV A/S.

CARACTERÍSTICAS
Elemento realizado a partir de una estructura tubular, suspendida por dos pilares circulares, en la cual se pueden colocar 5 o 10 soportes para bicicletas, según sean mono o bilaterales.
Opcionalmente se pueden colocar individualmente o en grupos de cinco atornillados a un muro.

DIMENSIONES	
Altura total	70 cm
Longitud total	261,4 cm
Ancho monolateral	29 cm
Ancho bilateral	36 cm

DESCRIPTION
Based on a tubular structure, suspended by two circular pillars, on which 5 or 10 bicycle brackets can be fitted, depending on whether one- or two-sided.
Optionally, can be installed individually or in groups of five bolted to a wall.

DIMENSIONS	
Total height	*70 cm*
Total length	*261.4 cm*
One-sided width	*29 cm*
Two-sided width	*36 cm*

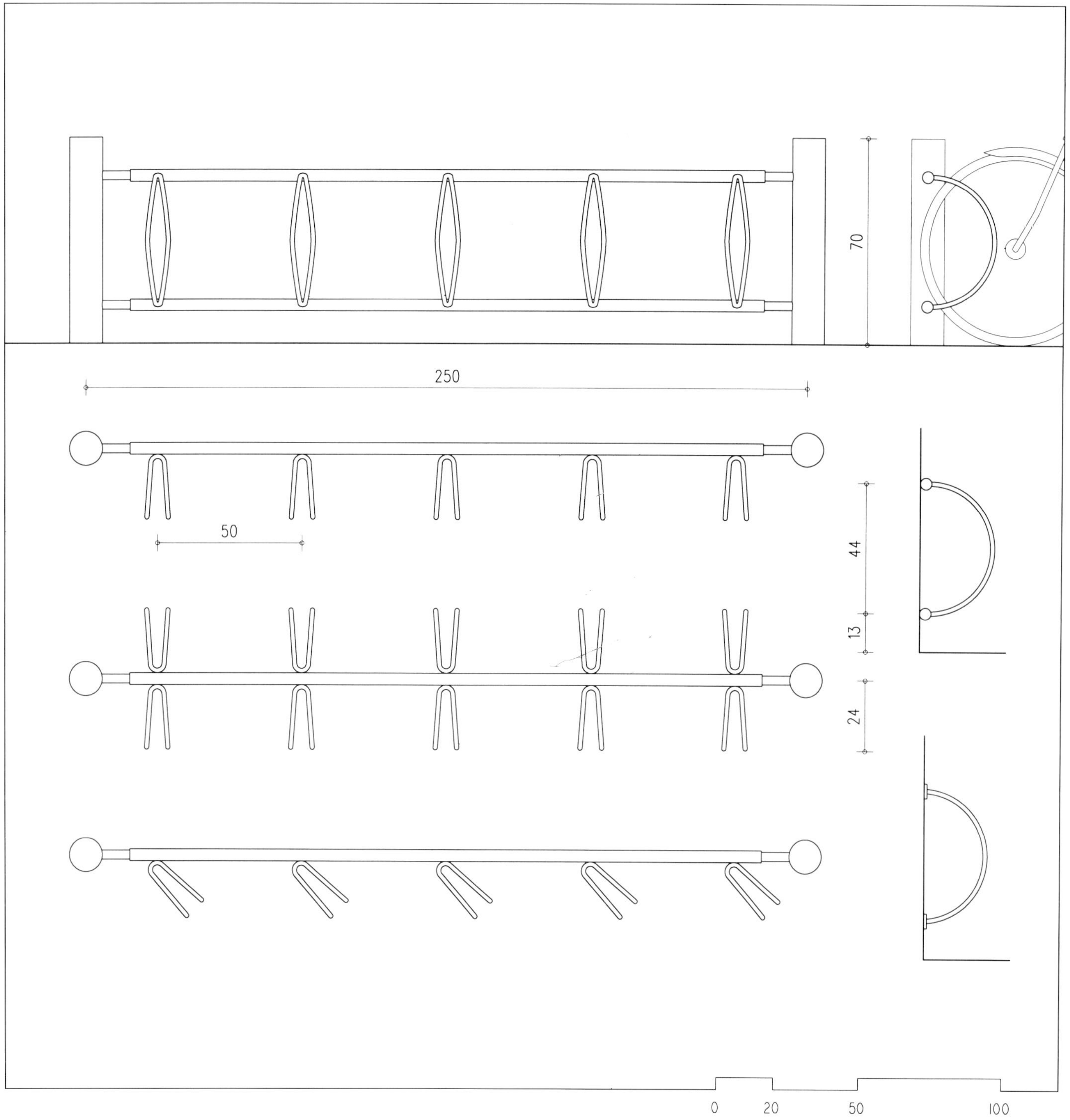

ESPECIFICACIONES TÉCNICAS
Tubo de acero galvanizado en caliente y termolacado en todas las opciones.
Los soportes para las ruedas son de tubo doblado de 16 mm, que van soldados a dos soportes transversales de 33 mm, y éstos anclados a los dos pilares de 114 mm.
Los soportes para las ruedas pueden ir colocados a 90° o 45° respecto del plano estructural.

COLOCACIÓN
Los dos pilares empotrados 20 cm en el pavimento, o atornillados individualmente o en grupos de 5 en un muro.

TECHNICAL SPECIFICATIONS
Hot-galvanized enamelled steel tube in all options.
The wheel brackets are of 16 mm bent tube, which are welded to two 33 mm side supports, the latter being fixed to the two 114 mm pillars.
The wheel brackets can be mounted at 90° or 45° with respect to the plane of the structure.

FIXING
The two pillars set 20 cm into the pavement, or bolted individually or in groups of 5 onto a wall.

105. Parking Bicicletas/*Bicycle Rack* CITYBIKE

AUTOR/*DESIGNER*
Alfredo Tasca (1993)

PRODUCTOR/*PRODUCER*
METALCO, S.p.A.

CARACTERÍSTICAS
Elemento modular realizado a partir de dos elementos: una estructura tubular y soportabicicletas de barillas de acero, aguantados por dos pilares de sección rectangular. El módulo tiene capacidad para 4 u 8 bicicletas según sea mono o bilateral.

DIMENSIONES

Altura total	56,5 cm
Longitud total (1 módulo)	190 cm
Longitud entre ejes	184 cm
Ancho monolateral	30 cm
Ancho bilateral	52 cm

DESCRIPTION
Modular facility consisting of two parts: a tubular structure and steel-bar bicycle rack supported by two rectangular section pillars. The module takes 4 or 8 bicycles, depending on whether one- or two-sided.

DIMENSIONS

Total height	*56.5 cm*
Total length (1 module)	*190 cm*
Length between column centres	*184 cm*
One-sided width	*30 cm*
Two-sided width	*52 cm*

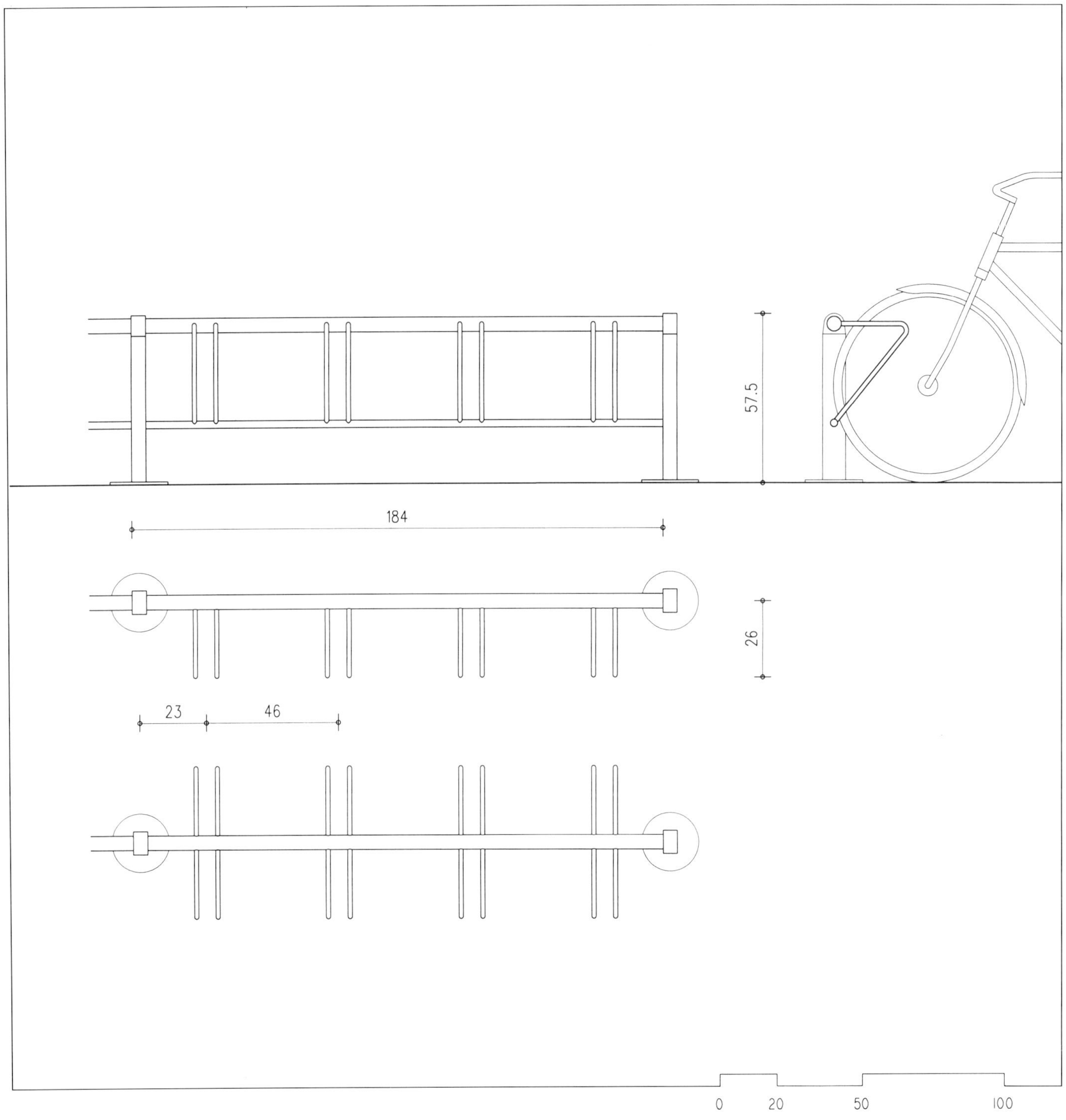

ESPECIFICACIONES TÉCNICAS

Pilares de sección 50x100 mm, de perfil laminado de acero cincado en caliente y barnizado con polvo de poliéster, al igual que el resto del elemento.

Los soportes para las ruedas son de tubo doblado de acero de 14 mm que van soldados a otros dos soportes transversales de 60 y 30 mm. El inferior va empotrado a los pilares y el superior atornillado mediante una pieza de fundición de aluminio.

COLOCACIÓN

Atornillado al pavimento mediante dos pletinas circulares soldadas a la base de los pilares.

TECHNICAL SPECIFICATIONS

Columns of 50x100 mm in hot-dip galvanized steel hollow section, painted with polyester dust, like the rest of the item. The wheel brackets are of 14 mm bent steel tube which are welded onto two transversal supports of 60 and 30 mm diameter. The lower of these is set into the pillars and the upper is bolted on using a cast aluminium union.

FIXING

Bolted onto the pavement by means of two circular plates welded to the base of the columns.

106. Parking Bicicletas/*Bicycle Rack* SyDU

AUTOR/*DESIGNERS*
Estrella Ordóñez - Enric Pericas (1994)

PRODUCTOR/*PRODUCER*
SEÑALIZACIÓN Y DISEÑOS URBANOS, S.A.

CARACTERÍSTICAS
Elemento realizado a partir de un tubo curvado, para aparcar bicicletas apoyándolas en el mismo tubo.

DIMENSIONES

Diámetro tubo	5 cm
Altura total	95 cm
Altura sobre pavimento	75 cm
Ancho	75 cm

DESCRIPTION
Made from a curved tube. Bicycles are parked by leaning them against the tube itself.

DIMENSIONS

Tube diameter	*5 cm*
Total height	*95 cm*
Height above pavement	*75 cm*
Width	*75 cm*

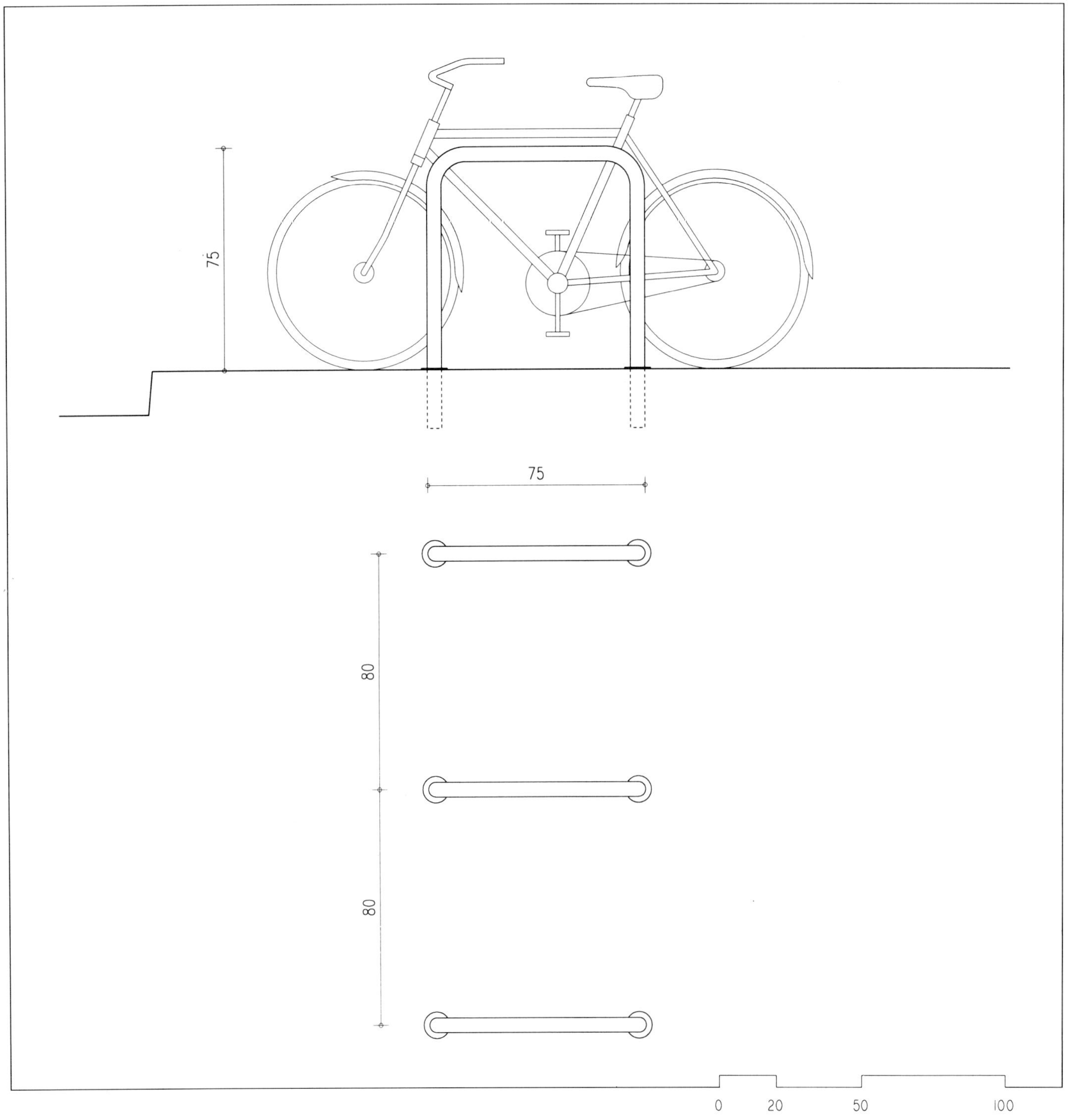

ESPECIFICACIONES TÉCNICAS
Tubo de acero galvanizado en caliente o de acero inoxidable, curvado en forma de U.

COLOCACIÓN
Empotrado 20 cm por los dos extremos en el pavimento y acabado con dos arandelas de 90 mm de diámetro exterior.

TECHNICAL SPECIFICATIONS
Hot-galvanized or stainless steel tube, curved into U shape.

FIXING
Set 20 cm into pavement at both ends and finished with two rings of 90 mm outside diameter.

107. Torre Vigilancia Playas/ *Beach Lookout Tower* CMB

AUTORES/*DESIGNERS*
Jordi Costa - Albert Prats - Joan Miquel Riba de Palau (1989)

PRODUCTOR/*PRODUCER*
Mancomunitat de Municipis de l'Àrea Metropolitana de Barcelona.
IMSOL. Gerència de la Costa.

CARACTERÍSTICAS
Torre de vigilancia que se sitúa en las playas para uso de personal de control y salvamento.
Incorpora banderas de aviso del estado de la mar para conocimiento de los bañistas. El asiento del socorrista se sitúa sobre una plataforma elevada para ampliar su campo de visión.
Es un elemento desmontable para poder retirarlo fuera de temporada.
Premio FAD de Arquitectura a la mejor realización efímera.

DIMENSIONES

Altura total	955 cm (desde la arena)
Altura plataforma	500 cm (desde la arena)
Diámetro plataforma	140 cm
Diámetro parasol	260 cm

DESCRIPTION
Lookout tower situated on the beaches for the use of lookouts and lifeguards, which includes warning flags to warn bathers of the state of the sea. The lifesaver's seat is set on a raised platform to increase his/her field of vision.
This is a demountable item, so that it can be removed out of season.
FAD Architecture Award for the best ephemeral design.

DIMENSIONS

Total height	*955 cm (from sand)*
Platform height	*500 cm (from sand)*
Platform diameter	*140 cm*
Parasol diameter	*260 cm*

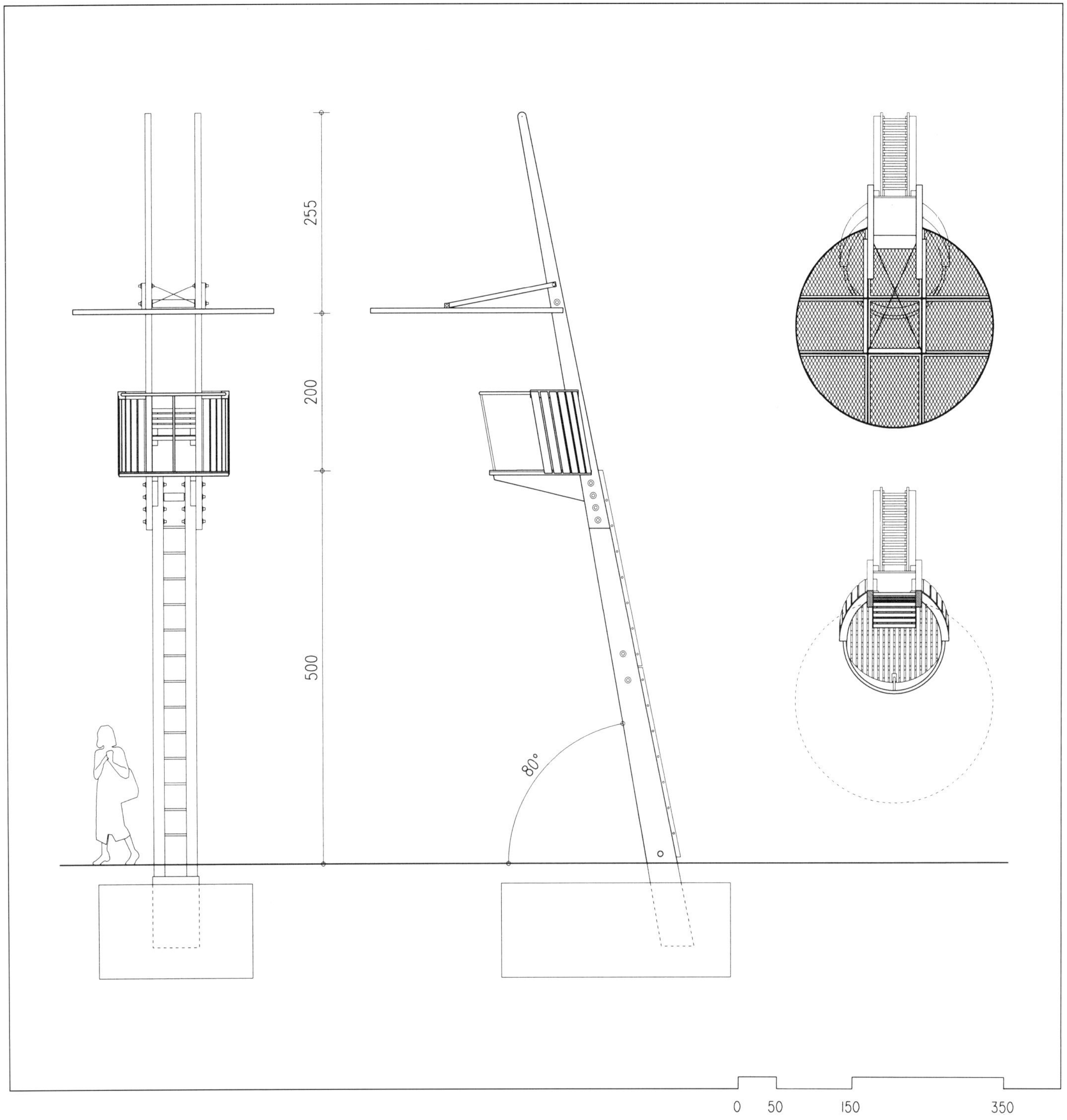

ESPECIFICACIONES TÉCNICAS

Consta básicamente de dos tablones iguales de perfil aguzado, que soportan mediante dos ménsulas una plataforma de planta circular construida con doble listonado. Entre los dos tablones se incluye una escalera de barrotes para acceso a la plataforma. En la plataforma se colocará una banqueta de listones cogida con otras dos ménsulas. Fabricada en madera de bolondo con herrajes de acero inoxidable.
Parasol de planta circular de diámetro mayor que la plataforma de tejido calado con el logotipo de la Cruz Roja sobre fondo blanco y estructura de perfiles de aluminio.

COLOCACIÓN

Se introducen los tablones en un dado de hormigón armado con cemento resistente a la corrosión del agua de mar, de 200x300x120 cm colocado 20 cm por debajo del nivel de arena y que tiene encastado un cubo de acero inoxidable para el encaje de los tablones.

TECHNICAL SPECIFICATIONS

Comprises basically two large posts of pointed profile which by means of two brackets support a circular-plan platform constructed with double boarding. Between the two posts is a ladder for access to the platform. On the platform is a slatted seat supported on two further brackets. Made in bolondo wood with stainless steel fittings.
Circular-plan parasol of larger diameter than the platform, in fabric embroidered with the Red Cross logotype on white background, on a structure of aluminium sections.

FIXING

The posts are set 20 cm below the level of the sand into a 200x300x120 cm reinforced concrete block made with cement resistant to seawater attack. The block has a stainless steel socket let into it for fitting the posts.

108. Silla Vigilancia Playas/ *Beach Lookout Chair* CMB

AUTOR/*DESIGNER*
Antoni Roselló (1995)

PRODUCTOR/*PRODUCER*
Estudi ROSELLÓ Associats, S.L.

CARACTERÍSTICAS
Silla de vigilancia que se sitúa en las playas para uso de personal de vigilancia y salvamento, muy estable y de aspecto ligero.
Al final de la jornada se pueden desmontar la escalera y el asiento para preservar su uso. Al final de temporada se puede plegar para facilitar su almacenamiento.
Creada por encargo de la Gerència de la Costa de la Mancomunitat de Municipis de l'Àrea Metropolitana de Barcelona.

DIMENSIONES

Altura total	260 cm (desde la arena y sin contar la sombrilla)
Altura asiento	210 cm (desde la arena)
Anchura (patas traseras)	160 cm
Profundidad total	200 cm

DESCRIPTION
Lookout chair placed on beaches for the use of lifeguards. Very stable, yet of light appearance.
At the end of the day the ladder and seat can be dismantled and removed to prevent misuse. At the end of the season it can be folded up for easier storage.
Commissioned by the Coast Management department of the Mancomunitat de Municipis de l'Area Metropolitana de Barcelona.

DIMENSIONS

Total height	*260 cm (from sand, not counting sunshade)*
Seat height	*210 cm (from sand)*
Width (rear legs)	*160 cm*
Total depth	*200 cm*

ESPECIFICACIONES TÉCNICAS
Toda la estructura es de tubo de hierro galvanizado de ø 48 o 33 mm.
El asiento y el respaldo son de plancha perforada galvanizada.
Se incorpora una sombrilla de lona con el logotipo de la Cruz Roja para la protección solar.

COLOCACIÓN
Las patas terminan con unos discos metálicos de ø 36 cm que se empotran unos 20 cm en la arena y dan estabilidad al conjunto.

TECHNICAL SPECIFICATIONS
The entire structure is of galvanized steel tubing, 48 or 33 mm in diameter.
The seat and backrest are of galvanized perforated steel sheet.
Fitted with a canvas sunshade with the Red Cross logotype.

FIXING
The legs end in metal discs 36 cm in diameter which are set some 20 cm into the sand to lend the chair stability.

109. Juegos Infantiles/*Children's Games Unit* PLANO INCLINADO

AUTORES/*DESIGNERS*
Roberto Ferreira - Elsa López (1982)

PRODUCTOR/*PRODUCER*
CONTENUR, S.A.

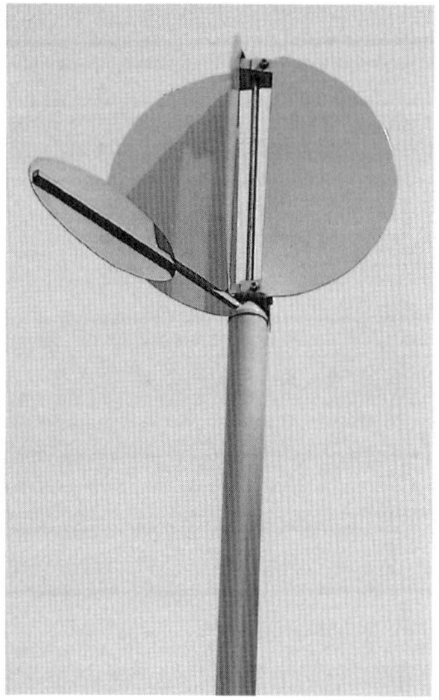

CARACTERÍSTICAS
Los juegos infantiles Plano Inclinado están realizados con materiales de gran resistencia como la madera y el acero inoxidable.
Su diseño no apela a elementos figurativos, sino a elementos que desarrollen en el niño la imaginación y toda su potencialidad lúdica.
Seleccionados para los Premios Delta ADI–FAD 1990.

DIMENSIONES
Partiendo de la malla de 120x120 cm, hay multitud de medidas según las composiciones.

DESCRIPTION
The Plano Inclinado children's games unit is made in very strong materials such as wood and stainless steel.
The design has no recourse to figurative elements, but rather to ones which develop the child's imagination and full play potential.
Selected for the 1990 ADI-FAD Delta Awards.

DIMENSIONS
On the basis of the 120x120 cm grid, the dimensions vary according to composition.

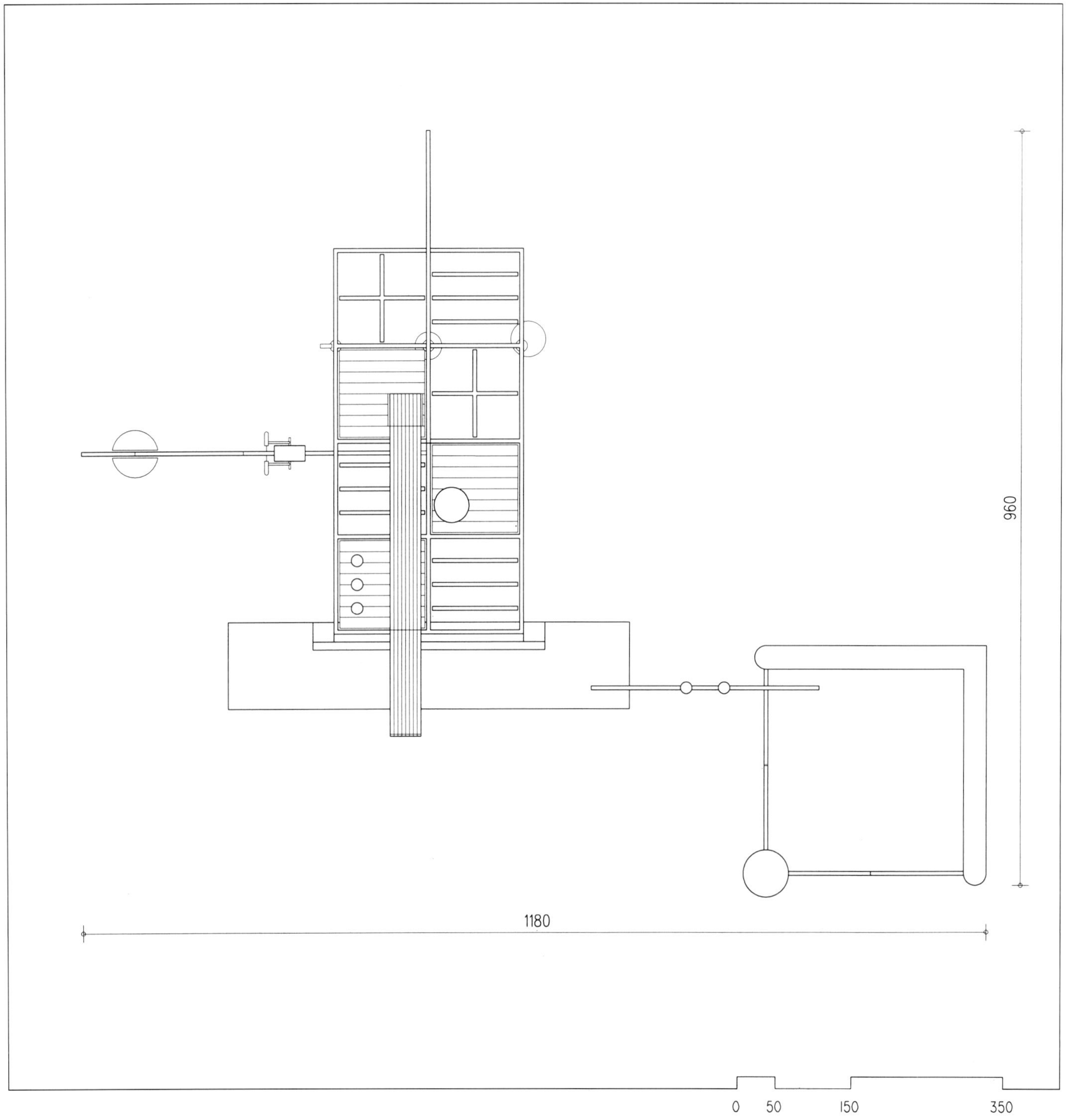

ESPECIFICACIONES TÉCNICAS

Configurado como una malla o cuadrícula de 120x120 cm, es a su vez soporte de diversos elementos de juego, colocados debajo o encima, o relacionando ambos niveles.

El plano inclinado, que es el eje principal sobre el cual gravitan el resto de elementos, puede incorporar múltiples combinaciones: muros, cilindros, columpios, aros, areneros, recintos semicerrados, puentes, torres...

Los materiales usados son el acero inoxidable (tubos de acero pintados en colores básicos y recubiertos de poliamida) y madera tropical tratada con impregnación al vacío (VAC– VAC).

COLOCACIÓN

Los apoyos de acero inoxidable van anclados a cimentaciones de hormigón armado o peanas también de hormigón hechas in situ, de dimensiones variables según los juegos. Contenur entrega los juegos totalmente montados e instalados.

TECHNICAL SPECIFICATIONS

Laid out as a 120x120 cm mesh or grid, acting as a support for various play items placed above or below, or linking the two levels.

The inclined plane, which is the main axis around which the other parts gravitate, can be fitted with multiple combinations: walls, cylinders, swings, rings, sand pits, semi-enclosed areas, bridges, towers.

The materials used are of stainless steel (steel tubes painted in basic colours and coated with polyamide) and tropical wood with vacuum impregnation treatment (VAC-VAC).

FIXING

The stainless steel supports are fixed to reinforced concrete foundations or concrete bases cast in situ, of variable dimensions according to the games. Contenur delivers the games fully assembled and installed.

110. Juegos Infantiles/*Children's Games* *Unit* OLIMPIA

AUTOR/*DESIGNER*
Antoni Roselló (1991)

PRODUCTOR/*PRODUCER*
Fundiciones de Hierros COLOMER, S.A.

CARACTERÍSTICAS
Los juegos Olimpia tienen unas formas elementales que pretenden motivar al niño, estimulando los movimientos básicos del cuerpo: subir, bajar, saltar, hacer equilibrio... Se componen de distintos módulos que permiten cualquier tipo de colocación. Se adaptan a todos los espacios.
Delta de Plata ADI–FAD 1992.

DIMENSIONES
Módulos variables entre: 300x50 cm, 320x230 cm, 470x 120 cm.

DESCRIPTION
The Olimpia games unit has basic shapes which aim to motivate children, stimulating basic bodily movements: climbing up and down, jumping, balancing, etc. It is made up of various modules permitting any type of placement. The items can be adapted to any area.
1992 ADI-FAD Silver Delta award.

DIMENSIONS
Modules variable between: 300x50 cm, 320x230 cm, 470x 120 cm.

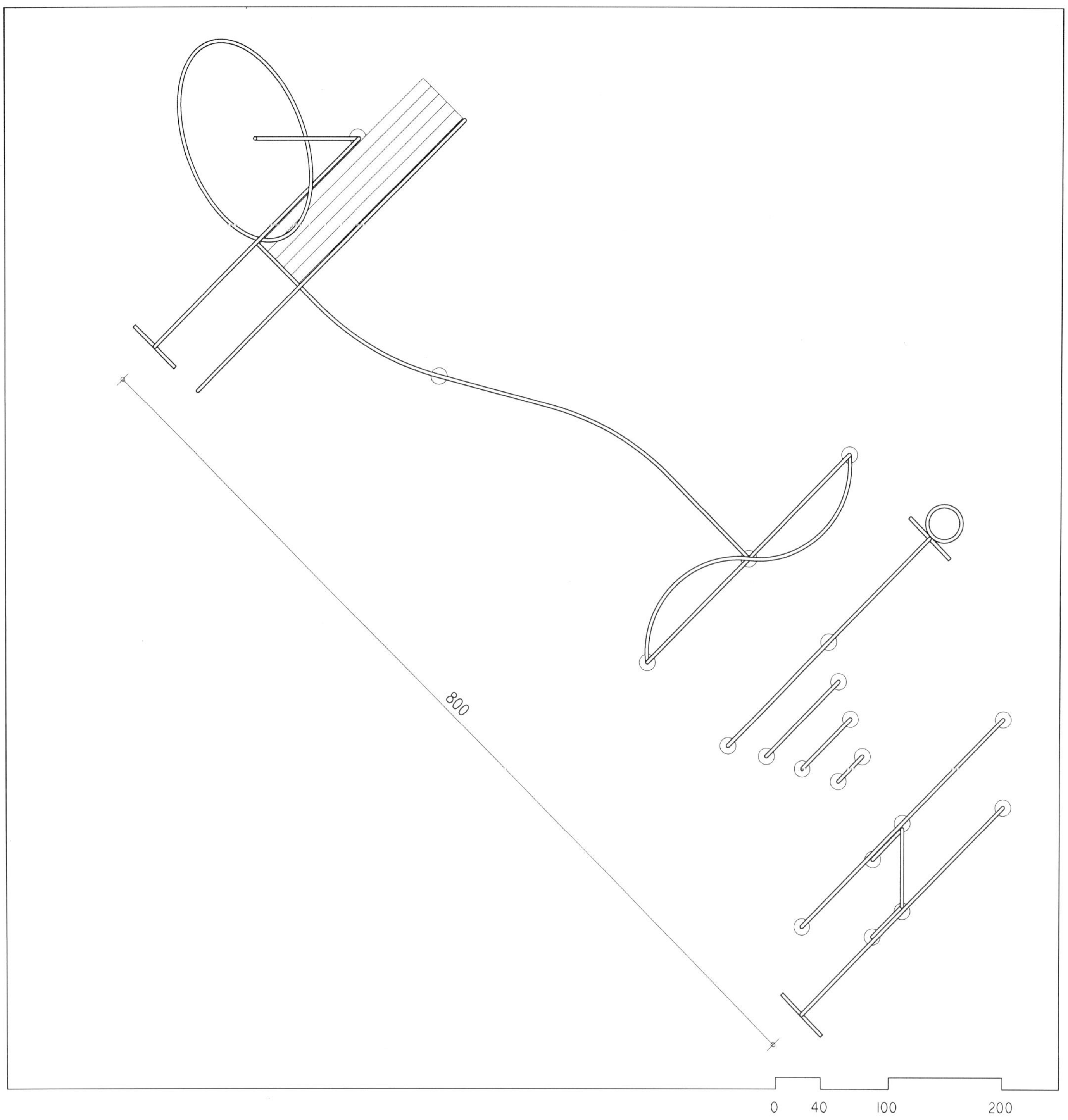

ESPECIFICACIONES TÉCNICAS
Son distintas según los módulos, pero con los mismos componentes.
Tubo de acero inoxidable de diámetro 4 y 3 cm y calidad 18-8-2.
Madera de teka.
Pilonas esféricas de fundición de 30 cm.

COLOCACIÓN
Se colocan sobre dados de hormigón de 30x30 cm con tacos Hilti sobre un pavimento de caucho o sauló.

TECHNICAL SPECIFICATIONS
Vary according to modules, but with the same components.
4 and 3 cm diameter stainless steel tube of quality 18-18-2.
Teak wood.
30 cm spherical cast pylons.

FIXING
Set into 30x30 cm concrete blocks with Hilti plugs, on rubber or coarse sand flooring.

111. Juegos Infantiles/*Children's Games* *Unit* MOWGLI

AUTOR/*DESIGNER*
Antoni Roselló (1994)

PRODUCTOR/*PRODUCER*
ESTEVA, S.A.

CARACTERÍSTICAS
Conjunto de cilindros (troncos) que son soportes de diversos elementos tubulares colocados de formas muy diversas (ramas), provocando la relación primaria que se establece entre el niño y el árbol. Su fácil emplazamiento permite colocarlos anárquicamente o de forma ordenada.

DIMENSIONES

Diámetro tronco	35 cm
Diámetro máximo con los accesorios	140 cm
Altura (una vez anclado)	420 cm

DESCRIPTION
Set of cylinders (trunks) serving as supports for various tubular elements placed in a very diverse manner (branches), stimulating the primary relationship established between the child and the tree. Their easy fitting allows them to be placed anarchically or in an ordered manner.

DIMENSIONS

Trunk diameter	*35 cm*
Max. diameter with accessories	*140 cm*
Height (when fixed)	*420 cm*

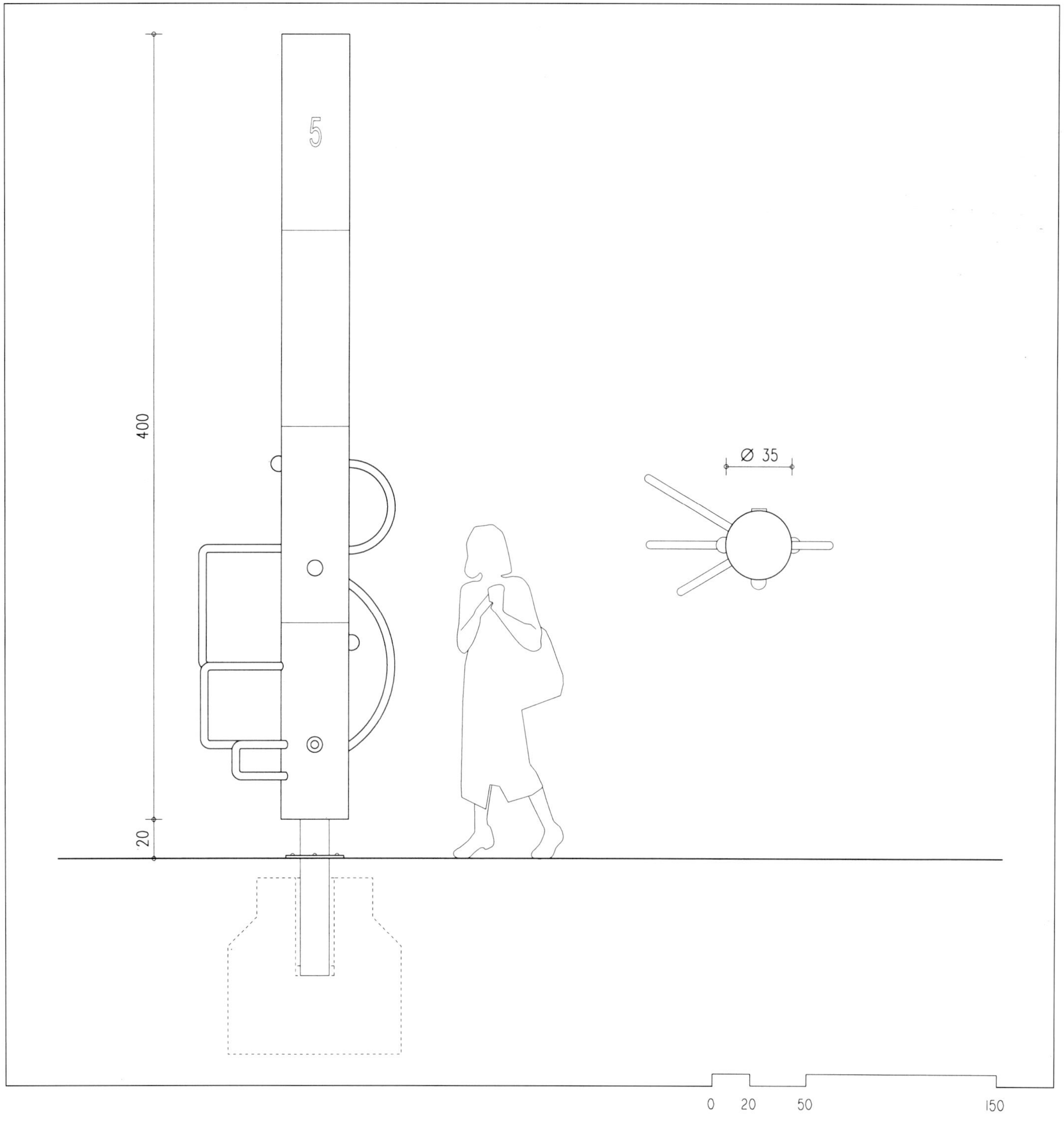

ESPECIFICACIONES TÉCNICAS
Estructura interior de los cilindros y accesorios exteriores (tubos ø 4 cm, bolas ø 8 cm) de acero inoxidable, acabado pulido.
Los revestimientos pueden ser de madera de iroco conformada, de acero inoxidable con acabado pulido o de acero inoxidable termolacado en colores a escoger.

COLOCACIÓN
Se colocan sobre cimientos prefabricados de hormigón con una vaina de acero inoxidable para recibir el cilindro.
Cuando se coloquen varios troncos se aconseja situarlos con una separación de 150 cm entre sí.

TECHNICAL SPECIFICATIONS
Interior structure of the cylinders and exterior accessories (tubes of 4 cm diameter, balls 8 cm diameter) in polished-finish stainless steel.
The coatings can be of shaped iroko wood, polished-finish stainless steel or thermolacquered stainless steel in the colours of choice.

FIXING
Placed on prefabricated concrete foundations with a stainless steel sheath to take the cylinder.
When several trunks are used, it is advisable to leave 150 cm between each of them.

Todas las cotas de los dibujos están en centímetros/
All drawings measurements are in centimeters

ELEMENTOS COMERCIALES
COMMERCIAL

Grupo constituido íntegramente por el mobiliario destinado al uso comercial privado que tradicionalmente se realiza en la vía pública: puntos de venta de prensa y libros, flores o helados, bares y puestos de mercado. Son elementos que requieren atención especial, dada la complejidad de sus mecanismos y por constituir elementos de microarquitectura definidores del paisaje urbano.

A group entirely made up of street furniture for private commercial use and traditionally located in public thoroughfares, such as stands for press and books, flowers or ice creams, bars and market stalls. Such items call for special attention, given the complexity of their mechanisms and the fact that they constitute microarchitectural elements which shape the urban landscape.

112. Quiosco Prensa/*News stand* LAIKA

AUTOR/*DESIGNER*
Antoni Roselló (1991)

PRODUCTOR/*PRODUCER*
MICROARQUITECTURA, S.L.

CARACTERÍSTICAS
Quiosco multifuncional de forma cilíndrica rematado con un casquete cónico.
Tanto por su forma como por sus reducidas dimensiones se integra fácilmente en cualquier espacio urbano.
Dos cuartas partes del cilindro son cuatro puertas que se abren duplicando su superficie y ofreciendo un gran espacio de exposición.

DIMENSIONES

Diámetro planta	210 cm
Altura total exterior	380 cm
Altura colocación visera	205 cm
Superficie exposición (prensa)	15,5 m² aprox.

DESCRIPTION
Multipurpose kiosk of cylindrical shape, crowned with a conical hood.
Its shape and small dimensions mean that it can be set in any urban area.
Two quarter sections of the cylinder are made up of four doors whose apparent area is duplicated when they are opened, thus offering a large display area.

DIMENSIONS

Plan diameter	*210 cm*
Total exterior height	*380 cm*
Overhang placement height	*205 cm*
Display area (press)	*15.5 m² approx.*

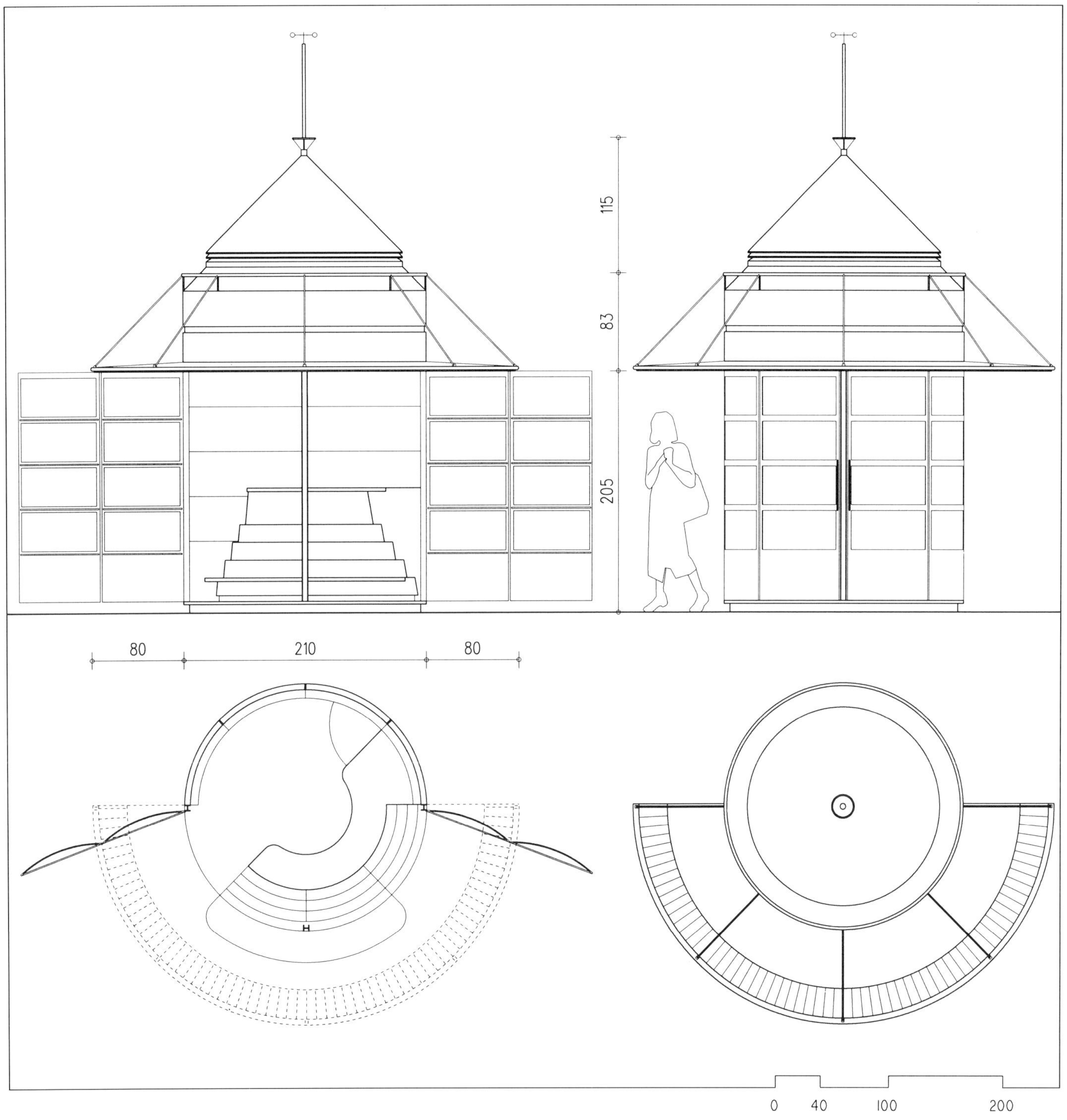

ESPECIFICACIONES TÉCNICAS

Cuerpo de poliéster y ventanas de metacrilato transparente, con o sin rejilla de protección. Visera de estructura metálica, que tiene las funciones de toldo, y soportes de acero inoxidable. La cúpula lleva un doble recubrimiento de fibra de vidrio. Protección de aislamiento térmico con cámara de aire en el techo y cerramientos verticales con lana de vidrio de 4 cm de espesor.
Acabado pintado en color a elegir según carta RAL.
Mobiliario interior en madera laminada y varillaje en acero inoxidable, altillo interior para almacenaje con doble estante.
Piso elevado en madera contrachapada recubierta con goma antideslizante.
Iluminación interior mediante lámparas incandescentes de 30 w. Dos puntos de toma de corriente.
El quiosco se puede adecuar a distintas necesidades, se puede usar como quiosco de prensa, taquilla, cabina de información, quiosco de flores, etc., variando el mobiliario interior y la proporción de acristalamiento de los cerramientos.

COLOCACIÓN

El quiosco se apoya sobre el pavimento mediante patas regulables para su nivelación.

TECHNICAL SPECIFICATIONS

Body of polyester and windows of transparent perspex, with or without protection grill. Canopy with metal structure and stainless steel supports, acting as an awning. The dome has a double layer of fibreglass. Thermal insulation in cavities roof and vertical walls, filled with a 4 cm thickness of glass wool.
Paint finish of choice chosen from the RAL card.
Interior furniture in laminated timber with stainless steel rod fittings, interior loft for storage with double shelf.
Raised floor of plywood with non-slip rubber matting.
Interior lighting with two 30 W incandescent bulbs. Two power outlets.
The kiosk can be used for different purposes – as news-stand, ticket office, information stand, flower kiosk, etc., by varying the interior fittings and the proportion of glazing of the sides.

FIXING

The kiosk rests directly on the pavement on adjustable feet for levelling.

113. Quiosco/*Kiosk* RAMBLA de les FLORS

AUTORES/*DESIGNERS*
Jordi Badia - Tonet Sunyer (1992)

PRODUCTOR/*PRODUCER*
CATALONIA. EPI-MA, S.L.

CARACTERÍSTICAS
Quiosco para la venta de flores y plantas concebido como una gran caja vidriada de orquídeas.
Tiene cuatro grandes puertas: dos delanteras y dos laterales que se abren en guillotina mediante un motor o manivela. Las flores, plantas y semillas se exponen mediante una grada móvil. La parte trasera es la única opaca y en ella se ubican el plano de trabajo y una pila.
De noche ofrece la imagen de un cubo luminoso de cristal, lleno de plantas y flores.

DIMENSIONES

Altura total	420 cm
Altura techo	210 cm
Anchura	420 cm
Profundidad	265 cm

DESCRIPTION
Kiosk for the sale of flowers and plants, designed like a large glazed case of orchids.
It has four large doors: two front and two side doors with guillotine opening operated by motor or handle. The flowers, plants and seeds are displayed on a movable trestle. The only opaque part is the rear, where there is a work surface and a sink.
By night the kiosk looks like an illuminated glass cube full of plants and flowers.

DIMENSIONS

Total height	*420 cm*
Roof height	*210 cm*
Width	*420 cm*
Depth	*265 cm*

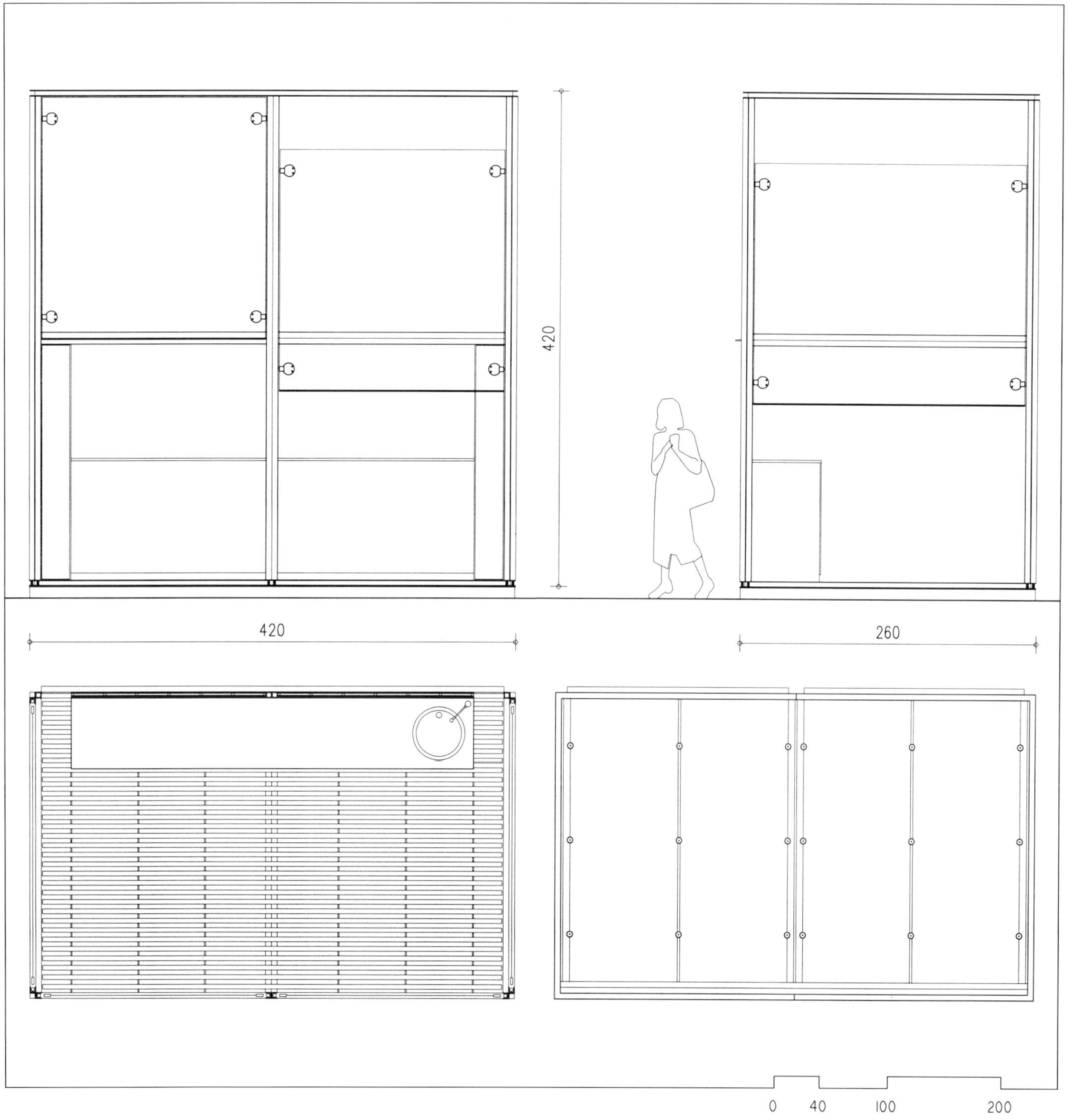

ESPECIFICACIONES TÉCNICAS
Estructura de perfilería de hierro calibrada, pintada con barniz y polvo de antracita.
Los vidrios de paredes y techos son Stadip laminar, soportados por una estructura de acero inoxidable sin marco.
Pared posterior de acero inoxidable en el interior y madera de iroco fresada y barnizada mate en el exterior.
En el interior se coloca el mostrador corrido de acero inoxidable de 90 cm de altura.
Pavimento formado por tubos de sección rectangular (10x 15 cm) de acero inoxidable, espaciados 10 cm y totalmente registrable.
En la parte más alta de la estructura delantera se colocan dos toldos enrollables con el nombre del quiosco.
Incluye dos tipos de iluminación: para las flores y plantas (dicroicas halógenas) y para el mostrador y la nocturna (fluorescentes).

COLOCACIÓN
Sobre base de hormigón 45 cm por debajo de nivel del pavimento (dejando un espacio para los motores de las puertas), con dos planchas de espera para la estructura y dos desagües con sumidero.

TECHNICAL SPECIFICATIONS
Steel sections, anthracite powder coated and varnished.
The wall and roof glass are of laminated toughened glass, supported by a stainless steel structure.
Rear wall of stainless steel to the interior and planed and matt-varnish iroco wood to the exterior.
The interior has a continuous counter of stainless steel set at a height of 90 cm.
Floor formed of 10x15 cm stainless steel hollow section, spaced 10 cm apart and completely removable.
At the top of the front structure are two roll-up awnings with the name of the kiosk.
Two types of lighting: halogen for the flowers and plants and fluorescent for the counter and night use.

FIXING
On concrete base 45 cm beneath the level of the pavement (leaving space for door motors), with two steel base plates for the structure and two drain outlets.

114. Quiosco Prensa/*News stand* ELVIS

AUTOR/*DESIGNER*
Antoni Roselló (1993)

PRODUCTOR/*PRODUCER*
MICROARQUITECTURA, S.L.

CARACTERÍSTICAS
Quiosco para prensa de planta rectangular que permite la ubicación en aceras o espacios reducidos y no perjudica su capacidad. Amplía su espacio de exposición mediante un sistema integrado de muebles revisteros móviles de desarrollo horizontal.

DIMENSIONES	Pequeño / Mediano / Grande
Superficie planta (cerrado)	2,24 m^2 / 4,48 m^2 / 7,18 m^2
Altura total exterior	293 cm
Altura mueble	195 cm
Profundidad zona exposición	140 cm
Profundidad cubierta	180 cm
Longitud abierto	256 cm / 513 cm / 513 cm
Longitud cerrado	160 cm / 320 cm / 320 cm
Superficie exposición	6,24 m^2 / 12,48 m^2 / 12,48 m^2

DESCRIPTION
News stand of rectangular plan which can be placed on pavements or in small areas without thereby reducing its capacity. Display area is extended by a built-in system of horizontally running movable magazine racks.

DIMENSIONS	*Small / Medium / Large*
Plan surface area (closed)	*2.24 m^2 / 4.48 m^2 / 7.18 m^2*
Total exterior height	*293 cm*
Furniture height	*195 cm*
Exhibition zone depth	*140 cm*
Roof depth	*180 cm*
Open length	*256 cm / 513 cm / 513 cm*
Closed length	*160 cm / 320 cm / 320 cm*
Display surface area	*6.24 m^2 / 12.48 m^2 / 12.48 m^2*

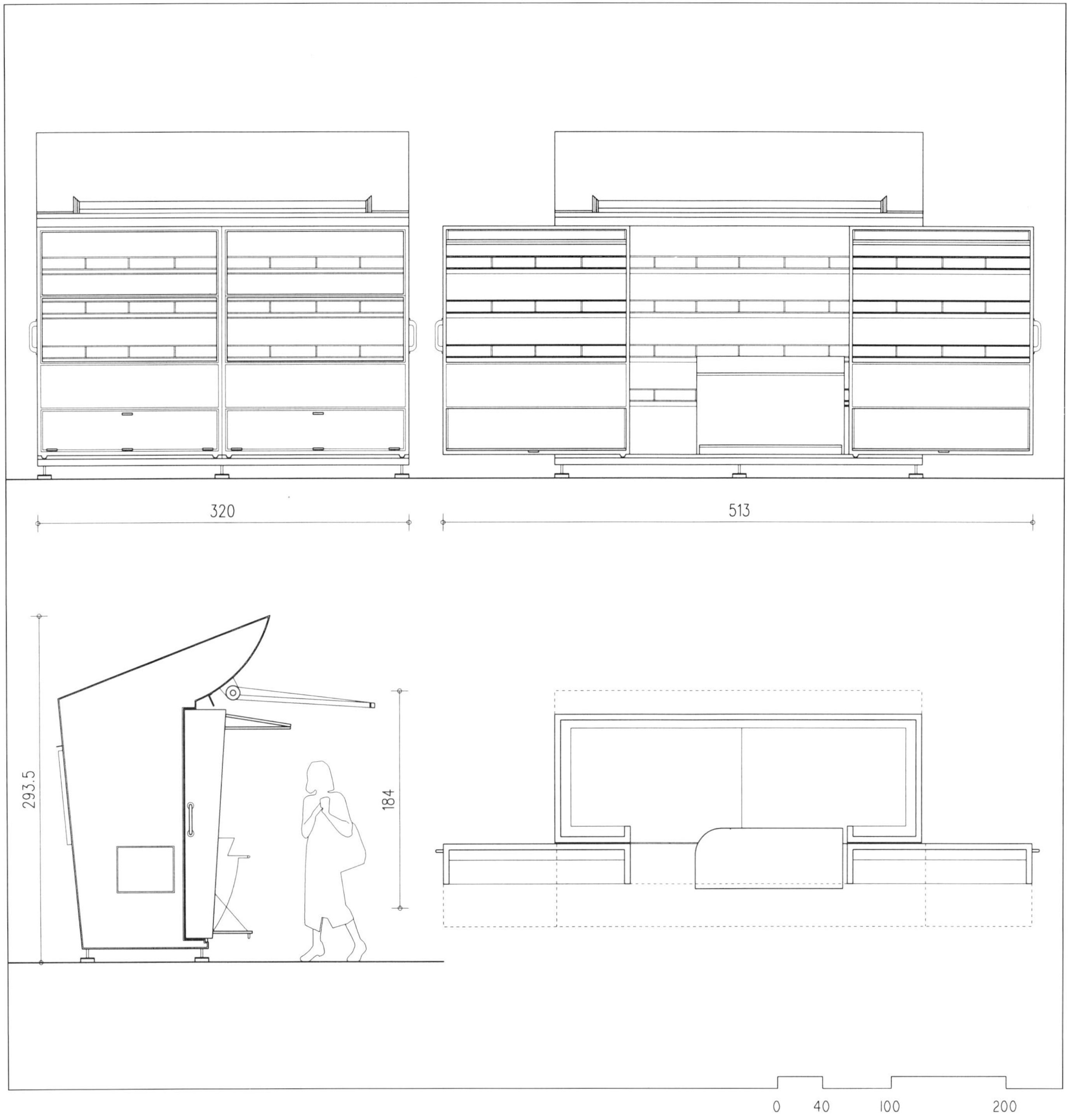

ESPECIFICACIONES TÉCNICAS
Revestimiento exterior de poliéster con fibra de vidrio para cuerpo, muebles revisteros móviles y techo. Paredes aisladas con lana de vidrio de 4 cm de grosor. Color a elegir según carta RAL.
Muebles revisteros móviles por sistema de apertura compensado por guías y cremalleras, con puertas abatibles mediante elevación con pistones que se pliegan en la parte superior convirtiéndose en viseras laterales. Mostrador abatible mediante guías para su extensión hacia el exterior cuando el quiosco está abierto.
Estructura interior metálica con perfiles tubulares electrosoldados. Mobiliario en madera laminada. Piso elevado en madera contrachapada recubierta con goma antideslizante. Altillo interior para almacenaje.
Iluminación interior y de los muebles revisteros con fluorescencia. Dos puntos de toma de corriente.
Existen tres modelos distintos. Pequeño con 1 mueble expositor corredero y sin mostrador. Normal con 2 muebles expositores correderos y mostrador central. Grande con 2 muebles expositores correderos, mostrador central, almacenes laterales interiores y doble toldo.

COLOCACIÓN
El quiosco se apoya sobre el pavimento mediante patas regulables para su nivelación.

TECHNICAL SPECIFICATIONS
Exterior cladding of polyester with fibreglass for body, movable magazine racks and roof. Walls insulated with 4 cm thickness of glass wool. Colour can be chosen from the RAL card.
Movable magazine display fittings set with compensated opening system on rails and racks, with doors opening upwards with the aid of with piston cylinders. When raised, the doors fold to form side canopies. Folding counter on rails extends to the exterior when the news-stand is open.
Metal internal structure with electrically welded tubular steel sections. Laminated wood fittings. Raised floor of plywood, with non-slip rubber matting. Interior loft for storage.
Fluorescent interior and magazine rack lighting. Two electrical outlets.
There are three different models: small with sliding display case and without counter; medium with 2 sliding display cases and central counter; large with 2 sliding display cases, central counter, interior side store areas and double awning.

FIXING
The kiosk rests on the pavement on four adjustable legs for levelling.

115. Quiosco Prensa/*News stand* EXTRARRADI

AUTORA/*DESIGNER*
Mercè Nadal (1994)

PRODUCTOR/*PRODUCER*
Construcciones Metálicas HUGAS, S.A.

CARACTERÍSTICAS
Quiosco para prensa de planta rectangular y cubierta curvada. Aspecto muy sencillo pero de gran originalidad formal y funcional.
Cerrado ocupa un espacio reducido pero abierto amplía notablemente su zona de exposición mediante un sistema de puertas abatibles y expositores móviles.

DIMENSIONES

Superficie planta cerrado	280x200 cm
Superficie planta abierto	400x200 cm
Altura total exterior	340 cm
Altura cubierta	310 cm
Superficie cubierta	400x350 cm
Superficie exposición horizontal	3,10 m^2
Superficie exposición vertical	33 m^2

DESCRIPTION
News-stand kiosk of rectangular plan, with curved roof. Very simple appearance, but of great formal and functional originality.
Occupies little space when closed, while when opened out its display area is increased notably by means of a system of drop-down flaps and moving display racks.

DIMENSIONS

Closed plan surface area	*280x200 cm*
Open plan surface area	*400x200 cm*
Total exterior height	*340 cm*
Roof height	*310 cm*
Covered surface area	*400x350 cm*
Horizontal display surface area	*3.10 m^2*
Vertical display surface area	*33 m^2*

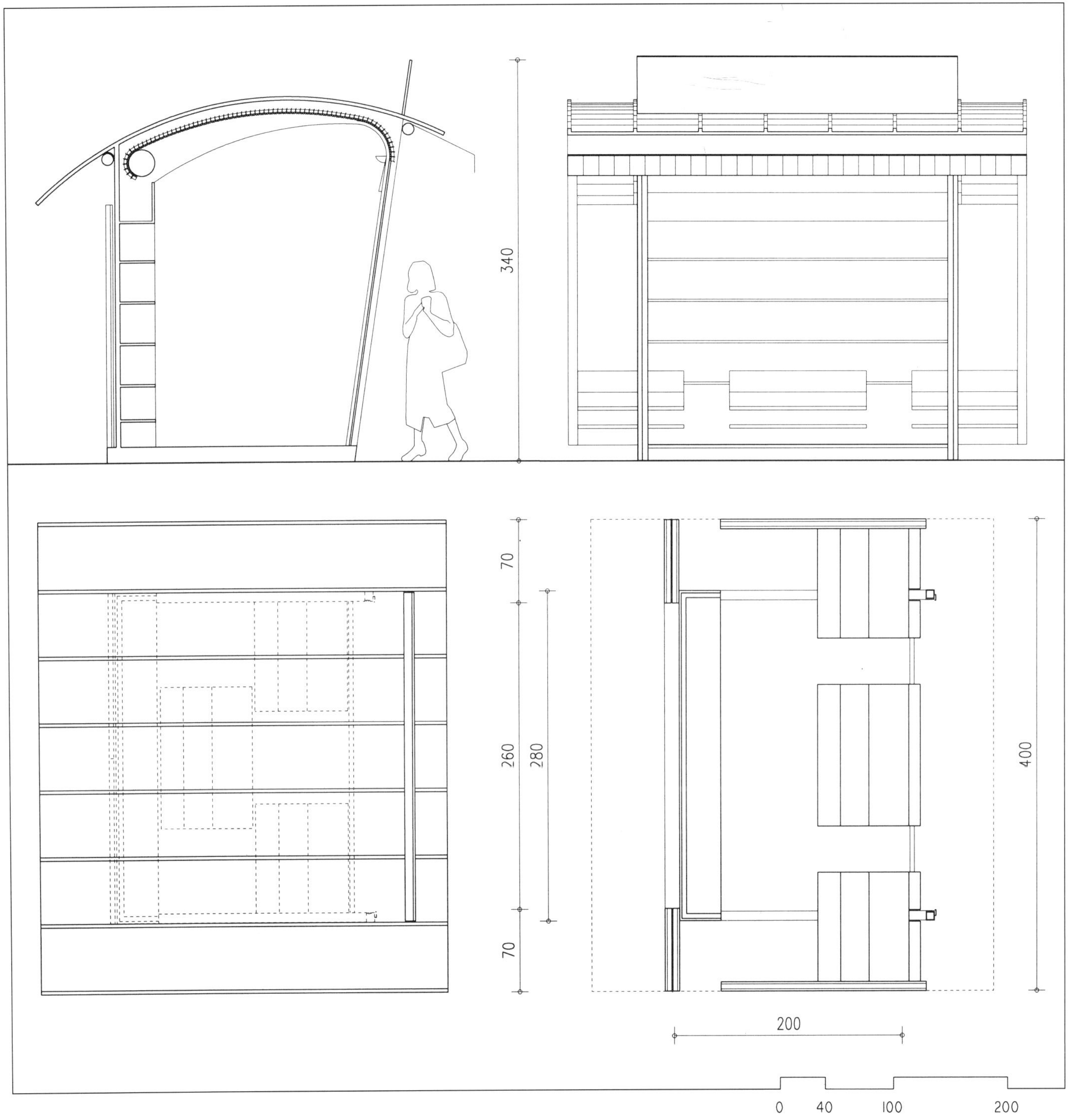

ESPECIFICACIONES TÉCNICAS

Estructura de acero con tratamiento antioxidante y embellecedores de acero inoxidable.

Cuando está cerrado, los laterales y la parte posterior son de franjas de 60 cm de madera prodema tratada antigraffitti y el frontal inclinado hacia adelante, está conformado por una puerta de persiana de aluminio extrusionado y anodizado que una vez abierta actúa de cielo raso. Al abrirse, todas las superficies de madera giran o se desplazan para convertirse en expositores.

Cubierta curva de tablero protegido con láminas de cobre estabilizado, con nervios cada 60 cm. Cuando el quiosco está cerrado la cubierta sobrevuela los cuatro costados y cuando está abierto sobrevuela por delante y detrás. El vuelo frontal protege un toldo enrollable. Encima de la cubierta, siguiendo el plano del frontal se coloca un cartel de 30x280 cm para publicidad.

Iluminación mediante fluorescentes colocados longitudinalmente en 3 perfiles extrusionados.

COLOCACIÓN

El quiosco va montado sobre una losa de hormigón armado.

TECHNICAL SPECIFICATIONS

Steel structure with anti-rust treatment and stainless steel trims.

When closed, the sides and the back are made up of 60 cm strips of prodema wood treated against graffiti, while the forward-sloping front is an extruded anodized aluminium roller shutter which, when open, forms the ceiling. When open, all the wooden surface areas rotate or move to become display racks.

Curved panel roof protected with sheets of stabilized copper, with ribs every 60 cm. When the kiosk is closed, the roof overhangs the four sides, and when it is open it overhangs to the front and back. The front overhang shelters a roll-up awning. Above the roof, following the plane of the front, is a 30x280 cm signboard for advertising.

Fluorescent lighting fitted longitudinally in three extruded sections.

FIXING

The kiosk is mounted on a reinforced concrete slab.

116. Parada Mercado/*Market Stall* ESPECIAL

AUTORA/*DESIGNER*
Mercè Nadal (1993)

PRODUCTOR/*PRODUCER*
CATALONIA. EPI–MA, S.L.

CARACTERÍSTICAS
Caseta de planta rectangular para la venta de mercancías en el exterior de los mercados. Los mercados mediterráneos acostumbran a ser grandes espacios comerciales con todo su perímetro ciego. Este elemento nace para aprovechar estos espacios y al mismo tiempo ordenarlos.
Es una caseta construida con elementos sólidos que resuelven protección, estanqueidad y seguridad.

DIMENSIONES

Anchura	250 cm
Profundidad Base	212 cm
Profundidad Cubierta	252 cm
Altura	274 cm

DESCRIPTION
Stall of rectangular plan for the sale of merchandise outside markets. Mediterranean markets are usually large commercial areas with an entirely blind perimeter. This stall is designed to take advantage of such areas and at the same time to organize them.
The stall is built of solid materials for protection, watertightness and safety.

DIMENSIONS

Width	*250 cm*
Base Depth	*212 cm*
Roof Depth	*252 cm*
Height	*274 cm*

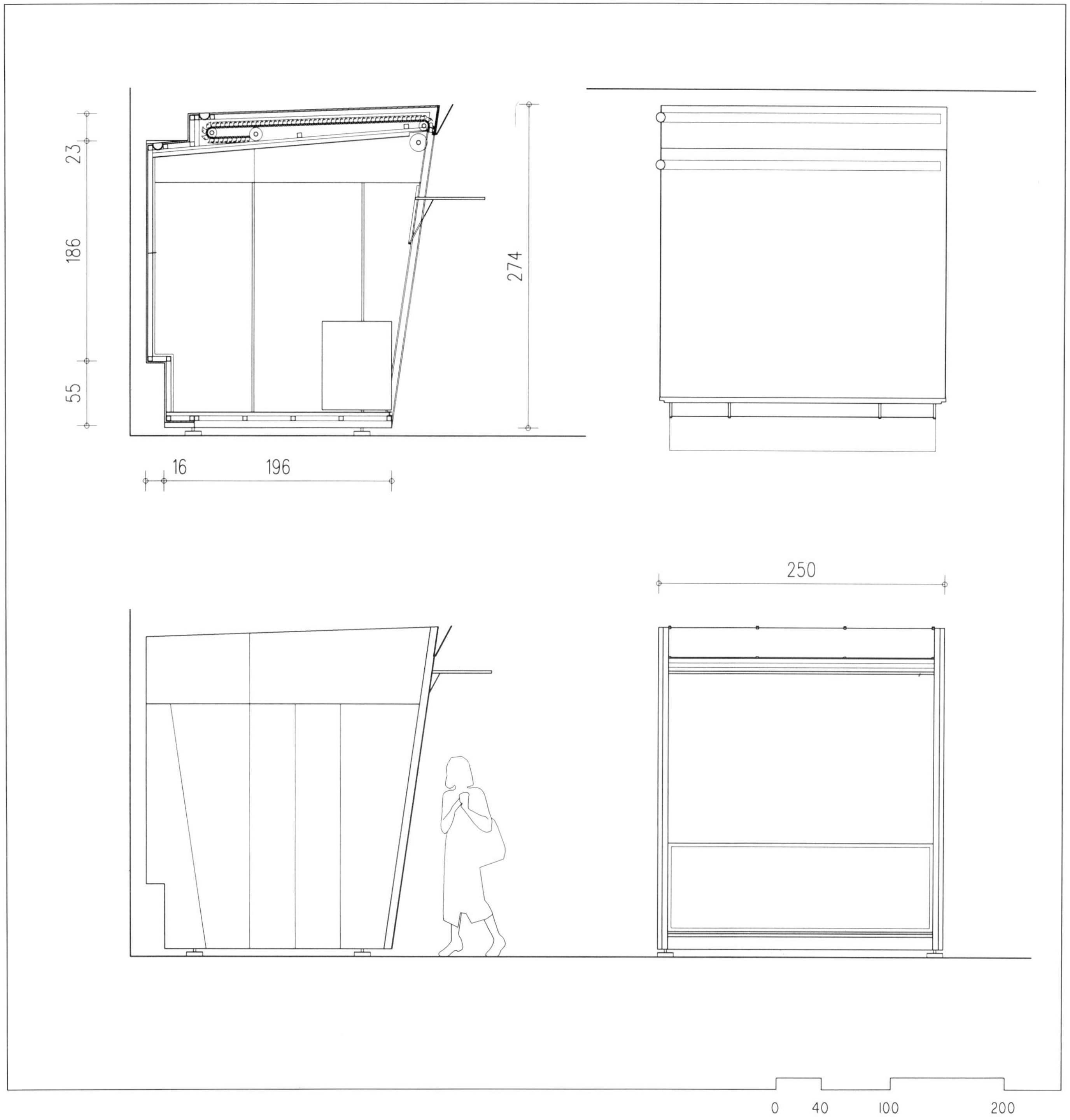

ESPECIFICACIONES TÉCNICAS

Estructura de perfiles de acero galvanizado.

Puerta frontal antivandálica de aluminio, inclinada hacia adelante y extensible horizontalmente a nivel de cielo raso. Al abrirse arrastra un zócalo de 60 cm que se transforma en marquesina.

Cerramientos laterales abatibles de chapa damero. Interior forrado de prodema color claro con guías para estantes de aluminio y otros complementos. Mostrador principal vidriado.

Iluminada mediante dos franjas de fluorescencia. Reserva para focos individuales.

COLOCACIÓN

Apoyada en el pavimento mediante patas regulables para su nivelación.

TECHNICAL SPECIFICATIONS

Structure of galvanized steel sections.

Vandal-proof front door in aluminium, inclined forwards. When opened, it forms the ceiling and draws with it a 60 cm plinth which turns into an awning.

Lowering side walls of checker sheet. Interior lined with light-coloured prodema with guides for aluminium shelves and other accessories. Glazed main counter.

Lit up by two fluorescent strips. Allowance for individual spotlights.

FIXING

Simply resting on the ground with four adjustable feet for levelling.

117. Carrito Helados/*Ice Cream Trolley* TOPOLINO II

AUTOR/*DESIGNER*
Antoni Roselló (1990)

PRODUCTOR/*PRODUCER*
ESTEVA, S.A.

CARACTERÍSTICAS
Carrito de planta cuadrada y techo en forma de bóveda para la venta ambulante de helados.
Uno de los lados de la bóveda se abre mediante pistones convirtiéndose en marquesina.
El desplazamiento manual se efectúa mediante tres ruedas neumáticas. La posterior, de menor tamaño, gira sobre su propio eje y lleva incorporado un freno.
En la parte inferior del carrito se ubican las neveras y encima, la distribución de helados.
En todo el perímetro hay un pasamano de acero inoxidable que sirve de protección, de soporte de la papelera y de asidero para su desplazamiento.

DIMENSIONES

Longitud	200 cm
Altura	220 cm
Ancho	100 cm

DESCRIPTION
Square-plan trolley with curved roof for the itinerant sale of ice creams.
One of the sides of the roof opens up with the aid of pistons to become an awning.
Moved manually on three wheels with tyres. The rear wheel, which is smaller, rotates about its own axis and has a built-in brake.
The lower part of the trolley contains the fridges, while the upper part is for serving ice creams.
A stainless steel handrail runs around the entire perimeter, acting as protection, waste paper basket support and as a handle for moving the trolley.

DIMENSIONS

Length	*200 cm*
Height	*220 cm*
Width	*100 cm*

ESPECIFICACIONES TÉCNICAS
Construido en plancha de duraluminio y acero inoxidable.
Camara frigorífica de 140x70 cm de placas eutécticas y por tanto sin acometida eléctrica.
Dos pistones oleoneumáticos para levantar la puerta–marquesina.
La papelera también es de acero inoxidable.

COLOCACIÓN
Por ir sobre ruedas se puede colocar en cualquier lugar.

TECHNICAL SPECIFICATIONS
Constructed in duraluminium sheet and stainless steel.
Eutectic plate refrigeration chest, which therefore has no electricity supply.
Two oleopneumatic pistons to raise the door-awning.
The wastepaper basket is also in stainless steel.

FIXING
As it runs on wheels, it can be positioned any where.

118. Quiosco de Helados/*Ice Cream Kiosk* A.E.F.H.

AUTOR/*DESIGNER*
Antoni Roselló (1991)

PRODUCTOR/*PRODUCER*
ESTEVA, S.A.

CARACTERÍSTICAS
Quiosco transportable para la venta de helados, de fácil instalación y aspecto liviano.
De planta rectangular, la parte inferior es opaca y tiene la función de mostrador. En ella se colocan las cámaras frigoríficas, armarios y demás instalaciones. La parte superior que forma 1/4 de cilindro es totalmente transparente con la superficie curvada, abatible y transformable en marquesina.

DIMENSIONES

Longitud	230 cm
Anchura	160 cm
Altura	250 cm

DESCRIPTION
Transportable kiosk for the sale of ice creams, easily installed and of light appearance.
Of rectangular plan, the bottom part is opaque and serves as a counter. In this are placed the refrigeration chest, cupboards and other fittings. The quarter-cylinder top part is totally transparent, with curved surface which can be let down and is transformable into an awning.

DIMENSIONS

Length	*230 cm*
Width	*160 cm*
Height	*250 cm*

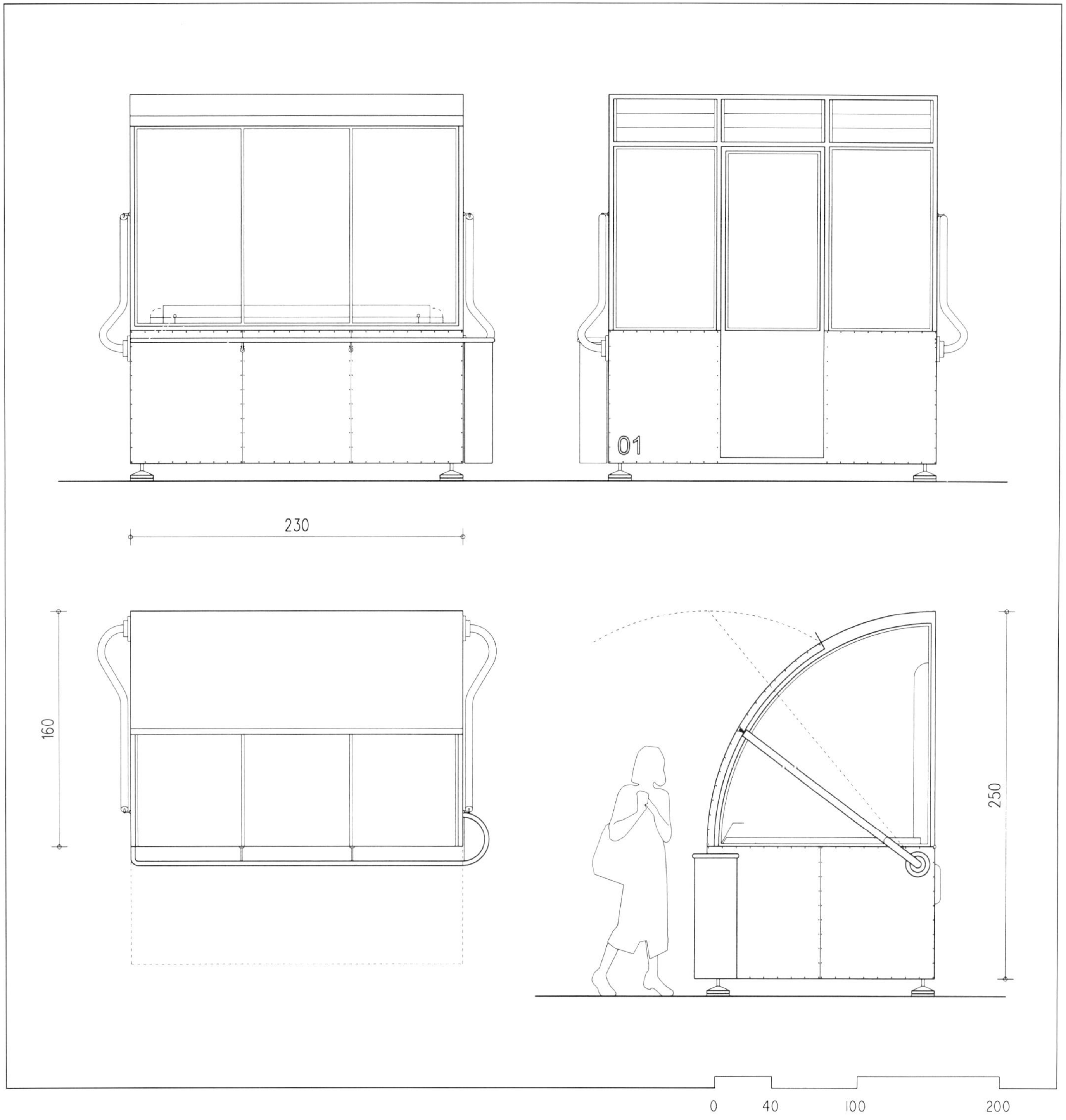

ESPECIFICACIONES TÉCNICAS
Se utilizan tres materiales: el acero inoxidable para la estructura y revestimiento exterior, el vidrio de seguridad y el poliéster para suelos y antepecho.
Tras los cristales hay cortinas escamoteables para la protección solar y para dar opacidad cuando esté fuera de servicio.
La abertura de la parte delantera se efectúa mediante pistones hidráulicos.
Tiene capacidad para tres neveras estándar de helados.

COLOCACIÓN
Simplemente apoyado en el pavimento mediante cuatro patas regulables para su perfecta nivelación.

TECHNICAL SPECIFICATIONS
Three materials are used: stainless steel for the structure and outer cladding, safety glass and polyester for walls and counter panel.
Behind the glass panes are adjustable blinds for protection against the sun which make the kiosk opaque when it is not in service.
The front part opens with the aid of hydraulic pistons.
There is space for three standard ice cream fridges.

FIXING
Simply resting on the pavement on four legs adjustable for levelling.

119. Bar/*Bar* UNITAT MÒBIL

AUTOR/*DESIGNER*
Antoni Roselló (1993)

PRODUCTOR/*PRODUCER*
ESTEVA, S.A.

CARACTERÍSTICAS
La *Unitat Mòbil* es un elemento transportable, adaptado a las medidas de un *container* y convertible en bar para playas, concentraciones de público, etc. Una vez colocado en su sitio, una sola persona y en pocos minutos lo puede convertir en un bar totalmente equipado.
De forma muy singular, se aleja del aspecto de provisionalidad que puedan ofrecer otros ejemplos de bares de temporada y se integra fácilmente en el entorno.
Delta de Plata ADI–FAD 1993.

DIMENSIONES

Cerrado	600x240x295 cm
Superficie de ocupación abierto	800x720 cm

DESCRIPTION
The Unitat Mòbil *is a portable building designed to fit in a container and assemble into a bar for beaches, public gatherings, etc. Once on site, one person can in a few minutes assemble it into a fully-equipped bar.*
Of highly individual form, it departs from the temporary appearance of other examples of seasonal bars, integrating easily into its setting.
1993 ADI-FAD Silver Delta award.

DIMENSIONS

Closed	*600x240x295 cm*
Surface area occupied when open	*800x720 cm*

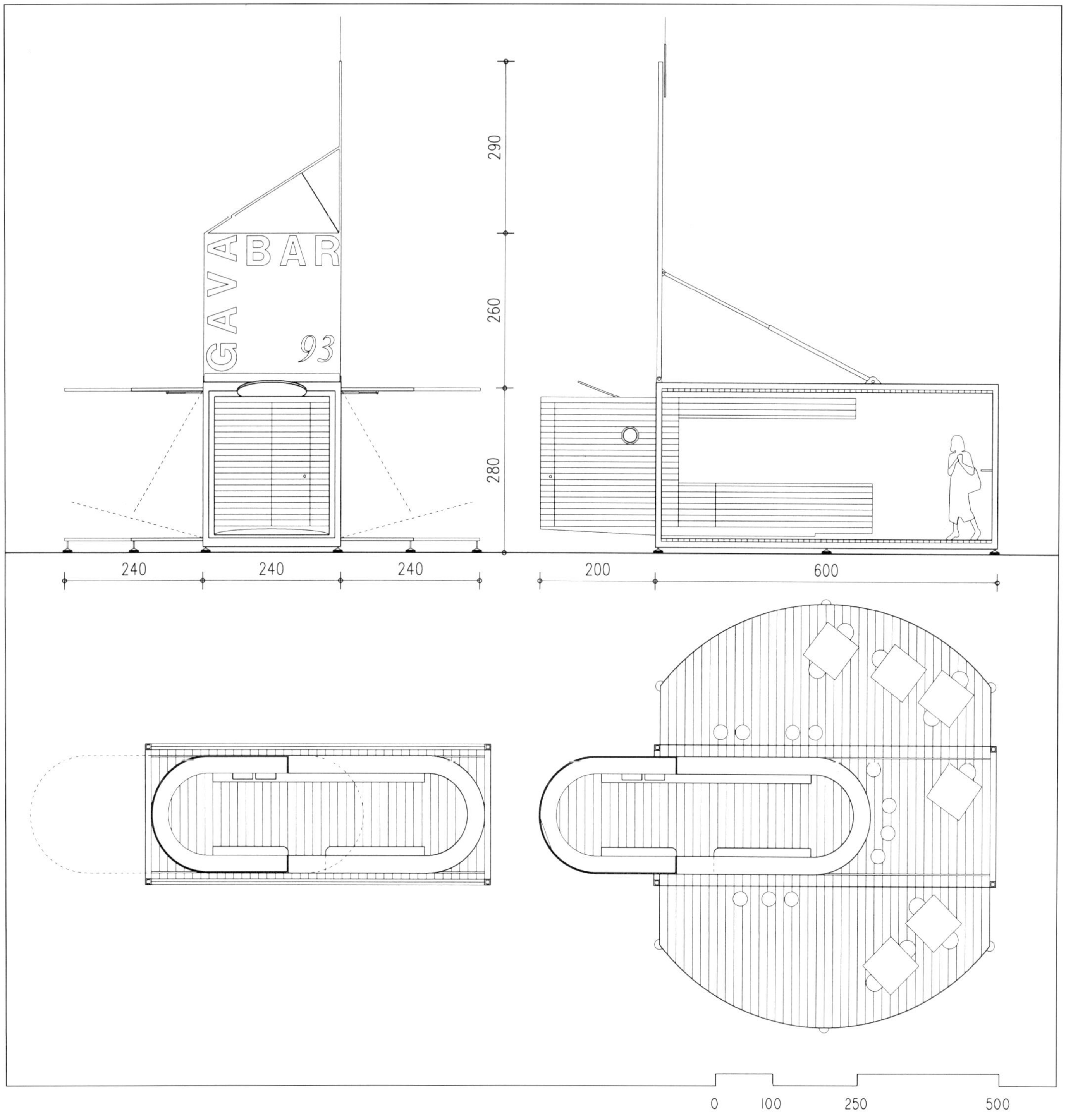

ESPECIFICACIONES TÉCNICAS

Estructura a base de perfiles tubulares de pared gruesa protegidos mediante tres capas (imprimación fosfatante, fondo y acabado en poliuretano).

Revestimientos exteriores de poliéster reforzado con fibra de vidrio.

Pavimento y techo revestido con listones de madera de teka barnizada.

Instalación eléctrica con cuadro de control para equipos del bar e iluminación.

Instalación hidráulica para realizar todos los movimientos de apertura y cierre con mando eléctrico.

Para el transporte dispone de anillas de sujeción en la parte superior y enganches tipo *container* en la parte baja para la fijación al camión.

COLOCACIÓN

El tiempo de emplazamiento, nivelación y primera apertura se estima en 45 minutos.

Se apoya sobre el pavimento mediante patas regulables para su nivelación. La apertura y cierre de las palas superiores e inferiores se realiza hidráulicamente, al igual que la subida de la torre de publicidad. El desplazamiento del mostrador-cocina se realiza manualmente sobre guías rodadas.

El tiempo para la apertura o cierre diario es de 10 minutos.

TECHNICAL SPECIFICATIONS

Structure based on thick-wall tubular steel sections protected by three coats of paint (phosphatizing primer, base coat and polyurethane finish).

Outer claddings of polyester reinforced with fibreglass.

Floor and ceiling clad with varnished teak slats.

Electrical installation with control panel for bar equipment and lighting.

Hydraulic installation for electrically controlled opening and closing movements.

Equipped with lifting rings on the top for transportation, and container-type hooks on the bottom for locking to the truck.

FIXING

Setting down, levelling and initial opening time is estimated at 45 minutes.

It rests on the ground on adjustable legs for levelling. Opening and closing of the upper leaves is effected hydraulically, as is raising of the advertising tower.

The kitchen counter is moved manually on rails.

Time required for daily opening and closing is 10 minutes.

120. Bar/ *Bar* HABANA

AUTOR/*DESIGNER*
Màrius Quintana (1994)

PRODUCTOR/*PRODUCER*
MICROARQUITECTURA, S.L.

CARACTERÍSTICAS
Conjunto de quiosco con pérgola y tarima concebido como punto de venta de refrescos y aperitivos en parques o amplios espacios urbanos. Los tres elementos se han planteado como independientes para adaptarse mejor en cualquier ubicación. Tanto la pérgola como la tarima pueden variar sus dimensiones y su disposición respecto del quiosco, permitiendo múltiples combinaciones.

DIMENSIONES

Quiosco	Planta	500x250 cm (bar 310x250)
	Altura	250 cm
Tarima	Módulo	250x250 cm
Pérgola	Superficie	37,50 m^2 (750x500)
	Altura	350 cm
Superficie conjunto		50 m^2

DESCRIPTION
Kiosk unit with pergola and dais designed as a point of sale for soft drinks and aperitifs in parks or large urban areas. The three elements have been posited as independent parts in order to fit better into any location. The dimensions of both pergola and dais can be varied, as can their layout with respect to the kiosk, thus permitting multiple combinations.

DIMENSIONS

Kiosk	*Plan*	*500x250 cm (bar 310x250)*
	Height	*250 cm*
Dais	*Module*	*250x250 cm*
Pergola	*Surface area*	*37,50m ^{2}(750x500)*
	Height	*350 cm*
Unit surface area		*50 m^2*

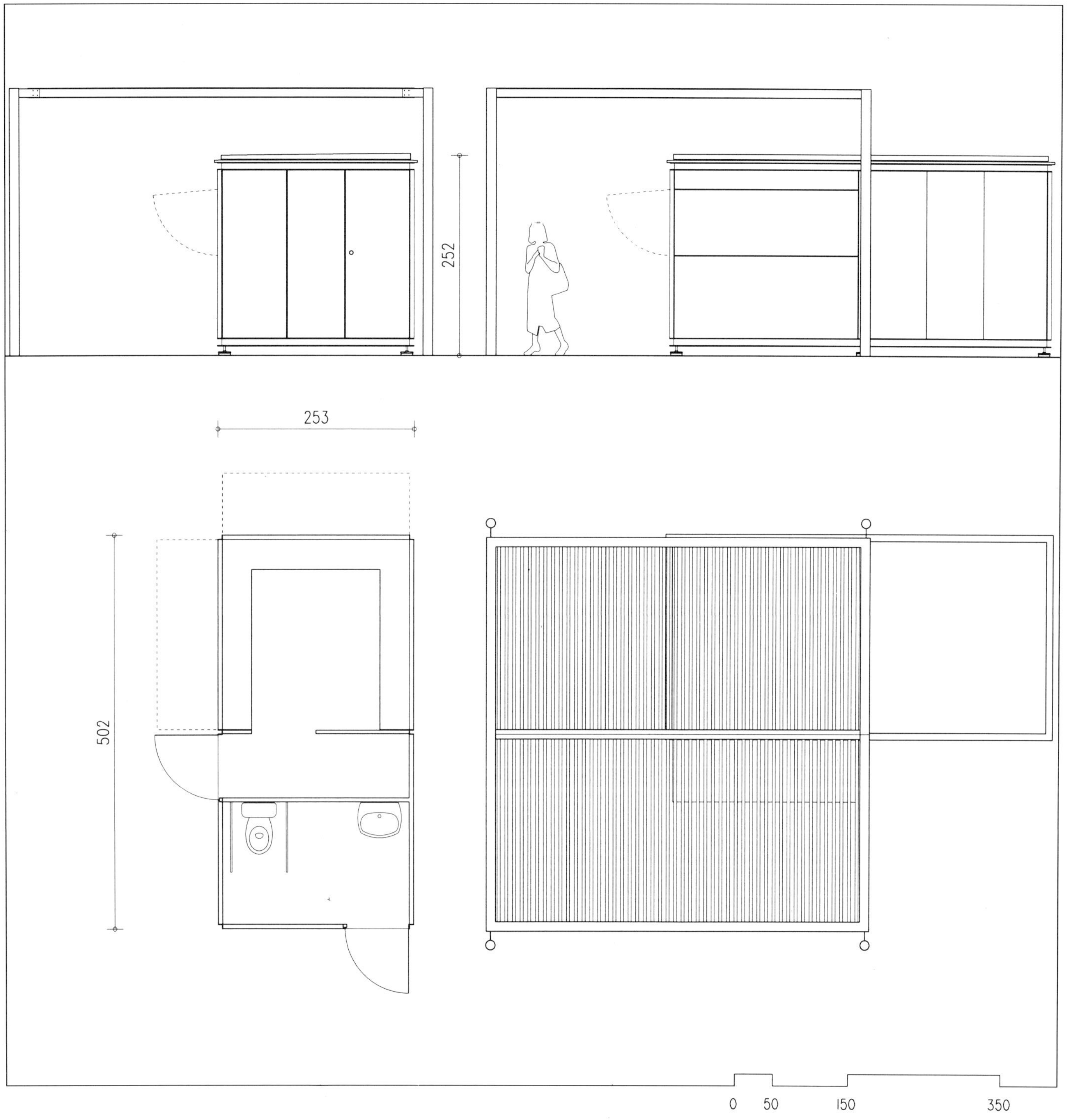

ESPECIFICACIONES TÉCNICAS

Quiosco. Estructura de tubos y perfiles de hierro con tratamiento anticorrosión. Paredes exteriores de madera prensada de alta densidad con resinas fenólicas, acabado eyong o pintadas. Paredes interiores en plancha de poliéster con aislamiento de paredes (lana de vidrio) y de techo (poliuretano inyectado). Suelo elevado con goma antideslizante.

Iluminación interior perimetral e instalación eléctrica con tomas de corriente interna.

Lavabo con equipamientos de acero inoxidable adaptados para minusválidos. Almacén con acceso independiente. Puertas correderas con cierre hermético antipalanca. Mostradores y mesa de trabajo en el interior con reservas para todas las actividades.

Tarima y pérgola. La estructura es un soporte de hierro con tratamiento anticorrosión y listonado de madera con tratamiento para la resistencia a la intemperie.

COLOCACIÓN

El quiosco y la tarima se apoyan sobre el pavimento mediante patas regulables para su nivelación.

La pérgola va empotrada al suelo mediante dados de hormigón.

TECHNICAL SPECIFICATIONS

Kiosk. Anti-corrosion treated steel tubular and rolled-section structure. Outer wall of high-density compressed wood with phenolic resins, with Eyong or painted finish. Interior walls in polyester sheeting with wall (glass wool) and roof (injected polyurethane) insulation. Raised floor with non-slip rubber.

Interior perimeter lighting and electrical installation with internal power outlets.

Toilet/washroom with stainless steel fittings suitable for use by the disabled. Storeroom with independent access. Sliding doors with hermetic anti-crowbar closure. Counters and work table inside with spaces reserved for all activities.

Dais and pergola. Steel support structure with anti-corrosion treatment and wooden slatting with weather-resistance treatment.

FIXING

The kiosk and the dais rest on the pavement on four adjustable legs for levelling.

The pergola is set into the ground on concrete blocks.

Todas las cotas de los dibujos están en centímetros/
All drawings measurements are in centimeters

ELEMENTOS DE LIMPIEZA
CLEANING

Elementos indispensables en todo espacio público para recoger la basura más diversa: papeles, vidrio, metales, plásticos, cartones, pilas... Dentro del grupo, diferenciamos las papeleras o pequeños depósitos, de los grandes contenedores para la recogida selectiva. Como la papelera es un elemento que propone una gran diversidad de formas y materiales, hemos atendido especialmente su compactibilidad y resistencia, puesto que se trata de un elemento que refleja la imagen de limpieza del espacio público.

Items that are indispensable in all public areas in order to collect the most varied kinds of refuse: paper, glass, metals, plastics, cardboards, batteries, etc. Within the group, we establish a difference between litter bins or small containers and the large containers used for selective collection. The litter bin is another item which offers a great diversity of forms and materials. We have looked particularly at compactness and strength, for this is an item which reflects the image of cleanliness of public areas.

121. Papelera/*Litter Bin* PUTMAN

AUTORA/*DESIGNER*
Andrée Putman (1990)

PRODUCTOR/*PRODUCER*
JCDECAUX, S.A. Mobilier Urbain.

CARACTERÍSTICAS
Papelera de forma cilíndrica ensanchada en la boca. Versión moderna de la clásica papelera parisina. Se compone de dos elementos: el cuerpo y el contenedor.

DIMENSIONES

Altura	84 cm
Diámetro en lo alto	55,6 cm
Diámetro base	36 cm
Capacidad	60 litros

DESCRIPTION
Cylindrical litter bin with mouth flaring outwards. Modern version of the classic Parisian litter bin. It is composed of two parts: the body and the container.

DIMENSIONS

Height	*84 cm*
Diameter at top	*55.6 cm*
Base diameter	*36 cm*
Capacity	*60 litres*

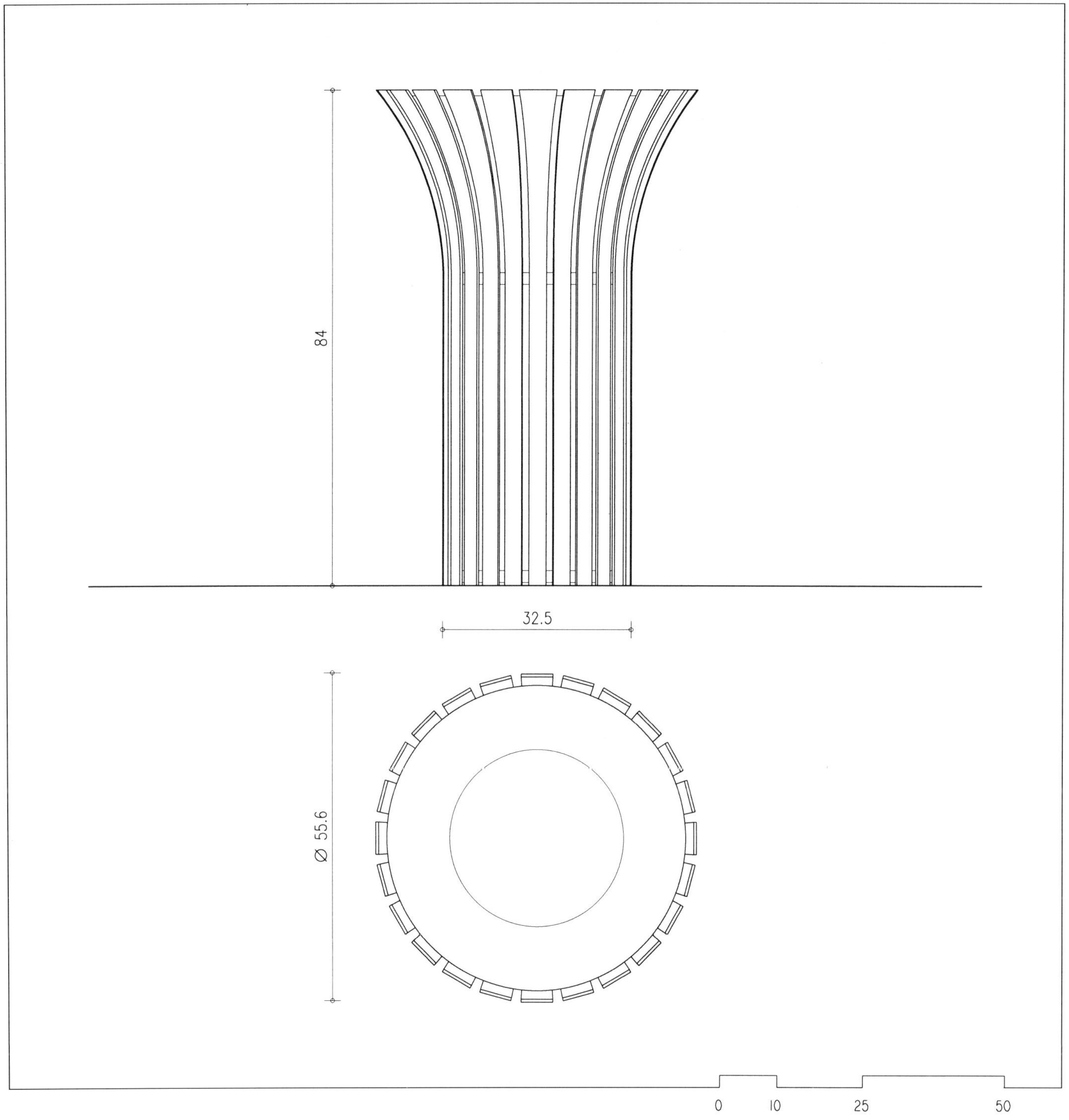

ESPECIFICACIONES TÉCNICAS

Cuerpo formado por listones de acero de forma ensanchada y curva, soldados sobre aros de acero. El acero está galvanizado y pintado con pintura en polvo poliéster, secado al horno. Los colores estándar son verde, bronce y gris metal. Contenedor en estratificado vidrio poliéster y revestido de Gel–Coat en su totalidad. La extracción del contenedor se realiza mediante una llave especial.

COLOCACIÓN

Se sujeta mediante un dado de hormigón y tres pernos de anclaje de 12 mm de diámetro.

TECHNICAL SPECIFICATIONS

Body formed of steel slats of curved form widening towards the top, welded onto steel hoops. The steel is galvanized and painted with oven-dried polyester powder coating. The standard colours are green, bronze and metal grey.
Container of polyester glass sandwich entirely coated with Gel-Coat. The container can be removed using a special key.

FIXING

Fixed to a concrete block with three 12 mm diameter studs.

122. Papelera/*Litter Bin* VOLCA

AUTOR/*DESIGNER*
Leopoldo Milà (1992)

PRODUCTOR/*PRODUCER*
DAE Diseño Ahorro Energético, S.A.

CARACTERÍSTICAS
Papelera para exteriores de planta trapezoidal con un ingenioso sistema de vaciado: un solo movimiento basculante hacia adelante que al mismo tiempo limpia el fondo del contenedor.
Como accesorio se incluye una rejilla para colocar como base en lugar del pavimento, sobre fondo de arena.

DIMENSIONES

Altura	92 cm (la de pared se aconseja colocarla a la misma altura)
Profundidad	30,5 cm
Anchura máxima	50 cm
Medidas rejilla	83,5x58 cm

DESCRIPTION
Trapezoidal-plan litter bin for outdoor settings, with an ingenious emptying system: a single swivelling forward movement which at the same time cleans out the bottom of the container.
Included as an accessory is a grate to act as a base when the unit is installed on sand.

DIMENSIONS

Height	*92 cm (it is advisable to mount the wall model at the same height)*
Depth	*30.5 cm*
Maximum width	*50 cm*
Grate measurements	*83.5x58 cm*

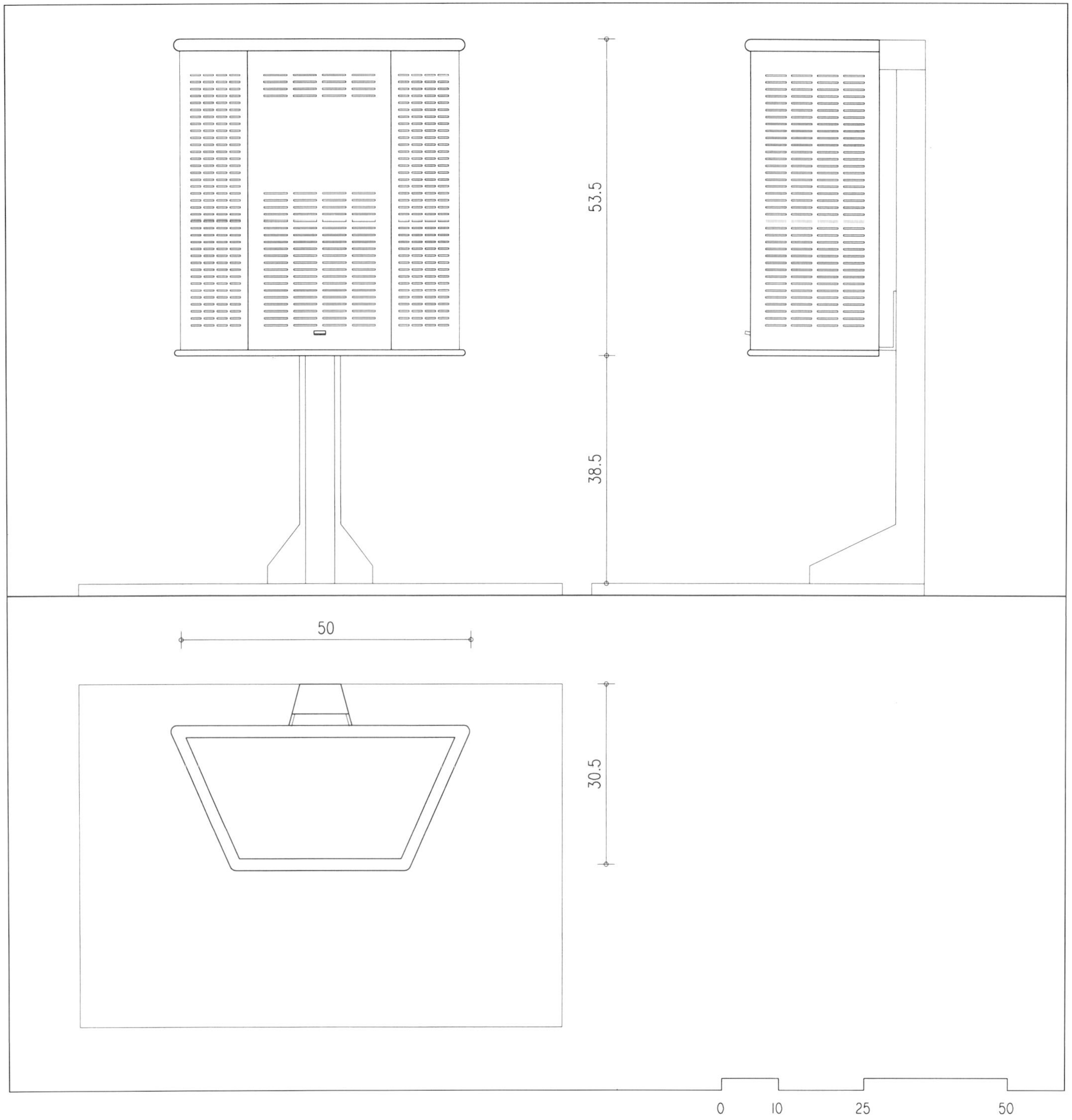

ESPECIFICACIONES TÉCNICAS
Contenedor de acero protegido contra la corrosión y pintado con Oxirón color gris acero.
Pie de acero protegido contra la corrosión y pintado con Oxirón color negro forja.
La rejilla de base es de religa galvanizada.
Existen dos modelos: de pie o de pared.

COLOCACIÓN
La de pie se coloca sobre dado de hormigón mediante tres pernos roscados y la de pared cogida con tacos y tornillos a la superficie prevista.

TECHNICAL SPECIFICATIONS
Steel container protected against corrosion and painted in steel grey Oxiron paint.
Steel leg protected against corrosion and painted in forge black Oxiron paint.
The base grate is in galvanized alloy.
Two models available: with leg or wall-mounted.

FIXING
The leg model is placed on a concrete block using three threaded bolts, while the wall-mounted model is fixed to the surface with screws and plugs.

123. Papelera/*Litter bin* STARCK

AUTOR/*DESIGNER*
Philippe Starck (1992)

PRODUCTOR/*PRODUCER*
JCDECAUX, S.A. Mobilier Urbain.

CARACTERÍSTICAS
Papelera de forma muy futurista apropiada para nuevos espacios urbanos.
Cuerpo de forma ojival y tapa esférica con tres aberturas laterales para la entrada de desechos.

DIMENSIONES

Altura	109 cm
Diámetro	60,4 cm
Capacidad	80 litros

DESCRIPTION
Litter bin of highly futuristic form, suitable for new urban areas.
Body of ogival shape, spherical cover with three side openings for putting rubbish in.

DIMENSIONS

Height	*109 cm*
Diameter	*60.4 cm*
Capacity	*80 litres*

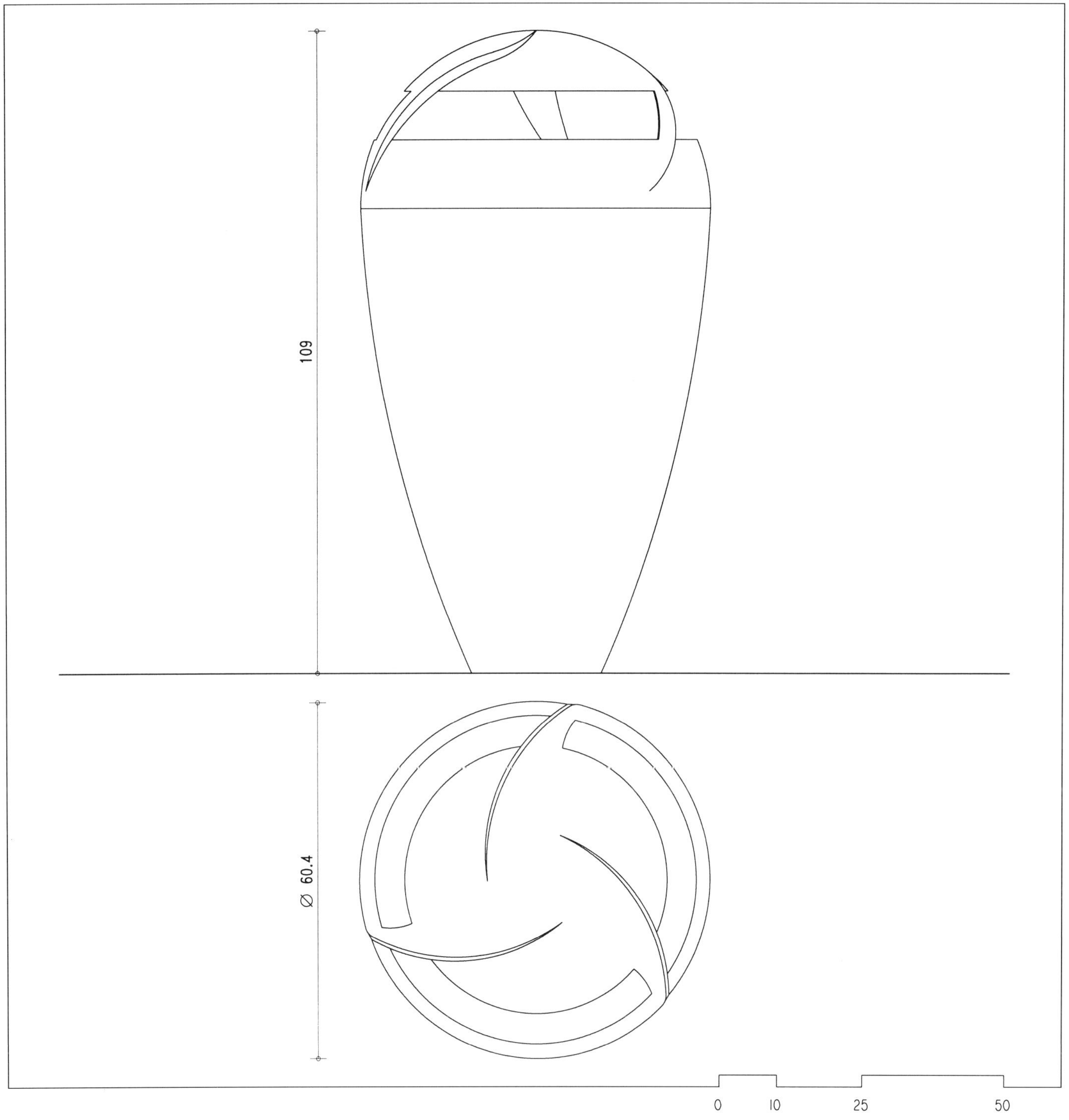

ESPECIFICACIONES TÉCNICAS

Cuerpo realizado en fundición de acero FT 25, con abertura en la parte superior y cerradura para llave. Agujereado en la base para permitir la evacuación de aguas y el anclaje. Doble protección de pintura rica en cinc y pintura de poliuretano color gris metal.
Tapa de fundición de aluminio AS 13 cromada y pintada con laca de poliuretano de color gris metal.
Contenedor interior en plástico rotomoldeado de polietileno de alta densidad, ligero y resistente.

COLOCACIÓN

Se sujeta mediante un dado de hormigón y tres pernos de anclaje de 12 mm de diámetro.

TECHNICAL SPECIFICATIONS

Body made of FT 25 cast steel, with opening in the top part and key-operated lock.
Holes in base to permit anchorage and running off of water.
Double protection of zinc-rich paint and metal-grey polyurethane paint.
Cover in AS 13 cast aluminium chrome-plated and painted with metal-grey polyurethane lacquer.
Light and strong interior container in high-density rotary moulded polyethylene.

FIXING

Secured onto concrete block with three 12 mm diameter studs.

124. Papelera/*Litter Bin* SERIE 3000

AUTORES/*DESIGNER*
Carlos Nicolau - Inés Rodríguez (1993)

PRODUCTOR/*PRODUCER*
TECAM. Martori & Garcia, S.L.

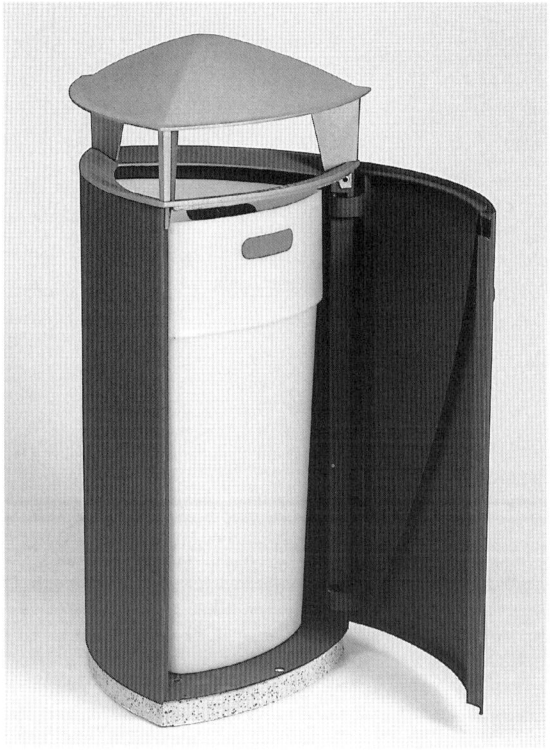

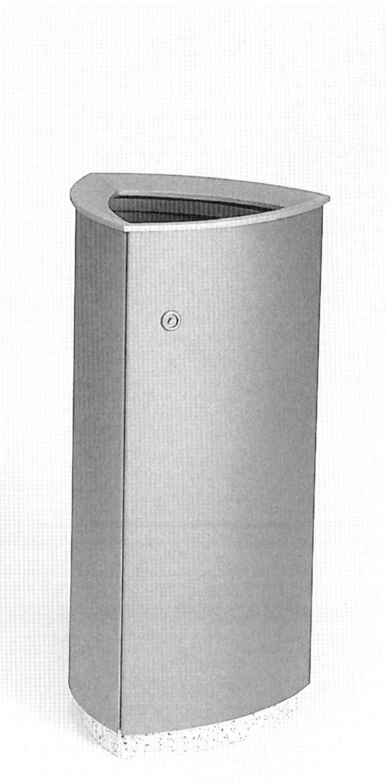

CARACTERÍSTICAS
Papelera pensada especialmente para la ciudad por su gran capacidad y volumen reducido. Ocupa poco espacio en la vía pública. De sección triangular, existe con o sin sombrero, con distintos complementos (bolsa, cubeta interior, cenicero) y dos capacidades.

DIMENSIONES

Altura	117 cm (3000, 3001, 3002) / 80 cm (3003, 3004)
Longitud Lado	54 cm / 39,5 cm
Capacidad	110 litros / 60 litros

DESCRIPTION
Litter bin specially designed for the city with large capacity and yet small bulk. Occupies little space in the public thoroughfare. Of triangular section, supplied with or without top, with various accessories (bag, inner bin, ashtray) and in two capacities.

DIMENSIONS

Height	*117 cm (3000, 3001, 3002) / 80 cm (3003, 3004)*
Side length	*54 cm / 39.5 cm*
Capacity	*110 litres / 60 litres*

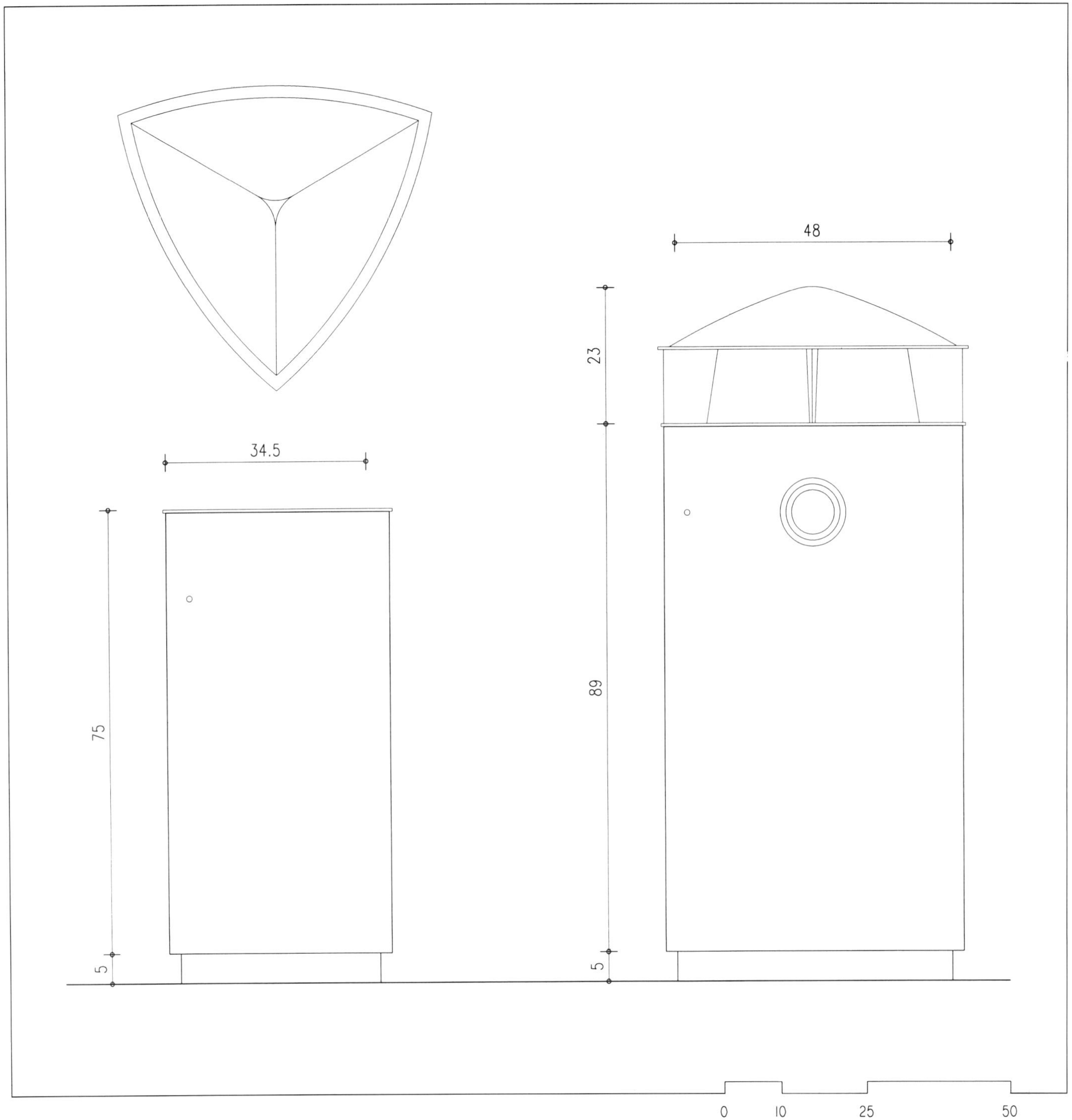

ESPECIFICACIONES TÉCNICAS
El sombrero y el aro de la boca son de fundición de aluminio en colores gris acero o dorado. El cuerpo es de chapa de 2 mm de espesor pintado con pintura metálica anticorrosiva oxirón en colores azul pavonado o marrón. El zócalo es de piedra artificial.
La puerta para el acceso a la cubeta o bolsa de plástico se desbloquea mediante una llave triangular.

COLOCACIÓN
Se sujeta mediante perforaciones con taladros de percusión efectuadas al pavimento y rellenas con mortero de resina.

TECHNICAL SPECIFICATIONS
The top and the mouth ring are of cast aluminium in steel-grey or gilt colour. The body is of 2 mm sheet painted with oxiron anti-corrosion metallic paint in protective blue or brown. The plinth is of artificial stone.
The opening for access to the bin or plastic bag is unlocked using a triangular key.

FIXING
Secured using holes drilled by hammer drill in the pavement and filled with resin mortar.

125. Papelera/*Litter bin* RAMBLA

AUTORES/*DESIGNERS*
Guillermo Bertólez - Javier Ferrándiz (1993)

PRODUCTOR/*PRODUCER*
SANTA & COLE, S.A. División Urbana.

CARACTERÍSTICAS
Papelera para exteriores de apariencia simple, en versiones de pie o mural. Su planta ovalada posibilita distintas colocaciones en una alineación determinada.
Tiene un sencillo mecanismo de vaciado (fondo practicable), oculto a la vista. Se ha optado por la opacidad para ocultar el contenido.

DIMENSIONES

Altura con pie	88 cm
Altura mural	50 cm, pero colocada a una altura igual a la de pie
Óvalo	46x31 cm

DESCRIPTION
Outdoor litter bin of simple appearance, in floor-mounted or wall-mounted versions. Its oval plan means that it can be fitted with different orientations within a particular alignment.
It has a simple emptying mechanism (opening bottom), hidden from sight. Opaqueness was chosen in order to hide the contents from view.

DIMENSIONS

Height with leg	*88 cm*
Wall-mounted height	*50 cm, but placed at same height as leg model*
Oval	*46x31 cm*

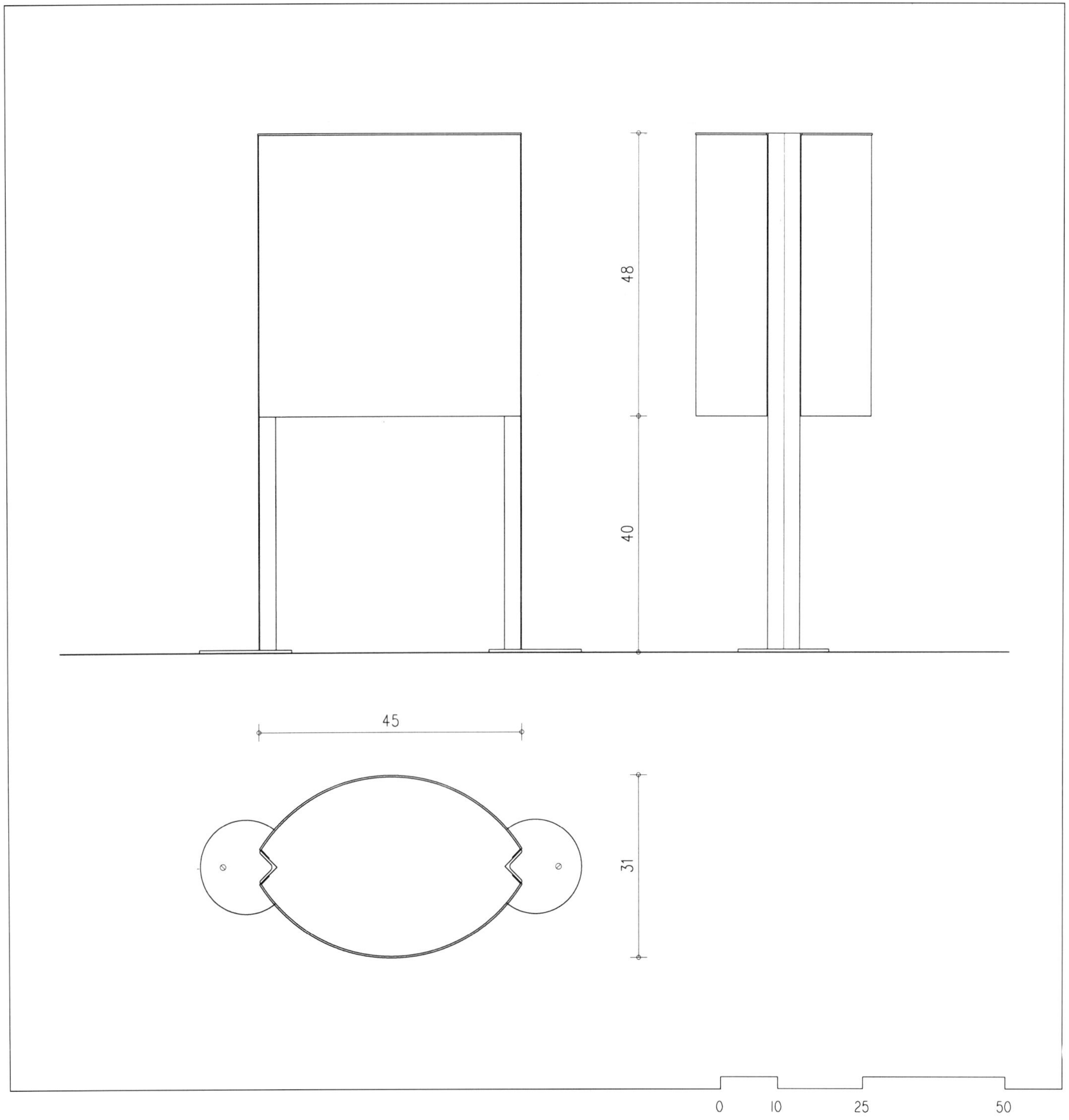

ESPECIFICACIONES TÉCNICAS
La estructura y la cubeta son de acero inoxidable.
La cubeta va pintada exteriormente con Oxirón negro o laca de distintos colores según pedido.
La estructura soporte, compuesta por dos perfiles en L de 40x40 mm y 4 mm de grosor, va soldada a una pletina de 16 cm de diámetro y 5 mm de grosor, que sirve de base.

COLOCACIÓN
La de pie va sujeta al pavimento mediante tornillos de acero inoxidable o empotrada, en cuyo caso los soportes tendrán una longitud mayor (5 cm).
La mural va sujeta al plano vertical correspondiente mediante tornillos de acero inoxidable.

TECHNICAL SPECIFICATIONS
Structure and bin of stainless steel.
The bin section is painted on the outside with black Oxiron paint or lacquer of various colours, to order.
The support structure, composed of two 40x40x4 mm angles is welded to a 16 cm diameter by 5 mm base plate.

FIXING
The floor-mounted version is secured to the pavement using stainless steel bolts, or set into the pavement, in which case the supports are longer (5 cm).
The wall-mounted version is secured to the vertical plane in question by stainless steel bolts.

126. Papelera/*Litter bin* SZEKELY

AUTORES/*DESIGNER*
Martin Szekely (1993)

PRODUCTOR/*PRODUCER*
JCDECAUX, S.A. Mobilier Urbain.

CARACTERÍSTICAS
Papelera de forma orgánica de fundición, cuyo cuerpo es una combinación de 6 nervaduras de forma triangular ensanchadas, sobrepuestas sobre una base cilíndrica.
Entrada de desechos por la parte superior de ø 20 cm.

DIMENSIONES

Altura	88 cm
Diámetro máximo	60,5 cm
Diámetro base	34 cm
Capacidad	80 litros

DESCRIPTION
Litter bin of organic form with cast body, being a combination of 6 ribbed sections of broadened triangular shape, superimposed on a cylindrical base.
Rubbish put in at top, which is 20 cm in diameter.

DIMENSIONS

Height	*88 cm*
Maximum diameter	*60.5 cm*
Base diameter	*34 cm*
Capacity	*80 litres*

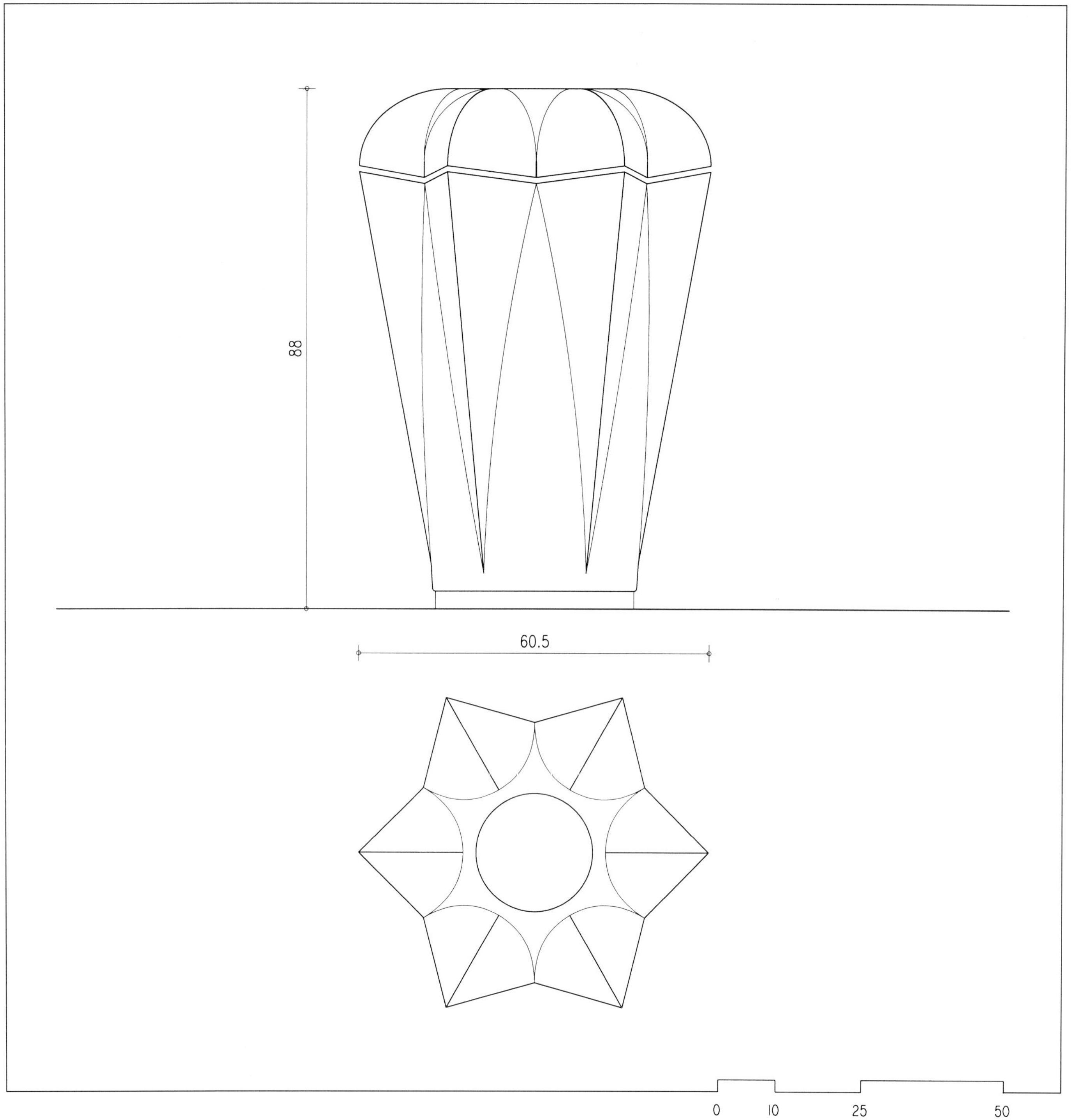

ESPECIFICACIONES TÉCNICAS
Cuerpo realizado en fundición de hierro FLG 200 con abertura en la parte superior y cerradura para llave.
Agujereado en la base para permitir la evacuación de aguas y el anclaje. Doble protección de pintura rica en cinc y pintura de poliuretano color gris metal.
Tapa de fundición de aluminio cromada y pintada con laca de poliuretano de color gris metal.
Contenedor interior en plástico rotomoldeado de polietileno de alta densidad, ligero y resistente.

COLOCACIÓN
Se sujeta mediante un lado de hormigón y tres pernos de anclaje de ø 12 mm.

TECHNICAL SPECIFICATIONS
Body made in FLG 200 cast iron with opening at top and key-operated lock.
Holes drilled at bottom for anchorage and water evacuation. Double protection of zinc-rich paint and metal-grey polyurethane paint.
Light and strong interior container in high-density rotory-moulded polyethylene.

FIXING
Secured onto concrete block with three diam. 12 mm studs.

127. Papelera/*Litter bin* URBANA

AUTOR/*DESIGNER*
Cristian Cirici (1993)

PRODUCTOR/*PRODUCER*
B.D. Ediciones de Diseño.

CARACTERÍSTICAS
Papelera para exteriores de gran capacidad y resistencia, construida en chapa de acero y malla de acero *deployé*. Según elección, puede ir acabada en galvanizado o pintada.

DIMENSIONES

Altura	100 cm
Diámetro	53 cm

DESCRIPTION
High-capacity, high-strength litter bin for outdoor use, constructed in steel sheeting and deployé *steel mesh. A galvanized or painted finish can be chosen.*

DIMENSIONS

Height	*100 cm*
Diameter	*53 cm*

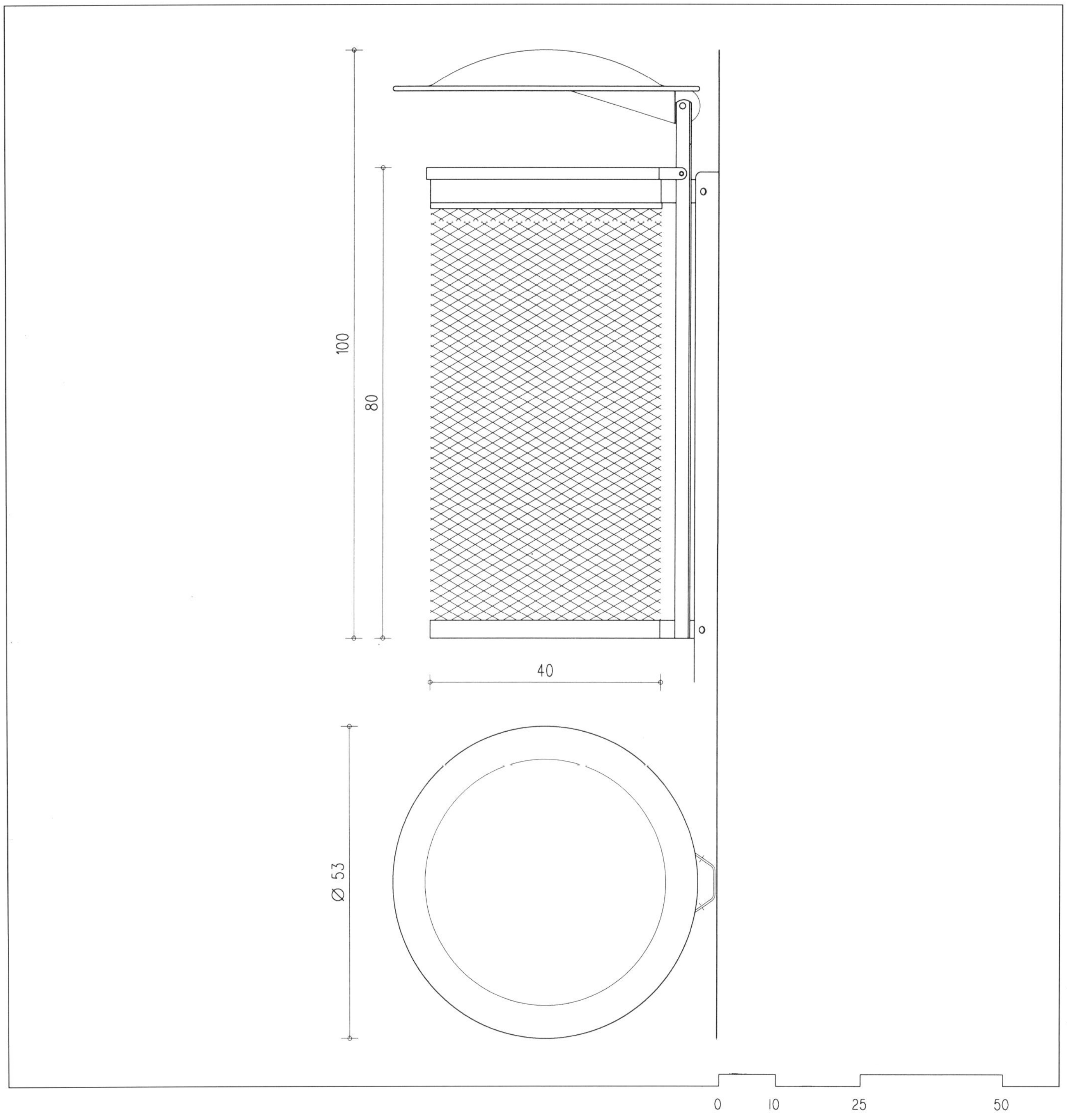

ESPECIFICACIONES TÉCNICAS
La estructura y la tapa son de chapa de acero galvanizado o pintado en verde (RAL 6008).
El contenedor es de malla de acero *deployé* con los mismos acabados que la estructura.

COLOCACIÓN
Va sujeta a la pared, farolas u otros elementos de mobiliario urbano mediante un perfil Halfen. También puede ir cogida a un soporte empotrado en el suelo. En ambos casos los soportes son galvanizados o pintados según sea la papelera.

TECHNICAL SPECIFICATIONS
The structure and cover are of galvanized or green painted (RAL 6008) steel sheeting.
The container is in deployé *steel mesh with the same finishes as the structure.*

FIXING
Secured to wall, lamp posts or other items of street furniture using a Halfen profile. Can also be attached to a support set into the ground. In both cases the supports are galvanized or painted, depending on the finish of the litter bin.

128. Papelera/*Litter bin* DISKUS

AUTOR/*DESIGNER*
Jerry Hellström (1993)

PRODUCTOR/*PRODUCER*
NOLA Industrier AB.

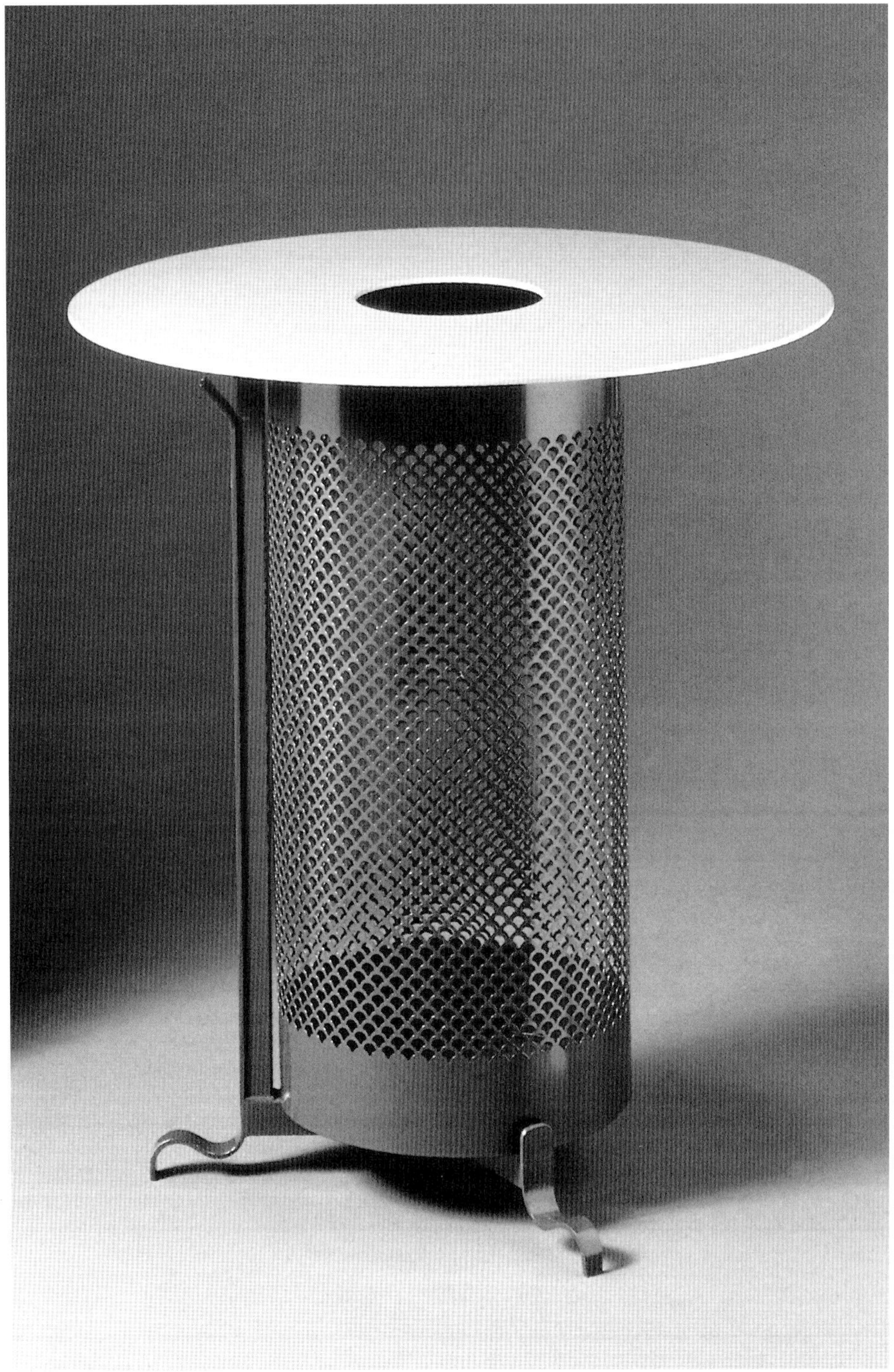

CARACTERÍSTICAS
Papelera de chapa perforada con una gran tapa que se convierte en mesa para espacios al aire libre o cafeterías con terrazas exteriores.
Pensada para ser colocada en espacios con afluencias puntuales de público (conciertos, festivales...).
Premiada con el EXCELLENT SWEDISH DESIGN 1993.

DIMENSIONES	
Altura	95 cm
Diámetro tapa	80 cm
Diámetro cesta	38 cm

DESCRIPTION
Litter bin of perforated sheeting with large cover which acts as a table for outdoor areas or cafeterias with outdoor terraces.
Designed for placement in areas with occasional attendance of the public (concerts, festivals, etc.).
1993 EXCELLENT SWEDISH DESIGN award.

DIMENSIONS	
Height	*95 cm*
Cover diameter	*80 cm*
Basket diameter	*38 cm*

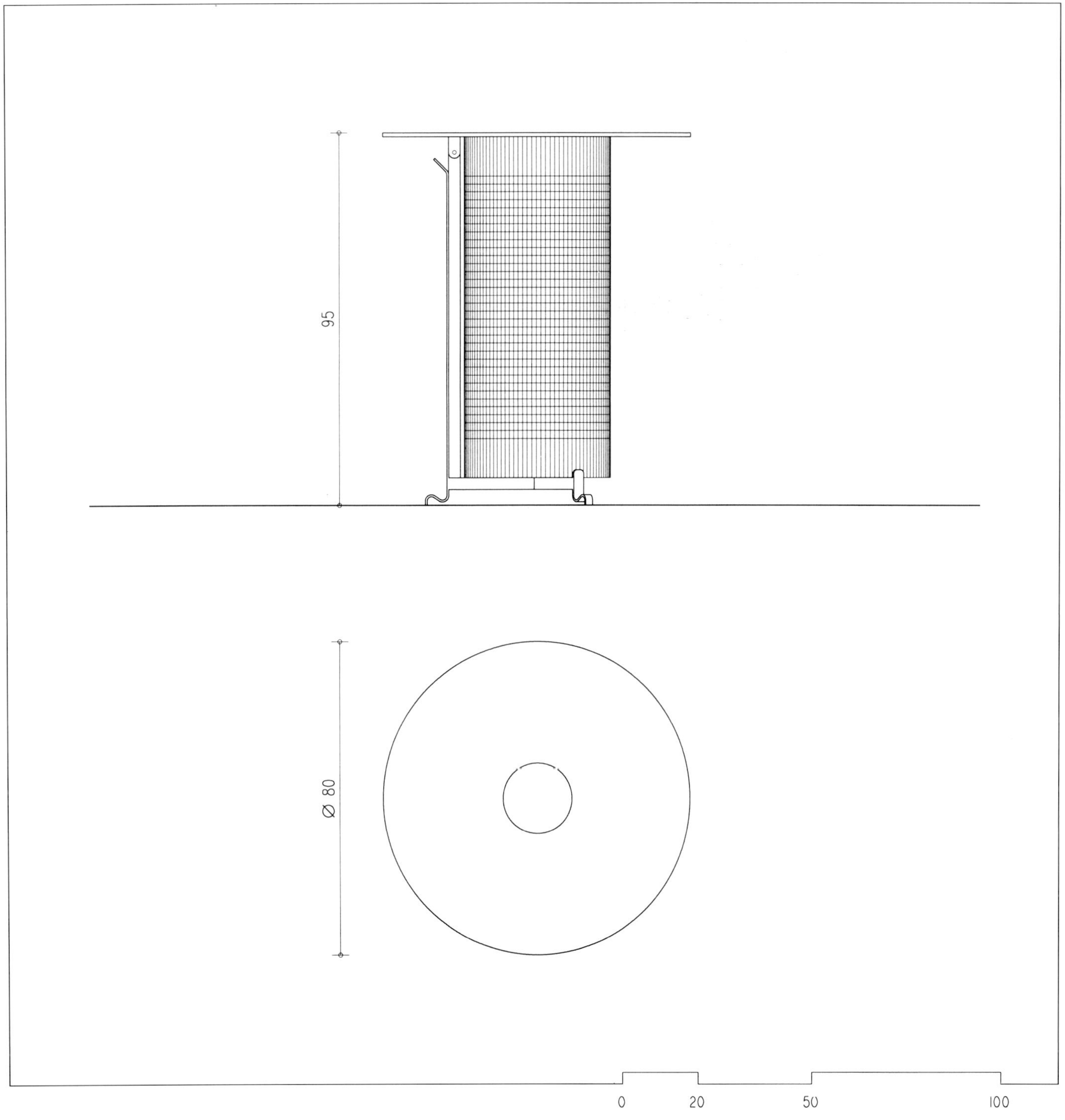

ESPECIFICACIONES TÉCNICAS
Estructura de acero galvanizado pintada en color verde.
Cesta de chapa perforada de 1 mm de grosor de acero galvanizado pintada en color verde.
Tapa abatible para facilitar el vaciado de la papelera. La tapa–mesa es de chapa de aluminio de 5 mm de grosor lacada en blanco.

COLOCACIÓN
Simplemente apoyada cuando su uso sea temporal, o atornillada al pavimento. En este caso, las patas son planas y llevan perforaciones para los tornillos.

TECHNICAL SPECIFICATIONS
Galvanized steel structure painted green.
Basket of 1 mm perforated galvanized steel sheet painted green.
Lift-up cover to facilitate emptying. The cover/table is in 5 mm white-lacquered aluminium plate.

FIXING
Simply resting on ground when for temporary use, or bolted onto the pavement. In this latter case, the legs are flat and have holes for bolts.

129. Papelera/*Litter bin* NIKE

AUTOR/*DESIGNER*
Alfredo Tasca (1993)

PRODUCTOR/*PRODUCER*
METALCO, S.p.A.

CARACTERÍSTICAS
Papelera de chapa de acero de sección circular que incorpora una tapa practicable con orificio central.
Fijada a una columna de ø 12 cm de tubo de acero a la que se pueden incorporar una o dos papeleras.

DIMENSIONES

Altura desde el pavimento	80 cm
Altura contenedor	54 cm
Diámetro tapa	42 cm
Diámetro cesta	38 cm
Capacidad	55 litros

DESCRIPTION
Circular-section litter bin in steel sheeting with removable cover with central orifice.
Secured to a 12 cm diameter tubular steel column to which one or two litter bins can be attached.

DIMENSIONS

Height from pavement	*80 cm*
Container height	*54 cm*
Cover diameter	*42 cm*
Basket diameter	*38 cm*
Capacity	*55 litres*

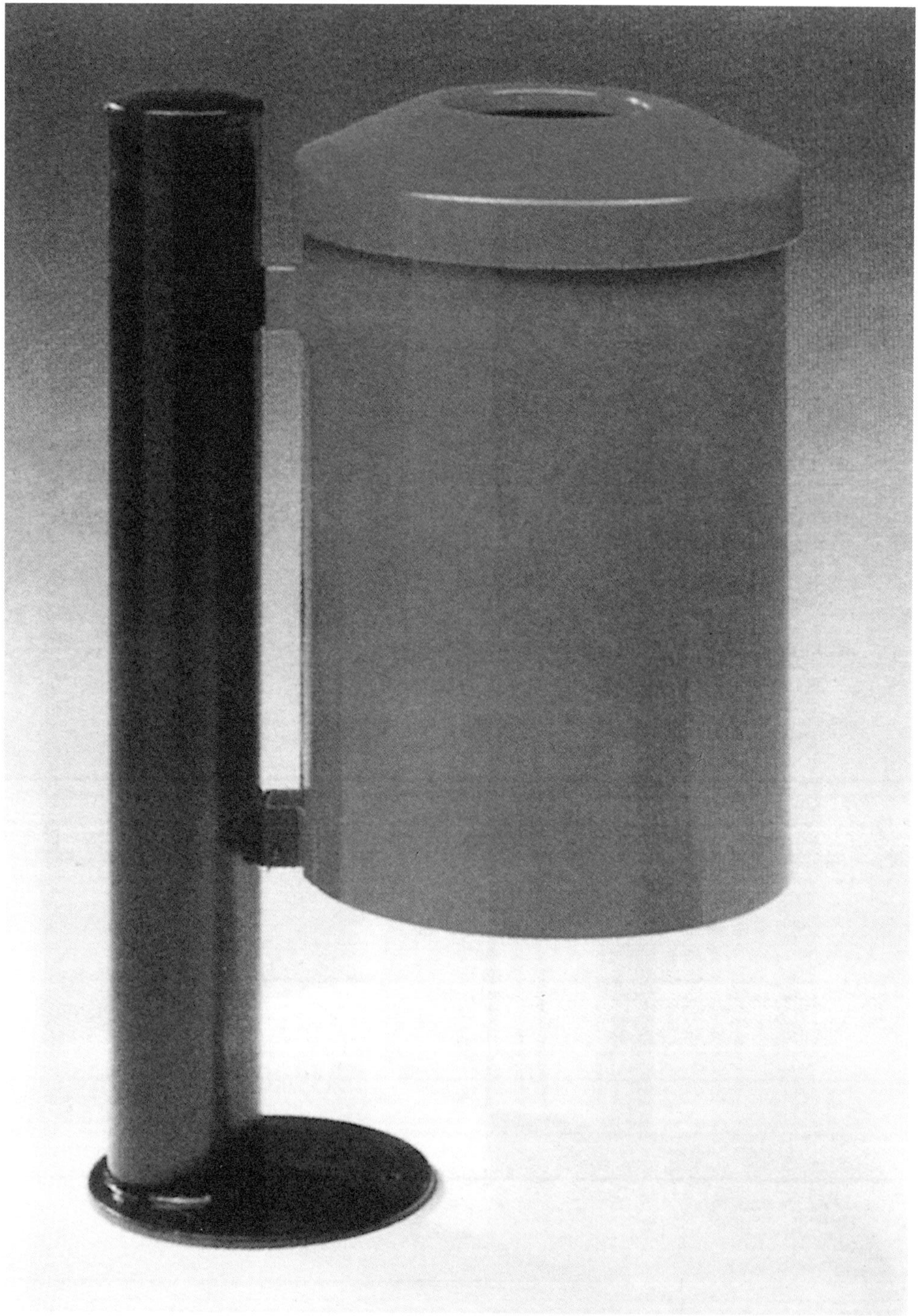

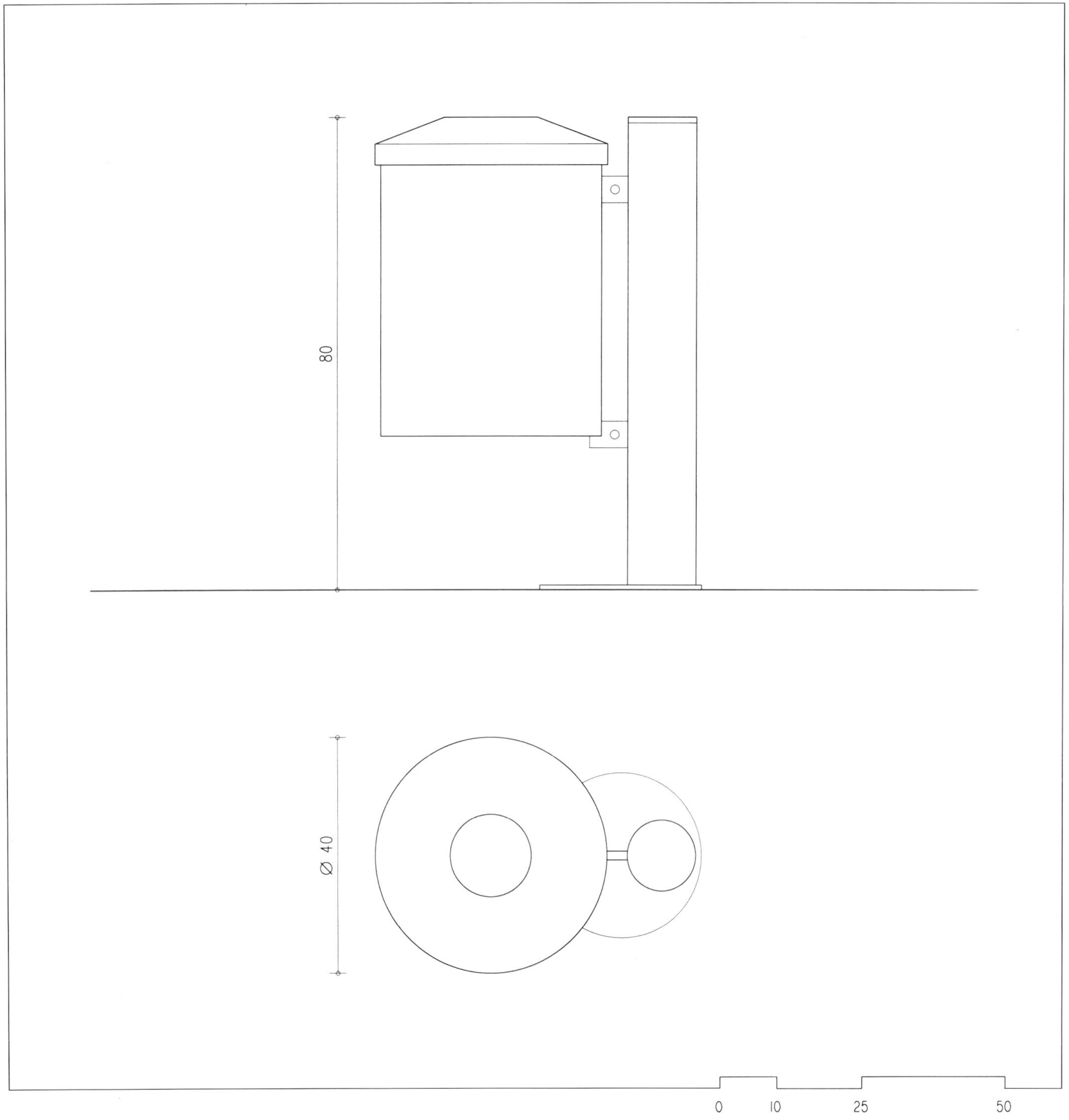

ESPECIFICACIONES TÉCNICAS
Estructura y papelera de acero galvanizado en caliente y revestido de poliéster termoendurecido.
El contenedor de ø 38 cm va fijado inferiormente al poste mediante articulación para su volcado y en la parte superior mediante cerradura con llave. La tapa es practicable y dispone de una bisagra para facilitar el vaciado de la papelera.

COLOCACIÓN
Atornillada al pavimento mediante una pletina circular de ø 28 cm soldada a la base de la columna.

TECHNICAL SPECIFICATIONS
Structure and litter bin in hot-galvanized steel coated with heat-hardened polyester.
The 38 cm ø container is fixed at the bottom to the post by means of a hinge for tipping down, and at the top by a key-operated lock. The cover opens and has a hinge to facilitate the emptying of the litter bin.

FIXING
Bolted onto the pavement by means of a circular plate 28 cm ø welded to the base of the column.

130. Papelera/*Litter bin* CESTINO

AUTORES/*DESIGNERS*
De Ferrari - Jacomussi - Germak - Laurini (1987/1994)

PRODUCTOR/*PRODUCER*
ALUMIX, S.p.A. Aluhabitat Arredo Urbano.

CARACTERÍSTICAS
Papelera de forma ojival en aluminio de gran capacidad, y gran resistencia a la climatología y al uso.
La doble entrada de desechos se produce por la parte superior pero su diseño impide en gran medida la entrada de agua de lluvia.
Seleccionada para el Compaso d'Oro ADI 1994.

DIMENSIONES

Altura	108,5 cm
Diámetro	51,5 cm
Capacidad	110 litros

DESCRIPTION
High-capacity litter bin of arched shape, highly weather- and use-resistant. The double slot for putting rubbish in is at the top, but the design largely prevents the entry of rainwater.
Selected for the 1994 ADI Compaso d'Oro.

DIMENSIONS

Height	*108.5 cm*
Diameter	*51.5 cm*
Capacity	*110 litres*

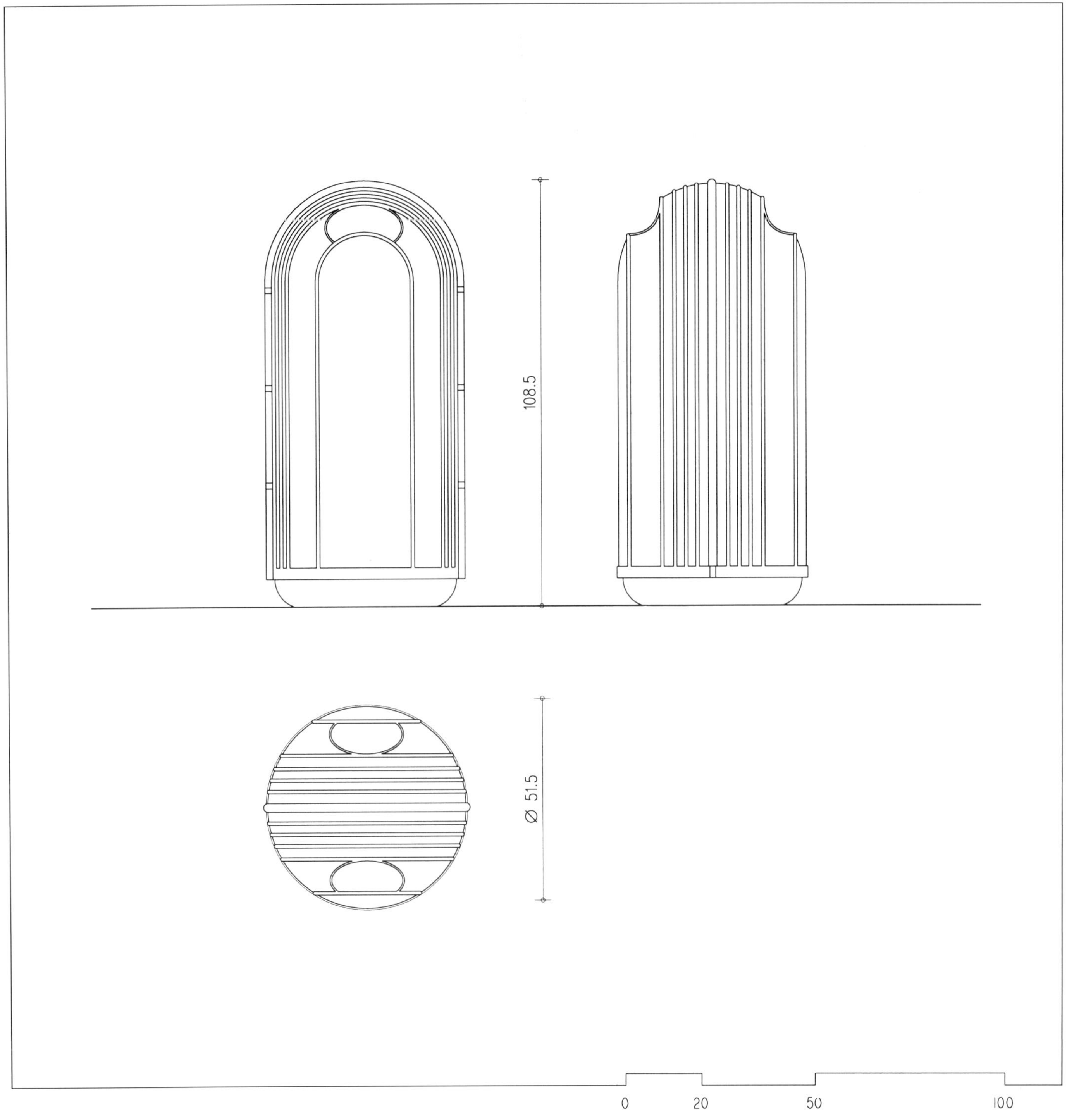

ESPECIFICACIONES TÉCNICAS

Cuerpo realizado en fundición de aluminio acabado termolacado (colores estándar: verde, burdeos o gris). Abertura lateral para facilitar la manipulación interior con cerradura antivandálica.

Base de hormigón color gris piedra para dar rigidez y estabilizar el conjunto.

COLOCACIÓN

Fijada al suelo mediante tornillería y asegurada con un tirante situado en la parte central.

TECHNICAL SPECIFICATIONS

Body made of thermolacquered-finish cast aluminium (standard colours: green, bordeaux and grey).

Side opening for access to the interior, with vandalproof lock.

Stone grey concrete base to lend the unit rigidity and stability.

FIXING

Fixed to the ground with bolts and braced with a stay in the central part.

131. Contenedor de Recogida Selectiva/ *Selective Collection Container* ICEBERG 3 m^3

AUTORES/*DESIGNERS*
ALLIBERT Développement Urbain (1993)

PRODUCTOR/*PRODUCER*
ALLIBERT Développement Urbain

CARACTERÍSTICAS
Iceberg 3 m^3 es una papelera en superficie conectada a un contenedor subterráneo para la recuperación de vidrio, plástico o papel. Es una solución radical, eficaz y rápida, a las necesidades de recogida selectiva y responde al conjunto de los problemas de la ciudad: limpieza, higiene, estética, seguridad, lucha contra los ruidos y falta de espacio.
La ventaja respecto al contenedor convencional es el poco espacio que ocupa en superficie, su gran volumen de recepción y la discreción sonora.
Las operaciones de vaciado de los contenedores en la vía pública se efectúan con toda seguridad con los medios tradicionales.

DIMENSIONES

Plataforma peatonal	150x150 cm
Papelera	H 122xL 60xI 40 cm
Agujero	H 178xL 194xI 194 cm

DESCRIPTION
Iceberg 3m^3 is a bin on the surface, connected to an underground container for the collection of glass, plastic or paper. It provides a rational, effective and fast solution to selective collection needs, with a response to the problems of cities: cleaning, hygiene, aesthetics, safety, the struggle against noise pollution and lack of space.
The advantage compared to conventional containers is the small space it occupies on the surface, its large reception volume and low noise levels.
The emptying operations for containers on the public thoroughfare can be carried out with perfect safety using the traditional methods.

DIMENSIONS

Pedestrian platform	*150x150 cm*
Surface container	*H 122xL 60xI 40 cm*
Hole	*H 178xL 194xI 194 cm*

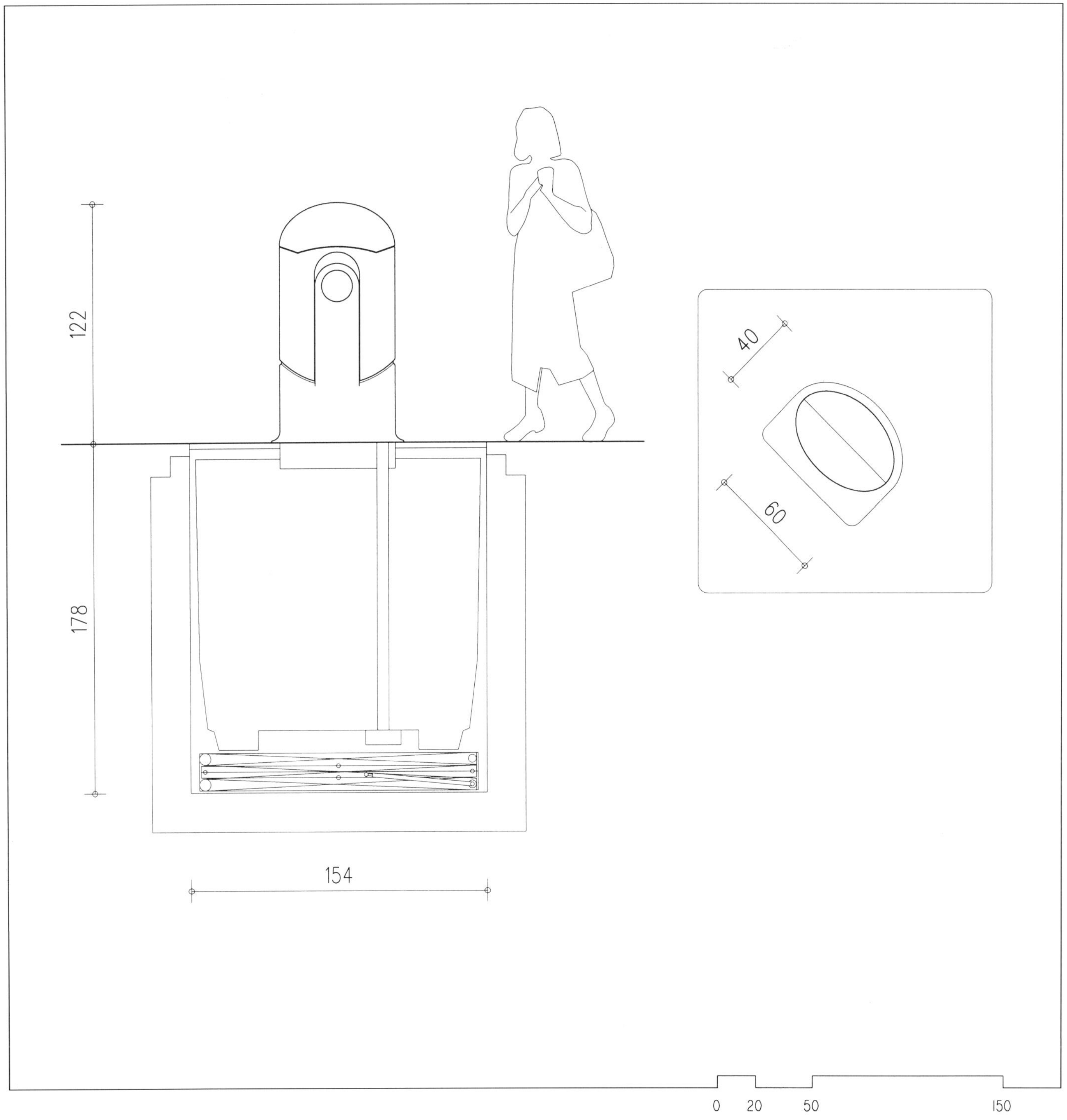

ESPECIFICACIONES TÉCNICAS
La papelera y la plataforma peatonal son de poliéster color bronce oscuro y el contenedor de polietileno de alta densidad.
Sistema de limpieza-vaciado por medio de un gancho situado bajo la tapa de la papelera.
La evacuación de los líquidos se produce gracias a una conexión con la red de alcantarillado.
Tiene un volumen de contenedor de 2,8 m^3 y un volumen total de 3 m^3.
El peso de la parte extraíble es de 180 kg.

COLOCACIÓN
Los coloca la misma casa fabricante.

TECHNICAL SPECIFICATIONS
The surface container and pedestrian platform are in dark bronze-coloured polyester, while the underground container is in high-density polyethylene.
Cleaning-emptying system by means of a hook on the top of the container.
Liquids are evacuated by connection to the main sewage network.
Container volume of 2.8 m^3 *and total volume of 3* m^3*.*
The weight of the extractable part is 180 kg.

FIXING
Installed by the manufacturer.

132. Contenedor de Vidrio/ *Glass Container* URBASER

AUTOR/*DESIGNER*
Óscar Tusquets (1994)

PRODUCTOR/*PRODUCER*
URBASER. Mobiliario Urbano.
Grupo Dragados y Construcciones.

CARACTERÍSTICAS
Contenedor de vidrio de acero inoxidable que forma parte de una serie de mobiliario urbano realizado con motivo de un concurso para la ciudad de Madrid.
El elemento consta de tres paneles informativos y un depósito para la recogida de vidrio.
La introducción del vidrio en el contenedor se realiza a través de tolvas que se accionan por gravedad, impidiendo la sustracción del vidrio recogido.

DIMENSIONES

Altura total	564 cm
Diámetro depósito vidrio	158 cm
Altura depósito vidrio	150,5 cm
Paneles informativos	187,5x132x12 cm (cada unidad)
Superficie para publicidad	175x120 cm (por cada panel)
Diámetro techo coronación	208 cm

DESCRIPTION
Glass container in stainless steel which forms part of a range of street furniture developed for a competition for the city of Madrid.
The container unit has three information panels and a receptacle for the collection of glass.
Glass is placed in the container through gravity-operated hoppers, thus preventing the collected glass being removed.

DIMENSIONS

Total height	*564 cm*
Glass receptacle diameter	*158 cm*
Glass receptacle height	*150.5 cm*
Information panels	*187.5x132x12 cm (each unit)*
Advertising surface	*175x120 cm (each panel)*
Roof diameter	*208 cm*

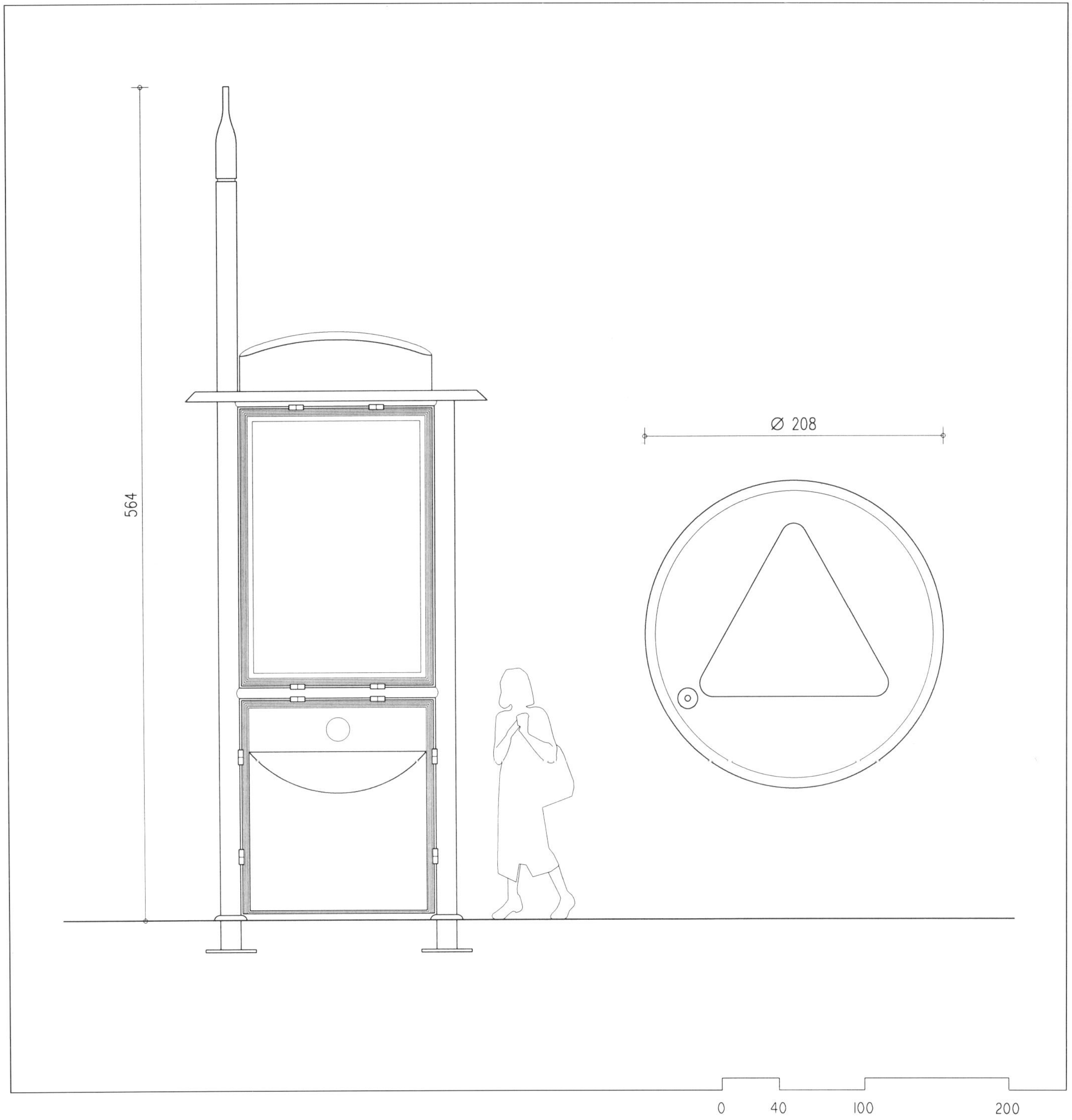

ESPECIFICACIONES TÉCNICAS

Columnas equidistantes de tubo redondo de precisión de acero inoxidable, acabado esmerilado. En la parte inferior, anillo embellecedor de acero inoxidable.
La luminaria identificativa en la parte superior de una de las columnas es de policarbonato termoformado en forma de botella, blanco opal.
Tres paneles informativos formando un triángulo, con chasis perimetral fijo de perfiles de aluminio extrusionado y en cada panel, un marco de puerta abatible que soporta el panel de vidrio laminado. En el interior, difusor de policarbonato Lexan blanco opal enmarcado en perfil de aluminio y equipo luminoso formado por seis lámparas fluorescentes. Panel trasero de aluminio que cubre la longitud total del panel.
Depósito de sección circular compuesto de perfiles y chapas curvadas de acero inoxidable. En dos de las chapas frontales se encuentra el mecanismo de entrada de vidrio.
Techo de coronación circular de resinas de poliéster reforzada con fibras de vidrio de color plateado.

COLOCACIÓN

Empotrado en el suelo mediante tres zapatas de hormigón en masa de 40x40x60 cm y cuatro pernos de varilla roscada en cada zapata de 60 cm de longitud para la sujeción y nivelado de la placa de anclaje.

TECHNICAL SPECIFICATIONS

Equidistant columns in precision stainless steel tube with polished finish. The bottom part has a stainless steel trim ring.
The identifying light at the top of one of the columns is in polycarbonate, hot-formed in the shape of a bottle and opal white.
Three information panels forming a triangle, with fixed perimeter structure of extruded aluminium profiles and, on each panel, an opening frame which supports the laminated glass panel.
Inside, polycarbonate diffusor framed in aluminium section and lighting equipment consisting of six fluorescent lights. Rear panel in aluminium which covers the entire length of the panel.
Circular section receptacle made of stainless steel sections and curved plates. Two of the front plates are fitted with the glass-input mechanism.
Circular roof in polyester resins reinforced with glass fibre, of silver colour.

FIXING

Set into the pavement using three 40x40x60 cm concrete footings and four threaded studs 60 cm long in each footing for securing and levelling the anchorage plate.

ÍNDICE DE LOS ELEMENTOS
INDEX OF FURNITURE UNITS

ÍNDICE ALFABÉTICO DE AUTORES
ALPHABETICAL INDEX OF DESIGNERS

CRÉDITOS FOTOGRÁFICOS
PHOTO CREDITS

Argeles, p. 288
Vittorio A. Canetta, p. 62
D. Boy de la Tour, p. 124
Jean-Baptiste Dorner, p. 98
Lourdes Jansana, pp. 38, 172
Albert Navarro, p. 186 (dcha./right)
Joan Roig, p. 186 (izqda./left)
Jaume Tutzo, p. 242

ÍNDICE DE EMPRESAS PRODUCTORAS DE MOBILIARIO URBANO
INDEX OF URBAN FURNITURE PRODUCTION COMPANIES

ABB Metron, S.A.
Torrent de l'Olla, 220
08012 – Barcelona. España
tel. (3) 484.21.21 fax. (3) 484.21.90

Acieries de CHARLEVILLE
8–10, rue Requet B.P. 215
08102 – Charleville. Mezieres. France
tel. 24.57.14.29

ALESSI S.p.A.
Via privata Alessi, 6
28023 – Crusinallo di Omegna(NO). Italia
tel. (0323) 6511 fax. (0323) 641.605

ALLIBERT Developpement Urbain
2, rue de l'Egalité
92748 – Nanterre Cedex. France
tel. (1) 41.20.09.96 fax. (1) 41.20.44.77

ALUMIX, S.p.A. Aluhabitat Arredo Urbano
Via San Martino, 60
20017 – Rho. Milano. Italia
tel. (2) 93.33.63.17 fax. (2) 93.50.12.05

B.D. Ediciones de Diseño
Mallorca, 291
08037 – Barcelona. España
tel. (3) 458.69.09 fax. (3) 207.36.97

Canteras AGRAMAR, S.A.
Carretera d'Esparragera, s/n
08295 – Sant Vicenç de Castellet.
Barcelona. España
tel. (3) 833.02.51 fax. (3) 833.06.03

CALDERERÍA DELGADO, S.A.
carrer Bilbao, 9 Polígono Industrial
08291 – Ripollet. Barcelona. España
tel. (93) 692.71.61 fax. (93) 580.18.76

CATALONIA. EPI–MA, S.L.
Llopis, 7
08042 – Barcelona. España
tel. (3) 359.41.17 fax. (3) 462.06.37

CEMUSA – PUBLIMOB, S.A.
Plaza Colón, 2 Torrel pl.15
28046 – Madrid. España
tel. (1) 308.30.50 fax. (1) 319 68 48

dels Motors, 131
08040 – Barcelona. España
tel. (3) 223.01.28 fax. (3) 223.17.08

CONITEK, S.A.
Concepción Arenal, 23–27
08027 – Barcelona. España
tel. (3) 352.54.02 fax. (3) 349.60.54

Construcciones Metálicas HUGAS, S.A.
Buenos Aires, 43
08902 – L'Hospitalet. Barcelona. España
tel. (3) 331.54.46 fax. (3) 331.54.47

CONTENUR, S.A.
Polígono Industrial Los Ángeles calle Torneros,3
28906 – Getafe. Madrid. España
tel. (91) 682.72.63 fax. (91) 682.39.98

Departamento de Mobiliario Urbano del Ayuntamiento de Madrid
c/ Paraguay, 9
28016 – Madrid. España
tel. (1) 588.35.42 fax. (1) 588.35.44

Diseño y Ahorro Energético, S.A. (DAE)
Polígono Industrial Sant Jordi s/n
08800 – Vilanova i la Geltrú. Barcelona. España
tel. (3) 893.33.00 fax. (3) 893.33.58

ESCOFET 1886, S.A.
Ronda Universitat, 20
08007 – Barcelona. España
tel. (3) 318.50.50 fax. (3) 412.44.55

ESTEVA, S.A.
Carrer Santa Eulàlia, 173–175
08912 – L'Hospitalet. Barcelona. España
tel. (3) 332.31.16 fax. (3) 331.57.40

Estudi ROSELLÓ Associats, S.L.
Avinguda Tarruell, 31
08190 – La Floresta. Sant Cugat del Vallès. España
tel. (3) 674.83.71 fax. (3) 675.13.30

FONTES DE PARIS
20, rue Max Dormoy
75018 – Paris. France
tel. (1) 46.07.06.44 fax. (1) 46.07.41.12

FORMO UNILÓN, S.A.
Avenida Bertràn Güell, 63
08850 – Gavá. Barcelona. España
tel. (3) 662.04.47 fax. (3) 662.86.67

FOURNITURE
24, rue Robert Witchitz
94200 – Ivry sur Seine. France
tel. (1) 46.71.70.71

Fundición de Hierros COLOMER, S.A.
Polígono Industrial Santiga carrer Altamira, 5–7
08210 – Barberà. Barcelona. España
tel. (3) 719.08.52 fax. (3) 718.78.88

ICA, S.A.
Torre Bovera, s/n Apartado de Correos, 17
08740 – Sant Andreu de la Barca.
Barcelona. España
tel. (3) 682.14.14 fax. (3) 653.21.29

IGUZZINI Illuminazione, S.R.L.
SS–77 Km 102
62019 – Recanati. Italia
tel. (071) 758.81 fax. (071) 758.82.95
IGUZZINI Illuminazione España, S.A.
Poligon Industrial Can Jardí carrer Strauss, s/n
08191 – Rubi. Barcelona. España
tel. (3) 588.00.34 fax. (3) 699.99.74

INDUSTRIAS SALUDES, S.A.
Poligon Industrial El Pla Parcela, 24
46290 – Alcacer. Valencia. España
tel. (6) 123.49.11 fax. (6) 123.11.11

IRIS Mobiliario Urbano, S.L.
Duquesa d'Orleans, 50–56
08034 – Barcelona. España
tel. (3) 280.46.47 fax. (3) 205.72.21

JCDECAUX, S.A. Mobilier Urbain
Sainte Apolline B.P. nº11
78373 – Plaisir Cedex. France
tel. (1) 30.79.79.79 fax. (1) 30.55.84.84
EL MOBILIARIO URBANO, S.A.
Arrastaría, s/n Nave 2 Polígono Industrial las Mercedes. Carretera de Barcelona, Km 11,300
28022 – Madrid. España
tel. (1) 329.04.43 fax. (1) 329.46.47

LUXTEC, S.L.
Casp, 158
08013 – Barcelona. España
tel. (3) 231.14.05 fax. (3) 447.34.96

Mancomunitat de Municipis de l'Area Metropolitana. IMSOL Gerència de Costes
Carrer 62, 16–18 Edifici A Zona Franca
08040 – Barcelona. España
tel. (3) 336.61.61 fax. (3) 335.75.12

M.B. & Co Produccions de Diseny
Floridablanca, 3 pral.
08015 – Barcelona. España
tel. (3) 424.61.22 fax. (3) 423.31.24

METALCO, S.p.A.
Via Marghera, 3 C.P. 42
31033 – Castelfranco Veneto (TV). Italia
tel. (0423) 72.17.77 fax. (0423) 49.80.03

MICROARQUITECTURA, S.L.
Novell, 37 local 2
08028 – Barcelona. España
tel. (3) 490.81.41 fax. (3) 490.45.07

MOBLES 114, S.A.
Enric Granados, 114
08008 – Barcelona. España
tel. (3) 415.78.76 fax. (3) 237.13.65

NOLA Industrier AB
Box 17701
11893 – Stockholm. Sverige
tel. (08) 702.19.60 fax. (08) 702.19.62

OLUCE, S.R.L.
Via Cavour, 52
20098 – San Giuliano Milanese. Milano. Italia
tel. (2) 98.49.14.35 fax. (2) 98.49.07.79

OMK Design Ltd.
30, Stephen street
London W1P 1PN, UK
tel. (171) 631.1335 fax. (171) 631.3227

O.N.C.E. Delegación Barcelona.
Calabria, 66
08015 – Barcelona. España
tel. (3) 449.04.53 fax. (3) 325.92.00

Parques y Jardines FABREGAS, S.A.
Polígono Industrial carrer Gran Bretaña, 41
08700 – Igualada. Barcelona. España
tel. (3) 805.11.25 fax. (3) 803.27.31

PRO URBA. Mobilier Urbain
174, avenue du Maréchal de Lattre de Tassigny
94120 – Fontenay sous Bois. France
tel. (1) 48.73.92.71 fax. (1) 48.77.61.76

REG JUNO–INCOS, S.A.
Camí del Mig, 20
08349 – Cabrera de Mar. Barcelona. España
tel. (3) 759.52.51 fax.(3) 759.30.54

SANTA & COLE, S.A. Division Urbana
Santísima Trinidad del Monte,10
08017 – Barcelona. España
tel. (3) 418.96.75 fax. (3) 418.38.12

SCHOPENHAUER Gruppo FontanaArte
Alzaia Triestre, 49
20094 – Corsico. Milano. Italia
tel. (2) 45.19.61 fax. (2) 447.68.61

SEÑALIZACIÓN Y DISEÑOS URBANOS, S.A.
Avinguda Torrelles, 10 nau 4
08629 – Torrelles del Llobregat. Barcelona. España
tel. (3) 689.10.20 fax. (3) 689.13.97

Servicio de Elementos Urbanos del Ayuntamiento de Barcelona
Plaça Lesseps, 12 4rt
08023 – Barcelona. España
tel. (3) 291.42.00 fax. (3) 291.43.30

TECAM. Martori & Garcia, S.L.
Indústria,17–19 Poligon Gran Via Sur
08908 – L'Hospitalet. Barcelona. España
tel. (3) 422.62.22 fax. (3) 431.73.72

TELEFÓNICA. Departamento Teléfonos de Uso Público
Paseo Recoletos, 41
28004 – Madrid. España
tel. (1) 584.10.38 fax. (1) 584.38.50

Utilización Racional del Alumbrado, S.A. (URALSA)
Carretera Sabadell–Granollers, km 10,6
08185 – Lliçà de Vall. Barcelona. España
tel. (3) 843.92.00 fax. (3) 843.64.17

URBASER Mobiliario Urbano. Grupo Dragados y Construcciones
Sor Ángela de la Cruz, 6 6º
28020 – Madrid. España
tel. (1) 583.25.62 fax. (1) 556.31.31

VECSO TAULOV A/S
Taulov Kirkevej, 60
7000 – Fredericia. Denmark
tel. 75.56.22.99 fax. 75.56.22.15